高级管理会计理论与实务

主　编◎郑　玲

副主编◎王青松　颜才玉

中国财经出版传媒集团

经济科学出版社
Economic Science Press

图书在版编目（CIP）数据

高级管理会计理论与实务/郑玲主编；王青松，颜才玉副主编．—北京：经济科学出版社，2022.6

ISBN 978 - 7 - 5218 - 3772 - 8

Ⅰ．①高…　Ⅱ．①郑…　②王…　③颜…　Ⅲ．①管理会计 - 高等学校 - 教材　Ⅳ．①F234.3

中国版本图书馆 CIP 数据核字（2022）第 105462 号

责任编辑：顾瑞兰
责任校对：隗立娜
责任印制：邱　天

高级管理会计理论与实务

主　编　郑　玲

副主编　王青松　颜才玉

经济科学出版社出版、发行　新华书店经销

社址：北京市海淀区阜成路甲 28 号　邮编：100142

总编部电话：010 - 88191217　发行部电话：010 - 88191522

网址：www. esp. com. cn

电子邮箱：esp@ esp. com. cn

天猫网店：经济科学出版社旗舰店

网址：http：//jjkxcbs. tmall. com

固安华明印业有限公司印装

787 × 1092　16 开　21 印张　470 000 字

2022 年 6 月第 1 版　2022 年 6 月第 1 次印刷

ISBN 978 - 7 - 5218 - 3772 - 8　定价：63.00 元

（图书出现印装问题，本社负责调换。电话：010 - 88191510）

前　　言

自2014年财政部发布《关于全面推进管理会计体系建设的指导意见》以来，2016年又颁布了《会计改革与发展“十三五”规划纲要》，把管理会计人才列为急需紧缺人才，随后陆续颁布了《管理会计基本指引》《管理会计应用指引》等一系列管理会计制度，标志着我国管理会计体系建设已上升到国家战略层面，成为会计未来发展的趋势和方向。随着“大智移云”技术的兴起和我国经济的转型，出现了大量新的经济业态和商业模式，对深化管理会计教育改革、培养适应新时代需求的高素质管理会计人才提出了新要求，迫切要求进行管理会计教材改革。基于此，作者在多年管理会计教学、研究和实践的基础上，吸收了国内外已有管理会计教材的优秀成果，撰写了本教材，希望能反映国内外管理会计实践的最新发展。

本教材包括以下主要内容：管理会计概述、管理会计基础、成本管理、绩效管理、战略预算管理、环境管理会计、管理会计报告、管理会计信息系统等。管理会计概述主要介绍管理会计的概念和内容体系、管理会计的产生发展过程以及当前国内外发展现状、管理会计目标与信息质量特征等，让学生了解管理会计的前世今生、管理会计的概貌和发展趋势、管理会计的目标与任务，为后续学习建立基本概念框架；管理会计基础主要包括成本性态分析、本量利分析、变动成本法等管理会计的基础内容，介绍管理会计的基本理论与方法，与初级管理会计内容做好衔接；成本管理主要包括作业成本管理和战略成本管理，在战略成本管理中将目标成本管理、生命周期成本管理、质量成本管理等都纳入其中，作为管理会计的核心内容分别进行介绍；绩效管理主要包括绩效评价和激励两部分，主要介绍企业绩效评价的几种主要工具方法，如平衡计分卡、经济增加值、关键绩效指标等；战略预算管理是将企业战略目标进行分解，对企业资源进行战略配置，对企业完成阶段性目标及战略目标进行分析、评价与考核的过程，主要包括战略预算循环、战略预算编制、战略预算考评以及交互预算等内容；环境管理会计主要从企业履行社会责任、保护环境和生态、实现经济效益和环境效益双赢的目的出发介绍环境管理会计的发展历程、环境管理会计的主要内容、环境管理会计的新趋势等内容；管理会计报告主要介绍管理会计报告的体系和特征，并结合当前新环境的要求从报告对象、责任中心、价值链三个方面介绍管理会计报告的体系和内容；管理会计信息系统针对当前“大智移云”的时代特点介绍管理会计信息化的流程、建设路径和主要内容。

与国内外同类教材相比，本教材力求在内容、体系和结构等方面突出以下特色：首先，更新内容，注重管理会计理论的前瞻性。在“互联网+”催生的新经济、新业态、新模式的背景下，适应宏观经济改革与发展的新思路、新观念，与时俱进将管理会计的新理念、新工具融入本教材。相对于传统的管理会计教材，本书增加了财政部管理会计应用指引的核心内容，参考了美国管理会计师协会等对管理会计的最新定义，以及管理会计领域近年来的新发展，将管理会计新理论、新方法、新工具等纳入其中，如作业成本法、平衡计分卡、环境管理会计等。其次，突出案例，增强管理会计实践的应用性。面对经济新常态的市场环境，针对企业实践中出现的一些新商业模式，结合企业实际案例运用管理会计新工具、新方法进行阐释，帮助学生理解管理会计的精髓，达到学以致用的目的。本教材每个专题都提供了一个应用案例，帮助学生加深对理论知识的理解，引导学生将理论知识应用于实践，实现理论知识的深化。最后，扩展视角，体现管理会计思维的开放性。结合管理会计融合创新的特点，不拘泥于会计视角，站在企业全局的战略高度，从利益相关者视角、行业视角透视企业管理问题，吸收相关学科的理论和方法，解决企业实际问题，真正落实财务支持业务的本质特征，实现企业业财融合的目标，同时也使教材的体系更加完整，内容更加全面。

本教材可以作为普通高等院校会计学及相关专业以及经济管理类专业高年级本科生学习及提升管理会计理论与方法的教材，也可作为会计学相关专业硕士研究生的辅助教材，还可供财务会计人员和经济管理人员自学管理会计时使用。我们期望本课程能够作为经济管理类学科的专业选修课，对战略管理、人力资源管理、市场营销、工商管理等专业课程做出一定贡献。

本教材是近几年教学工作的积累，教学过程中参考了管理会计领域众多专家学者的著作和文献，案例教学也参考了一些案例库中的资料，编写本教材过程中都融入了其中，在此对各位专家学者致以真诚的感谢！硕士研究生袁苗、姜悦、董正浩、吴蓓、李欣澳、吕雅煜、王超、李兰洁、杨齐瑜等同学在本教材图表的绘制、文字的校对整理等方面做了大量工作，一并致谢！本书能够顺利出版，得益于湖南工商大学会计学院各位领导的大力支持，得益于经济科学出版社顾瑞兰等编辑的积极沟通与协调，在此致以深深的谢意！

近几年，管理会计无论是在理论研究还是在实践应用方面都发展迅猛，新理论、新观点、新方法不断涌现，本教材的编写力争紧跟当前管理会计前进的步伐。但囿于学识、精力，难免有疏漏和不当之处，期待各位专家学者和广大读者提出中肯意见，以便后续修正。

作　者

2022 年 5 月

目　录

第一章 管理会计概述

第一节 管理会计的产生与发展

一、管理会计产生与发展的理论基础

管理会计是会计学的一个重要部分，也和管理学密不可分，虽然管理会计从属于会计学科，但是在其发展过程中受到了一系列管理理论的影响，并形成了坚实的理论基础。

（一）科学管理理论为管理会计基本方法的形成奠定了理论基础

19 世纪末，以泰勒为代表的一批电气工程师开始对劳动者的作业时间和动作进行科学研究，采用严格的计量方法来研究成本的发生和变化、确定标准并加强控制，重视对内部生产效率的衡量和激励，产生了对超出传统财务会计职能的管理会计职能的需求。基于此，科学管理理论与实践为管理会计的基本方法奠定了坚实的基础。

泰勒的科学管理研究的重心是通过对动作和作业的研究确定完成作业的标准时间以及标准的计件工资，以此作为事前控制和事后考核评价的依据，从而起到提高劳动生产率的作用。这一基本理论原理使管理的重心由单纯的事后反映和分析转移到事前和事中的控制，不仅促进了一直沿用至今的管理会计的重要控制方式——标准成本制度的形成，而且奠定了管理会计系统控制方法的基础，使管理会计具有了区别于传统财务会计的基本特征。

同时，科学管理首次注意到产品生产成本和产量之间的依存关系，揭开了成本性态研究的序幕，为管理会计中最为重要和基本的成本分类——成本性态分析奠定了基础。

（二）组织行为学为管理会计系统控制方法的完善提供了理论基础

20 世纪 40 年代以来，心理学、社会学、管理学和经济学等学科不断发展交融，组织行为学应运而生。该学科探索如何根据人类行为的规律来构建企业组织结构，调整企业组织内部人与人之间的关系，引导和激励人们充分发挥其积极性和创造性，最大限度地利用企业的人力资源，提高经济效益。管理会计从组织行为学科中吸取了丰富的营养，使管理会计体系得以形成和完善。组织行为学对管理会计理论和方法体系的影响主要体现在以下两个方面。

1. 组织行为学拓展了管理会计的视野

如果说科学管理时代的管理会计观念还只是将控制的着眼点放在对生产过程中“物”

的控制的话，组织行为学带来的是从“物本”观念向“人本”观念的转变。它使管理会计开始从重视人的需求、激发人的动机、引导人的行为方面考虑管理会计信息系统的设计，增强了管理会计信息在企业管理中的能动作用。

2. 组织行为学为责任会计理论和方法的形成提供了基础

组织行为学强调需要产生动机，动机决定行为。因此，企业管理要了解不同群体组织及个体的需要，以此为出发点确定目标激励因素，以激发人的动机、引导人的行为。以组织行为学为基础的激励机制的研究，促进了管理的民主化和职能的分散化，使许多大的公司开始采用分权管理模式，最高管理层不仅要将一定程度的决策权下放到下级部门，而且还要将企业的经营总目标逐级分解落实到企业各部门和职工个人，形成内部组织的分目标和个人目标，使各单位和职工都承担起对企业目标实现的经济责任，并且从整个企业的经营目标实现中获得个人需求的满足。按照这一组织行为学的基本原理，管理会计的预算控制和绩效评价系统不断发展和完善，形成了系统的责任会计理论和方法体系，使管理会计的绩效评价系统能考虑特定企业、特定时期的企业组织特点和不同层次人们的需求特征，在调动人的积极性、促进企业目标实现方面起着重要作用。

（三）权变理论和微观信息经济学使管理会计系统更具实用性

权变理论始于20世纪60年代，并于70年代逐渐形成体系。权变理论认为，每个组织的内在要素和外在环境条件各不相同，因而在管理活动中不存在适用于任何情景的原则和方法，管理者应对组织内外状况充分了解并针对不同的具体条件寻求最合适的管理模式、方案或方法。权变理论促进了对特定企业内外环境及其变化的关注，减少了管理模式和方法选择中的模糊性，这对管理会计模式的选择和具体管理方法的应用有重要的指导意义。

微观信息经济学认为，在市场中，行为者的信息是不充分的，而且信息的分布是不均匀、不对称的，即同一经济行为的当事人双方所持有的信息量可能是不对等的。微观信息经济学是研究在不确定、不对称信息条件下如何寻求一种契约和制度来安排规范当事者双方的经济行为。微观信息经济学认为，信息不对称一般会产生两类问题：在事前发生的信息不对称会引起逆向选择问题，而事后发生的信息不对称会引起道德风险问题。在非对称信息情况下，逆向选择和道德风险是随时可能发生的，微观信息经济学认为，解决的办法就是建立起激励机制和信号传递机制。该理论为管理会计的营运管理、全面预算管理、绩效管理以及供应链成本管理等理论的不断发展和完善提供了理论指导。

（四）代理理论推动了当代管理会计的发展

代理理论研究的是如何正确处理企业组织中委托人和代理人之间的责权利关系，以充分调动起双方改善经营管理的积极性。代理理论认为，委托人和代理人有不同偏好，并且都追求自身效用最大化，因此委托人需要一种控制系统，以使代理人按委托人的目标来行事。

在代理理论体系中，管理会计的信息对促进委托人利益最大化有两方面的重要意义。一是决策前信息的提供，有助于决策者（委托人或代理人）增加对未来环境的认识，减少决策的不确定性，有助于代理人对于委托任务的完成。二是关于决策执行结果的信息提供，使委托人能将代理人的报酬计划和经营绩效联系起来，委托人和代理人之间根据契约规定分享经营成果，这对于激励代理人为委托人利益而努力是相当重要的。这种对管理会计信息价值的确认，强调了管理会计信息对人的行为的调节作用，使管理会计系统成为企业制度建设的一部分，而不仅仅是一个被动的信息系统。代理理论使管理会计系统处于愈加重要的地位。

（五）知识经济理论引发了当代管理会计革命

知识经济，是指建立在知识和信息的生产、分配和使用之上的经济。知识经济的基本特征可概述为：（1）以知识（智力）资源为第一生产要素，以无形资产投入为主；（2）以高新科技产业为支柱产业；（3）以知识创新和技术创新为内在动力和基本要求；（4）是一种网络化、信息化和全球一体化的经济；（5）是一种促进人与自然协调、可持续发展的经济；（6）是一种以知识决策为导向、知识成为生活必需品的经济。

知识经济的上述特征推动了新的管理模式的产生，管理会计也由“以物为本”向“以人为本”转变，培育核心竞争力和可持续竞争优势成为管理会计工作的重心。在这一过程中，全面预算管理、供应链成本管理、供应链绩效管理、以客户关系管理为核心的平衡计分卡、精细管理等新内容、新工具不断发展完善，推动了管理会计研究范畴不断扩展，在提升企业核心竞争力中作出了重要贡献。

二、管理会计产生与发展的历程

财务会计与管理会计是现代会计的两个重要领域，从历史视野考察，这种格局的形成经历了漫长的过程，从20世纪开始得到相应发展。回顾这一过程的形成背景及其发展历程，可以帮助我们了解管理会计的发展脉络并理解其功能、定位和特征等内容。

（一）现代公司制度、金融市场与会计学科发展的共生互动性

会计学科处于不断发展之中，从历史的逻辑角度考察，其发展背景与现代公司制度和金融市场密切相关。

1. 现代公司制度与金融市场的共生互动性

企业的组织形式，从事物发展的历史进程看，最早形成的是独资企业，随后才是合伙企业。无论是独资企业还是合伙企业，随着经济的发展、市场的拓宽和需求的日益增大，企业的生产规模随之扩大。由此企业进入这样一个困境：企业经营得越成功，资金就越短缺。无论如何，企业要扩大生产规模，就需要投入更多的资金。企业如果财务状况良好、偿债能力也比较强，可以向银行贷款筹措资金。但是，如果企业经营状况不佳，可能出现亏损，这时企业一方面难以通过金融贷款筹集资金，另一方面也不敢冒险完全依赖债务生存。基于这种管理情境，企业自然会想到，通过使更多的人分享企业利润或分担企业亏损的方式获得更多的资金（股本）可能是一种较为理想的筹资途径。由此，股份有限公司特别是上市公司（以下简称“公司”）这种企业组织形式便应运而生。

公司与独资企业或合伙企业完全不同，它是依法创立的法人组织，具有所有权与经营权

相分离的重要特性。由于这个特性，公司具有以下三个特点：（1）可以较长期地持续经营。公司的股份可以转让，公司不会因为所有者或经营者的死亡而宣告结束，除非经营不善导致破产清算，公司可以较长期地持续经营。（2）便于股份的转让。公司的注册资本划分为若干等额的股份，谁持有股份谁就拥有公司的所有权。基于发达的金融市场，股份的转让相当方便。（3）公司的所有者即股东只负有限的偿债责任。公司的股东只以其出资额对公司的债务负责。由于上述特点，这种筹集资金的能力就比较强。

从企业组织形式的发展历程可以看到：它是沿着独资企业到合伙企业一直到公司这样一条道路发展的。这条发展道路经历了相当长的时间，这其中也有许多原因和背景，但是有一点是肯定的：现代公司制度的产生和发展与如何解决企业发展过程所需要的资金这个问题密切相关。

企业组织形式的发展轨迹离不开金融市场。所谓“金融市场”，通俗地说就是资金融通的场所。一个完善而发达的金融市场，应该是由包括金融市场的主体（金融机构）、客体（金融工具）和参与者（资本需求者和资本供应者）三个部分组成的金融体系。在所有金融市场参与者中，现代公司是主力军。从某种意义上说，如果没有公司的存在、发展并积极参与，金融市场的蓬勃发展将无从谈起。从历史的发展进程看，企业组织形式的演化，特别是现代公司制度的形成、发展和完善，与金融市场的建立和发展相辅相成。因为金融市场为公司提供了资金融通的场所。可以说，没有完善的金融市场，就没有现代公司制度；而没有现代公司制度，也就没有发达的金融市场。这就是现代公司制度与金融市场的共生互动性。

2. 现代公司制度、金融市场与会计学发展的共生互动性

企业是运用会计的基本单位，一个社会的会计，总是以企业会计为主体。基于现代市场经济环境，市场的主体就是企业。而企业组织形式中最能体现现代市场经济本质特征的就是现代公司制度。因此，现代公司制度与现代会计学科紧密相联。发达的金融市场与现代公司制度相辅相成、共同发展的同时，推动了会计学科的发展与完善。这主要表现在以下方面。

（1）随着金融市场与现代公司制度的产生和发展，出现了企业所有权与经营权相分离的现象，这对会计理论与方法产生了极为重大而深刻的影响。在“两权分离”的背景下，适应企业所有者与经营者的不同信息需求，会计学科产生了“同源分流”，逐步形成了财务会计与管理会计两个相对独立的领域，大大丰富了会计学科的内容，标志着会计学科已经进入一个更高的层次。

（2）金融市场与现代公司制度的产生和发展改变了会计学科的地位。这主要表现在以下三点。

第一，会计成为一项特殊的社会服务行业。过去，会计不过是在一个企业内部受业主或经理人支配的一种起反映与控制职能的工作。这种职能现在依然存在并得到不断强化，但却从中分离出一个不受个别企业支配而在组织上保持独立的部分——注册会计师（certified public accountant，CPA）及由它们组成的会计师事务所。这些会计师事务所处于“超然”的地位并恪守“中立”的原则，为金融市场与现代公司制度的发展和完善提供公正服务。从此，注册会计师这个行业成为一个特殊的社会服务行业。

第二，扩大了会计的服务对象。过去，会计只在一个企业范围内，为该企业提供财务信

息，服务于该企业的经营管理。而自从金融市场与现代公司制度产生和发展之后，会计既是企业的决策支持系统，又是社会的一个自由职业。作为一个社会自由职业，起着中介机构作用的会计开始独立、公正地为所有企业及其利益相关者服务。这种服务从企业外部看首先从查账（审计）开始，继而帮助企业设计会计制度，开始各项管理咨询服务。会计的服务对象呈现社会化特征。

第三，拓展了会计的内容。过去单纯运用于企业内部的会计基本上就是簿记（bookkeeping），主要是记录和计算，甚至连编制财务报表都不是其主要任务。随着金融市场与现代公司制度的产生和发展，企业不仅要按"公认会计准则"（Generally Accepted Accounting Principles，GAAP）编制财务报表，而且为了取信于投资者、债权人等外部信息使用者，往往主动委托注册会计师进行审核并定期公布，接受外部监督。通过外部监督，使企业财务报表的质量获得公证。因此，会计的内容得到拓展，突破了单纯为企业内部记账、算账的局限，延伸到报账、查账和用账，从而为有效发挥会计的社会职能开辟了广阔的天地。

总之，金融市场与现代公司制度的产生和发展及其共生互动性，全方位地促进了会计学科的发展，使会计的职能从考察较为简单的企业内部财产"经管责任"关系，发展到为决策提供有用信息，从而在协调社会经济利益分配关系、优化社会经济资源配置等方面均发挥积极的作用。同时，完善的会计学科，通过提供相关的会计信息，促进社会资源的合理流动与配置，又反过来促进金融市场和现代公司制度的发展与繁荣。没有完善的会计学科，也就没有规范化的现代公司制度与金融市场。

综上所述，现代公司制度、金融市场与会计学科发展之间存在共生互动性，它有助于从一个侧面认识现代会计学科的两大相对独立领域及其各自发展趋势。

（二）现代企业会计的"同源分流"

1. "同源分流"的历史背景

会计一开始就是以服务于经营管理为目的而产生的（费文星，1990）。应该说，会计一开始就是人们所说的"管理会计"，只是在经营管理的职能尚未与其他基本生产职能完全分开的情况下，会计这种"服务于经营管理"的目的并未引起关注和重视（胡玉明，1999）。在金融市场不发达的社会环境下，企业的组织形式以独资、合伙企业为主，会计只是在一个企业范围内为该企业提供财务信息，服务于该企业的内部经营管理。金融市场和现代公司制度的产生和发展，使这种情况发生了改变。

如前所述，金融市场和现代公司制度的产生和发展，使得会计信息使用者多元化。多元化的不同信息使用者从各自的利益和要求出发，都需要了解企业的财务状况和经营成果，从而对会计提出了提供各种财务报表以满足各相关利益者的不同需求的要求。由于与企业存在经济利益关系的会计信息使用者都不直接参加企业管理活动，他们只能从企业提供的财务报表获得有关企业经营成果和财务状况等间接材料。为了保障其经济利益，他们自然要求财务会计必须要站在"公证人"的地位，客观地反映情况，以保证相关资料的真实可靠。于是，财务会计从日常的账务处理到提供财务报表，都要严格遵循体现企业外部各利益相关者利益的"公认会计原则"。由此产生了以财务报表为中心的会计观，形成了"财务会计"这个概念。从一定意义上说，财务会计是一种社会化的会计，其提供的信息是一种社会化的公共产品。

管理会计则不同，它一直坚守原有“阵地”，保持初心为企业内部经营管理服务，即为企业的管理决策和有效经营提供相关信息。如果说财务会计是以财务报表为中心的“会计观”，那么管理会计就是以经营管理为中心的“会计观”。如果说财务会计是社会化的会计，那么管理会计就是企业化或个体化的会计。它只是为特定的信息使用者提供相关信息，即所谓“相关信息适时地提供给相关的人”。

尽管现在普遍认为现代意义上的管理会计是从财务会计分离出来的一个会计分支。但是，追溯会计发展史可见，最早期的会计就是管理会计。随着金融市场和现代企业制度的产生和发展，使得原先只为企业内部经营管理服务的会计（相当于现在所说的“管理会计”），突破了只为个别企业内部经营管理服务的局限，走向社会，分离出一个侧重于为社会服务的社会化会计，即现在所说的“财务会计”。从此，财务会计与管理会计分别按各自的性质和发展规律，不断地向前发展。

2. 现代会计的“同源分流”：财务会计与管理会计

今天，财务会计与管理会计已经发展成为两个相对独立的会计学科领域。不过，从整体上看，它们属于会计学科的“同源分流”，既相对独立又相互联系。

（1）财务会计与管理会计的“同源”。财务会计与管理会计的“同源”体现于它们之间的密切联系。

第一，它们都是会计学科的重要组成部分，也都是企业经营管理的基本组成部分。实际上，在会计核算部分，财务会计与管理会计具有共同的基础：原始资料相同。以此为基础，财务会计与管理会计基于不同信息使用者需求的侧重点不同，各自对原始资料进行加工、整理和扩展。同时，它们的服务对象也有交叉。尽管财务会计侧重于为企业外部利益相关者服务，但是它也为企业内部经营管理服务；同样地，管理会计虽然侧重于为企业内部经营管理服务，同样它也为企业外部利益相关者服务。

第二，无论财务会计还是管理会计都依赖于“受托责任”（accountability）。受托责任是过去简单的经管责任的发展。当今社会，可以说“受托责任”无处不在。只要存在委托代理关系，就存在“受托责任”。金融市场与现代公司制度的发展，使得企业外部“受托责任”变得模糊起来，而企业内部“受托责任”则变得复杂化和层次化。财务会计侧重于企业外部“受托责任”，管理会计侧重于企业内部“受托责任”。从本质上说，财务会计与管理会计都是一种基于“受托责任”的会计。

（2）财务会计与管理会计的“分流”，体现于它们提供信息的侧重点不同。

第一，财务会计侧重于为企业外部利益相关者提供相关信息，而管理会计则侧重于为企业内部经营管理提供相关信息。

第二，财务会计强调过去，而管理会计则强调未来。

第三，财务会计受“公认会计原则”的制约，而管理会计则不受“公认会计原则”的制约。管理会计主要考虑经营管理决策的“成本效益”与管理行为问题。

第四，财务会计注重可证实性和货币性信息，而管理会计则较少强调可证实性，并强调货币（财务）性信息与非货币（财务）性信息并重和数量计算与经理人的职业判断相结合。

第五，财务会计以会计主体为核心，而管理会计则强调多维的主体观念，亦即它强调的是组织的分部，而不仅仅是把一个企业看成一个整体。管理会计根据需要可将一个部门或一条生产线作为主体，也可以将一个人作为主体，甚至还可以将某项作业作为一个主体。

事实上，企业的经理人通常扮演着投资者和经营者的双重角色。这样，财务会计主要服务于企业经理人的投资者角色，管理会计则主要服务于企业经理人的经营者角色。财务会计与管理会计的“同源分流”也就是企业的经理人作为投资者与经营者双重角色的综合体现。由此，财务会计与管理会计的“同源分流”在企业的经理人层面实现提供信息（即记账、算账、报账和查账）与运用信息（即用账）的一体化。

图 1 - 1 描述了会计学科的“同源分流”，在“再确认”阶段，财务会计与管理会计的“分流”表现更为明显。

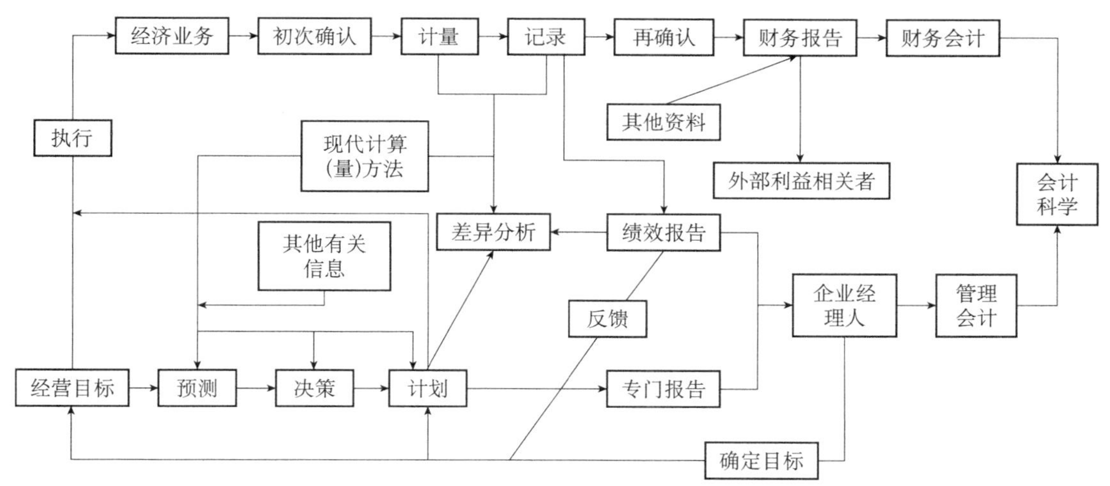

图 1 - 1　会计学科的“同源分流”

3. 成本会计既是管理会计的前身，又是财务会计与管理会计的中介

成本会计是工业化的产物。由于工业革命在生产方式上开始从工场手工业向使用机器的工厂制度过渡，企业的规模越来越大，同时要求筹集大量资金投资于昂贵的生产设备，从而导致折旧费用大幅度增长，加上生产的产品品种日趋多样化，因而间接费用的分配成为企业成本计算面临的一个难题。与此同时，竞争的压力又要求分产品提供比较合理的成本数据，以实现成本计算与利润计算直接相联系。这在客观上就要求成本计算的技术方法着重于解决折旧费用的计算和间接费用分配问题。在其起始阶段，这种计算在账外进行，经过较长时间的实践，账外计算转入账内计算，使成本的形成、积累与结转纳入复式簿记的框架，从而标志着成本会计的正式诞生（余绪缨，1993）。

原始意义上的成本会计侧重于成本的汇集、分配和产品成本的事后计算，其主要目的是

为企业定期编制财务报表——资产负债表、收益表提供相关的成本资料。只有通过成本计算，才能正确区分产品成本与在产品成本，在这个基础上，才能将已完工的产品成本进一步区分为本期已经销售的产品成本（产品销售成本）和期末尚未销售的产品成本（存货成本），从而将它们分别列入企业的收益表和资产负债表。在这里，成本会计为财务会计的存货计价与收益确定提供相关信息。

成本会计向纵深发展是从单纯的成本计算发展到成本计算与成本管理（控制）相结合，使之深入生产过程，为挖掘降低成本的潜力服务。它具体表现为从事后的实际成本计算向标准成本法发展。标准成本法是成本会计向管理会计过渡的分界点，成本性态分析则是管理会计的起点。从整个管理会计发展历程来看，成本会计可视为管理会计的前身。

在现代企业经营管理过程中，成本信息是企业经理人极为关注的信息。不同的成本信息服务于不同的目的，即存货计价及收益确定、经营控制和管理决策。单一的成本信息难以同时满足上述三种目的。企业的管理决策奉行“不同目的，不同成本”（different costs for different purposes）的信条，强调成本信息对管理决策的相关性。从会计学科的划分来看，成本会计是连接财务会计和管理会计的桥梁。财务会计的存货计价及收益确定的依据就是成本会计所提供的相关成本信息。管理会计以优化企业价值链为着眼点，以多维的成本概念和“不同成本，不同目的”为准则，运用成本会计所提供的有关经营控制和管理决策方面的信息实施经营管理决策活动。因此，成本会计既是管理会计的前身，又是财务会计与管理会计的中介。这从另一个侧面说明了财务会计与管理会计是会计学科的“同源分流”。

（三）20 世纪管理会计的发展

在 20 世纪，自财务会计从管理会计分离出来之后，作为与财务会计相对独立的管理会计本身也得到发展，这一发展可以视为 20 世纪会计学科的重大事件。其发展历程大致可以分为四个阶段（胡玉明，2004）。

1. 追求效率的管理会计时代（20 世纪初至 50 年代）

20 世纪管理会计的发展导源于 1911 年西方管理理论的古典学派代表人物——泰罗（F. W. Taylor）发表的《科学管理原理》。伴随着泰罗的科学管理理论在实践中的广泛运用，管理会计如何为提高企业的生产和工作效率服务，便开始提到议事日程上来。于是，“标准成本”（standard cost）、“预算控制”（budget control）和“差异分析”（variance analysis）等与泰罗的科学管理理论直接相联系的技术方法开始引入管理会计，成为管理会计方法体系的重要组成部分（余绪缨，1983）。

与此同时，会计学术界也开始涉及管理会计相关问题的研究。从 1918 年开始，哈里森（G. C. Harrison）一直致力于标准成本法的研究，先后发表了《有助于生产的成本会计》《新工业时代的成本会计》《成本会计的科学基础》等论著。1919 年创立的美国全国成本会计师协会有力地推动了标准成本法的实践应用。到 20 世纪 20 年代，标准成本法已经十分普及并有了很大的发展。1930 年，哈里森还把他对标准成本法的研究成果写成了《标准成本法》一书（费文星，1990）。1920 年美国芝加哥大学首先开设了“管理会计”讲座，主持人麦金西（J. O. Mckinsey）被誉为美国管理会计的创始人。1921 年 6 月，美国国会颁布了

《预算与会计法》，对当时的私营企业推行预算控制产生了极大的影响。为了全面介绍预算控制的理论，麦金西于1922年出版了美国第一部系统论述预算控制的著作《预算控制论》（*Budgetary Control*）。同年，著名会计学家奎因坦斯（H. W. Quaintance）出版了《管理会计：财务管理入门》一书，第一次提出了“管理会计”这个名称。麦金西于1924年又公开刊印了世界上第一部以“管理会计”命名的著作《管理会计》（*Managerial Accounting*）。同时，布利斯（Bliss）出版了其管理会计方面的著作《通过会计进行经营管理》（*Management through Accounts*）。美国会计史学界认为，上述几部著作的出版，标志着管理会计初步具有统一的理论。

但是，社会经济环境的影响力不可低估。在此后相当长的时间内，管理会计并没有得到应有的发展，它只是被看成会计配合推行泰罗的科学管理理论所做的一些尝试，只是作为原有会计体系的一个附带部分而存在，并没有形成一个相对独立的完整体系。其主要原因在于，一门新的学科的创立不仅要有本学科的一些新的因素的成长，还要有邻接学科的配合和它赖以形成的理论与实践的基础或条件，而这些在当时并不具备。

以标准成本、预算控制和差异分析为主要内容的管理会计，其基本点是基于企业的战略、方向等重大问题已经确定的前期下，协助企业解决在执行过程如何提高生产效率和生产经济效果的问题。生产效率和经济效果的高低，通常可以借助于投入与产出的对比关系来体现。把标准成本和差异分析纳入会计体系，通过严密的事先计算与事后分析，促进企业用较少的材料、工时和费用生产出较多的产品。其综合表现就是生产成本的降低，从而提高生产经济效果。可见，奠基于泰罗的科学管理理论的管理会计，对促进企业提高生产效率和生产经济效果具有积极的推动作用。尽管如此，当时的管理会计并没有充分地反映企业整体、企业与外界关系等重要问题。因而，总的说来，这个时期的管理会计还只是一种局部性、执行性的管理会计，仍处于管理会计发展历程的初级阶段。这个时期的管理会计追求的是“效率”（efficiency），强调的是把事情做好（doing things right）（胡玉明，1999）。

2. 追求效益的管理会计时代（20世纪50年代至80年代）

从20世纪50年代开始，西方国家进入了所谓战后时期。现代科学技术突飞猛进，并大规模运用于生产领域，促进了社会生产的迅速发展。企业规模越来越大，生产经营日趋复杂，市场情况瞬息万变，企业竞争更加剧烈，跨国公司大量涌现。这些新的经济形势对企业管理提出了相应的新要求，即迫切要求实现企业管理现代化。在此背景下，重局部、轻整体的科学管理理论的根本性缺陷暴露出来，被现代管理科学所取代。现代管理科学的形成和发展对管理会计的发展在理论上起着奠基和指导的作用，在方法上赋予现代化的管理方法，推动了管理会计的进一步发展。

20世纪50年代，为了有效地实行内部控制，美国各大型企业普遍建立了专门行使控制职能的总会计师制。1955年，美国会计学会拟定计划，明确施行控制最常用的成本概念。1958年，美国会计学会的一份研究报告又以管理实践的各种管理会计方法为素材，说明其本质意义和使用方法。该份报告明确地指出了管理会计的基本方法即标准成本法、预算管理、盈亏临界点分析、差量分析法、变动预算、边际分析等，从而奠定了管理会计方法体系的基础。20 世纪 60 年代，随着电子计算机和信息科学的发展，产生了“执行会计”和“决策会计”，从而进一步确定了管理会计的理论与方法体系。贝格尔和格林（Becker and Green）于 1962 年发表的《预算编制与职工行为》，精辟地论述了管理会计的另一个重要内容——行为会计。70 年代之后，又有卡普兰的《管理会计与行为科学》、霍普伍德的《会计系统与管理行为》等优秀著作问世。上述这些论著对管理会计理论与方法体系的形成与完善具有重要的意义。到了 70 年代末，美国学术界对于现代管理会计理论体系的研究可谓达到了高峰，仅以管理会计命名的专著和教科书就有近百种之多。其中，代表性的著作有穆尔和杰德凯合著的《管理会计》、纳尔逊和米勒合著的《现代管理会计》、霍恩格伦的《管理会计导论》等。这些著作在美国相当流行，被公认为美国各大学会计学专业的权威教材。

这个时期的管理会计追求的是“效益”（effective），它强调首先把事情做对（doing right things），然后再把事情做好，即把该做的事情做好（doing things right）。

至此，管理会计形成了以“决策与计划会计”和“执行会计”为主体的管理会计结构体系。其中，“决策会计”居首位。因为计划以决策为基础，它是决策所定目标的综合体现。

3. 管理会计反思时代（20 世纪 80 年代）

20 世纪 80 年代，由于“信息经济学”（information economics）和“代理理论”（agency theory）的引进，管理会计又有新的发展。但是，面对世界范围内高新技术蓬勃发展并广泛运用于经济领域，管理会计又显得有些过时落伍。“管理会计过时了”“管理会计理论与实践脱节”等呼声一浪高过一浪。

在西方管理会计的发展历程中，管理会计的研究存在两大流派：传统学派和创新学派（李天民，1988）。传统学派主张从早期的标准成本法、预算控制和差异分析的立场出发，一切以成本为中心，重视历史经验的积累，在总结历史经验的基础上加以发展，并就如何提高企业经营管理水平和提高经济效益提出一些新课题，代表人物以美国斯坦福大学霍恩格伦教授为主。创新学派主张尽可能采用诸如数学和行为科学等相关学科的理论与方法研究管理会计问题。他们强调全面创新，偏好数学模型，依靠计算机技术解决预测、分析和决策所面临的复杂问题，代表人物以美国哈佛大学商学院卡普兰教授为主。

20 世纪 70 年代至 80 年代初期，传统学派指责创新学派理论脱离实践，复杂的数学模型远离现实世界；而创新学派则指责传统学派视野狭隘、观念陈旧、方法落后，难以适应新的经济环境的要求。这场纷争促使西方管理会计理论研究进入一个反思期。

在这场纷争中，卡普兰教授经过反思，一改自己以往的观点，主张会计学者必须走出办公室，到实践中去，以寻求新的理论与方法（Kaplan，1983）。卡普兰认为，没有经过实践检验的会计理论是空洞的理论，没有理论指导的会计实践则通常带有盲目性。在会计学科的发展史上，理论与实践常常不同步，经验研究方法却为解决这个问题提供一个有效的途径（Kaplan，1986）。

1987 年，卡普兰与约翰逊合作出版了轰动西方会计学界的专著《相关性消失：管理会计的兴衰》。他们认为，近年来的管理会计实践一直没有多大变化。目前的管理会计体系乃几十年前研究成果的产物，难以适应新的经济环境。这种早已过时的管理会计体系目前存在很大的危机，管理会计信息失去了决策的相关性。现行的管理会计体系必须进行根本性的变革，才能适应当今科学技术与管理科学发展的新经济环境（Johnson and Kaplan，1987）。

为此，卡普兰等人致力于管理会计信息相关性的研究，迎来了一个以“作业”为核心的“作业管理会计”时代。1988～1990 年，库珀（Robin Cooper）和卡普兰（Robert S. Kaplan）连续在《成本管理杂志》推出多篇论述作业成本法的文章，从而在西方掀起了一场“作业成本法”研究浪潮。“作业成本法”和“作业管理”成为西方管理会计教材的新宠。与波特（Porter，1980）提出的“价值链”观念相呼应，管理会计借助于“作业管理”，致力于如何为企业“价值链”优化服务。20 世纪 80 年代，管理会计取得许多引人注目的新进展，都是围绕着管理会计如何为企业“价值链”优化和价值增值提供相关信息而展开。

纵观 20 世纪 90 年代以前的管理会计发展历程，现代管理会计沿着“效率→效益→价值链优化”的轨迹发展，这个发展轨迹基本上围绕“价值增值”这个主题展开。

4. 管理会计主题转变的过渡时期（20 世纪 90 年代）

进入 20 世纪 90 年代，变化成为当今世界经济环境的主要特征。基于环境的变化，管理会计信息搜集的任务从管理会计师转移到这些信息的使用者，保证企业能以一种及时的方式搜集相关信息，并据此作出反应。由此，管理会计突破了管理会计师提供信息、经理人使用信息的旧框框，而由每一个员工直接提供与使用各种信息，管理会计信息提供者与使用者的界限逐渐模糊。在此背景下，管理会计主题由单纯的价值增值转向企业对外部环境变化的适应性上来。因此，20 世纪 90 年代可视为管理会计主题转变的过渡时期。这一时期，对管理会计提出了以下新要求。

（1）管理会计要随着环境和组织的变化而变化。如前所述，变化是当今企业经营环境的主要特征。社会发展进程中环境和组织的变化意味着决策使用的信息和信息类型的变化。会计作为一种沟通的工具和商业语言，也必须随着组织和环境的变化而变化。

20 世纪 90 年代以来，企业生产经营中出现的典型变化有：精益生产系统增强了组织各单位的依存性；自我指挥工作团队的出现改变了员工完成其工作所需信息的类型；各个独立组织合作的不断增强，模糊了供应商和员工之间的界限；等等。这些变化意味着决策和激励所需要的信息必须相应的改变，这些变化对组织搜集、处理和运用管理会计信息的方式将产生深远的影响。

环境和企业组织的变化必将导致新型管理会计信息需求的改变，如对非财务信息需求的日益增强，即使是财务信息，其种类和信息的经济内涵也会发生变化。因此，根据组织变化对管理会计的影响，管理会计理论研究人员应该研究管理会计在组织变化中的地位和作用。具体地说，管理会计研究人员未来应该进一步研究：①管理会计如何影响组织变化；②组织变化作为管理会计变革的动力；③组织变化如何影响管理会计。

（2）管理会计信息要充分发挥决策支持作用。众所周知，管理会计侧重于为企业内部经营管理服务。充分认识管理会计如何影响企业经营管理决策相当重要。管理会计将全面介入企业设计、产品及其设计、生产、营销和售后服务过程的决策。只有这样，管理会计才能知道决策者需要什么信息，才能真正做到“相关信息适时地提供给相关的人”。其研究的重点应该放在如何切实发挥管理会计信息在制定战略性决策与战术（经营）性决策方面的作用上。管理会计如何为企业的战略定位提供富有经济内涵的信息，成为未来管理会计理论研究的重要课题。

综上所述，20 世纪西方管理会计的发展，大大丰富了会计学科的内容，扩充了会计的传统职能，展示了会计预测前景、参与决策、规划未来的作用，标志着现代会计学科进入了一个充满活力的崭新的历史阶段。

（四）21 世纪管理会计发展主题

管理会计侧重于为企业内部经营管理服务，它对企业组织的结构或体制以及企业所面临的市场环境具有依附性。21 世纪是一个以国际化、金融化和知识化为基本特征的现代市场经济。在这样的环境下，企业内部组织结构及其所面临的外部环境都将发生变化。企业及其经营环境的变化必然推进管理会计的发展。

1. 21 世纪世界经济的基本特征

宏观上，21 世纪世界经济的基本特征是国际化、金融化和知识化，这使得企业在世界范围内进行经营活动时必须重视“知识”这一核心生产要素，挖掘、整合、使用各种信息资源为企业经营提供决策支持。

微观上，人类社会从工业社会转入信息社会，企业的经营环境发生了巨大变化。“今天有三种力量，它们或者独立，或者合在一起，正在驱使今天的企业越来越深地陷入令大多数董事和经理惊恐不安的陌生境地”（迈克尔·哈默、詹姆斯·钱皮，1998）。这三种力量就是“3C”：顾客化（customers）——满足顾客、引导顾客；竞争化（competition）——风险—创新；变化（change）——以不变应万变，以变化应对变化，以变化带动变化。顾客化要求以满足顾客为基础、以引导顾问为导向，使顾客的消费倾向与企业未来发展方向或核心能力一致；竞争化迫使企业必须对其内部组织结构、生产经营方式与业务流程进行彻底再造，对顾客化导向的现代市场经济环境的变化作出迅速反应，从而在激烈的竞争中获得优势地位；变化则要求企业摒弃“以不变应万变”的观念，改变“以变化应对变化”的做法，实施“以变化带动变化”的战略，才能成为市场上的引领者，保持持久竞争优势。

2. 企业的核心能力

20 世纪 90 年代，核心能力成为一种新的管理理念，主要包括以下要素：（1）核心能力是企业独特的竞争优势，它通过产品和服务给消费者带来独特的价值、效益；（2）核心能力将超越单个产品，体现在企业的一系列的产品上；（3）核心能力是其他企业难以模仿的能力。

企业的核心能力是企业的内在资源，竞争力是企业核心能力在市场上的外在表现；企业的核心能力转化为竞争力是市场对核心能力物化（也是外化）结果（核心产品或服务）的评价过程；企业的核心能力与设备或原材料等其他生产要素的结合产生企业的核心产品或服务；企业的核心产品或服务在市场上的表现就是企业的竞争力。

3. 21 世纪管理会计的主题：企业核心能力的培植

企业的核心能力是企业内部一系列互补机能和知识的结合，它可能表现为先进的技术，也可能表现为一种服务理念。因此，核心能力可以视为核心技术、企业管理能力和集体学习的集合，它涉及企业的实物支持系统、独特的知识与技能、管理体制和员工价值观念等因素。

尽管企业之间的竞争通常表现为核心能力所衍生出来的核心产品、最终产品的市场之争，但其实质却是企业核心能力的竞争。企业只有具备核心能力，才能具有持久的竞争优势；否则，只能“昙花一现”，企业不能成为“明星企业”而只能成为“流星企业”。因此，企业的核心能力决定企业在市场竞争中的兴衰成败，企业核心能力的培植和提升至关重要（胡玉明，2002）。

传统的会计学科（尤其财务会计）只注重企业的实物支持系统，较少关注企业独特的知识与技能、管理体制和员工价值观念对企业竞争能力乃至核心能力培植和提升的影响。核心能力对企业组织及其人力资源具有高度的依赖性。企业员工在相当大程度上充当了核心能力的承担者。侧重于为企业内部经营管理服务的管理会计如何为企业核心能力的诊断、分析、培植和提升提供相关信息，就成为 21 世纪管理会计的主题。

第二节 管理会计与相关学科的关系

管理会计与财务会计、成本会计、财务管理以及内部控制等学科联系紧密，明确管理会计与相关学科之间的关系是合理界定管理会计学科边界、推进管理会计理论与方法体系建设的重要课题。

一、管理会计与财务会计的关系

相对而言，管理会计与财务会计的学科关系已比较成熟，余绪缨教授（2001）认为，它们只是现代会计“同源分流”的两个分支。管理会计主要服务于企业的管理当局（如经营者），通过决策支持系统（控制与信息系统）为企业创造价值并合理分配价值提供帮助。财务会计主要服务于企业的投资者与债权人，并按照会计准则的要求确认、计量与报告企业价值的相关情况；前者主要满足内部需求，后者提供的信息主要对外。

管理会计与财务会计作为企业经营管理不可或缺的两个系统，两者之间既有显著区别，同时又存在密切联系，了解它们之间的区别与联系有助于深入理解管理会计的内涵。

（一）管理会计与财务会计的区别

管理会计与财务会计的区别表现在服务对象、着眼点、报告形式、报告期长短、会计信息质量特征、会计信息多元化程度等方面，具体如表 1－1 所示。

表 1－1　　管理会计与财务会计的区别

区别	管理会计	财务会计
服务对象侧重点不同	侧重于向企业内部管理当局、各职能部门、职工及董事会等提供财务与非财务信息以便他们进行正确的战略决策、经营决策和投资决策，并评价企业的经营绩效、加强内部经营管理以及维护职工正当利益	侧重于向投资者、债权人、税务部门以及与企业有各种利害关系的团体提供信息，以便他们进行宏观调控、优化社会经济资源配置、进行合理的投资决策与信贷决策等
着眼点不同	着眼于用已发生的经济事项和有关资料等信息来预测和规划尚未发生的经济活动，对多种备选方案进行科学对比分析，从中选择最佳方案，为企业内部各层次决策提供信息；对企业内部垂直与水平方向的绩效评价进行沟通，并利用财务会计资料和其他有关资料，控制现在的经济活动	着眼于对企业经济活动作历史性描述，通过确认、计量和报告着重反映企业过去的绩效
报告形式不同	报告的种类和格式灵活多样，包括对评价过去、控制现在和谋划未来的报告，包括各种预算、决策分析报告、图表等	报告采用国际上通行的由资产负债表、利润表和现金流量表构成的财务报表体系
信息报告期长短不同	信息的报告期可长可短，根据不同的需求有相当的灵活性	信息一般按月、季和年进行报告，而且以年度报告为主
对会计信息客观性与可验证性要求不同	建立在战略、预算和企业管理者要求基础上，其数据既有来源于财务会计的核算结果，又有来源于主观预计与经验估计的数字，对会计信息的客观性和可验证性要求不是很严格，但强调数据资料的相关性	信息取得严格要求以各种有效的原始凭证为依据，对会计信息的客观性和可验证性有较高的要求
对会计信息多元化程度的要求不同	在帮助企业管理者对未来的生产经营活动进行规划和控制时，可用多种计量单位，如实物单位、作业量单位等；另外，管理会计不仅关心企业整体情况，更关心企业各部门、各产品线等局部状况，对经营过程、技术、供货商、客户及竞争对手等方面的经营信息进行计量与分析	很少关心非货币计量因素，并且主要关心对企业整体经营活动的描述与报告，通过一系列综合性财务成本指标，对整个企业的财务状况和经营成果进行集中的反映和说明，很少涉及企业内部各部门、各单位的局部性问题
对行为的关注不同	关注各项业务的计量和报告对管理人员日常行为的影响	计量和报告各项业务，而对管理人员日常行为关注较少
与其他学科联系程度不同	大量吸收经济学、管理学、财务学、数学、统计学、社会学等相关学科的内容，使多种学科内容渗透融化其中，是为企业内部管理提供有效服务的重要工具	与其他学科联系较少，主要以复式记账为根据，以货币为统一计量单位，按照固定的核算程序，对企业的经济活动进行确认、计量和报告，所用的有关技术方法比较单一

续表

区别	管理会计	财务会计
规范性程度不同	没有像财务会计那样严格的要求，其核算完全服从管理的需要，不受统一会计制度的限制，其核算程序不太固定，可以根据管理者需要自行设计程序及其适用的各种报表格式	严格按照《会计法》《会计准则》等各项法律、法规的规定进行核算，其核算程序也比较固定，具有一定强制性，凭证、账簿、报表都规定有固定格式

（二）管理会计与财务会计的联系——基于票据生成与核算逻辑的耦合

广义上，财务会计与管理会计都是为了满足管理的需要，其工作对象都是企业生产经营过程中的资金运动，共同为实现企业内部经营管理目标和满足企业外部有关方面的要求提供服务。两者都以生产经营信息作为信息来源，管理会计是在财务会计原始数据基础上进行的信息再加工，二者的资料来源具有同源性；管理会计运用统计、数学等方法，发挥计划、分析、监督和控制职能，变财务会计的事后反映为管理会计的事前预测、事中控制和事后绩效评价，是财务会计工作的延续和发展。

在当前业财融合的背景下，企业的经营管理活动按照业务活动和价值管理两条路径展开，服务于企业经营活动的财务会计和管理会计通过票据这一载体联结在一起。

“业财融合”的基本逻辑是财务活动将体现业务活动结果的票据通过确认、计量和报告等流程，以会计年报的形式反映企业的财务状况、经营成果和现金流量。在这个“事后业财融合”的基本逻辑中，票据是关键的载体，业务部门通过承载业务活动的票据与财务部门进行沟通与交流，如果票据得到财务部门的认可，表明业务活动合法、合规、合理。在财务会计阶段，以体现企业战略目标和年度经营计划为内容的票据有效性无法进行审核和验证，所以事后性是财务会计内生的。至于外部审计，则是对会计信息基于合法、合规、合理的事后鉴证。

票据的实质是业务活动的价值体现，这一体现既包括充分实现企业战略目标和年度经营计划的有效业务活动，也包括局部体现和不体现企业战略目标和年度经营计划的无效业务活动。如果后者的存在得不到抑制，则企业的经营管理是不善的。解决这一问题，需要基于“事前业财融合”的管理会计应用。由于票据是业务活动的价值体现，充分实现企业战略目标和年度经营计划的票据有效生成，可以认为是管理会计的基本功能或价值体现。从时间序列来看，票据及其承载的内容在财务会计中的流转——票据后处理，意味着价值记录，即财务会计通过确认、计量、记录和报告等程序提供并解释企业经营管理历史信息；票据及其承载的内容在管理会计中的生成——票据前处理，意味着价值创造，即管理会计通过解析过去、控制现在和筹划未来实现企业战略目标和年度经营计划。

从票据生成逻辑出发，票据是研发、采购、生产、销售等业务活动的价值载体，业务活动发生的前提是与供应商、经销商、投资者、银行和员工等利益相关者签订的合同。在企业业务活动过程中，伴随着业务活动的各种费用，则涉及管理会计中的成本管理——目标成本管理、标准成本管理、作业成本管理和供应链成本管理等内容。在企业经营管理过程中，合同是衍生或规定企业经营管理活动的信息量最大的原始凭证。合同及其涉及的利益相关者需要全面预算管理这一活动来框定或确定，这是由于全面预算管理是“把组织所有关键问题融于一个体系”的、能够使企业战略落地的通用工具，它规范着企业做什么、谁来做、用什么做和怎么做等问题，具体表现为确定企业经营管理的目标、指标和资源配置。至于企业预算执行得怎样，则涉及管理会计中的绩效管理——关键绩效指标（key performance indicator，KPI）、平衡计分卡（balanced score card，BSC）、经济增加值（economic value added，EVA）、360 度绩效考核和股权激励等内容。

在全面预算保证企业战略落地的过程中，作为体现战略实施的投融资活动是全面预算管理中与经营预算同等重要的内容。在票据有效生成的逻辑中，全面预算管理上接体现总体战略的战略流程。在战略流程中，战略实施是在企业寻辨和构筑企业竞争优势的战略理解与分析的基础上，确定企业愿景与使命；基于企业愿景与使命，管理者进行以战略选择、战略定位和战略布局为主要内容的战略规划，并在此基础上确定企业总体战略和战略实施。基于此，票据有效生成的逻辑是“战略理解与分析—愿景与使命—战略规划—总体战略—战略实施—全面预算管理和成本管理—绩效管理”。基于票据生成与核算逻辑的管理会计与财务会计耦合逻辑流程如图 1－2 所示。

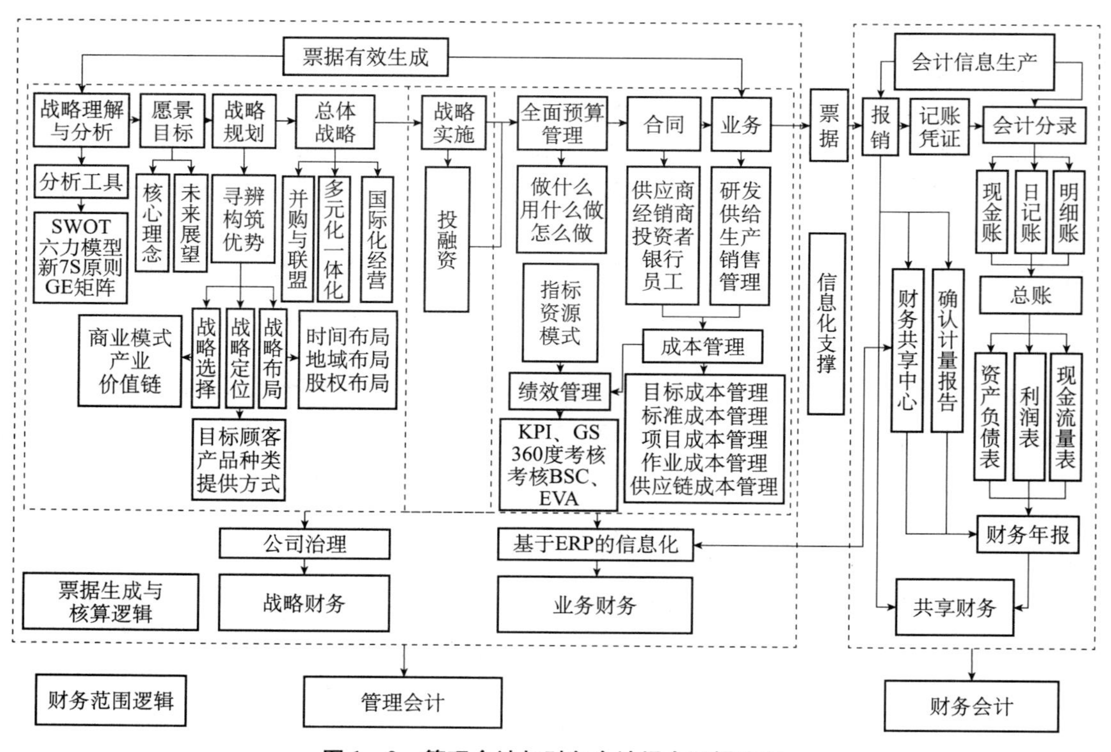

图 1－2　管理会计与财务会计耦合逻辑流程

从当前的发展来看，作为“同源分流”的两大学科，在业财融合的背景下逐渐呈现“同源合流”的趋势且日益交融。一方面，管理会计理论与方法体系的构建，尤其是对高水平本土化管理会计的提炼与总结，需要财务会计提供及时准确且真实反映企业财务状况和经营成果的信息；另一方面，财务会计的完善与发展也有赖于管理会计的不断创新。可以说，管理会计与财务会计学科之间的交融发展是社会实践及经济理论双重影响的结果。例如，企业实践中管理会计的内容可能转化财务会计的核算范畴。如 2010 年开始在央企实施的经济增加值（EVA）指标考核，现已成为央企财务会计核算的一项基本标准。同时，它还进一步促进管理会计目标的创新与发展。如 2015 年开始，国资委对央企的利润总额和经济增加值指标，在确定基本目标的基础上进一步提出奋斗目标，基本目标和奋斗目标将一并纳入中央企业负责人与国资委签订的业绩责任书。此外，随着我国全球第二制造业大国地位的确立，供应链与企业集聚区域的特色产业、物流与快递产业以及环保产业等迅速发展，财务会计对组织间会计（如供应链成本与企业群成本）、精益生产会计、碳排放会计、互联网经营会计等提出了核算与监督的要求，然而限于会计准则建设的滞后，需要管理会计率先开展创新与扩展研究视野，进而给管理会计发展带来了新的活力与动力。总之，研究财务会计与管理会计学科之间的关系，既要有理论的深度，更要有实践的广度，要能够为中国特色管理会计理论与方法体系建设提供有益的支持与帮助。

二、管理会计与成本会计的关系

管理会计是从成本会计发展而来的。成本概念可分为两大块：一是传统的成本概念，如标准成本、预算成本、质量成本等；二是现代的成本概念，如战略成本、成本企划、作业成本、网络成本、核心竞争力成本等。成本会计中的“成本概念”需要符合三个特征：（1）所提供的成本信息是可以用货币计量的；（2）成本信息具有可靠性和相关性；（3）成本信息是有用的，能够支持所有类型的管理决策。

由此可见，成本会计是财务会计与管理会计之间的桥梁。20 世纪末对成本会计学影响最直接的技术因素是适时制和计算机集成制造系统，21 世纪对成本会计影响最直接的将是由社会资本、智力资本所表现的技术因素，如互联网经济、品牌及技术标准等。从这个角度看，成本会计学还有很大发展空间。

但是，有关成本会计学和管理会计学的关系以及成本会计学的存废问题，学术界观点不一。有的主张继续保留成本会计学，通过与管理会计学科之间的合理规划体现出成本会计学科自身的特色。有的认为成本会计可以取消，以节省教学资源，即将严格遵循会计准则部分的成本核算内容归入中级或高级财务会计学，而将其余的成本会计内容并入管理会计学。然而，这种结果可能存在风险。一方面，成本会计学的存在使财务会计与管理会计有了博弈的动力，进而促进了各自学科的发展；另一方面，学科之间的适当交叉是事物发展的客观规律，成本会计学与管理会计学存在内容上的交叉是一种必然现象，在教学和科研中处理好二者关系即可。

因此，我们认为，成本会计学还是单独成科比较合理。从理论上讲，成本会计正在不断创新与扩展，譬如，与环境成本相关的成本会计学中增加了物料流量成本会计、资源消耗成本会计等内容。从实践上看，成本会计正在向成本核算、管理与控制等综合应用的方向转变，尤其是随着中国经济进入新常态，成本问题将是打造“中国制造2025”规划的重要基础。总之，成本会计学科的独立发展是会计学科发展规律的客观需要。

三、管理会计与财务管理的关系

广义的财务理论主要属于公司金融的范畴，狭义的财务理论属于经营财务学的范畴。我国的财务管理有自身的特色，其理论基础是财政学与管理学。

从内容上看，财务管理侧重于资金管理体制与投融资管理等，而管理会计侧重于企业的战略制定、预算规划、经营决策与绩效管理等具体工作。两门学科的内容体系丰富，各有其自身发展的特点与规律。

由于人们对“管理会计与财务管理关系”缺乏正确的认识，或执着于某一学科，经常会在这种“关系”的评价上失之偏颇。譬如，有的学者持“管理会计无用论”观点。这种观点认为，“管理会计缺乏体系感，仿佛是由一堆技术和方法无序地拼凑而成的，这些成分一旦被运筹学、工业工程学等分别‘认领’后，便所剩无几，还算不算得上一门学科都成问题。管理会计处于未能充分提炼共性的层次……管理会计的各种报表和数学模型都有意无意地避而不谈数据来源，从而缺乏实用价值”（汪一凡，2014）。有的学者持“管理会计次要论”观点。这种观点认为，“财务管理与管理会计存在异名同构现象。CPA财务管理考试教材中已经将管理会计的内容，尤其是专有的‘本量利分析’都覆盖了”（涂必玉，2014）。这些观点都指向一个基本认识，财务管理与管理会计可以合并在一起。

从我国企业管理实践出发，我们认为，将财务管理和管理会计并列是当前学科发展应该选择的方向。并行发展的同时，适当交叉，互为补充。这样更有利于为企业经营决策提供服务，也有助于促进各自学科的发展。

四、管理会计与内部控制的关系

管理会计是由信息支持系统和管理控制系统组成的综合体（王斌、顾惠忠，2014）。作为管理会计控制系统，它权变性地应用管理控制系统中的各种管理工具并有机地加以组织和改造，以提升企业内部控制的效率与效果；作为管理会计信息支持系统，又进一步对管理会计控制系统进行正确决策及可持续性成功提供积极的支撑和帮助。管理学大师彼得·杜拉克说过，企业家只需做好两件事，第一是销售，第二是控制成本。管理会计与内部控制的关系表明，管理的精髓就在于控制。企业既要关注外部市场机会带来的“开源”效应，也要注重内部控制能够获得的“节流”效应。

内部控制是一个大范畴，涉及的面很广。就我国而言，以法律的形式规范内部控制，最早见于《中华人民共和国会计法》（2000年7月）。时隔一年，财政部颁发了《内部会计控制——基本规范》（2001年6月）。随后，陆续颁布了各项企业具体内部控制制度。2012年，财政部发布《行政事业单位内部控制规范（试行）》（2014年1月1日起正式实施）。它表明，我国内部控制的制度体系已相当完备。然而，从企业实践角度看，内部控制在企业中的作用还发挥得不够全面，效果也很有限。其原因主要是缺乏相关的管理会计制度体系的支撑，离开管理会计的规范与约束，企业内部控制只能是空中楼阁。因此，加强内部控制与管理会计之间的关系研究，就成了全面推进管理会计体系建设中的一项重要内容或关键问题。管理会计视角中的内部控制只是整个控制体系中的一个方面，加强管理会计与内部控制关系的研究可以起到以下效果：（1）将企业的内部控制制度与公司治理和企业的经营过程融为一体，提高管理者对内部控制的重视程度；（2）将内部控制主体嵌入公司治理结构之中，发挥公司董事会、管理层、全体员工在控制中的功能定位与作用机制；（3）将内部控制环境和人的控制等软性控制与公司业务环节控制，以及公司风险识别、评估和反馈控制相结合，实现内部控制、战略经营与风险管理的有机结合。

内部控制涉及人财物、产供销等各个环节，而管理会计中的控制系统主要是围绕价值管理而对控制机制的设计，以及直接参与管理控制活动。通过厘清内部控制与管理会计的关系，可以优化管理会计行为。基于管理会计的内部控制是一种狭义的内部控制，是管理会计中的一个重要组成部分（冯巧根，2014）。在当前的经济新常态下，管理会计应当以资源效率为核心，通过内部控制等手段实现企业经营活动的合理化与经营决策的科学化。对于进入成熟期的企业来说，管理会计控制的重要性更为突出。此时，企业战略由成长期关注市场和销售份额转移到关注盈利能力和利润空间方面。这一时期，管理会计控制的主要内容有节能降耗、压缩成本、提高资产使用效率和效果等。对于制造业而言，新常态下的管理会计控制，重点应放在存货占用成本和产品耗材成本等的控制与规划方面；同时，积极开展环境经营，努力开发低碳环保等方面的管理会计工具或技术方法等。当务之急，是制定一个可以供企业管理者参考与选择应用的内部控制指南。譬如，面对新常态下的经济中高速增长，管理会计的内部控制应该将重点放在收入与费用的配比与管理上，如经营活动中的实时持续控制等，这也是企业风险评估的基础，它对于完善和发展企业整体的内部控制体系具有重要的理论价值与现实意义。

第三节 管理会计概念与内容体系

一、管理会计概念

（一）美国会计学会（AAA，1966）的定义

1966 年，美国会计学会（American Accounting Association，AAA）在《会计基础理论报告》（*A Statement of Basic Accounting Theory*）中提道：管理会计，就是运用适当的技术和观念，对经济主体的实际经济数据和预计经济数据进行处理，以帮助管理人员确定合理的经济目标，并为实现目标进行合理决策。该定义认为：（1）管理会计是一种技术和方法，包括一些理念，它强调了管理会计不仅加工历史信息，而且加工未来信息，表明了管理会计与财务会计的重要不同之处。（2）强调了管理会计主要是服务于管理人员，主要指企业内部的

管理人员，帮助他们进行经济决策。这是和当时的管理已经从“泰罗的科学管理理论”发展到以西蒙为代表的“决策管理阶段”相适应的。

（二）美国会计师联合会（AFAC，1981）的定义

1981 年，美国会计师联合会（American Federation of Accountants，AFAC）的一个下属委员会在其颁布的公告中指出：管理会计是为管理当局用于企业的计划、评价和控制，保证适当使用各项资源并承担经营责任而进行确认、计量、累积、分析、解释和传递财务信息等的过程，并指出管理会计同样适用于非营利的机关团体。这一观点后来被国际会计师联合会所继承。1998 年 4 月，在其发表的《论管理会计概念（征求意见稿）》中明确表示：管理会计可定义为，在一个组织中，管理部门用于计划、评价和控制的（财务和经营）信息的确认、收集、分析、编报、解释和传输的过程，以确保其资源的合理使用并履行相应的经营责任。

（三）英国成本与管理会计师协会（ICMA，1982）的定义

1982 年，英国成本与管理会计师协会（The Institute of Cost and Management Accountants，ICMA）给管理会计下了一个范围更为广泛的定义，认为除了外部审计以外的所有会计分支，包括簿记系统、资金筹措、编制财务计划与预算、实施财务控制、财务会计与成本会计等，均属于管理会计范畴。该协会认为，管理会计是对管理当局提供所需信息的那一部分会计工作，使管理当局得以：（1）制定方针政策；（2）进行计划和控制；（3）保护财产的安全；（4）向企业外部人员反映财务状况；（5）向职工反映财务状况；（6）对各个行动的备选方案作出决策。

（四）美国全国会计师协会管理会计实务委员会（NAA，1986）的定义

1986 年，美国全国会计师协会（National Association of Accountants，NAA）管理会计实务委员会对管理会计的基本定义为：管理会计是向管理当局提供用于内部计划、评价、控制以及确保企业资源的合理利用和经营责任的履行所需财务信息的确认、计量、归集、分析、编报、解释和传递的过程。管理会计还包括编制供股东、债权人、规章制定机构及税务当局等非管理集团使用的财务报表。这是一个广义管理会计概念，其核心内容是：（1）管理会计以企业为主体展开其管理活动；（2）管理会计既为企业管理当局的管理目标服务，同时也为股东、债权人、规章制度制定机构及税务当局等非管理集团服务；（3）管理会计作为一个信息系统，它所提供的财务信息包括用来解释实际和计划所必需的货币性和非货币性信息；（4）从内容上看，管理会计既包括财务会计，又包括成本会计和财务管理。

（五）美国管理会计师协会（IMA，1997）的定义

1997 年，美国管理会计师协会（The Institute of Management Accountants，IMA）对管理会计的定义为：管理会计是提供价值增值，为企业规划设计、计量和管理财务和非财务信息系统的持续改进过程，通过此过程指导管理行动、激励行为，支持和创造达到组织战略、战术

和经营目标所必需的文化价值。该定义有以下几个方面的创新：（1）管理会计的目标由企业利润最大化的价值创造目标深化为利润持续增长的价值增值目标；（2）该定义提出了“激励行为”，开始认识到行为科学对现代管理会计的重要影响；（3）该定义提到“激励行为”，这实际上是美国管理会计师协会认识到行为科学将对现代管理会计产生重大影响；（4）该定义认为管理会计要为企业或组织的战略服务，从而把现代管理会计提升到了战略管理会计的层面；（5）该定义把现代管理会计上升到现代管理文化层面，促使人们从哲学和文化的高度认识现代管理会计，提供了“形而上”和“形而下”统一的更加广阔的思路。

（六）美国管理会计师协会（IMA，2008）的定义

2008 年，为了反映管理会计与日俱增的战略角色，美国管理会计师协会（The Institute of Management Accountants，IMA）对管理会计的定义是：管理会计是一个包括支持管理决策、制订计划与绩效管理系统，并且在财务报告和控制中提供专业见解、在战略制定完善过程中辅助管理的职业。IMA 认为，对于管理会计的重新定义可以有许多作用，可以是教学的基础，可以是评估实务人士的方法，可以定义这一职业目前和将来社会中的地位。IMA 的管理会计综述，通过定义管理会计在市场中的作用，包括精益会计、目标管理、企业风险管理和知识管理，列示了这一知识体系的综合摘要。

（七）英国皇家特许管理会计师公会（CIMA）和美国注册会计师协会（AICPA）（2014）的定义

2014 年，英国皇家特许管理会计师公会（The Chartered Institute of Management Accountants，CIMA）和美国注册会计师协会（American Institute of Certified Public Accountants，AICPA）共同发布的《全球管理会计原则》（以下简称《原则》）中强调：管理会计以高质量的决策为中心，它将最相关的信息与相关分析放在显著的位置，用于价值的创造和保值。这个概念在《原则》的多处都有相关表述。例如，在第 2 章“全球管理会计原则”和第 7 章“术语汇编”里，对管理会计的解释为：为组织创造价值和保值而收集、分析、传递和使用与决策相关的财务和非财务信息。从这个定义上看，《原则》强调了三个概念：决策、信息（财务和非财务信息）和价值创造与保值。

（八）中国财政部（2014）的定义

财政部在《财政部关于全面推进管理会计体系建设的指导意见》中提出，管理会计是会计的重要分支，主要服务于单位（包括企业和行政事业单位，下同）内部管理需要，是通过利用相关信息，有机融合财务与业务活动，在单位规划、决策、控制和评价等方面发挥重要作用的管理活动。财政部在《管理会计基本指引》中提出，管理会计的目标是通过运用管理会计工具方法，参与单位规划、决策、控制、评价活动并为之提供有用信息，推动单位实现战略规划。

与此同时，管理会计领域的专家学者结合自己的工作经验和研究成果也提出了各自的观

点。2014 年 5 月 6 日，财政部会计司司长杨敏在全国会计处长座谈会上指出：管理会计服务于内部管理需要，通过利用相关信息，有机融合财务与业务活动，可以在成本管理、预算管理、风险控制、绩效评价等多个方面发挥重要作用。清华大学经管学院会计学教授于增彪（2018）认为，管理会计是创造组织价值的信息系统，主要通过决策支持系统、管理控制系统和行为调节系统三种途径创造组织价值。

考察当前新经济、新业态、新模式下管理会计发展的要求，综合各专业机构和专家学者的观点，本教材对管理会计做如下定义：管理会计是服务于单位（企业和行政事业）内部管理需要，针对要素市场竞争、产品市场竞争和资本市场竞争，为实现"资产高安全度、资产高利润率、现金流充足、资产高增值率和把握新产业"这一目标，通过利用财务、非财务等相关信息，有机融合财务与业务活动，在单位规划、决策、控制和评价等方面发挥重要作用的管理活动。

二、管理会计指引体系

2014 年财政部出台《关于全面推进管理会计体系建设的指导意见》，提出全面推进管理会计体系建设，形成以管理会计基本指引为统领、以管理会计应用指引为具体指导、以管理会计案例示范为补充的管理会计指引体系。

（一）管理会计基本指引

2016 年，财政部在《管理会计基本指引》中提出，单位应用管理会计应遵循下列原则。

（1）战略导向原则。管理会计的应用应以战略规划为导向，以持续创造价值为核心，促进单位可持续发展。

（2）融合性原则。管理会计应嵌入单位相关领域、层次、环节，以业务流程为基础，利用管理会计工具方法，将财务和业务等有机融合。

（3）适应性原则。管理会计的应用应与单位应用环境和自身特征相适应。单位自身特征包括单位性质、规模、发展阶段、管理模式、治理水平等。

（4）成本效益原则。管理会计的应用应权衡实施成本和预期效益，合理、有效地推进管理会计应用。

单位应用管理会计，应包括应用环境、管理会计活动、工具方法、信息与报告四要素。

（二）管理会计应用指引

2017 年，财政部在《关于印发〈管理会计应用指引第 100 号——战略管理〉等 22 项管理会计应用指引的通知》中提出管理会计应用指引具体内容：战略管理领域包括 1 项概括性指引和 1 项工具方法指引——战略地图；预算管理领域包括 1 项概括性指引和 1 项工具方法指引——滚动预算；成本管理领域包括 1 项概括性指引和 4 项工具方法指引——目标成本法、标准成本法、变动成本法、作业成本法；营运管理领域包括 1 项概括性指引和 3 项具体工具方法指引——本量利分析、敏感性分析、边际分析；投融资管理领域包括 1 项概括性指引和 2 项工具方法指引——贴现现金流法、项目管理；绩效管理领域包括 1 项概括性指引和 3 项工具方法指引——关键绩效指标法、经济增加值法、平衡计分卡；其他领域包括 2 项工具方法指引——企业管理会计报告和管理会计信息系统。

2018 年，财政部先后发布《关于印发〈管理会计应用指引第 202 号——零基预算〉等 7 项管理会计应用指引的通知》和《关于印发〈管理会计应用指引第 204 号——作业预算〉等 5 项管理会计应用指引的通知》中公布的管理会计应用指引包括：预算管理领域 3 项工具方法指引——零基预算、弹性预算和作业预算；营运管理领域 1 项具体工具方法指引——约束资源优化、内部转移定价和多维度盈利能力分析；投融资管理领域 1 项工具方法指引——情景分析；绩效管理领域 1 项工具方法指引——绩效棱柱模型；风险管理领域 1 项概括性指引和 2 项工具方法指引——风险矩阵和风险清单；其他领域 1 项工具方法指引——行政事业单位。管理会计应用指引体系如图 1－3 所示。

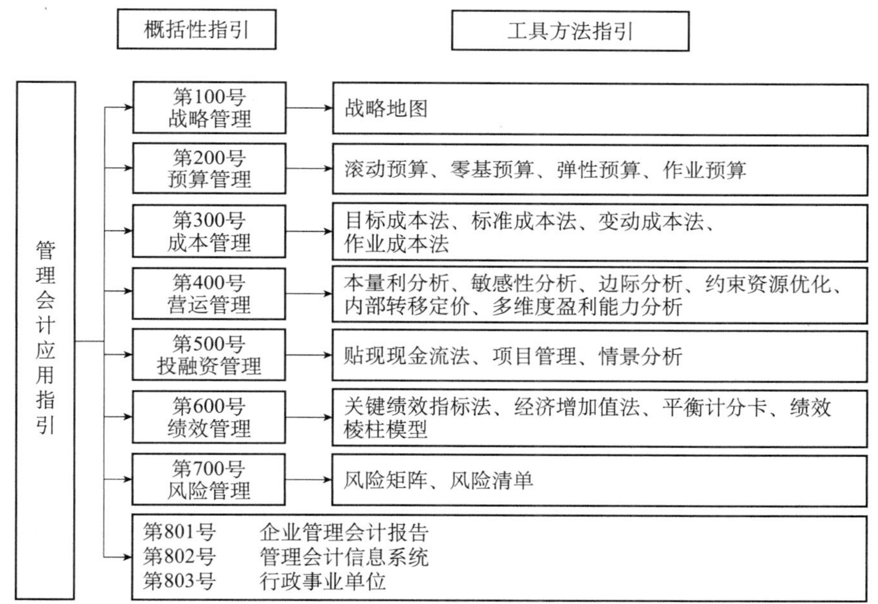

图 1－3　管理会计应用指引体系

三、管理会计内容体系

管理会计体系涵盖四部分内容：第一部分为管理会计基础，包括管理会计概述、成本性态分析、本量利分析、变动成本法和资金管理；第二部分为决策会计，包括短期经营决策和长期投资决策；第三部分为控制会计，包括全面预算管理、作业成本法、目标成本管理、项目成本管理、战略成本管理和绩效管理；第四部分为管理会计报告与信息系统。管理会计内容体系如图 1－4 所示。

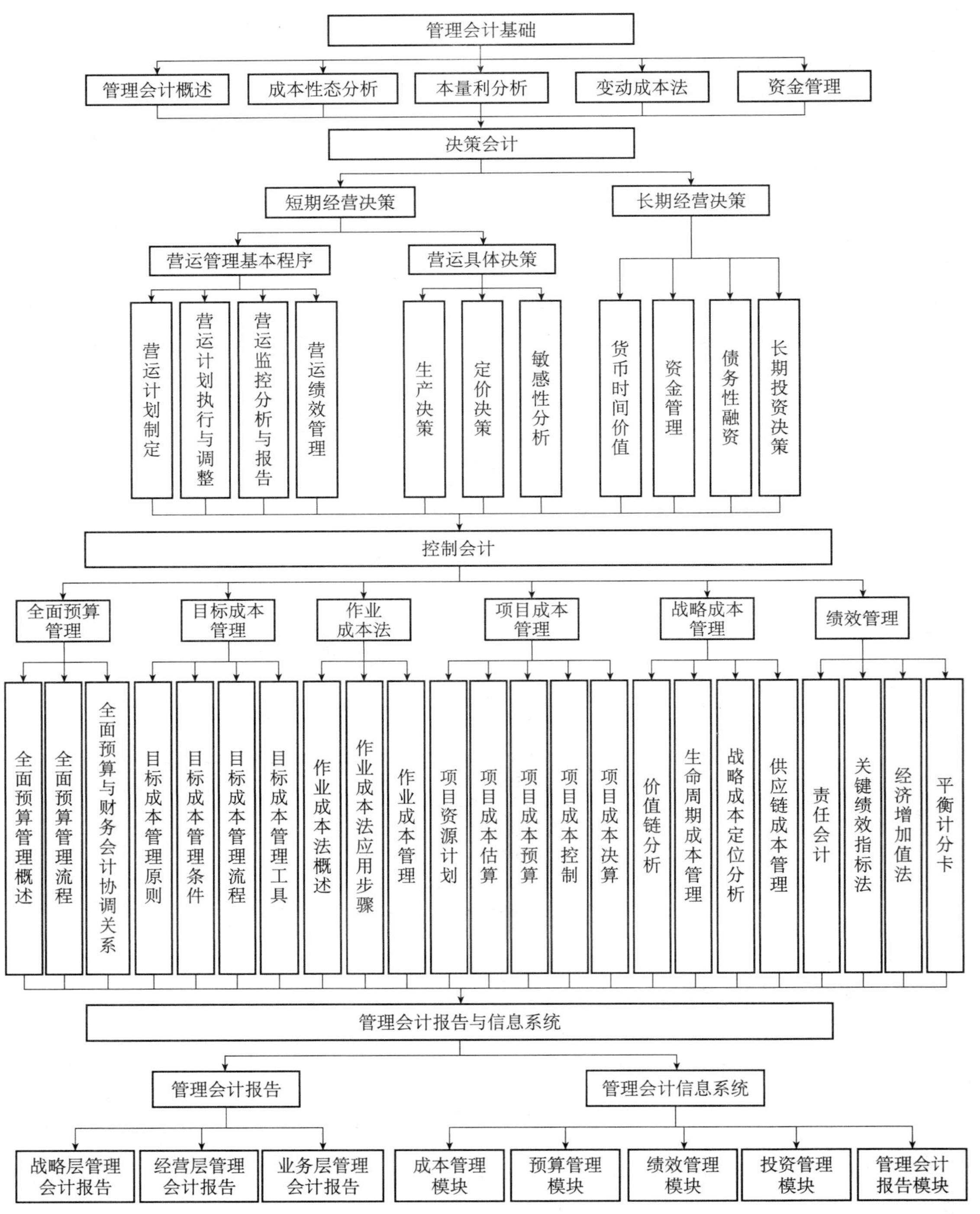

图 1－4　管理会计内容体系

第四节　管理会计假设、目标与信息质量特征

一、管理会计假设

管理会计假设是构建管理会计理论体系的基石，是对管理会计实践中不确定因素的推定，是构成管理会计思想基础的科学设想。管理会计假设包括以下七条。

（一）管理会计主体相关性假设

管理会计主体是对管理会计存在空间的假设。管理会计主体可以是管理会计人员所立足的一个特定的主体，也可以是这个主体的分支机构或子公司。简而言之，管理会计的主体是某种特定内在关系的联合，也可以说，管理会计的主体是利益相关实体的联合。管理会计主体范围包括集团公司管理会计、行业公司或事业部管理会计和子公司管理会计等。管理会计主体范围及各自的侧重点如图 1－5 所示。

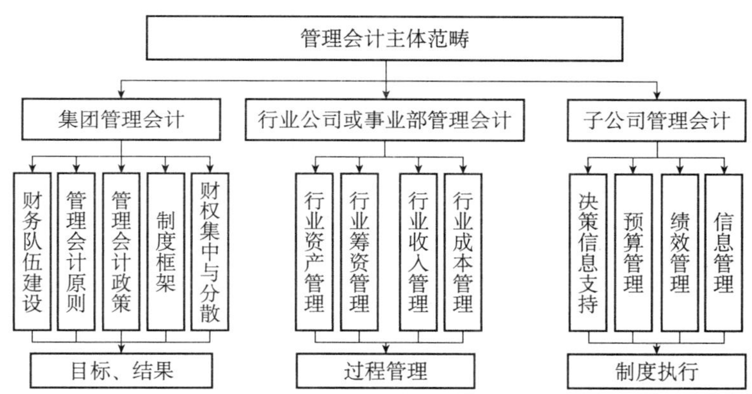

图 1－5　管理会计主体范围

（二）对象可计量假设

衡量一个会计主体的指标可以是定性的，也可以是定量的。但管理会计对主体所核算和分析的内容是定量的，这些内容应具有可计量性。以定量分析为基础，对主体进行预测、决策，是管理会计工作的核心所在。

（三）行为理性化假设

管理会计对主体所进行的规划、决策、控制和评价决策分析，基于主体的决策者是理性人这一前提。决策者理性化要求其在选择方案时以企业利益最大化为标准，如果没有这一标准，管理会计所进行的任何分析都是没有意义的。

（四）货币时间价值假设

管理会计进行的中长期决策应考虑货币的时间价值因素，为了分析简单而忽略时间价值的做法可能会导致决策不理性，这与决策者行为理性化假设相悖。货币时间价值说在财务分析中已成为人们的共识，把这一共识作为管理会计的基本假设是合适的。

（五）制度选择假设

所有的制度安排都可以解释为选择的结果。制度选择是指理性的管理者选择符合战略导向的管理政策。管理政策可以是科学性原理、方法，也可以是相似企业的相关可行方法等。

（六）战略连续性假设

战略连续性假设的内容包括：一方面，战略管理是企业高层管理者为保证企业的持续生存和发展，通过对企业外部环境与内部条件的分析，对企业全部经营活动所进行的根本性和长远性的规划与指导；另一方面，是为了使抽象的战略可以量化。

（七）管理会计误差假设

基于现实性视角，管理会计误差是不可避免的，实务中再次确认时丢失的信息就是管理会计误差。管理会计误差的产生是管理实践历史性的表现，管理实践的历史性即管理走向自由王国的过程。

二、管理会计目标

管理会计的目标是通过运用管理会计工具方法，参与单位规划、决策、控制、评价活动并为之提供有用信息，推动单位实现战略规划，以实现企业预期目标。

管理会计以促进企业预期目标的实现为宗旨。对于任何一家企业，通过追求“资产高安全度、资产高利润率、现金流充足、资产高增值率和把握新产业”，实现利益相关者利益最大化。在买方市场下，企业存在着互为因果的目标链。在企业的目标链中，决定性的目标是客户价值最大化。在客户价值最大化得以保证的情况下，企业的客户获得率、客户保持率、客户满意度、客户获利率才得以保证，而这些指标决定着企业的市场份额。市场份额的多少反映着企业异质性的大小，企业异质性越大，则企业作为核心企业（或者成为供应链核心企业）对供应链价值乃至商业生态系统优化的促进越大。在供应链价值越大或相关商业生态系统越优化的前提下，企业垄断的时间越长和垄断领域越大，企业的可持续发展越有保障。这时，企业通过“资产高安全度、资产高利润率、现金流充足、资产高增值率和把握新产业”，实现企业价值最大化。企业价值最大化使股东价值最大化和利益相关者利益最大化得以保证。互为因果的企业目标链如图 1 –6 所示。

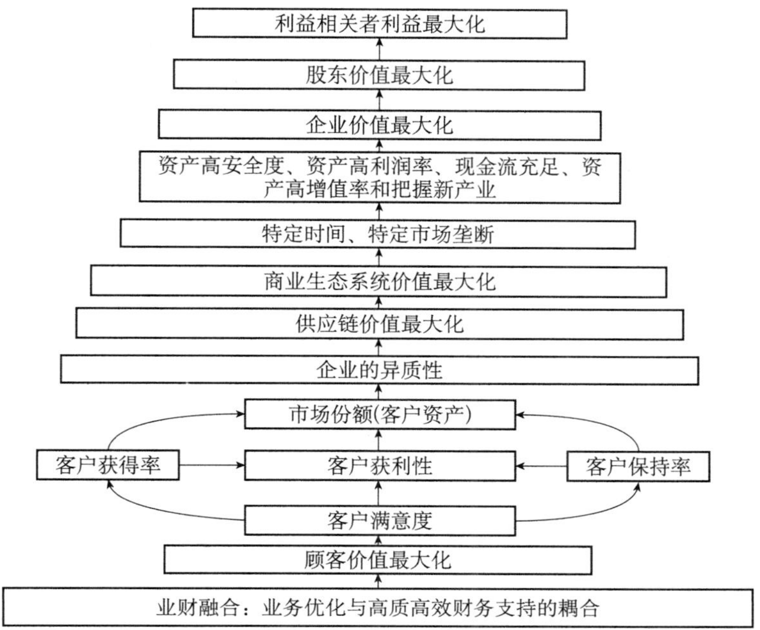

图1-6　互为因果的企业目标链

三、管理会计信息质量特征

向管理人员提供管理会计信息是管理会计的重要职能。为保证管理会计信息能够充分发挥作用，管理会计人员在提供信息时应力求使所提供的信息具备以下几方面的特征。

（一）一致性

一致性是指信息的收集、整理与编报的方法前后期应该一致。对管理会计信息要求具有一致性的目的在于使企业自身各年度的概括信息能够相互可比，从而有利于管理人员进行正确的决策与控制。

（二）准确性

准确性是指管理会计所提供的信息在有效使用范围内必须是正确的，不仅能反映出事物的本来特征，还包括信息的分类要准确，使理性的信息使用者能够通过对信息的分析，揭示出隐含在信息背后的真相及其相互之间的内在联系。在管理会计中，决策对象不同，对信息准确程度的要求也存在差异。

（三）相关性

相关性是指管理会计所提供的信息要与管理当局的预测、决策、规划和控制等管理活动相关。管理会计人员所提供的管理会计信息只有具备相关性才能被管理人员所接受。管理会计信息的相关性具有一定的相对性，它取决于信息使用目的。

（四）可理解性

可理解性是指管理人员易于对管理会计信息作出正确的理解。管理会计信息的表达方式应以管理人员易于理解为准则。为提高管理会计信息的可理解性，管理会计人员在提供信息前应就管理会计报告的形式和内容与有关管理人员进行充分沟通。

（五）及时性

及时性是指管理会计人员必须及时、迅速地为管理当局提供可应用于规划、决策、控制与评价等过程的会计信息。处理信息的及时性与准确性往往相互冲突。如果信息的及时性与准确性发生冲突，那么及时性通常比准确性更重要，管理会计可以在许可范围内通过部分地牺牲信息的准确性来保证信息的及时性。

（六）多元性

多元性是指管理会计信息的具体内容与形式的多样化。管理会计要在其工作范围内提供能满足管理需要的多种不同信息，既包括经加工和改造后的财务信息，大量具有特定形式和内容的非财务信息，也包括实际的和预计的、历史的和未来的、精确的和粗略的、综合的和详尽的、内部的和外部的、技术的和经济的等信息。

（七）经济性

经济性是指企业通过利用信息获取特定利益的同时，要求信息的处理要本着节约的原则降低信息的处理成本。管理会计必须根据经济性原则来决定信息的取舍和确定信息的报告量。这一原则可以看作确定管理会计信息质量特征的约束条件。

思考与讨论

（1）有人说“财务会计信息是目的本身，而管理会计信息是达到目的的手段”。对此，您有何评论？

（2）非财务信息包括哪些内容？管理会计重视对非财务信息的运用，非财务信息纳入管理会计后给管理会计带来什么影响？

（3）怎样理解管理会计与财务会计的区别与联系？

（4）思考管理会计与财务会计同源分流的关系？从二者的“同源分流”到“同源合流”，你怎么看二者的分分合合？

案例与讨论

1. 案例资料

某公司财务科长退休了，公司借调整之机，准备改财务科为财务部，并招聘财务经理一名。广告刊登后，应征人员很多，董事长非常重视并亲自面试，发现某一位具有上市公司财务科长背景的人员很有见解，就高薪聘用了他。

新任财务经理上任后，对该公司会计流程批评较多，却没有能力加以改善，日常的一些工作也与部下沟通不畅，甚至一些资深的老会计怀疑他是假冒内行。为此，董事长觉得很纳闷，在大公司（上市公司）当过财务主管的人，怎么可能是外行呢？

2. 案例讨论

（1）根据上述材料，结合所学的会计知识，阐述会计、财务与管理之间的内在联系。

（2）如果你是董事长，当你遇到上述问题时会怎样处理，请加以阐述。

第二章　管理会计基础回顾

管理会计基础包括成本性态分析、本量利分析、变动成本法等内容，这些理论和方法是深入学习管理会计其他内容的基础。本章做一基本回顾。

第一节　成本性态分析

一、成本性态的基本分析

管理会计作为一门独立的学科，既有它的理论基础，又有它的方法基础。管理会计的方法基础就是成本的性态分析。

成本性态也称成本习性，是指成本与业务量（产销量或作业量）之间的相互依存关系。确切地说，就是全部成本中哪些成本与业务量的变化有关，哪些成本与业务量的变化无关。按业务量变动对成本的影响、变化关系，可以把成本划分为固定成本、变动成本和混合成本三类，现将各类成本的特性分述如下。

（一）固定成本

在一定时期和一定业务量范围内（即相关范围内）发生额不受业务量增减变化影响的那部分成本属于固定成本，如固定资产的折旧（按作业量法计提折旧除外）、管理人员工资、房屋设备租金、保险费等。固定成本的特点是，在相关范围内，成本总额保持不变，单位固定成本随业务量变动呈反比例变动。业务量越大，单位产品所负担的固定成本就越小；反之，就越大。业务量与固定成本总额及单位固定成本的关系如图 2－1 所示。

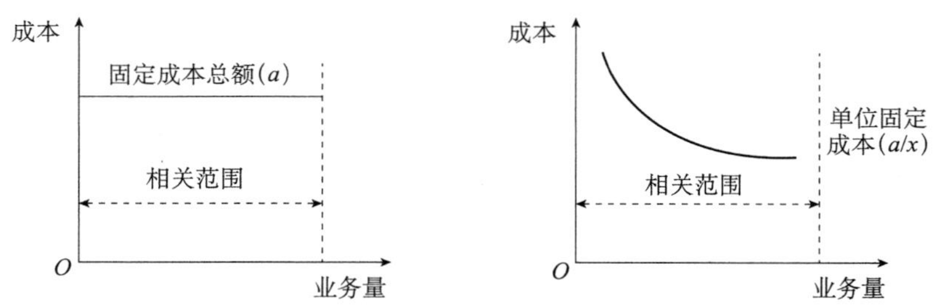

图 2－1　业务量与固定成本总额及单位固定成本的关系

根据固定性的强弱，固定成本分为以下两类。

1. 酌量性固定成本

酌量性固定成本，也称选择性固定成本或任意性固定成本，是根据企业的经营方针，通过编制期间预算由高层管理者决定的，主要包括研究开发费、广告宣传费、职工培训费等内容。

2. 约束性固定成本

约束性固定成本，也称承诺性固定成本或经营能力成本，是企业为取得一定的生产经营能力而付出的代价，管理当局当期的决策无法改变其支出数额，如固定资产的折旧成本、保险费、设备租金、管理人员工资等都属于此类成本。

（二）变动成本

在一定的期间和一定业务量范围内，总额随着业务量的变动而呈正比例变动的成本属于变动成本，如直接材料成本、直接人工成本等。变动成本的特点是，成本总额随着业务量的变动呈正比例变动，单位变动成本在相关范围内保持相对不变。

业务量与变动成本总额及单位变动成本的关系如图 2－2 所示。

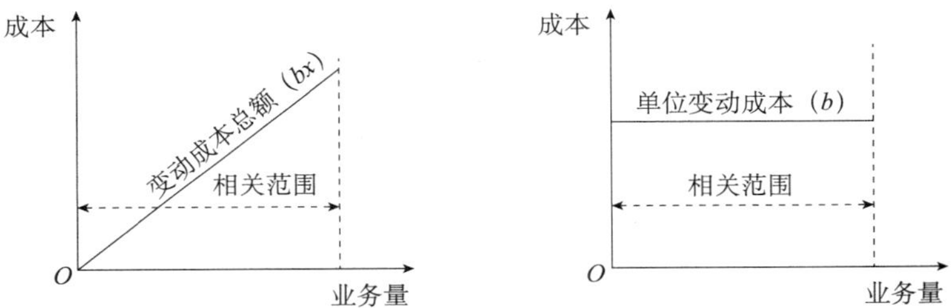

图 2－2　业务量与变动成本总额及单位变动成本的关系

（三）混合成本

总额随着业务量的增减而变动，但又不呈正比例变动的成本称作混合成本。混合成本同时包含了固定成本与变动成本两种因素。混合成本通常存在一初始量，这一部分成本就类似于固定成本；在此基础上，另一部分成本会随着业务量的变化而变化，类似于变动成本。如燃料动力费、水电费等，都属于混合成本。成本性态分析流程如图 2－3 所示。

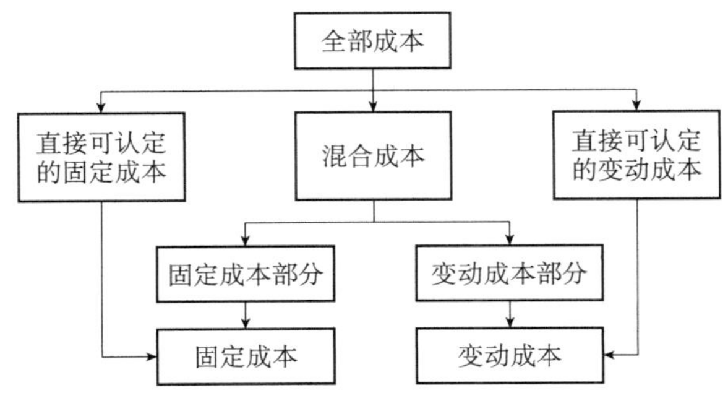

图 2－3　成本性态分析流程

混合成本的特点是，发生额的高低虽然直接受业务量大小的影响，但不存在严格的比例关系，人们需要将混合成本按一定方法分解为固定成本和变动成本，只有这样才能为决策所用。混合成本分为以下四类。

1. 半变动成本

通常有一个基数部分不随业务量的变化而变化，这类似于固定成本；但在基数部分以上，则随着业务量的变化而呈比例变化，这类似于变动成本。

2. 半固定成本

在一定业务量范围内其发生额的数量是不变的，这类似于固定成本；但当业务量的增长达到一定限额时，其发生额会突然跃升到一个新的水平；然后在业务量增长的一定限度内，即一个新的相关范围内，其发生额的数量又保持不变，直到另一个新的跃升为止。

3. 曲线变动成本

通常有一个初始量，一般不变，相当于固定成本；但在这个初始量的基础上，随着业务量的增加，成本也逐步增加，不过两者不呈正比例的直线关系，而呈非线性的曲线关系。

4. 延期变动成本

在一定的业务量范围内，成本总额保持稳定，但超过一定业务量后，则随业务量按比例增长。

二、混合成本的分解方法

（一）技术估算法

技术估算法是根据投入与产出的关系，测定各种材料、燃料、动力、工时等方面的消耗量标准，然后确定其中的变动成本和固定成本数额的一种方法。

【例 2－1】某企业铸造车间燃料成本的有关资料如表 2－1 所示。

表 2－1　某企业铸造车间燃料成本资料

用途	燃料	用量（吨）	成本（元）
每日生产准备	消耗木炭	0.5	200
	消耗煤炭	1.0	200
每吨铸件	消耗煤	0.4	80

假设某企业铸造车间铸件月产量为 x 吨。

要求：估计该车间月燃料总成本。

根据上述资料，确定该车间燃料成本中的月变动成本和月固定成本如下：

$$月固定成本 = 日生产准备消耗燃料 \times 月生产天数（按 25 天计）$$
$$= (200 + 200) \times 25 = 10\ 000（元）$$

$$月变动成本 = 每吨铸件消耗燃料 \times 月产量 = 80x$$

则：

$$月燃料总成本 = 10\,000 + 80x$$

（二）直接估计法

直接估计法就是根据混合成本各成本项目的性质，把总体上与业务量变化关系较为紧密的成本项目直接视为变动成本处理，而将总体上较为稳定且与业务量的变化无密切联系的成本项目看作固定成本。在企业成本中，大量的间接成本如固定资产折旧费（工作量法除外）、车间管理人员的工资、办公费等都可归入固定成本，销售费用和管理费用中大多属于固定成本性质；但有一些费用则具有变动成本性质，如运输费、包装费、委托代销手续费、销售佣金、业务招待费、坏账准备等。

运用直接估计法较为简便易行，但需要分析人员作出一定的主观判断，尤其是对一些具有混合成本性质的项目，只按判断归入其中的一类，与实际情况往往不符。

（三）合同认定法

合同认定法是直接根据企业所签订的合同、既定的管理制度、核算制度和支付费用的规定来测算固定成本部分和变动成本部分的一种方法。

【例2-2】某企业租用一台机器进行生产，租约规定按两种标准计算、支付租金。按年支付租金2 500元，同时，机器每运转一小时支付租金0.1元。假设机器年运转时间为x小时，则有：

年固定成本=2 500元，年变动成本=$0.1x$，年支付租金总额=$2\,500+0.1x$。

合同认定法适用于有明确计算办法的一些费用，如水电费等劳务费用，有些企业实行基本工资与计件工资相结合的工资形式，也可以此方法来确定工资费用的变动部分和固定部分。

（四）历史成本分析法

历史成本分析法是根据提供的历史资料，运用一定的技术手段来划分固定成本与变动成本的一种方法。历史成本分析法因采用技术手段的不同具体又可分为高低点法、散布图法和回归分析法三种方法。

1. 高低点法

高低点法是以历史资料中高点业务量及对应的混合成本与低点业务量及对应的混合成本为基本数据，然后运用一定的技术手段来确定其中的变动成本和固定成本的一种方法。其具体分解过程如下。

令y表示某一时期的混合成本，x表示某一时期的业务量，a表示混合成本中的固定成本部分，b表示混合成本中的单位变动成本，则有：

$$y = a + bx \tag{2-1}$$

这里所要确定的是a和b。根据高低点法的规则，a和b可按如下公式计算：

$$b = \frac{\text{高点混合成本} - \text{低点混合成本}}{\text{高点业务量} - \text{低点业务量}} \quad (2-2)$$

将数据 b 代入混合成本方程式，即求得：

$$a = y - bx \quad (2-3)$$

式（2－1）、式（2－2）和式（2－3）中的 x 和 y 可以用高点的业务量和相对应的混合成本代入，也可以用低点的业务量和相对应的混合成本代入。

【例 2－3】某企业 2021 年 1～6 月的维修费资料如表 2－2 所示。

表 2－2　某企业 2021 年 1～6 月的维修费资料

月份	机器工作时间（小时）	维修费（元）
1 月	15 000	32 000
2 月	12 000	28 000
3 月	14 000	31 000
4 月	17 000	36 000
5 月	18 000	37 000
6 月	14 000	30 000

要求：采用高低点法分解该项维修费用。

根据上述历史资料，首先找出高点业务量与低点业务量以及相对应的维修费用数额，如表 2－3 所示。

表 2－3　高低点法分解维修费用

业务量	机器工作时间（小时）	维修费（元）
最高点	18 000	37 000
最低点	12 000	28 000
差量	6 000	9 000

据此，先确定维修费中的单位变动费用：

$$b = \frac{\text{高低点混合成本之差}}{\text{高低点业务量之差}} = \frac{9\ 000}{6\ 000} = 1.5\ （元/小时）$$

把 b 代入混合成本的方程式求 a：

$$a = 37\ 000 - 18\ 000 \times 1.5 = 10\ 000\ （元）$$

或代入低点：　$a = 28\ 000 - 12\ 000 \times 1.5 = 10\ 000$（元）

所以该维修费为：　$y = 10\ 000 + 1.5x$

用高低点法分解混合成本，计算简单且便于应用，但高点与低点不能完全代表有关业务量和混合成本的变化关系，因此，有一定的误差。

2. 散布图法

散布图法是根据一系列业务量和成本资料，结合目测手段，通过作图来分解混合成本的一种方法。其具体步骤如下。

（1）建立直角坐标系，横轴表示业务量，纵轴表示成本。

（2）将各期业务量及相对应的成本数据标入坐标系，构成散布图。

（3）根据目测，作一条成本线。要求该成本线上下方的散布点基本一致，且感觉上下各散布点与该成本线的距离之和最小。

（4）该成本线与纵轴的交点即是固定成本数值。

（5）确定固定成本部分后，再根据成本线上任何一点的坐标以确定单位变动成本数值。

其计算公式为：

$$b=\frac{y-a}{x} \tag{2-4}$$

根据表2－2所列资料，按上述有关步骤，绘制的散布图如图2－4所示。

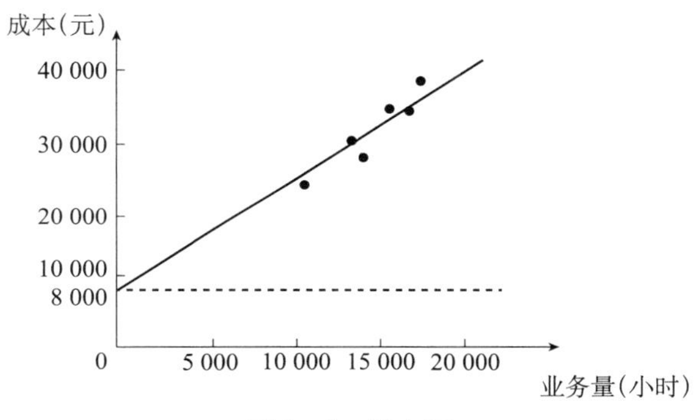

图2－4　散布图

从图2－4可以看出，固定成本大约为8 000元，而且成本线通过坐标（14 000，31 000）的散布点，因此可以直接将该坐标点代入公式，求得：

$$b=\frac{31\ 000-8\ 000}{14\ 000}\approx 1.643\ （元/小时）$$

所以，用散布图法进行分解，该维修费用的方程式为：$y=8\ 000+1.643x$。

由于散布图法考虑了一系列历史数据中业务量与混合成本的依存关系，所以一般说来，比高低点法分解结果要准确些。但是，该方法以目测的方法确定成本线，因而难免存在一定的主观成分。

3. 回归分析法

回归分析法是数理统计中“偏差平方和最小”原理在成本分解中的运用。偏差平方和最小，就是要确定这样一条直线，使全部观测数据到该直线的偏差平方和小于其他任何一条直线，这条直线就被认为是回归直线。一般把平方和运算也称之为“二乘”运算，所以回归分析法也称作最小二乘法。

根据这一原理，要找出这样一条直线，实际上就是要确定直线方程中 a 和 b 的值，使所有观察值（x_i，y_i）与直线 $y=a+bx$ 的偏差平方和 $\sum_{i=1}^{n}(\bar{y}_i-y_i)^2$ 最小，如图2－5所示。

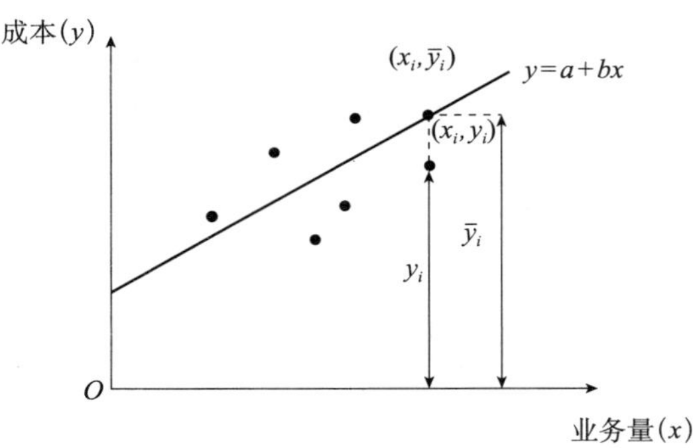

图 2－5　回归分析

令：

$$Q = \sum_{i=1}^{n} (\bar{y}_i - y_i)^2 \tag{2-5}$$

把 $\bar{y}_i = a + bx_i$ 代入式（2－5），得：

$$Q = \sum_{i=1}^{n} (a + bx_i - y_i)^2 \tag{2-6}$$

由于（x_i，y_i）为已知的各散布点，于是式（2－6）就是包含未知数 a 和 b 的二元函数，通过求偏导数和解二元一次方程，求得：

$$b = \frac{n\sum x_i y_i - \sum x_i \sum y_i}{n\sum x_i^2 - (\sum x_i)^2} \tag{2-7}$$

$$a = \frac{\sum y_i \sum x_i^2 - \sum x_i y_i \sum x_i}{n\sum x_i^2 - (\sum x_i)^2} \tag{2-8}$$

$$\text{或 } a = \frac{\sum y_i - b\sum x_i}{n} \tag{2-9}$$

仍按上例，用回归分析法对维修费用予以分解。

按公式要求，经加工整理后的资料如表 2－4 所示。

表 2－4　　维修费用分解

月份（$n=6$）	业务量（x_i）（千小时）	维修费（y_i）（千元）	$x_i y_i$	x_i^2
1 月	15	32	480	225
2 月	12	28	336	144
3 月	14	31	434	196
4 月	17	36	612	289
5 月	18	37	666	324
6 月	14	30	420	196
合计	90	194	2 948	1 374

把表 2-4 有关数据代入求 b 和 a 的公式之中，得：

$$b=\frac{n\sum x_iy_i-\sum x_i\sum y_i}{n\sum x_i^2-(\sum x_i)^2}=\frac{6\times 2\ 948-90\times 194}{6\times 1\ 374-90^2}=1.583\text{（千元/千小时）}$$

或 $a=\dfrac{\sum y_i-b\sum x_i}{n}=\dfrac{194-1.583\times 90}{6}=8.588$（千元/千小时）=8 588（元/小时）

所以，用回归分析法进行分解，该维修费用的方程式为：

$$y=8\ 588+1.583x$$

回归分析法运用的是科学的数学方法，因此只要历史资料详尽、全面，其分解的结果就能较客观地反映业务量与混合成本的依存关系。

必须指出，采用历史成本分析方法的一个重要条件是，业务量与混合成本必须保持一定的线性关系，否则分解的结果与实际情况可能会有较大的出入。因此，在采用这些方法之前，有必要对其线性相关程度予以鉴别，即确定它的相关系数。

用 γ 表示相关系数，其计算公式为：

$$\gamma=\frac{n\sum x_iy_i-\sum x_i\sum y_i}{\sqrt{[n\sum x_i^2-(\sum x_i)^2][n\sum y_i^2-(\sum y_i)^2]}}\qquad(2-10)$$

γ 的值一般在 0～1 之间，γ 越接近于 1，说明该项成本与业务量之间的线性关系越密切。

仍按上例，其相关系数为：

$$\gamma=\frac{6\times 2\ 948-90\times 194}{\sqrt{(6\times 1\ 374-90^2)(6\times 6\ 334-194^2)}}=0.99$$

计算结果表明，该项修理费用与其工作时间存在较为密切的线性关系。

三、成本按性态分类在管理会计中的地位

前已述及，成本按性态分类，最终可把全部成本分为固定成本与变动成本两大类。这分类在管理会计中有着十分重要的作用，它贯穿于管理会计的基本内容，是管理会计中一系列计算、分析方法之基础。

1. 成本按性态分类是实行变动成本法的前提

变动成本法是与传统的全部成本法相对而言的一种成本及收益的计算方法。在变动成本法下，产品成本只包括变动的生产成本，即包括直接材料、直接人工和制造费用中的变动部分，而把制造费用中的固定部分与销售及管理费用一起纳入期间成本，在当期收益中全额扣除。实行变动成本法，要求对成本资料严格且准确地划分为变动成本与固定成本两大类。

2. 成本按性态分类是开展本量利分析的基础

在相关范围内，固定成本总额与单位变动成本是相对不变的，这样就使收入何时补偿全部成本的计量成为可能。由此，可以进一步揭示本、量、利三者之间内在的依存关系。

3. 成本按性态分类可为决策分析提供有用信息

在成本按性态分类的基础上，产生了边际贡献概念，根据边际贡献的大小可以对经营活动中的某些备选方案进行分析评价，从而作出正确的决策。例如，在特殊订货决策中，如果企业现有的生产能力尚未得到充分利用，那么只要产品的单价高于单位变动成本，即存在边际贡献，一般就认为是可以接受的。另外，“亏损产品”应否停产、生产的合理安排等决策问题都需要计量产品的边际贡献，以此作为择优的依据。

4. 成本按性态分类有利于实行弹性预算和进行成本控制

弹性预算是能够适应一系列业务量变化的预算，它要求随着业务量的变化随时能够提供变化了的成本数据。有了成本性态的分类，就能充分地反映业务量与总成本的变化依存关系，即 $y = a + bx$。

进行成本控制，必须建立明确而可靠的标准。我们知道，在相关范围内单位变动生产成本相对不变，因此，以此作为单位产品成本的控制标准就具有一定的稳定性。而如果把固定性制造费用也计入产品成本，那么只要产量变化，单位产品成本就会发生变化，这就不利于对成本进行控制与考核。

四、边际贡献率与变动成本率

成本按其性态分为变动成本和固定成本，这是管理会计分析方法的基础。在此基础上，我们还可以进一步掌握与此相关的两个重要指标，即边际贡献率和变动成本率。

（一）边际贡献总额与单位边际贡献

边际贡献也称作贡献毛益或创利额，是指产品销售收入超过变动成本的差额。边际贡献通常有两种表现形式：单位边际贡献和边际贡献总额。

单位边际贡献是指产品销售单价与单位变动成本之差，它在一定程度上反映了产品的盈利能力。其计算公式为：

$$\text{某产品的单位边际贡献} = \text{该产品销售单价} - \text{该产品单位变动成本} \quad (2-11)$$

边际贡献总额是指产品的销售收入总额与销售变动成本总额之差。其计算公式为：

$$\text{边际贡献总额} = \text{销售收入总额} - \text{销售变动成本总额} \quad (2-12)$$

如果是一种产品，则：

$$\begin{aligned}\text{边际贡献总额} &= \text{销售单价} \times \text{销售量} - \text{单位变动成本} \times \text{销售量} \\ &= (\text{销售单价} - \text{单位变动成本}) \times \text{销售量} \\ &= \text{单位边际贡献} \times \text{销售量} \quad (2-13)\end{aligned}$$

如果要计算的是多种产品的边际贡献总额，则：

$$\text{边际贡献总额} = \sum \text{销售单价} \times \text{销售量} - \sum \text{单位变动成本} \times \text{销售量} \quad (2-14)$$

（二）边际贡献率与变动成本率的关系

边际贡献率是指产品单位边际贡献与产品销售单价或产品边际贡献总额与产品销售收入总额的一种比率关系。其计算公式如下。

按单位法：

$$边际贡献率 = \frac{单位边际贡献}{销售单价} \times 100\% \tag{2-15}$$

按总额法：

$$边际贡献率 = \frac{边际贡献总额}{销售收入总额} \times 100\% \tag{2-16}$$

变动成本率是指产品单位变动成本与产品销售单价或销售变动成本总额与产品销售收入总额的一种比率关系。其计算公式如下。

按单位法：

$$变动成本率 = \frac{单位变动成本}{销售单价} \times 100\% \tag{2-17}$$

按总额法：

$$变动成本率 = \frac{变动成本总额}{销售收入总额} \times 100\% \tag{2-18}$$

从上述边际贡献率与变动成本率的公式可以看出，两者都是以销售单价或销售收入作为分母计算出来的，且存在如下关系：

$$边际贡献率 + 变动成本率 = 1 \tag{2-19}$$

由此可见，边际贡献率与变动成本率存在此增彼减的关系，凡变动成本率高的产品，边际贡献率就低；而变动成本率低的产品，边际贡献率就高。

第二节 变动成本法

一、变动成本法与全部成本法的比较

变动成本法最初被称为“直接成本法”，主要是因为当时的产品成本只包括与业务量关系比较明显的直接材料和直接人工。美国权威的《科勒会计词典》记载，第一篇专门论述直接成本法的论文是由美籍英国会计师乔纳森·N. 哈里斯（Donathan N. Harris）在 1936 年撰写的。哈里斯发现杜威—阿尔米化学公司出现销售量上升但收益反而下降的现象，这引起了他的注意。他分析后发现，问题的根源在于采用了传统的全部成本法。依据这些资料，哈里斯对比了直接成本法与传统的全部成本法对营业利润的影响，并揭示了直接成本法的优点，从而使得直接成本法的观点得以迅速传播。

20 世纪 50 年代以后，随着科技的迅速发展、市场竞争的日益加剧，决策重要性日益凸显，人们逐渐认识到传统的全部成本法提供的会计信息越来越不能满足企业内部管理的需要，企业管理当局要求会计提供与之相适应的更广泛、更有用的信息，以便加强对经济活动的事前规划与日常控制。美国的一些会计师和经理人员重新认识、研究了变动成本法并在实务中试行了变动成本法。实践表明：变动成本法不仅有利于企业加强成本管理，而且对制订利润计划、组织科学的经营决策也十分有用，于是变动成本法受到欢迎，到 20 世纪 60 年代，变动成本法风靡欧美。

变动成本法，是指在计算产品成本时以成本性态分析为前提，只将变动生产成本作为产品成本的构成内容，而将固定生产成本作为期间成本，按贡献式损益确定程序计算损益的一种成本计算模式。

变动成本法产生后，人们把财务会计中传统的成本计算方法称为“全部成本法”。全部成本法，是指在计算产品成本时，以成本按其经济用途分类为前提，将全部生产成本作为产品成本的构成内容，按职能式损益确定程序计算损益的一种成本计算模式。

变动成本法和全部成本法在计算产品成本和确定损益时，对固定制造费用的处理方式截然不同，因此两者在产品成本范围、成本流程、存货估价以及期间损益计算方面都存在较大的差异。

（一）产品成本的范围不同

全部成本法是建立在成本按经济用途分类的基础上，将所有的生产成本（包括固定制造费用）全部计入产品成本，随产品的销售而转入当期损益或随存货结转下期，而将所有的非生产成本作为期间成本，全部从当期损益中抵减。

变动成本法是建立在成本性态分类的基础上，把直接材料、直接人工、变动制造费用作为产品成本的组成部分，而把固定制造费用作为期间成本处理，与所有的非生产成本一起直接在当期的收入中抵减。

因此，全部成本法和变动成本法在产品成本构成内容上的差异是对固定制造费用的处理不同。前者将固定制造费用计入产品成本，随着产品销售而将已销产品中所包含的固定制造费用转作销售成本，未销产品中的固定制造费用则作为存货的一部分随着存货递延到下一期；后者将固定制造费用作为期间成本，直接计入当期损益。两种方法成本费用的构成如图 2－6 和图 2－7 所示。

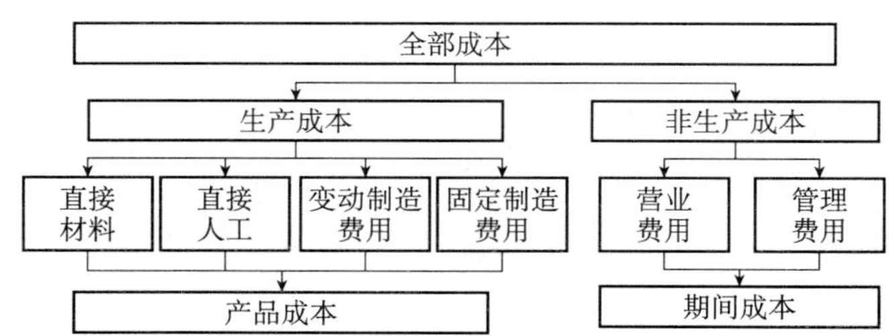

图 2－6　全部成本法下的产品成本和期间成本

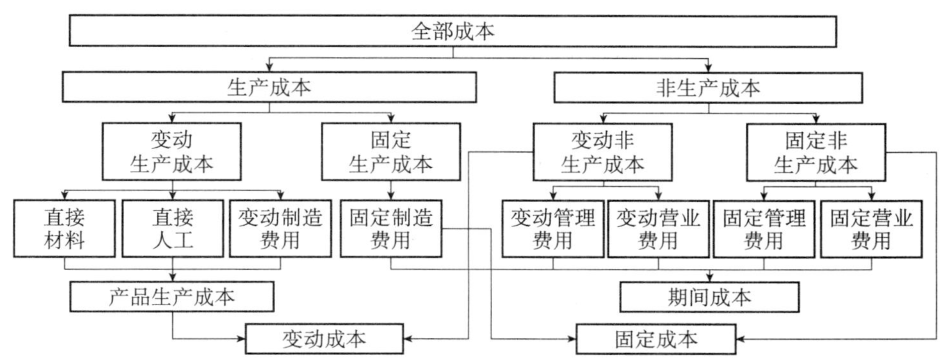

图 2-7　变动成本法下的产品成本和期间成本

【**例 2-4**】某企业生产甲产品，月初无存货，本月生产甲产品 2 000 件，当期全部完工。经销售部门努力，本月销售量 1 500 件，本月发生的有关生产经营性支出如表 2-5 所示。

表 2-5　　**本月生产经营性支出资料**　　单位：元

项目	金额	项目	金额
直接材料	10 000	变动营业费用	1 500
直接人工	2 000	固定营业费用	500
变动制造费用	2 000	变动管理费用	300
固定制造费用	4 000	固定管理费用	700

根据上述资料，采用全部成本法和变动成本计算的产品成本和期间成本如表 2-6 所示。

表 2-6　　**成本计算表**　　单位：元

项目	全部成本法	变动成本法
产品成本：		
直接材料	10 000	10 000
直接人工	2 000	2 000
制造费用	6 000	0
其中：变动制造费用	0	2 000
产品成本总额	18 000	14 000
单位产品成本	9	7
期间成本：		
固定制造费用	0	4 000
营业费用	2 000	2 000
管理费用	1 000	1 000
期间成本总额	3 000	7 000

根据计算结果发现：全部成本法下产品的单位成本为 9 元，变动成本法下产品的单位产品成本只有 7 元，前者大于后者；而全部成本法下期间成本总额为 3 000 元，变动成本法下期间成本总额则达到 7 000 元，后者大于前者。其原因就在于对固定制造费用的不同处理。

（二）期末在产品和产成品存货的计价不同

如前所述，两种方法下所确定的产品成本不同，所以两种方法所确定的期末在产品和产成品存货成本必然不同。在全部成本法下，固定制造费用作为产品成本的组成部分，随产品流动。因此，如期末存在一定数量的在产品和产成品存货，则期末存货中不仅包括直接材料、直接人工和变动制造费用，还包括一定量的固定制造费用。而在变动成本法下，由于把固定制造费用作为期间成本处理，所以其存货成本不包括固定制造费用。因此，全部成本法下的期末存货成本必然大于变动成本法下的期末存货成本。

例 2 -4 中，企业期末有甲产品的产成品存货 500 件（2 000 - 1 500），按照两种方法各自的单位产品成本，月末存货成本计算如表 2 -7 所示。

表 2 -7　　**存货成本计算表**　　单位：元

项目	全部成本法		变动成本法	
	总成本	单位成本	总成本	单位成本
直接材料	2 500	5	2 500	5
直接人工	500	1	500	1
变动制造费用	500	1	500	1
固定制造费用	1 000	2	—	—
合计	4 500	9	3 500	7

从计算结果可以看出，由于全部成本法下月末产成品存货中包括了 1 000 元的固定制造费用，所以其月末存货成本总额比变动成本法下月末存货成本总额大了 1 000 元。

（三）期间损益的计算方式及其结果不同

全部成本法和变动成本法的区别不仅限于成本方面，它们还存在营业利润的计量程序和计算结果的不同。

在全部成本法下，利润的确定需要通过两个步骤：首先，从收入中减去已销产品的生产成本，确定营业毛利；其次，再从营业毛利中扣减本期的期间成本（所有的非生产成本），得到税前净利。具体计算公式如下：

$$营业收入 - 营业成本 = 营业毛利 \quad (2-20)$$

$$营业毛利 - 期间成本 = 营业利润（税前） \quad (2-21)$$

其中：

$$营业成本 = 本期销售产品的生产成本 = 期初存货成本 + 本期发生的生产成本 - 期末存货成本 \quad (2-22)$$

$$期间成本 = 本期的非生产成本 = 营业费用 + 管理费用 \quad (2-23)$$

在变动成本法下，利润的确定同样需要两个步骤：首先，从收入中减去销售变动成本，确定边际贡献；其次，再从边际贡献中扣减固定成本，得到税前净利。具体计算公式如下：

$$营业收入 - 销售变动成本 = 边际贡献 \quad (2-24)$$

$$边际贡献 - 固定成本 = 营业利润（税前） \quad (2-25)$$

其中：

$$销售变动成本 = 已销产品的变动生产成本 + 变动非生产成本 = 销售量 \times 单位变动生产成本 + 变动营业费用 + 变动管理费用 \quad (2-26)$$

$$固定成本 = 固定生产成本 + 固定非生产成本 = 固定制造费用 + 固定营业费用 + 固定管理费用 \quad (2-27)$$

按上述步骤编制两种方法的损益表，在格式上有显著的区别。在全部成本法下，由于把所有成本根据经济用途分类后按生产成本与非生产成本排列，所以习惯上称为职能式损益表。在变动成本法下，则把所有成本按成本性态分类，以便取得边际贡献信息，满足企业内部经营管理的需要，所以把这种损益表称为贡献式损益表。

例2－4中，假设甲产品的销售单价为20元，则按全部成本法和按变动成本法编制损益表如表2－8和表2－9所示。

表2－8　　职能式损益表（全部成本法）　　单位：元

项目		
营业收入（1 500×20）		30 000
减：营业成本		
期初存货成本	0	
本期生产成本（2 000×9）	18 000	
可供销售的产品成本	18 000	
减：期末存货成本（500×9）	4 500	
营业成本合计	13 500	
营业毛利		16 500
减：期间成本		
营业费用（1 500＋500）	2 000	
管理费用（300＋700）	1 000	
期间成本合计	3 000	
营业利润		13 500

表 2－9　　贡献式损益表（变动成本法）　　单位：元

营业收入（1 500×20）		30 000
减：销售变动成本		
变动生产成本（0＋2 000×7）	14 000	
减：存货成本（500×7）	3 500	
变动销售成本	10 500	
变动营业费用	1 500	
变动管理费用	300	
销售变动成本合计	12 300	
边际贡献		17 700
减：固定成本		
固定制造费用	4 000	
固定营业费用	500	
固定管理费用	700	
固定成本合计	5 200	
营业利润		12 500

两种方法下的损益表，除了损益表的格式不同之外，从表 2－8 和表 2－9 的计算结果也可以发现，两种方法下的营业利润也不相同。全部成本法下计算的营业利润为 13 500 元，变动成本法下计算的营业利润为 12 500 元，两者相差了 1 000 元。这是因为在全部成本法下，本期发生的固定性制造费用 4 000 元中，有一部分（1 000 元）被期末存货吸收并结转下期，本期只有 3 000 元通过营业成本计入了损益表；而变动成本法下，所有的 4 000 元固定制造费用全部作为期间费用计入了本期损益表。即，计入全部成本法损益表的固定制造费用比计入变动成本法的固定制造费用少了 1 000 元，结果导致前者的营业利润比后者多了 1 000 元。

那么，是否按全部成本法确定的营业利润总是大于或不等于按变动成本法确定的营业利润呢？事实并不如此。结合产销量、存货及单位产品成本各期存在的变化，两种方法计算的各期损益的差异有各种不同的情况，并且也可能相等。下文进行详细阐述。

二、变动成本法和全部成本法期间损益差异的规律

变动成本法和全部成本法期间损益出现差异，是由对固定制造费用的处理不同引起的。在全部成本法下，固定制造费用被作为产品成本的组成部分，随存货而流转；变动成本法下，固定制造费用被作为期间费用，直接从当期收入中抵扣。所以，只要全部成本法下的期初和期末存货中所包含的固定制造费用有不同，按两种方法所确定的期间损益就会出现差异。那么，这两种方法下期间损益的差异有何规律？如果我们从动态的角度观察一个较长时

期内分别按两种方法确定的营业利润水平，就可以归纳出两种方法计算的期间损益差异的规律。

【例2-5】某企业生产乙产品，2021年第一~第四季度的有关资料如下。

1. 产销量及存货

企业乙产品产销量及存货如表2-10所示。

表2-10　**产销量及存货**　单位：台

乙产品数量	季度			
	第一季度	第二季度	第三季度	第四季度
期初存货量	1 000	2 000	2 000	2 000
本期生产量	8 400	7 000	7 000	5 600
本期销售量	7 400	7 000	7 000	7 600
期末存货量	2 000	2 000	2 000	0

2. 价格与成本

乙产品销售单价120元，单位变动生产成本50元，单位变动营业及管理费用10元，每季度固定制造费用168 000元，每季度固定营业及管理费用200 000元。年初存货中，按全部成本法计算的单位产品成本中包含固定制造费用20元，其他成本水平同本年。存货计价的方式采用先进先出法。

要求：采用全部成本法和变动成本法计算2021年四个季度的营业利润并加以比较。

根据上述资料，首先计算两种方法下各季度单位产品成本数据，计算结果如表2-11所示。

表2-11　**单位产品成本计算表**　单位：元

项目	年初存货	季度			
		第一季度	第二季度	第三季度	第四季度
单位产品变动生产成本	50	50	50	50	50
单位产品变动营业及管理费用	10	10	10	10	10
单位产品固定制造费用	20	20	24	24	30
全部成本法下的单位产品成本	70	70	74	74	74
变动成本法下的单位产品成本	60	60	60	60	60

根据上述计算结构，采用全部成本法和变动成本法计算损益如表2-12和表2-13所示。

表 2－12　　全部成本法损益表　　单位：元

项目	季度			
	第一季度	第二季度	第三季度	第四季度
营业收入	888 000	840 000	840 000	912 000
减：营业成本				
期初存货成本	70 000	140 000	148 000	148 000
本期生产成本	588 000	518 000	518 000	448 000
期末存货成本	140 000	148 000	148 000	0
营业成本合计	518 000	510 000	518 000	596 000
营业毛利	370 000	330 000	322 000	316 000
减：营业及管理费用	274 000	270 000	270 000	276 000
营业利润	96 000	60 000	52 000	40 000

表 2－13　　变动成本法损益表　　单位：元

项目	季度			
	第一季度	第二季度	第三季度	第四季度
营业收入	888 000	840 000	840 000	912 000
减：销售变动成本	444 000	420 000	420 000	456 000
边际贡献	444 000	420 000	420 000	456 000
减：固定制造费用	168 000	168 000	168 000	168 000
减：固定营业及管理费用	200 000	200 000	200 000	200 000
营业利润	76 000	52 000	52 000	88 000

从表 2－12 和表 2－13 可以看出，有的季度全部成本法计算的损益大于变动成本法计算的损益，如第一和第二季度；有的季度全部成本法计算的损益小于变动成本法计算的损益，如第四季度；有的季度两种方法计算的损益刚好相同，如第三季度。

（一）全部成本法期间损益等于变动成本法期间损益的原因

例 2－5 中，第三季度的全部成本法和变动成本法的营业利润相同。这是因为，这个季度期初与期末存货的数量相同，并且存货所包含的固定制造费用也相同，都是 24 000 元（1 000×24），这样全部成本法下扣除的固定制造费用正好等于变动成本法下扣除的固定制造费用，所以两者利润相等。

因此，若全部成本法下期末存货中固定制造费用等于期初存货中固定制造费用，那么两种方法计算的营业利润相同。

（二）全部成本法期间损益大于变动成本法期间损益的原因

例2－5中，第一季度销售产品总计7 400台，期末存货2 000台。在全部成本法下，每台期末存货包含了20元的固定制造费用，固定制造费用总计40 000元。这40 000元固定制造费用随着期末存货流转到下期；但同时，第一季度期初的1 000台存货中包含了上一季度的一部分制造费用20 000元（1 000×20），也影响到了本期利润。综合起来，在这个季度，全部成本法下的期末存货中所包含的固定制造费用大于期初存货中所包含的固定制造费用，从而在当期收入中扣除的固定制造费用比变动成本法下扣除的要少20 000元［（2 000－1 000）×20］，结果使得全部成本法下的第二季度利润比变动成本法的多了20 000元（96 000－76 000）。第二季度也是如此。虽然第二季度期初与期末的存货数量是相同的，但是由于期末存货中所包含的固定制造费用每台比期初多4元（24－20），总计多了8 000元（2 000×4），所以全部成本法计算的利润比变动成本法的多了8 000元。

因此，若全部成本法下期末存货中固定制造费用大于期初存货中固定制造费用，那么全部成本法从当期收入中扣除的固定制造费用比变动成本法下扣除的要少，所以全部成本法的营业利润大于变动成本法的营业利润。它们之间损益的差异额为：

$$\begin{aligned}\text{差异额} &= \text{期末存货中单位产品固定制造费用} \times \text{期末存货量} \\ &\quad - \text{期初存货中单位产品固定制造费用} \times \text{期初存货量}\end{aligned} \qquad (2-28)$$

（三）全部成本法期间损益小于变动成本法期间损益的原因

例2－5中，全部成本法第四季度期末存货中的固定制造费用小于期初存货中固定制造费用，从而在当期的收入中得到补偿的固定制造费用比变动成本法的要大，相应的利润就小。该季度末存货为零，也就无所谓期末存货中的固定制造费用，但期初有存货2 000台，包含固定制造费用48 000元，所以全部成本法下当期利润比变动成本法下当期利润少48 000元。

因此，若全部成本法下期末存货中固定制造费用小于期初存货中固定制造费用，那么全部成本法的营业利润小于变动成本法的营业利润。

任何一种情况下，变动成本法与全部成本法损益的差异都可以用以上三条结论来概括说明，不论产品的产销量和单位产品固定制造费用如何变化，也不论采用何种存货计价方法。

三、对变动成本法的评价

从变动成本法和全部成本法的比较分析中，可以很清楚地了解变动成本法在确定成本和收益方面的特点。与全部成本法比较，变动成本法比较客观地反映了企业通过销售来实现生产经营成果的过程，可以更有效地应用于企业的内部管理。

（一）变动成本法的理论依据

变动成本法在计算产品成本时，只将生产过程所耗用的直接材料、直接人工和变动制造费用计入产品成本，而将固定制造费用作为期间费用，全部列入当期损益表，这样做的理论依据如下。

一方面，产品是产品成本的物质承担者，没有产品实体的存在，产品成本就失去了对象化的载体；另一方面，不消耗费用和成本，产品也不可能形成。所以，产品成本是指在产品生产过程中所发生的各种耗费。它应随着产品实体的流动而流动，随着产量的变动而变动。产量增加，产品成本总额增加；产量减少，产品成本总额减少；产量为零时，则无所谓产品成本。并且，产品成本只有当产品被销售、销售收入得以实现时，才可以与相关的销售收入相配比，得到补偿。根据这一原则，只有直接材料、直接人工和变动制造费用才能计入产品成本。如果将固定制造费用计入产品成本，则不利于成本的控制和决策，因为这样单纯的产量变动就会影响到单位产品成本的升降，从而掩盖了材料成本、人工成本方面成本控制的绩效。

期间成本是指那些不随着产品实体的流动而流动，不随着产品产量的变动而变动，而是随着产品生产经营持续期间的长短而增减，其效益随着时间的推移而消逝，不能递延到下期，只能在发生当期计入损益表由当期的销售收入补偿的费用。固定制造费用主要是为了提供和维持生产能力所发生的，它与生产能力的利用程度无关，同产品的实际生产量没有直接关系。企业生产能力一经形成，不管其利用程度如何，固定制造费用照样发生，在相关范围内，固定制造费用总额不发生变化；即使产量为零，固定制造费用也不为零。因此，固定制造费用不应计入产品成本。同时，由于固定制造费用总是按期发生的，同管理费用等一样具有时效性。不论其所提供的能力和条件是否在当期被利用或是否被充分利用，固定制造费用的发生额都不会受到丝毫影响，并且其效益随着时间的推移而逐渐消失，不能递延到下期。因此，当期发生的固定制造费用应全额列入当期的期间成本，直接从当期的收益中扣减，而不应随着存货递延到下一期。

（二）变动成本法的优点

1. 从理论上看，比较符合“费用和收益相匹配”的会计原则

费用和收益相匹配，是指会计所记录的一定时期的收益和费用，必须属于同一会计时期。一方面，固定制造费用主要是为了提供和维持生产能力所发生的，它与生产能力的利用程度无关，同产品的实际生产量没有直接关系；企业生产能力一经形成，不论其利用程度如何，固定制造费用照样发生，并且在相关范围内总额不发生变化。另一方面，它的发生与时间有关，并且随着时间的消逝而丧失，当期如果不利用这种生产条件和能力，下期就无法再利用，所以这一部分成本应该与其他的固定成本一样，同本期收益相配合。但全部成本法下，这一部分固定成本被作为产品成本的一部分，可以随存货流转到下期，从而无法反映企业真实的经营情况。

在变动成本法下，它的基本原理就是把本期实现销售产品的变动成本同销售收入相匹配确定边际贡献；将未销售产品的变动成本转作存货，以便与未来预期获得的收益相匹配；将固定成本全部作为期间成本，同本期收益相匹配。因此，从理论上看，与全部成本法相比，变动成本法更符合费用和收益相匹配原则。

2. 变动成本法利于促使企业重视产品销售工作

营业利润作为一项反映经营成果的指标，是衡量一定时期经营管理绩效的重要标准，即管理部门有理由认为营业利润应该与产品的销售量挂钩。如果其他条件不变，销售量增加，利润相应地增加；反之，销售量减少，利润应相应地减少。但在全部成本法下，往往并非如此，会出现在销售单价、单位变动成本和固定成本不变的条件下，销售量增加，利润反而减少的情况；或者销售量一样而利润不同等令管理部门难以理解的现象。如例 2 - 5 中，乙产品四个季度产品销售单价、所有的单位变动成本和固定成本总额全部相等，第四季度的销量最高，为 7 600 台，分别比第一季度、第二季度和第三季度多 200 台、600 台和 600 台，但利润却分别减少了 56 000 元、20 000 元和 12 000 元；其中，第二季度、第三季度的产量、销量也完全相等，但利润却相差 8 000 元。

变动成本法则能够揭示利润和业务量之间的正常关系。只要销售单价、单位变动成本和固定成本总额保持不变，利润就会随着销售量的变动呈同方向变动。同样是例 2 - 5，在变动成本法下，第四季度销量最大，利润就最大；第二季度、第三季度销量相同，利润也就相同。这样，就会促使企业重视产品的销售工作，把注意力集中在研究市场动态上，认真做好销售预测工作，防止盲目生产。

3. 变动成本法利于科学的成本控制、绩效评价和经营决策

全部成本法下，由于固定制造费用因素的存在，使得产品产量的大小直接影响到产品的单位成本。有时，生产部门在降低消耗水平上挖掘了相当的潜力，但因为产量下降，单位产品成本反而上升；有时，生产部门的消耗水平有所上升，但仅仅因为扩大了生产量，单位成本却反而下降。可见，全部成本法下的单位成本资料不能真实地反映生产部门成本控制的绩效。

变动成本法下，产品成本只包括变动的生产成本，产品单位成本不受产量因素的影响。而且变动成本法按变动和固定成本分类的成本信息，是分清经济责任、进行成本控制和绩效评价的重要依据。主要原因是，变动生产成本是生产部门的可控成本，其成本高低反映出生产和供应部门的工作绩效；而固定成本往往是职能部门的可控成本，其发生额的多少通常由管理部门负责。在分清经济责任的基础上，确立责任预算和责任目标并进行控制和考核，是责任会计制度的核心内容，变动成本法为责任会计的开展创造了一定的条件。

变动成本法将成本分为变动成本和固定成本，也有利于采用科学的成本控制方法。一般来说，固定成本的发生和产销量之间没有直接的因果关系，其成本控制应以总额控制为目标，一般采用固定预算控制；而变动成本总额随产销量的变动而变动，其成本控制的方向应该是单位成本的消耗，一般通过制定标准成本和弹性预算来控制。

此外，企业管理人员要规划和严格控制企业未来的经营活动，要作出正确的经营决策，必须掌握各种信息。变动成本法将成本按其性态分类，以此为基础可以计算出产品的边际贡献及其相关的信息如变动成本率、经营杠杆率等。这些信息是企业进行成本预测、本量利分析、规划目标利润和目标成本、编制弹性预算等不可缺少的，它们对于帮助管理人员作出正确的经营决策，如亏损产品是否应该停产、最优生产批量等，具有十分重要的意义。

（三）变动成本法的局限性

1. 变动成本法下的产品成本不符合传统的成本概念

传统的成本概念认为，产品成本是“为了获得某些产品、劳务和作业而做出的一切牺牲”，是“一切可以计入存货的制造成本”。而变动成本法下的产品成本只包括直接材料、直接人工和变动制造费用，不包括固定制造费用，不能全面反映产品生产过程中的全部消耗，显然不符合传统的成本概念，不符合公认会计原则对外编制报表的要求。这使得变动成本法的应用受到了制约。

2. 变动成本法的成本划分具有假设性

变动成本法是在成本按成本性态分类的前提下进行的。但是，在实际工作中，成本支出受到许多因素的影响，“纯粹”的变动成本和固定成本很少，大多数以混合成本形式存在，哪些属于变动成本，哪些属于固定成本，并不易于辨认，需要用一定的方法对混合成本进行分解。无论采用哪种方法对混合成本进行分解，都带有一定假设的近似划分，往往不够准确。

3. 变动成本法提供的资料不能满足长期决策的需要

成本按其性态划分为变动成本和固定成本是变动成本法的基础，但是成本的“变动”和“固定”是以相关范围的假设为前提的，单位变动成本和固定成本总额只是在相关范围内保持不变。如果超出这个相关范围，得出的结果就不再相同。从企业的短期经营而言，一般不会超出相关范围；但是从长期看，变化才是主流。因此，变动成本法提供的资料一般只能满足短期决策的需要，而无法适应长期决策的需要。

总之，变动成本法不能够满足对外编制财务报表的要求，而全部成本法又无法为企业内部经营管理提供各种有用的信息，因此，为了同时满足对内、对外两方面的需要，可以将两种方法结合使用。以其中的一种方法为基础进行日常核算，期末通过适当的调整以满足对内、对外的需要。考虑到日常核算主要是满足内部管理需要，而对外提供财务报表只在期末进行。所以，较为现实的方法是建立以变动成本法为主体、全部成本法为补充的成本核算体系，即把日常核算工作建立在变动成本法的基础上，按变动成本法设置账户，记录和归集生产费用，计算产品变动成本；期末时，作适当的调整和变通，以全部成本法为基础编制对外财务报表，从而有效地兼顾内外两方面的需要。

第三节　本量利分析

一、本量利分析概述

本量利分析（cost-volume-profit analysis，CVP），即成本—业务量—利润分析，它是指在成本按其成本性态划分为变动成本和固定成本的基础上，以数量化的会计模型和图形来揭示固定成本、变动成本、销售量、销售单价、利润等变量之间内在的规律性联系的一种分析方法。

（一）本量利分析的基本假设

为深入揭示成本、业务量以及利润三者之间的内在联系，进行本量利分析需要对企业日常具体而复杂的经济业务活动进行一种简单化的抽象，即本量利分析是建立在一定的假设基础上的。这些假设一般包括以下四项。

1. 单一成本动因及成本性态划分假设

本量利分析法假设产量是唯一成本动因，而且企业所有的成本费用都能够按成本性态划分为变动成本和固定成本。变动成本总额随着销售量的变化呈正比例变化，单位变动成本保持不变；固定成本总额在销售量的相关范围内保持不变。

2. 相关范围和总成本线性假设

本量利分析假设在分析期内，业务量的变动不应超越可保持售价、单位变动成本和固定成本总额不变的范围，即在相关范围内，成本函数表现为线性表达（$y = a + bx$）；同时，在相关范围内，销售收入也表现为线性表达（$y = px$）。这一假设排除了在时间和业务量变动的情况下，各生产要素的价格、技术条件、工作效率以及市场条件变化的可能性。

3. 产销平衡和品种结构稳定假设

由于存货会“吸收”一定量的成本，所以如果产销不平衡，当期生产产品所发生的成本与当期销售产品所结转的成本就会发生差异。但我们事先难以判断某一时期产销不平衡的量，所以本量利分析假设企业各期生产的产品总能在市场上找到销路，从而实现当期的产销平衡。另外，对于生产多种产品的企业，本量利分析假设在以价值形式表现的产销总量发生变化时，原来的各种产品的产销额在全部产品产销总额中所占的比重并不发生变化。这种假设可以使分析人员将注意力集中于价格、成本以及业务量对企业利润的影响。

4. 目标利润为营业利润假设

在我国的财务会计报表中，用于反映利润的指标包括产品销售利润、营业利润、利润总额、净利润等。考虑到营业利润与成本、业务量的关系比较密切，因此本量利分析的利润一般是指营业利润。

应该看到，企业实际的经济活动往往会超越上述假设，因而对本量利分析的实际应用必须结合企业自身的实际情况，在运用本量利分析原理进行预测或规划的基础上，辅之以必要的调整或修正；或建立适合企业特点的本量利分析模型，如全部成本法条件下、产销不平衡条件下或非线性条件下的本量利分析模型，以使本量利分析法得到更广泛、更适当的应用。

（二）本量利分析的基本表达式

建立本量利基本表达式的因素包括固定成本（a）、单位变动成本（b）、产销量（x）、销售单价（p）、营业利润（P）。依据这些变量之间的关系，即可建立如下表达式：

$$\text{营业利润} = \text{销售收入} - \text{销售成本} \tag{2-29}$$

其中：

$$销售收入 = 销售单价 \times 销售量 \tag{2-30}$$

$$\begin{aligned}销售成本 &= 销售变动成本 + 固定成本\\ &= 单位变动成本 \times 销售量 + 固定成本\end{aligned} \tag{2-31}$$

所以：

$$\begin{aligned}营业利润 &= 销售单价 \times 销售量 - 单位变动成本 \times 销售量 - 固定成本\\ &= (销售单价 - 单位变动成本) \times 销售量 - 固定成本\end{aligned} \tag{2-32}$$

即：

$$\begin{aligned}P &= px - bx - a\\ &= (p-b)x - a\end{aligned}$$

由于本量利分析的数学模型是在上述公式的基础上建立起来的，所以上述公式可以称为本量利关系的基本表达式。

二、保本点分析

保本点，也称为盈亏临界点、盈亏平衡点等，是指企业处于不盈不亏、不赔不赚、利润为零时的业务量（一般指销售量或销售额）。在该业务量水平上，有关产品的销售收入总额正好等于销售成本总额，也即企业收入与变动成本之差（边际贡献总额）刚好与固定成本持平。

保本点是衡量企业生产经营活动状态的一项重要指标。因为保本是获利的基础，此时稍微增加一点业务量，企业就可以有盈利；反之，若稍微减少一点业务量，企业就会亏损。所以，进行保本点分析，可以为企业管理当局提供未来期间为防止亏损发生应完成的极限业务量信息，同时，也可以为审视企业未来经营的安全程度和目标利润分析创造条件。

（一）单品种保本点分析

单一产品条件下保本点的测定，一般情况下采用以下两种方法。

1. 公式法

公式法是指在本量利基本表达式的基础上，根据保本点的含义，求出保本销售量和保本销售额的方法。由于保本时企业的营业利润为零，根据本量利分析基本表达式有：

$$营业利润 = (销售单价 - 单位变动成本) \times 销售量 - 固定成本$$

因此：

$$保本销售量 = \frac{固定成本}{销售单价 - 单位变动成本} \tag{2-33}$$

通过变换可以得到：

$$保本销售量 = \frac{固定成本}{单位边际贡献} \tag{2-34}$$

也可以在计算出保本销售量之后，再乘以销售单价得到保本销售额：

$$保本销售额 = 保本销售量 \times 销售单价 \tag{2-35}$$

【例 2－6】某企业产销甲产品，单位产品售价 20 元，单位产品变动成本 12 元，生产该产品月固定成本总额为 28 000 元。试确定该产品本月的保本点。

根据题意计算如下：

$$保本销售量 = 28\ 000 \div (20 - 12) = 3\ 500（件）$$

$$保本销售额 = 3\ 500 \times 20 = 70\ 000（元）$$

计算表明，该企业生产的甲产品，当月销售量应该达到 3 500 件或者销售额达到 70 000 元，企业才能不赚也不亏。

2. 图解法

图解法是指将本量利之间的关系用图（称为保本图或盈亏平衡图）表示，通过保本图来确定保本点位置的一种方法。

典型的保本图绘制在平面直角坐标系上。在生产单一品种产品的情况下，平面直角坐标系的横轴为销售量轴，纵轴为销售收入和成本轴。具体绘制步骤如下。

（1）绘制平面直角坐标系。

（2）绘制收入线。以坐标原点为起点，以销售单价（p）为斜率，在坐标图上画一条直线 $y = px$，即为销售收入线。

（3）绘制固定成本线。在纵轴上确定固定成本（a）的数值，通过该点画一条平行于横轴的水平线，即为固定成本线。

（4）绘制总成本线。在横轴上选择一个整数销售量，根据单位变动成本（b）和公式 $y = a + bx$，计算出总成本数额，然后将该点标在直角坐标系上，并把该点与固定成本在纵轴上的截点连接起来，所得的直线即为总成本线。

根据例 2－6 的资料，绘制保本图如图 2－8 所示。

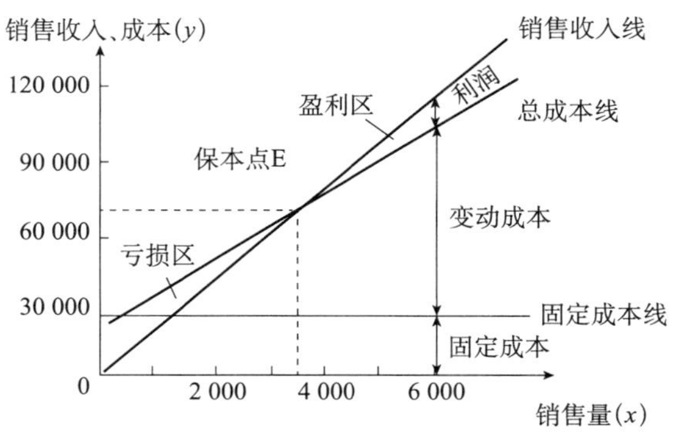

图 2－8　保本图

图 2－8 中，总收入线和总成本线相交于 E 点，此时总收入等于总成本，所以 E 点就是保本点。由此向横轴作垂线与横轴的交点，即保本销售量 3 500 件；向纵轴作垂线与纵轴的交点，即保本销售额 70 000 元。当销售水平超过保本点时，销售收入线与总成本线所夹的三角区域为盈利区；当销售水平低于保本点时，销售收入线与总成本线所夹的三角区域为亏损区。保本图可以揭示本量利之间一些规律性的联系。

（1）在保本点不变的情况下，销售量是否超过保本点，决定了该产品是否盈利。如果产品销售量超过保本点，销售量越大，实现的盈利越多；反之，如果产品销售量低于保本点，销售量越小，发生的亏损越多。这是因为，销售量每大于保本点一个单位，可多获得一个单位边际贡献的利润；每小于保本点一个单位，则少获得一个单位边际贡献的利润。

（2）在销售量不变的情况下，保本点的高低决定了企业盈利的多少。保本点越低，盈利区的三角区域面积扩大，亏损区的三角区域面积缩小，它反映了产品的盈利性提高，即能实现更多的盈利或发生更少的亏损。保本点越高，盈利区的三角区域面积缩小，亏损区的三角区域面积扩大，它反映了产品的盈利性降低，即能实现的盈利越少或发生的亏损越多。

（3）在销售收入不变时，保本点的高低取决于单位变动成本和固定成本总额的大小。单位变动成本或固定成本总额越大，则保本点越高；反之，保本点越低。

（二）多品种保本点分析

很少有企业只生产经营一种产品。当企业生产多种产品时，单品种保本点分析的基本原理仍然适用，但需要考虑各产品的销售额占总销售额的比重（销售结构比重）。由于各产品的销售单价、单位变动成本存在差异，各自的边际贡献率也往往不同，所以几种产品综合保本点的高低与产品的销售结构比重有着直接的联系。

综合保本点反映的是几种产品综合的保本销售额。由于各产品单位售价、单位变动成本、边际贡献率以及计量单位的不同，保本点无法用销售量表示，而必须用销售额表示。综合保本销售额一般采用综合边际贡献率法来计算，在此基础上，可按销售结构比重进一步计算各产品的保本销售额和保本销售量。

综合边际贡献率法是指以各种产品共同形成的综合边际贡献率为基础，来计算多品种条件下综合保本点的一种方法。其计算公式如下：

$$综合保本销售额 = \frac{固定成本总额}{综合边际贡献率} \tag{2-36}$$

$$某种产品的保本销售额 = 综合保本销售额 \times 该产品销售结构比重 \tag{2-37}$$

$$某种产品的保本销售量 = \frac{该种产品的保本销售额}{该种产品的销售单价} \tag{2-38}$$

显然，使用综合边际贡献率法来计算综合保本点的关键在于综合边际贡献率的确定。综合边际贡献率的确定主要有两种方法：总额法和加权平均法。

1. 总额法

总额法是指根据一定期间企业所生产的各种产品的边际贡献总额与销售收入之比来确定综合边际贡献率的一种方法。其计算公式为：

$$综合边际贡献率 = \frac{各产品的边际贡献总额}{各产品的总销售额} \times 100\% \tag{2-39}$$

2. 加权平均法

加权平均法是指在每种产品的边际贡献率的基础上，按各种产品销售结构比重进行加权平均，来计算综合边际贡献率的一种方法。其计算公式为：

$$综合边际贡献率 = \sum (某产品的边际贡献率 \times 该产品销售结构比重) \quad (2-40)$$

其中：

$$某产品销售结构比重 = \frac{该产品的销售额}{各产品的总销售额} \times 100\% \quad (2-41)$$

【例2－7】某企业生产甲、乙、丙三种产品，2021年整个企业预计发生固定成本292 000元，各产品计划年度预计销售量、销售单价、单位变动成本等有关资料如表2－14所示。

表2－14　**某企业有关产品资料**

预计销售量 ①	销售单价（元） ②	单位变动 成本（元）③	销售收入（元） ④＝①×②	边际贡献（元） ⑤＝①×（②－③）	边际贡献率（%） ⑥＝⑤÷④
甲　80 000件	8	6	640 000	160 000	25
乙　20 000台	18	9	360 000	180 000	50
丙　100 000件	10	7	1 000 000	300 000	30
合计			2 000 000	640 000	

要求：计算该企业甲、乙、丙三种产品计划年度的综合保本销售额及各种产品的保本销售额和保本销售量。

根据上述资料，可按如下步骤进行计算。

（1）计算三种产品的销售结构比重。

$$甲产品的销售结构比重 = 640\ 000 \div 2\ 000\ 000 = 32\%$$

$$乙产品的销售结构比重 = 360\ 000 \div 2\ 000\ 000 = 18\%$$

$$丙产品的销售结构比重 = 1\ 000\ 000 \div 2\ 000\ 000 = 50\%$$

（2）计算三种产品的综合边际贡献率。

按总额法计算的综合边际贡献率为：

$$综合边际贡献率 = 640\ 000 \div 2\ 000\ 000 \times 100\% = 32\%$$

按加权平均法计算的综合边际贡献率为：

$$综合边际贡献率 = 25\% \times 32\% + 50\% \times 18\% + 30\% \times 50\% = 32\%$$

显然，按总额法和按加权平均法计算的综合边际贡献率相同，只是它们分别适用于掌握资料详略不同的情况。加权平均法虽要求掌握更为详细具体的资料，但在管理会计实务中，加权平均法应用最为普遍，所以人们有时直接将综合边际贡献率法称为“加权平均边际贡献率”。

（3）计算综合保本销售额。

$$综合保本销售额 = 292\ 000 \div 32\% = 912\ 500（元）$$

（4）按销售结构比重计算各产品的保本销售额和保本销售量。

$$甲产品保本销售额 = 912\ 500 \times 32\% = 292\ 000（元）$$

$$甲产品保本销售量 = 292\ 000 \div 8 = 36\ 500（件）$$

乙产品保本销售额 = 912 500 × 18% = 164 250（元）

乙产品保本销售量 = 164 250 ÷ 18 = 9 125（台）

丙产品保本销售额 = 912 500 × 50% = 456 250（元）

丙产品保本销售量 = 456 250 ÷ 10 = 45 625（件）

要注意的是，在综合保本销售额的基础上，按销售结构比重所确定的各产品的保本销售额和保本销售量，与按单品种保本点分析方法（首先把固定成本按销售额的比例分配，然后再计算各产品的保本额和保本量）相比，两者结果是存在差异的。因为单品种计算方法假设了固定成本的分配基础。所以，从这一意义上说，如果几种产品有共同的固定成本，则在综合保本额的基础上再进行分别计算比较符合实际。

三、保利点分析

保本点分析只是本量利分析内容的一部分，即假定利润为零时的本量利分析。但保本经营和维持简单再生产绝不是企业生产经营的最终目的，确定盈亏平衡点只是为管理当局建立一道经营中的预警线，企业生产经营的最终目的是实现盈利，否则它就无法发展，甚至影响未来的生存。因此，企业应该在保本点分析的基础上进行进一步的目标利润的规划分析。

（一）保利点及其计算

保利点是指在产品销售单价和成本水平确定的情况下，为确保预先确定的目标利润能够实现而应达到的销售量和销售额。目标利润是根据企业在计划期间的实际生产能力、生产技术水平、原材料和能源供应以及市场需求等情况，在测算价格、成本、销售量水平的基础上提出的利润目标。在本量利分析中，要确定具体每一种产品的目标利润。

影响利润的因素有很多，这里主要阐述实现目标利润应达到的销售量和销售额，有关其他因素对利润的影响问题在下文中加以阐述。

根据本量利分析的基本表达式，即可推出保利点的计算公式：

$$\text{营业利润} = (\text{销售单价} - \text{单位变动成本}) \times \text{销售量} - \text{固定成本} \tag{2-42}$$

所以：

$$\text{销售量} = \frac{\text{固定成本} + \text{营业利润}}{\text{销售单价} - \text{单位变动成本}} = \frac{\text{固定成本} + \text{营业利润}}{\text{单位边际贡献}} \tag{2-43}$$

当分子中的营业利润为目标利润时，所达到的销售量即为目标利润销售量（保利销售量）：

$$\text{目标利润销售量} = \frac{\text{固定成本} + \text{目标利润}}{\text{销售单价} - \text{单位变动成本}} = \frac{\text{固定成本} + \text{目标利润}}{\text{单位边际贡献}} \tag{2-44}$$

同样：

$$\text{目标利润销售额（保利销售额）} = \frac{\text{固定成本} + \text{目标利润}}{\text{边际贡献率}} \tag{2-45}$$

公式（2－44）和公式（2－45）可以拆分为两个部分：

$$保本销售量+超过保本销售量部分=\frac{固定成本}{单位边际贡献}+\frac{目标利润}{单位边际贡献} \quad (2-46)$$

$$保本销售额+超过保本销售额部分=\frac{固定成本}{边际贡献率}+\frac{目标利润}{边际贡献率} \quad (2-47)$$

可进一步得到：

$$超过保本销售量部分=\frac{目标利润}{单位边际贡献} \quad (2-48)$$

$$超过保本销售额部分=\frac{目标利润}{边际贡献率} \quad (2-49)$$

从公式（2－48）和公式（2－49）可以看出，目标利润是超过保本销售量部分与单位边际贡献的乘积，或者说目标利润是超过保本销售额部分与边际贡献率的乘积。也就是说，在超过保本点后，增加的边际贡献就是增加的利润数额。

【例2－8】沿用例2－6的资料，某企业产销甲产品，单位产品售价20元，单位产品变动成本12元，生产该产品月固定成本总额为28 000元，企业计划月目标利润为20 000元。试确定为实现上述目标应完成的销售量和销售额。

根据上述资料，计算如下：

$$目标利润销售量=\frac{28\ 000+20\ 000}{20-12}=6\ 000（件）$$

$$目标利润销售额=\frac{28\ 000+20\ 000}{(20-12)/20}=120\ 000（元）$$

或：

$$目标利润销售额（保利销售额）=6\ 000\times 20=120\ 000（元）$$

上述的目标利润销售量和目标利润销售额的公式只适用于单品种生产条件。若企业生产多种产品，则其目标利润销售量和目标利润销售额的确定通常也可以采用多品种保本点分析所采用的“综合边际贡献率法”，首先计算出综合目标利润销售额，然后根据各产品的销售结构比重及其销售单价，分别计算出各产品的目标利润销售额和目标利润销售量。有关计算公式如下：

$$综合目标利润销售额（综合保利销售额）=\frac{固定成本总额+目标利润}{综合边际贡献率} \quad (2-50)$$

$$某产品的目标利润销售额=综合目标利润销售额\times 该产品的销售结构比重$$

$$某产品目标利润销售量=\frac{该产品的目标利润销售额}{该产品的销售单价} \quad (2-51)$$

（二）保净利点分析

上述保利点分析中的目标利润都是指目标税前利润。在某些情况下，企业要确定的利润是税后净利润。如果把税后净利润作为目标利润，即形成目标税后利润。保净利点即实现目标税后利润的业务量。进行保净利点分析可以根据税前利润和税后利润之间的关系推导出实现目标税后利润的销售量和销售额公式。以单品种生产为例：

$$目标税后利润销售量 = \frac{固定成本 + 目标税后利润 \div (1 - 所得税税率)}{单位边际贡献} \quad (2-52)$$

$$目标税后利润销售额 = \frac{固定成本 + 目标税后利润 \div (1 - 所得税税率)}{边际贡献率} \quad (2-53)$$

【例 2-9】 按例 2-8 资料，假定企业的目标税后利润为 16 080 元，该企业适用所得税率为 25%，其他条件不变。要求计算为实现上述目标税后利润应完成的销售量和销售额。

根据上述资料，计算如下：

$$目标税后利润销售量 = \frac{28\ 000 + 16\ 080 \div (1 - 25\%)}{8} = 6\ 180\ （件）$$

$$目标税后利润销售额 = \frac{28\ 000 + 16\ 080 \div (1 - 25\%)}{(20 - 12)/20} = 123\ 600\ （元）$$

或：

$$目标税后利润销售额 = 6\ 180 \times 20 = 123\ 600\ （元）$$

同理，多品种生产条件下，也可以按上述相似的方式进行目标税后利润销售量和目标税后利润销售额分析。

（三）本量利关系图

为了使利润与销售量（销售额）之间的依存关系更具体更形象的反映，可以绘制本量利关系图。本量利关系图是另一种表现本量利关系的图形。在本量利关系图中，以营业利润线和销售线来表现销售量与营业利润之间的关系。

1. 传统式本量利关系图

传统式本量利关系图是最基本、最常见的本量利关系图形，如图 2-9 所示。

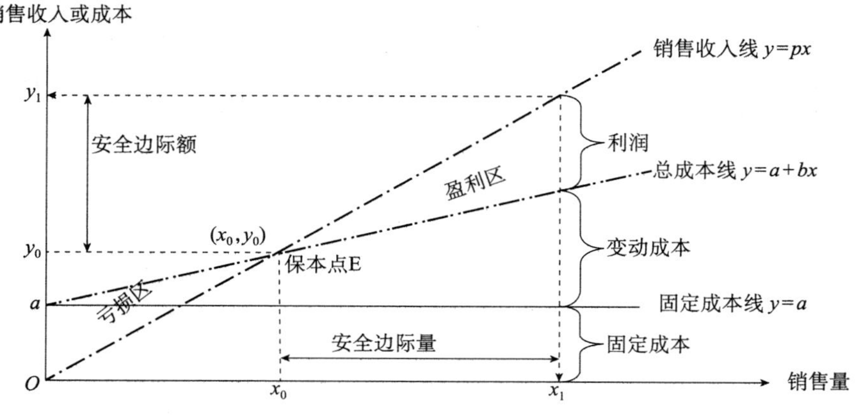

图 2-9 传统式本量利关系图

从图 2-9 可以看出，销售收入线与总成本线的交点（x_0，y_0）就是保本点，其对应的横轴数额即为保本销售量。当销售量低于保本销售量时，边际贡献无法弥补所有固定成本，利润小于零，企业发生亏损，其最大亏损额为销售量为零时由于没有任何销售收入而无法补偿的固定成本总额；当销售量大于保本销售量时，边际贡献补偿固定成本后形成利润，其最大盈利额为企业达到最大产销量时的经营利润。与保本图相比，传统式本量利关系图能清晰地反映业务量变动对利润的影响，具有简单明了的特点，但它无法显示业务量变动对成本的影响。

（1）传统式本量利关系图绘制方法。

第一步：在直角坐标系中，以横轴表示销售量，以纵轴表示成本或销售收入，绘制固定成本线。

第二步：在纵轴上找出固定成本数值，即以（0，固定成本数值）为起点，绘制一条与横轴平行的固定成本线。

第三步：以（0，固定成本数值）为起点，以单位变动成本为斜率，绘制总成本线。

第四步：以坐标原点（0，0）为起点，以销售单价为斜率，绘制销售收入线。

第五步：总成本线和销售收入线的交点（x_0，y_0）就是保本点。

（2）传统式本量利关系图优缺点。

优点：传统式本量利关系图反映的总成本是以固定成本为基础，清晰地反映出固定成本总额不变性的特点；同时，能揭示保本点、利润三角区与亏损三角区的关系。保本点不变时，销售量超过保本点一个单位就可取得一个单位贡献边际，销售量越大，盈利越多；销售量不变时，保本点越低，盈利区三角形的面积越大，产品的盈利性就高。

缺点：传统式本量利关系图不能反映贡献边际。

2. 贡献式本量利关系图

贡献式本量利关系图是将固定成本置于变动成本之上，能够反映贡献毛益形成过程的图形，如图 2－10 所示。

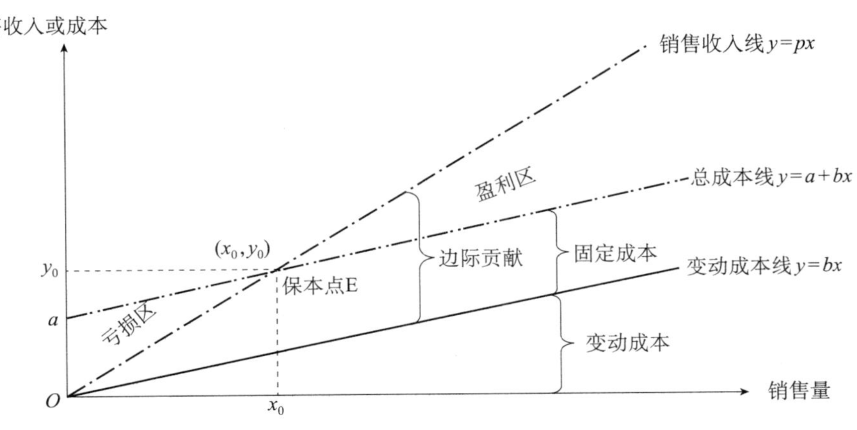

图 2－10　贡献式本量利关系图

贡献式本量利关系图的绘制方法如下。

（1）在直角坐标系中，以横轴表示销售量，以纵轴表示成本或收入。

（2）从原点出发分别绘制销售收入线和变动成本线。

（3）以纵轴上的点（0，固定成本数值）为起点，绘制一条与变动成本线平行的总成本线。

（4）总成本线和销售收入线的交点（x_0，y_0）就是保本点。

3. 利量式本量利关系图

利量式本量利关系图是反映利润与销售量之间依存关系的图形，如图 2－11 所示。

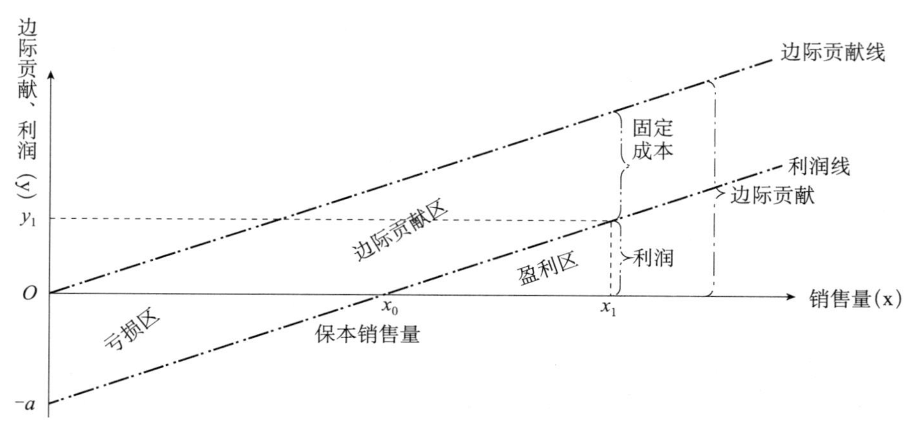

图 2－11　利量式本量利关系图

利量式本量利关系图的绘制方法如下。

（1）在直角坐标系中，以横轴代表销售量，以纵轴代表边际贡献、利润（或亏损）。

（2）在纵轴原点以下部分找到与固定成本总额相等的点（0，－固定成本数值），该点表示销售量等于零时，亏损额等于固定成本；从点（0，－固定成本数值）出发画出利润线，该线的斜率是单位边际贡献。

（3）利润线与横轴的交点即为盈亏临界点。

4. 单位式本量利关系图

单位式本量利关系图描述的是产品销售单价、单位成本和单位利润三者之间的关系以及这三者与销售量之间关系的图形，如图 2－12 所示。

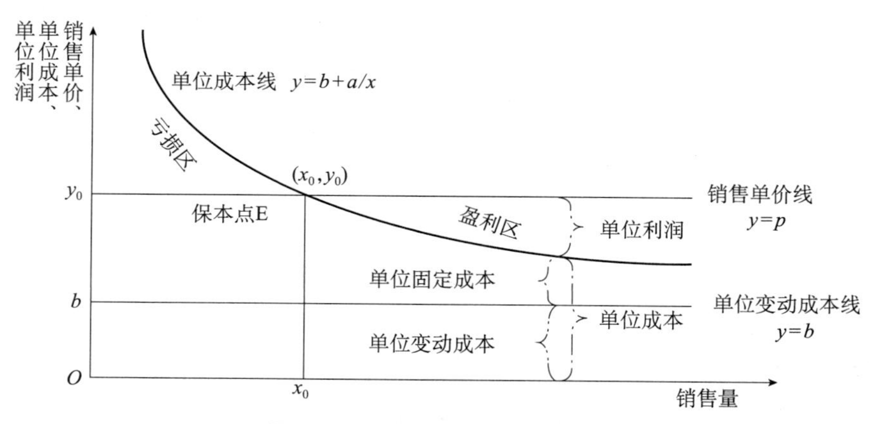

图 2－12　单位式本量利关系图

单位式本量利关系图的绘制方法如下。

（1）在直角坐标系中，以横轴代表销售量，以纵轴代表销售单价、单位成本、单位利润（或亏损）。

（2）在纵轴上找出单位变动成本，即以点（0，单位变动成本数值）为起点，绘制一条与横轴平行的单位变动成本线。

（3）在纵轴上找出销售单价，即以点（0，销售单价数值）为起点，绘制一条与横轴平行的销售单价线。

（4）单位成本线和销售单价线的交点（x_0，y_0）就是保本点。

四、本量利的敏感性分析

以上关于保本点、保利点的分析，都是建立在假设影响其各自指标的相关因素如销售单价、单位变动成本、固定成本总额、产品销售结构等都不发生变动的基础上的。但是，在企业的实际经济活动中，上述各种因素都处于不断变化之中。当其中的一项或几项因素发生变动时，不论其变动的性质和幅度如何，均会导致保本点、保利点发生变化。因此，了解这些因素的变动对保本点、保利点的影响，把握其规律，对于指导企业的管理和决策具有重要意义。

敏感性分析，是分析当某一因素发生变化时，会引起目标值发生什么样的变化以及变化程度。在本量利分析中，进行敏感性分析的主要目的是研究各因素变化时保本点的变化、能引起目标发生质变（从盈利转为亏损）时各因素变化的界限、各因素变化对利润变化影响的敏感程度。

（一）有关因素变动对保本点的影响

在单品种条件下，影响保本点的主要因素有销售单价、单位变动成本和固定成本的变动。在多品种条件下，还应考虑销售结构比重的影响。

1. 销售单价变化

产品销售价格的变动是经常性的。在单位变动成本和固定成本总额不变的情况下，产品销售单价提高，会引起单位边际贡献和边际贡献率的提高，从而导致保本点的降低；反之，若产品销售单价降低，势必引起单位边际贡献和边际贡献率的降低，从而导致保本点的提高。

【例 2－10】仍然沿用例 2－6 的资料，某企业产销甲产品，单位产品原售价 20 元，单位产品变动成本 12 元，生产该产品月固定成本总额为 28 000 元，因此甲产品的保本销售量为 3 500 件。如果产品销售单价提高 10%，即提高到 22 元，则保本销售量为：

$$保本销售量 = 28\ 000 \div (22 - 12) = 2\ 800\ （件）$$

计算结果表明，销售单价的变动与保本点的升降存在反方向的变化关系，销售单价提高 10%，保本销售量降低了 20%。

2. 单位变动成本变化

在销售单价和固定成本总额不变的情况下，单位变动成本降低，会引起单位边际贡献和边际贡献率的提高，从而导致保本点的降低；反之，若单位变动成本提高，势必引起单位边际贡献和边际贡献率的降低，从而导致保本点的提高。

假设例2－10中产品单位变动成本降低16.67%，即降低到10元，则保本销售量为：

$$保本销售量=\frac{28\ 000}{20-10}=2\ 800（件）$$

计算结果表明，单位变动成本的变动与保本点的升降存在正方向的变化关系，单位变动成本降低16.67%，保本销售量降低了20%。

3. 固定成本变化

在销售单价和单位变动成本不变的情况下，固定成本总额的提高需要更多的边际贡献来弥补，势必会导致保本点的提高；反之，若固定成本总额降低，则较少的边际贡献就可以弥补所有的固定成本，因此会导致保本点的降低。

假设例2－10中产品固定成本总额降低10%，即降低到25 200元，则保本销售量为：

$$保本销售量=\frac{25\ 200}{20-12}=3\ 150（件）$$

计算结果表明，固定成本总额的变动与保本点的升降完全正相关，固定成本总额降低10%，保本销售量降低了10%。

4. 产品销售结构的变化

对于多品种生产而言，由于受到市场等因素的影响，企业生产和销售的产品，其销售结构比重并不一定与预定的销售结构比重相同。销售结构比重变化，会对综合保本点产生影响。概括地说，如果边际贡献率高的产品销售结构比重提高，那么综合边际贡献率就会提高，从而导致综合保本销售额降低；反之，边际贡献率低的产品销售结构比重提高，那么综合边际贡献率就会降低，从而导致综合保本销售额提高。

【例2－11】沿用例2－7的资料。某企业生产甲、乙、丙三种产品，2021年整个企业预计发生固定成本292 000元，假设其中边际贡献率低的甲产品和边际贡献率高的乙产品销售结构比重发生了变化，甲产品产量由80 000件减少到35 000件，乙产品产量由20 000台增加到40 000台，丙产品的销售结构比重保持不变。则相关资料及计算结果如表2－15所示。

表2－15　某企业有关产品计划资料

预计销售量 ①	销售单价（元）②	单位变动成本（元）③	销售收入（元）④=①×②	边际贡献（元）⑤=①×（②－③）	边际贡献率（%）⑥=⑤÷④
甲　35 000件	8	6	280 000	70 000	25
乙　40 000台	18	9	720 000	360 000	50
丙　100 000件	10	7	1 000 000	300 000	30
合计			2 000 000	730 000	

根据综合边际贡献率的计算公式得到：

$$\begin{aligned}综合边际贡献率&=25\%\times14\%+50\%\times36\%+30\%\times50\%\\&=730\ 000\div2\ 000\ 000=36.5\%\end{aligned}$$

$$综合保本销售额 = 292\ 000 \div 36.5\% = 800\ 000（元）$$

通过计算可以看出，由于边际贡献率高的产品销售结构比重上升，而边际贡献率低的产品销售结构比重下降，综合保本销售额下降。

（二）实现目标利润的敏感性分析

影响目标利润的因素主要有销售量、销售单价、单位变动成本、固定成本总额。对这些因素的敏感性分析，目的在于控制和把握它们的变动范围，确定其因素变化的临界值。

1. 销售量的最低限度

因为销售量是与利润同方向变动的，所以销售量的临界值实际上是指实现目标利润的销售量最小允许值。销售量的最低限度可以根据本量利分析的基本表达式来计算确定。

【例2-12】 沿用例2-10的资料，企业产销甲产品，如果企业要实现利润16 000元，试确定销售量的低限。

根据上述资料，计算销售量（V）的低限如下：

$$销售量 \times 销售单价 - 销售量 \times 单位变动成本 - 固定成本 = 营业利润$$

$$V \times 20 - V \times 12 - 28\ 000 = 16\ 000$$

$$V = (16\ 000 + 28\ 000) \div (20 - 12) = 5\ 500（件）$$

2. 销售单价的最低限度

同销售量一样，销售单价是与利润同方向变动的，所以销售单价的临界值实际上是指实现目标利润的销售单价最小允许值。

假设例2-12中，预计企业的月销售量能达到5 000件，则在其他因素不变的条件下，实现该目标利润的最低销售单价 p 同样可以用本量利分析的基本表达式来确定，计算公式为：

$$5\ 000 \times p - 5\ 000 \times 12 - 28\ 000 = 16\ 000$$

$$p = (16\ 000 + 28\ 000 + 5\ 000 \times 12) \div 5\ 000 = 20.8（元）$$

3. 单位变动成本的最高限度

单位变动成本与利润是反方向变动的，所以销售单价的临界值实际上是指实现目标利润的单位变动成本最大允许值。

假设上例中，其他因素不变，实现该目标利润的最高单位变动成本 b 同样可以用本量利分析的基本表达式来确定，计算公式为：

$$5\ 000 \times 20 - 5\ 000 \times b - 28\ 000 = 16\ 000$$

$$b = (5\ 000 \times 20 - 16\ 000 - 28\ 000) \div 5\ 000 = 11.2（元）$$

4. 固定成本总额的最高限度

与单位变动成本一样，固定成本总额与利润是反方向变动的，所以固定成本总额的临界值实际上是指实现目标利润的固定成本最大允许值。

假设例2-12中，预计企业的月销售量能达到5 000件，则在其他因素不变的条件下，实现该目标利润的最高固定成本总额 a 同样可以用本量利分析的基本表达式来确定，计算公式为：

$$5\ 000 \times 20 - 5\ 000 \times 12 - a = 16\ 000$$

$$a = 5\ 000 \times 20 - 5000 \times 12 - 16\ 000 = 24\ 000\text{（元）}$$

需要说明的是，前面所介绍的敏感性分析，仅仅假设某一因素发生了变化，其他变量不会受到影响。但在经济实务中，各因素之间的关系并不是独立的，一个因素的变化会影响到另一个因素，或者两个和两个以上的因素同时发生变化，这些因素的影响往往会交织在一起，相互作用，共同对保本点和目标利润产生影响。例如，从保本点和目标销售量的降低角度看，提高产品的销售单价对企业的经营是有利的；但从另一个角度看，价格的提高往往伴随着销售量的下降。所以在进行保本点的敏感性分析和目标利润规划时，应同时考虑多个因素的变化。

五、本量利的风险分析

本量利分析是建立在一系列假设的基础上的，但由于现实生活中经济活动相关因素的复杂性和不确定性，经常会出现背离这些假设的情况，因此在本量利分析中还应进行风险分析。

（一）安全边际分析

企业处于不盈不亏状态意味着当期的边际贡献刚好可以弥补所有的固定成本。只有当销售量和销售额超过保本点时，其超出保本点部分的销售所提供的边际贡献才能形成企业的利润。显然，销售超出保本点越多，企业的盈利越多，发生亏损的可能性越小，企业的生产经营越安全。

1. 安全边际

安全边际，就是企业实际（或预计）的销售量或销售额与保本销售量或销售额之间的差额。这个差额标志着企业销售下降多少才会发生亏损。安全边际有绝对数（安全边际量和安全边际额）和相对数（安全边际率）。

$$\text{安全边际量} = \text{实际或预计的销售量} - \text{保本销售量} \tag{2-54}$$

$$\text{安全边际额} = \text{实际或预计的销售额} - \text{保本销售额} \tag{2-55}$$

$$\text{安全边际率} = \frac{\text{安全边际量（额）}}{\text{实际或预计销售量（额）}} \times 100\% \tag{2-56}$$

在传统式本量利关系图（图2-9）中，安全边际量表现为横轴上 x_1 与 x_0 的距离，安全边际额表现为纵轴上 y_1 与 y_0 的距离。

【例2-13】 某企业生产乙产品，该产品销售单价100元，单位变动成本60元，全年应负担的固定成本总额108 000元，预计年度销售量为3 600台。试确定该产品的安全边际量（额）和安全边际率。

根据上述资料，计算如下：

$$\text{保本销售量} = 108\ 000 \div (100 - 60) = 2\ 700\text{（台）}$$

$$保本销售额 = 2\ 700 \times 100 = 270\ 000（元）$$

所以：

$$安全边际量 = 3\ 600 - 2\ 700 = 900（台）$$

$$安全边际额 = 3\ 600 \times 100 - 270\ 000 = 90\ 000（元）$$

$$安全边际率 = 900 \div 3\ 600 = 90\ 000 \div 360\ 000 = 25\%$$

安全边际和安全边际率对企业来讲是非常重要的指标，它们表明了有关产品盈利的空间，即当销售量下降超过这个空间时，产品就可能发生亏损。安全边际和安全边际率越大，说明获利的安全性也就越高。其中，安全边际率是一个相对指标，便于不同企业和行业的比较。在西方企业管理中，评价生产经营安全与否通常采用安全边际率；尽管没有绝对的标准，但西方一些企业中所运用的一些经验数值可供参考，如表 2 - 16 所示。

表 2 - 16　企业经营安全性检验标准

安全边际率	10% 以下	10% ~20%（不含 20%）	20% ~30%（不含 30%）	30% ~40%（不含 40%）	40% 及以上
安全程度	危险	值得注意	比较安全	安全	很安全

2. 保本作业率

保本作业率是另一个用来衡量企业经营安全程度的指标。保本作业率又叫“危险率”，是指保本点业务量占实际和预计销售业务量的百分比。保本作业率越小，说明企业生产经营越安全。其计算公式为：

$$保本作业率 = \frac{保本量}{实际或预计销售量} \times 100\% \tag{2-57}$$

$$保本作业率 = \frac{保本额}{实际或预计销售额} \times 100\% \tag{2-58}$$

安全边际率和保本作业率之间存在这样的关系：

$$安全边际率 + 保本作业率 = 1 \tag{2-59}$$

例 2 - 13 中，安全边际率为 25%，而保本作业率 $= \frac{2\ 700}{3\ 600} \times 100\% = \frac{270\ 000}{360\ 000} \times 100\% = 75\%$，两者之和正好为 1。

3. 安全边际率和利润的关系

安全边际表示超过保本点的销售量或销售额，因此，安全边际的销售量或销售额中，扣除变动成本后即为营业利润。我们可以用公式来说明营业利润、安全边际、安全边际率之间的关系：

$$营业利润 = 销售量 \times 销售单价 - 销售量 \times 单位变动成本 - 固定成本 \tag{2-60}$$

根据保本销售量的计算公式：

$$固定成本 = 保本销售量 \times 单位边际贡献 \tag{2-61}$$

所以，营业利润计算如下：

$$营业利润=销售量\times单位边际贡献-保本销售量\times单位边际贡献$$
$$=(销售量-保本销售量)\times单位边际贡献$$
$$营业利润=安全边际量\times单位边际贡献$$
$$=安全边际量\times单位边际贡献\times销售单价\div销售单价$$
$$营业利润=安全边际额\times边际贡献率 \tag{2-62}$$

从上述公式也可以进一步看出，安全边际与利润呈同方向变化，产品的安全边际量和安全边际额越大，安全边际率越高，则获利能力越强，利润额越大；反之，则获利能力越弱，利润额越小。

（二）经营杠杆

1. 经营杠杆和经营杠杆率

如果没有固定成本，边际贡献就是营业利润，营业利润与业务量会呈现同比例变化。但在企业生产经营活动中，固定成本是客观存在的，因此营业利润并不随着业务量变化而同比例变化。经营杠杆，也称营业杠杆，是指企业因存在固定成本而出现的利润变动率大于业务量变动率的现象。

经营杠杆现象产生的原因是：在相关范围内，固定成本总额不随业务量的变化而变化。但单位产品应承担的固定成本，则会随着业务量的变化而发生变化。如果业务量增加，单位固定成本就会降低，从而提高单位产品的盈利水平，促使营业利润的增长率大于业务量的增长率；如果业务量降低，单位固定成本就会提高，从而降低单位产品的盈利水平，从而使利润的降低率大于业务量的降低率。由于所有企业都存在固定成本，所以所有企业都存在经营杠杆，所不同的只是经营杠杆的大小而已。一般来说，固定成本与变动成本相比，比例越大，经营杠杆越大，利润随业务量变动的敏感性越大；反之，经营杠杆越小，利润随业务量变动的敏感性越小。

经营杠杆现象通常采用经营杠杆率（degree of operating leverage，DOL，也称为经营杠杆系数）来进行具体量化。经营杠杆率是指利润变动率相当于销售变动率的倍数。其计算公式如下：

$$经营杠杆率（DOL）=\frac{利润变动率}{销售变动率}=\frac{(P_1-P_0)/P_0}{(S_1-S_0)/S_0}=\frac{\Delta P/P_0}{\Delta S/S_0} \tag{2-63}$$

其中，P_0 为基期利润，P_1 为计划期利润，S_0 为基期销售量（额），S_1 为计划期销售量（额）。

如果计划期的固定成本总额、销售单价、单位变动成本资料与基期相同，则经营杠杆率的简化计算公式如下：

$$经营杠杆率=\frac{基期边际贡献总额}{基期利润} \tag{2-64}$$

【例 2－14】沿用例 2－13 的资料，某企业生产乙产品，该产品销售单价 100 元，单位变动成本 60 元，全年应负担的固定成本总额 108 000 元，预计年度销售量为 3 600 台。上年度销售量为3 200台，其他条件保持不变，则经营杠杆率计算如下：

$$基期利润 = 3\ 200 \times (100 - 60) - 108\ 000 = 20\ 000（元）$$

$$计划期利润 = 3\ 600 \times (100 - 60) - 108\ 000 = 36\ 000（元）$$

$$经营杠杆率 = \frac{(36\ 000 - 20\ 000)/20\ 000}{(3\ 600 - 3\ 200)/3\ 200} = 6.4$$

或者：

$$基期边际贡献总额 = 3\ 200 \times (100 - 60) = 128\ 000（元）$$

$$经营杠杆率 = \frac{128\ 000}{20\ 000} = 6.4$$

2. 经营杠杆率与经营风险

经营杠杆反映企业的经营风险。经营杠杆本身并不是企业利润不稳定的根源，引起企业经营风险的是企业在生产经营活动中许多经济事项的不确定性，如供求关系的变化、市场价格及成本水平的变动等。经营杠杆率综合反映了市场和生产等不确定因素对利润变动的影响，所以在一定程度上可以看出企业经营风险的大小。一般来说，经营杠杆率越高，利润变动越激烈，企业的经营风险也就越大，因为利润会顺着销售量的变化按经营杠杆率大小的幅度上下变动；反之，经营杠杆率越小，经营风险越小。一般情况下，在销售情况多变的企业中，保持较低水平的经营杠杆系数是有利的。经营杠杆率的变动一般有以下规律。

（1）固定成本总额与经营杠杆率呈同方向变化；并且只要固定成本不等于零，经营杠杆率恒大于1。

这是因为：

$$经营杠杆率 = \frac{基期边际贡献总额}{基期利润} = \frac{基期利润 + 固定成本}{基期利润} = 1 + \frac{固定成本}{基期利润} \quad (2-65)$$

所以，只要存在固定成本，经营杠杆率必定大于1；而且随着固定成本总额增加，经营杠杆率上升；反之，固定成本总额减少，经营杠杆率下降。

（2）经营杠杆率与单位变动成本呈同方向变化。具体公式如下：

$$\begin{aligned}经营杠杆率 &= \frac{基期边际贡献总额}{基期利润} = \frac{单位边际贡献 \times 销售量}{单位边际贡献 \times 销售量 - 固定成本} \\ &= \frac{1}{1 - \dfrac{固定成本}{(销售单价 - 单位变动成本) \times 销售量}} \quad (2-66)\end{aligned}$$

所以，随着单位变动成本增加，经营杠杆率上升；单位变动成本减少，经营杠杆率下降。

（3）经营杠杆率与销售量呈反方向变化。具体公式如下：

$$经营杠杆率 = \frac{单位边际贡献 \times 销售量}{单位边际贡献 \times 销售量 - 固定成本} = \frac{单位边际贡献}{单位边际贡献 - 固定成本/销售量} \quad (2-67)$$

所以，随着销售量增加，经营杠杆率下降；销售量减少，经营杠杆率上升。

（4）经营杠杆率与销售单价呈反方向变化。根据公式（2－66）经营杠杆率与单位变动成本的关系可以看出，随着销售单价增加，经营杠杆率下降；销售单价降低，经营杠杆率上升。

3. 经营杠杆率与安全边际率

经营杠杆率和安全边际率分别从不同的角度在一定程度上反映了企业的经营风险，它们之间具有密切的联系：

$$经营杠杆率 = \frac{基期边际贡献总额}{基期利润} = \frac{基期边际贡献总额}{基期边际贡献总额 \times 安全边际率} = \frac{1}{安全边际率} \quad (2-68)$$

【例 2－15】 接例 2－14，由安全边际率计算经营杠杆率如下：

保本销售量＝108 000÷（100－60）＝2 700（台）

安全边际率＝（3 200－2 700）÷3 200＝15.625%

经营杠杆率＝1÷安全边际率＝1÷15.625%＝6.4

经营杠杆率与安全边际率互为倒数。经营杠杆率越高，安全边际率就越低，企业的经营风险也就越大；反之，经营杠杆率越低，安全边际率就越高，企业经营的风险也就越小。

（三）概率分析

本量利分析是建立在产品的销售单价、单位变动成本、固定成本等因素确定并且不发生变动的假设基础上的，但在企业的实际生产经营活动中，这些因素往往难以完全确定并且都会发生变化，即存在不确定情况。在这种情况下，要进行恰当的分析，就必须考虑这些因素在未来期间的各种可能值以及相应的概率，采用概率分析的方法进行不确定条件下的本量利分析。

采用概率分析法进行本量利分析一般包括以下步骤。

（1）对有关产品未来可能出现的销售单价、单位变动成本和固定成本进行充分的估计，并确定相应的概率。

（2）计算每种可能出现的售价、单位变动成本和固定成本的组合的保本销售量（额）或目标销售量（额）。

（3）计算每种组合下的联合概率。

（4）以联合概率为权数，对各自组合下的保本点和目标销售量进行加权求和，从而确定相应的期望值。

【例 2－16】 某企业经营丙产品。通过对该产品的销售单价、单位变动成本、固定成本的综合考察，确认有关因素可能达到的水平及其概率如表 2－17 所示。试计算确定该产品的保本销售量和保本销售额的期望值。

表 2－17　丙产品各因素概率表　单位：元

项目	销售单价		单位变动成本		固定成本	
预计值	10	9	6	5	1 200 000	1 080 000
概率（P）	0.6	0.4	0.7	0.3	0.2	0.8

根据上述资料，计算结果如表 2－18 所示。

表 2－18　　丙产品保本点计算表

销售单价	单位变动成本	固定成本	组合	保本点销售量（件）	保本点销售额（元）	联合概率	期望销售量（件）	期望销售额（元）
10 P=0.6	6 P=0.7	1 200 000 P=0.2	1	300 000	3 000 000	0.084	25 200	252 000
		1 080 000 P=0.8	2	270 000	2 700 000	0.336	90 720	907 200
	5 P=0.3	1 200 000 P=0.2	3	240 000	2 400 000	0.036	8 640	86 400
		1 080 000 P=0.8	4	216 000	2 160 000	0.144	31 104	311 040
9 P=0.4	6 P=0.7	1 200 000 P=0.2	5	400 000	3 600 000	0.056	22 400	201 600
		1 080 000 P=0.8	6	360 000	3 240 000	0.224	80 640	725 760
	5 P=0.3	1 200 000 P=0.2	7	300 000	2 700 000	0.024	7 200	64 800
		1 080 000 P=0.8	8	270 000	2 430 000	0.096	25 920	233 280
合计						1.000	291 824	2 782 080

根据表 2－18 中的数据，计算如下（以第 1 行为例）：

第一步，计算每一组合的保本销售量和保本销售额。以组合 1 为例，在销售单价为 10 元、单位变动成本为 6 元和固定成本为 1 200 000 元时：

$$保本销售量 = 1\ 200\ 000 \div (10 - 6) = 300\ 000（件）$$

$$保本销售额 = 300\ 000 \times 10 = 3\ 000\ 000（元）$$

第二步，计算每一组合的联合概率，如组合 1 各因素相应的概率分别为 0.6、0.7、0.2，所以联合概率为：

$$联合概率 = 0.6 \times 0.7 \times 0.2 = 0.084$$

第三步，计算每一组合的保本点期望值，如组合 1 的期望值为：

$$期望销售量 = 300\ 000 \times 0.084 = 25\ 200（件）$$

$$期望销售额 = 3\ 000\ 000 \times 0.084 = 252\ 000（元）$$

在不确定条件下运用概率分析的方法进行本量利分析，考虑了多种可能及其概率，因此，其分析结果将更为合理。但是，用概率分析法进行本量利分析，工作量较大。

思考与讨论

（1）变动成本法与全部成本法的主要区别体现在哪几个方面？

（2）变动成本法与全部成本法期间损益发生差异有何规律？

（3）“只要生产量大于销售量，当期全部成本法的利润必定大于变动成本法的利润。”

这一命题是否成立？为什么？

(4) 什么是本量利分析的基本表达式？请说明本量利分析的基本假设。

(5) 什么是保本点和保利点？影响保本点和保利点的因素分别有哪些？

(6) 一个经营多种产品的企业如何确定保本点？

(7) 什么是安全边际率、保本点作业率和经营杠杆率？

(8) 怎样进行实现目标利润的敏感性分析？

第三章 作业成本法

第一节 作业成本法的产生背景

一、社会经济发展催生了顾客的多样化要求

高新技术在生产领域的广泛运用，极大地提高了社会生产力，促进了社会经济的发展。随着经济的发展，人们可以支配的收入大大增加，他们对消费提出越来越多样化、个性化的要求。这种社会需求的重大变化随之对企业提出新的更高的要求，要求企业具有较高的灵活反应能力，及时向消费者提供多样化和富有个性、日新月异的产品。在这种背景下，对消费者多样化、个性化的需求迅速作出反应的顾客化生产（customized production）模式——柔性制造系统（flexible manufacturing system，FMS）取代了传统的、以追求“规模经济”（economies of scale）为目标的大批量生产（mass production）。

柔性制造系统的实质就是在计算机的控制下，将仔细挑选过的设备、机器、人和原材料处理系统有机地组合在一起，并同步协调地工作（Morrow，1992），提高了生产过程的灵活性和适应性。柔性制造系统使企业生产过程可以迅速地从生产某种产品转向另一种产品或者应对产品需求多种变化或者小批量生产。

客观地说，传统成本计算方法适应于产品品种单一化、常规化和大批量生产的企业。然而，社会经济的发展、消费需求的变化，改变了传统成本计算方法赖以存在的社会经济环境。因为在顾客化时代，尽管顾客需要的“产品”，其组成构件（零部件）大同小异，其差别仅仅在于“产品”所体现的理念或款式，但是这种差别的出现使得企业必须改变以往根据“产品”计算其成本的方法，而采用根据“产品”所消耗的作业来汇总、计算“产品”成本的新方法，以准确计算产品成本，为经营管理提供决策支持。

二、先进技术的应用改变了成本结构

20 世纪 70 年代以来，世界科学技术出现了日新月异的发展，高新技术被纷纷运用于生产领域。高新技术在生产上的应用，使生产高度电脑化、自动化，企业从产品订货开始，直到设计、制造、销售等所有阶段，所使用的各种自动化系统综合成一个整体，由计算机统一进行调控，形成了计算机集成制造系统（computer integrated manufacturing system，CIMS）。

这样的技术背景下，改变了企业产品成本结构，使得直接材料成本和直接人工成本比重下降，而制造费用比重却大幅度上升。如何合理地分配制造费用成为一个重要问题。

由于在高新技术环境下，企业的自动化程度提高，因此可以及时满足顾客多样化、个性化、小批量的商品需求。随着企业生产方式的变化，机器设备的价值越来越高，机器设备的维护费用、折旧费用也越来越高，加上高新技术环境维持费等间接费用的增加，造成了产品成本结构的重大变化，直接人工成本所占比例大大降低，而间接费用所占比例大幅上升。20 世纪 70 年代前，间接费用仅仅为直接人工成本的 50% ~60%，而今天大多数公司的间接费用为直接人工成本的 400% ~500%；以往直接人工成本占产品成本的 40% ~50%，而今天该比例不到 10%，甚至仅为 3% ~5%。在这样的成本结构下，再沿用忽视正确分配间接费用的传统成本计算方法，就容易出现成本高估或低估。企业若低估产品的成本，则可能接受表面上盈利而实际上亏本的业务；若高估产品成本，则会有被竞争者抢占其市场的风险，因为这些产品的成本实际上低于报告给管理层的数字，因而使企业丧失了降低销售价格以阻止竞争者进入其市场并仍能获利的机会。因此，对成本结构变化后成本计算方法的改进提出了迫切要求。

三、传统成本计算方法的缺陷日益凸显

在传统的劳动密集型生产模式下，一般是手工生产或半机械化半自动化生产，此时，人工对生产环境起主导作用，人工工时、人工工资或者机器工时表现出了与产品制造成本的因果关系，因此通常用它们来分配间接费用。在这种背景下，传统成本计算方法下常用一个全厂范围的费用分配率，或者分部门的一系列的部门费用分配率来解决间接费用分配问题，这就是间接费用单一分配基础制度。在此制度下，制造费用按共同的基础及比率分配于各种产品。这种分配率的合理性取决于制造费用是否与上述分配基础相关，其中主要是与生产数量相关。传统做法部分地满足了与生产数量有关的制造费用的分配。

在技术密集型或资金密集型高自动化生产模式下，机器设备往往对生产环境起主导作用，并且会发生更多的辅助性的间接费用（如机器调整准备费用），这些费用的发生往往有其他的根本原因，并不受生产数量或其连带指标的影响。因此，使用单一分配基础来分配制造费用已不适宜。在生产实践中人们发现，传统成本计算方法按单一基础分配间接费用往往造成成本信息的失真，因为它忽视了发生这些间接费用有多种原因，而各种产品生产受各种原因的影响是不同的。因此，改变单一分配基础，使用多种分配基础来分配各相关间接费用成为必然的选择。

四、适时制等管理基础的推动

适时制是 20 世纪 70 年代日本企业首创，随后在西方发达国家广泛应用的一种生产管理系统。适时生产系统与传统生产系统的主要区别在于：传统生产系统是一种由前向后推动式的生产系统（push through production system），该系统由原材料仓库向第一个程序供应原材料，把它们加工成在产品、半成品，转入第一道生产程序的在产品、半成品仓库，然后由第

一道生产程序的在产品、半成品仓库向第二道生产程序供应在产品、半成品，由第二道生产程序继续进行深加工，如此由前向后顺序推移，直至最终完成全部生产程序，转入产成品仓库等待对外发运销售。由此可见，在传统的推动式的生产系统中，前面的生产程序居于主导地位，后面的生产程序只是被动地接受前一生产程序转移过来的加工对象。这种生产系统的推行导致在生产经营的各个环节有大量的原材料、在产品、半成品库存的存在，从而增加成本，造成浪费，降低企业竞争力。新的适时生产系统则与此相反，它采取由后向前拉动式的生产系统（pull-through production system）。在这种生产模式下，企业要以顾客订货所提出的有关产品数量、质量和交货时间等特定要求作为组织生产的基本出发点，即以最终满足顾客需要为起点，由后向前逐步推移，全面安排生产任务（美国的著名个人电脑生产商戴尔公司即采用了这种生产经营模式）；前一生产程序只能严格按照后一生产程序所要求的有关在产品、半成品的数量、质量和交货时间来组织生产。这一新的生产系统之所以被称为适时生产系统，是因为它要求原材料、外购零部件的供应能适时到达生产，直接交付使用，无须建立原材料、外购零部件仓库储备；生产的各个环节紧密地协调配合，生产的前阶段按生产的后阶段进一步加工的要求，保质保量地生产在产品、产成品，并适时地送达后一加工阶段直接投入生产，无须建立在产品、半成品库存储备；在销售阶段，生产出来的产品能保质保量地适应顾客的需要，并按照顾客的要求，适时地送到顾客手中，无须建立产成品库存储备。由此可见，适时生产系统要求整个企业生产经营的各个环节能像钟表一样相互协调、准确无误地运转，以求更高的效率和效果。

适时制要求成本计算能揭示与生产成本有关的成本动因，而这一点恰恰是传统成本计算方法无法做到的。为此，发展以成本动因为核心的成本计算方法，已成为新的生产技术环境对成本计算方法改革的一种迫切要求。正是在这样的环境下，作业成本计算方法应运而生，它围绕生产经营作业，揭示成本发生的真实原因，并按各产品、劳务、作业耗用资源的事实合理地分配成本，从而能够比较真实地反映产品、劳务、作业成本的信息。作业成本计算方法以确定作业（成本动因）为起点，以分析作业为核心，重点放在如何设计和改进作业和流程上，从而有效地降低和控制成本。

第二节　作业成本法基本概念与原理

一、相关概念

（一）作业与作业类型

1. 作业

作业是作业成本下最基本的概念，是进行作业成本计算的核心和基础。

作业（activity），是指具有特定目的的一个事件、一项任务或一个工作的基本单位。生产经营过程就是由各项作业组成，因此，寻求和保持生产经营过程的连续性和经济性就是寻求和保持企业各项作业的连续性和经济性。换句话说，所谓人的工作以及生产经营，无非是完成一项一项的作业。

在作业成本法中，作业是汇集资源耗费的对象，是将资源耗费与产品成本连接在一起的中介。

《管理会计应用指引第304号——作业成本法》中将作业定义为：作业是指企业基于特定目的重复执行的任务或活动，是连接资源和成本对象的桥梁。一项作业可以是一项非常具体的任务或活动，也可以泛指一类任务或活动。

2. 作业与流程的关系

作业是一个相对的概念，它与流程和任务两个概念紧密相关：流程由若干项作业所构成，作业又由若干项任务构成。

流程的定义：为达成特定目的而按顺序联系的一组作业，既有开始又有结束，并且可用投入和产出明确地辨认。例如，生产流程中的材料采购、材料存储、材料搬运和加工、半成品搬运和加工、产成品搬运、产成品存储等就是一项项的作业。每项作业又可以分解成若干项任务，例如，材料采购可以分解为生产部门申请、采购部门审核申请、采购部门发出订单、等候、存储部门验收入库、财务部门支付货款等任务。从某种意义上说，流程就是作业链或供应链，是由相互联系的作业所构成。

3. 作业类型

按照作业受益对象和层次分类，主要包括单产性作业、批量性作业、品种性作业、顾客性作业、产能性作业。

（1）单产性作业：是指使单位产品受益的作业，即每生产一个单位的产品或提供一次服务就执行一次的作业，如直接材料或直接人工的使用、机器保养等，这种作业所耗费的资源成本与产品产量或服务量呈正比例变动，如果产量增加一倍，则直接材料、直接人工成本也会增加一倍。对每一个产品进行质量检查所消耗的间接人工也与产品生产数量相关。

（2）批量性作业：是指使一批产品或服务受益的作业，即每生产一批产品或提供一批服务就执行一次的作业，这类作业及其成本与产品或服务批次有关，随产品批次的增减而增减，如对每批产品的机器准备、订单处理、批次质量检验、材料处理等，是该批产品所有单位产品的共同成本。

当生产批数越多时，机器准备成本就越多，一旦机器被准备好，每批产品无论生产多少单位，准备成本都不变，与产量多少无关。

如果只对每批产品抽取一件进行检测，则进行质量检查所消耗的间接人工与产品批次相关，与产品数量没有直接关系。

（3）品种性作业：是指使某种产品或服务受益的作业，即为了特定产品（服务）或产品线的存在而执行的作业，如对一种产品进行产品设计、工艺流程设计、客户关系处理、编制材料清单、数控规划、处理工程变更、测试线路等。这类作业服务于各项产品的生产与销售，其成本与生产产品的品种或生产线相关，而与产品数量和批数无关。

（4）顾客性作业：为服务特定顾客实施的作业，如为特定顾客提供的售后服务。该类作业保证企业将产品（或服务）销售给个别客户，但作业本身与产品（或服务）数量独立，包括向个别客户提供的技术支持活动、咨询活动、独特包装等。

（5）产能性作业：是指为了维护整个企业的总体生产能力而执行的作业，包括工厂管理、照明、热动力等。该类作业是开展业务的基本条件，其使所有产品（或服务）都受益，但与产量或销量无关。这种作业的成本，是为生产全部产品的共同成本，该类作业取决于企业的规模与结构，包括管理作业、针对企业整体的广告活动等。

（二）作业链和价值链

1. 作业链

作业成本管理会计的主要目标有二：其一，尽量通过作业为顾客提供更多的价值；其二，从为顾客提供的价值中获取更多的利润。所以，现代企业可以视为一个为了满足最终顾客需求而建立的一系列前后有序的能创造顾客价值的作业集合体。这个有序的集合体就是“作业链”。简言之，作业链是与成本密切相关的一系列有序作业的集合。

一个企业的作业链具体表现为：研发—设计—生产—销售—营销—配送—售后服务。

2. 价值链

价值链是指开发、生产、营销和向顾客交付产品和劳务所必需的一系列价值的集合。价值链是作业链的货币表现形式，作业链的形成过程就是价值链的形成过程。但是，作业形成价值，并非所有的作业都增加转移给顾客的价值。

价值链分析是以作业链为基础，是被优化的作业链，其优化过程就是将作业链上的各项作业区分为增值作业和非增值作业。增值作业是企业生产经营所必需的，且能够为顾客带来价值的作业，当这种作业增加或减少时，会导致顾客价值的增加或减少。如果去掉某项作业，仍然能够为客户提供与以前同样的效果，则该项作业为非增值作业，否则为增值作业。

企业中可能存在的非增值作业有：（1）搬运作业，要从一地方搬运到另一地方；（2）等待作业，停机待料、停机待人；（3）检查作业，检查产品是否符合规定的标准；（4）存储作业，对材料、产品等进行存储。

3. 价值的界定

从管理会计实践来看，所谓价值，是指“顾客价值”，用顾客从购买一件产品或服务中的“所得－所失”的差额来表示。

其中，所得是指商品的用途以及给顾客带来的有形和无形的其他收益；所失不仅仅是购买产品或服务的价格，还包括为学习和使用产品所付出的精力和时间成本，以及使用、保养和报废产品的成本。从这个角度看，价格是根据产品对消费者的价值决定的，而不是根据生产成本决定的。

（三）成本动因

1987 年，库珀和卡普兰提出成本动因的概念，他们认为作业成本法要把间接成本与其后隐藏的推动力联系起来，这种推动力就是成本动因。

成本动因表示“某一特定作业和一系列成本之间的因果关系”，是引起作业成本发生和变化的因素，即成本驱动因素，是决定成本结构和金额的根本原因。

传统的成本管理会计往往将产量作为唯一的成本动因，如固定成本和变动成本的划分、盈亏平衡分析、边际利润分析等都是以此为基础的。而事实上，成本动因不仅仅限于产量，还包括采购次数、检验次数、搬运次数与距离等因素。

成本动因必须能够量化，可量化的成本动因包括生产准备次数、零部件数、不同的批量规模数、工程小时数等。

在对成本动因进行分析时，需要进一步分析资源动因和作业动因。

（1）资源动因：是引起作业成本增加所耗费资源数额的驱动因素，用来衡量一项作业的资源消耗量，是将资源分配到作业的基础。依据资源成本动因，可以将资源成本分配给各有关作业，反映了作业量与资源耗费之间的因果关系，是将资源成本分配到作业中心的标准。

在分配资源的过程中，由于资源是一项一项地被分配到作业的，因此产生了作业成本要素，将每个作业成本要素相加就形成了作业成本库。通过对成本要素和成本库的分析，可以揭示哪些资源需要减少，哪些资源需要重新配置，最终确定如何改进和降低作业成本。

（2）作业动因：是引起产品成本增加的驱动因素，用来衡量一个成本对象（产品、服务或顾客）需要的作业量。作业成本动因计量各成本对象耗用作业的情况，是将作业成本分配到产品或产出的基础。

作业动因是作业发生的原因，即产品或服务的最终产出量与作业消耗量之间的因果关系，反映了最终成本计算对象耗用作业的频率和强度。它是将作业成本库（作业中心）的成本分配到产品、劳务或顾客的标准，也是沟通资源消耗与最终产出的中介。

表3－1和表3－2分别列举了成本动因和资源动因的实例。

表3－1　成本动因实例

作业类型	作业举例	成本动因	直接计入作业的成本项目
单产性作业	与机器有关，如研磨、切割、维护等	机器小时	电力成本、通用机器设备的折旧
	与人工有关，如工资、福利等	直接人工小时	直接人工成本
品种性作业	产品测试	测试次数、测试时数	测试成本
	产品设计	设计时数	设计成本
批量性作业	处理采购订单	处理订单数量	白领工资
	原材料处理	材料处理数量	材料处理的人工成本
	设备调整	设备调整次数	设备调整的人工成本
	质量检验	质检次数、质检时数	质量控制成本
产能性作业	厂房占用	机器小时	厂房折旧
	人事管理与培训	员工数量、培训时数	人事管理成本、员工培训成本

表 3－2　　常见资源动因

作　业	资源动因
机器运行作业	机器小时
安装作业	安装小时
清洁作业	平方米
材料移动作业	搬运次数、搬运距离、吨公里
人事管理作业	雇员人数、工作时间
能源消耗	电表、流量表、装机功率和运行时间
制作订单作业	订单数量
顾客服务作业	服务电话次数、服务产品品种数、服务的时间

成本动因是作业成本法的核心内容，成本动因的选择，直接关系到作业成本法的应用效果。一个企业成本动因数量的多少与该企业生产经营活动的复杂程度密切相关，企业的经营活动越复杂，其成本动因也就越多。选择时一般由企业的工程技术人员、成本会计人员等组成专门小组，对企业的各项作业进行认真分析和讨论后再加以确定。

（四）成本计算对象

成本对象（cost objective）是企业执行各项作业的原因，它是归集成本的最终点。根据企业的管理需求，成本对象可以是产品，也可以是作业、部门或生产线、一个人，乃至整个企业，甚至可以是企业的外部顾客。

传统成本计算法和作业成本计算法下，成本计算对象由于目的不同而有所不同。

传统成本计算一般以产品为成本计算对象或以某一步骤（分步法）或某一批订单（分批法）为成本计算对象，其目标主要是满足计算存货成本的需要，进而提供有关企业财务状况和经营成果的会计信息。

作业成本计算法要求成本信息不仅要反映企业财务状况和经营成果，还要满足成本控制和生产分析的要求。其成本计算的成本对象是多层次的，大体上可以分为资源、作业、作业中心和制造中心等几个层次。

当作业成本计算法将资源、作业、作业中心、制造中心等概念引入成本控制时，就形成了一个完整的作业成本体系，如图 3－1 所示。

1. 资源

资源进入企业，并非都被消耗；即使被消耗，也不一定都是对形成最终产出有意义的消耗。因此，作业成本计算法把资源作为成本对象，是要在价值形成的最初形态上反映被最终产品吸纳的有意义的资源耗费价值。

资源是指企业在一定期间内开展经济活动所发生的各项资源耗费，包括有形资源（货币资源、材料资源、人力资源、动力资源）和无形资源。

在这里，成本管理要处理两个方面的问题：（1）区分有用消耗和无用消耗，把无用消

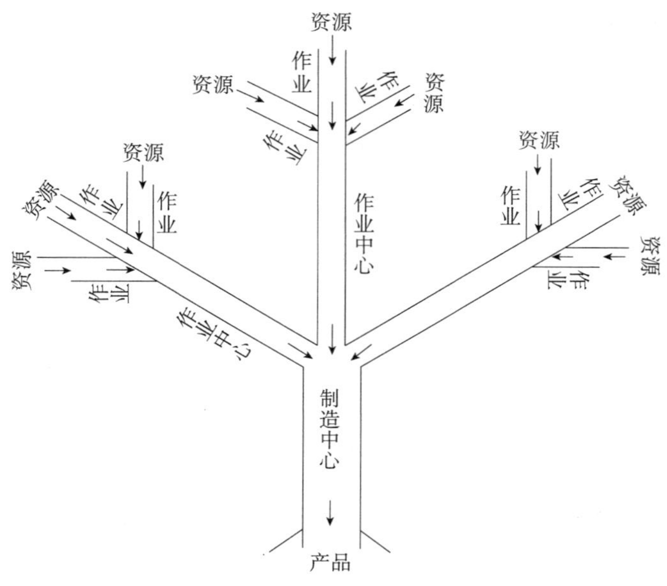

图 3－1　作业成本计算体系

耗价值予以单独汇集，而只把有用消耗的资源价值分配到作业中去。（2）区别消耗资源的作业状况，看资源是如何被消耗的，找到资源动因，按资源动因把资源耗费价值分别分解计入吸纳这些资源的不同作业中去。

2. 作业

作业是指企业生产过程中的各工序和环节。从作业成本计算角度看，作业是基于一定的目的、以人为主体、消耗一定资源的特定范围内的工作。

作业应具备的特征：（1）作业是以人为主体的工作。（2）作业消耗一定的资源。作业以人为主体，要消耗一定的人力资源；作业是人力作用于物的工作，因而也要消耗一定的物质资源。（3）区分不同作业的标志是作业目的。（4）对于一个生产程序不尽合理的制造业，作业可以区分为增值作业和非增值作业。这里，非增值作业虽然也消耗资源，但并不是合理消耗。（5）作业的范围可以被限定。

3. 作业中心

作业中心是负责完成某一项特定产品制造功能的一系列作业的集合。作业中心既是成本汇集中心，也是责任考核中心。

一般说来，作业中心是基于管理的目的而不是专门以成本计算为目的设置或划定的，传统制造企业的经营过程被习惯地分为材料采购、产品生产和产品销售三个环节，而按照作业成本计算理论，这三个环节都可以称为作业中心。

4. 制造中心

制造中心作为成本计算对象，实质上是指计算制造中心产出的产品的成本。

一般地，一个大型制造企业总可以划定为若干制造中心，划定制造中心的依据是各制造中心只生产某一种产品或某个系族多种产品。制造中心所产产品只是相对于该制造中心而言，未必是企业的最终产品。

二、基本原理

作业成本核算的基础是“成本驱动因素”理论，主要遵循两条基本原则：（1）产品消耗作业，作业消耗资源；（2）生产产生作业，作业产生成本。

作业成本的实质就是在资源耗费和产品耗费之间借助作业来分离、归纳、组合，然后形成各种产品成本及不同管理成本，是一种融成本计算与成本管理为一体的管理方法。

作业成本计算法更加符合现实、结果也以更加精确的成本分解替代了简单的成本分配。美国学者托尼提出“二维作业成本模型”，用来说明作业成本制度的原理。该模型如图 3－2 所示，是一个平面坐标系：纵轴表示成本分配观点，横轴表示流程观点，两轴相交的原点是作业。在托尼模型中，作业是居于中心位置的概念。

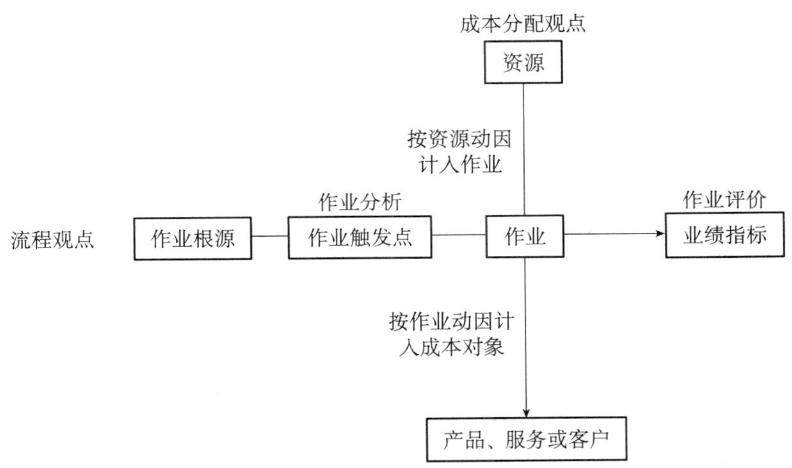

图 3－2　二维作业成本模型

图 3－2 中，纵轴是按成本分配的观点设计，前提是“产品耗费作业，作业耗费资源”。计算产品成本是计算产品所耗费资源的成本，因此在成本分配的观点下，产品成本的计算分成两步：一步是将耗费的资源按资源动因计入作业并计算作业成本；另一步是将作业成本按作业动因计入产品并计算产品成本。横轴是按流程观点设计。流程观点就是作业管理（activity-based management，ABM），包括流程优化和对流程当事人业绩考核两项基本内容。流程优化实际上是优化流程上的每一项作业（脱离流程来优化作业是没有意义的），而为了优化作业，必须进行作业分析，弄清楚该项作业在哪个环节发生、为何发生，进而运用流程优化方法优化流程。管理归根到底是管人，作业管理是通过管人来管作业。为此，必须在流程优化的基础上，为流程的当事人设置业绩指标，并对完成结果进行评价。

值得注意的是，成本分配观点与流程观点不是相互孤立的。成本分配观点下作业成本计算主要是满足流程观点下作业管理的信息需要。与传统成本计算比较，作业成本计算使间接费用分配更加准确，但如果被分配的间接费用中包含着浪费和低效率，那充其量是对一个“坏的”成本数额给一个“好的”分配，而可行的选择只能是通过流程优化来优化作业进而优化成本。从技术角度而言，成本分配观是为了增加成本计算的精确程度，而流程观的重点在于控制成本，控制成本的关键就是要控制成本动因，通过对作业分析找到真正的成本动因并控制其发生以及发生的程度。从管理的角度看，成本管理也是管人，而管人的基本方法就是给人制定业绩指标并对其履行情况进行评价，从这个角度看，计算成本是为了控制成本。

三、作业成本法的目标

管理会计应用指引将作业成本法的目标概括为以下三点。

（1）通过追踪所有资源费用到作业，然后再到流程、产品、分销渠道或客户等成本对象，提供全口径、多维度的更加准确的成本信息。

（2）通过作业认定、成本动因分析以及对作业效率、质量和时间的计量，更真实地揭示资源、作业和成本之间的联动关系，为资源的合理配置以及作业、流程和作业链（或价值链）的持续优化提供依据。

（3）通过作业成本法提供的信息及其分析，为企业更有效地开展规划、决策、控制、评价等各种管理活动奠定坚实基础。

第三节　作业成本法的计算方法

一、作业成本法的定义

作业是指企业基于特定目的重复执行的任务或活动，是连接资源和成本对象的桥梁。一项作业既可以是一项非常具体的任务或活动，也可以泛指一类任务或活动，如设计产品、装配机器、运转机器和分销产品。通俗地说，作业是动词，它们是企业做的事情。为了帮助制定战略决策，作业成本法确认价值链上所有功能里的作业，计量单个作业的成本并且根据生产每一件产品或服务所需的作业组合将成本分配到例如产品或服务等成本对象上，即作业成本法（activity-based costing，ABC）通过把单独的作业确认为基本的成本对象来改进成本系统，是改进成本系统最好的工具之一。

《管理会计应用指引第 304 号——作业成本法》指出：作业成本法是指以“作业消耗资源、产出消耗作业”为原则，按照资源动因将资源费用追溯或分配至各项作业，计算出作业成本，然后再根据作业动因，将作业成本追溯或分配至各成本对象，最终完成成本计算的成本管理方法。

二、核算特点

作业成本计算的重点是解决间接费用的正确归集和合理分配问题。从成本构成看，在生产智能化条件下，一方面，制造费用在产品成本中所占的比重大大提高，另一方面，它的构成内容也逐渐复杂化。因此，无论在提高产品成本计算的正确性还是提高成本控制的有效性方面，都要求作业成本计算把工作重点放在制造费用上，实现制造费用核算的改革。主要体现在以下几点。

（1）缩小制造费用的分配范围，由单一的全厂统一分配改为由若干成本库分别进行分配，即按引起制造费用发生的多种成本动因进行制造费用分配。

作业成本计算法通过分别设置多样化的成本库并按多样化的成本动因进行制造费用分配，使成本计算，特别是比重日趋增长的制造费用，按产品对象化的过程大大明细化了，从而使成本的可归属性大大提高。

（2）增加间接成本库的数量直到每一个成本库内都是同质的。在一个同质成本库中，所有成本都与用作成本分配基础的单一成本动因有相同或相似的因果联系。例如，一个同时包含间接机器成本和间接分销成本并用机器小时数对其进行分配的成本库，这个成本库就不是同质的，因为机器工时是机器成本的成本动因，但不是分销成本的成本动因。分销成本的成本动因应该是装运数量，如果机器成本和分销成本被分别分到两个间接成本库，机器成本库用机器工时作为成本分配基础，分销成本库用装运数量作为成本分配基础，那么每一个间接成本库都变成同质的。

（3）只要可行，就应该用成本动因作为每一个同质的间接成本库的成本分配基础。作业成本库是指按同一作业动因，将各种资源消耗项目归集在一起的成本类别，即相同成本动因的作业成本集。作业成本库的建立把间接费用的分配与产生这些费用的动因联系起来，不同作业成本库选择不同成本动因作为分配标准。作业成本库中所汇集的成本可以相同的作业动因为标准，将其成本分配给各产品或劳务。作业中心与成本库密切相关，成本库归集的成本常常是作业中心的成本，因此很多人将作业中心与成本库等同看待。

（4）在采用适时生产系统的条件下，由于要求在供、产、销各环节实现“零库存”，意味着按照作业成本计算所确定的“产品成本”同时也就是这一期间所发生的“期间成本”，使产品成本和期间成本趋于一致，成为一种非累积性的成本计算。与传统的受期初、期末存货成本结转影响的累积性的成本计算相比，这是成本计算上的一个重大转变。

作为一种明细化的非累积性成本信息系统，作业成本计算可区分不同产品，对所有作业活动进行动态反映，自始至终追踪其现金流入与流出的全过程。这样，就使管理上可经常、全面地掌握不同产品在不同时期的现金流量，为正确计量与考评各经营项目、单位、个人业绩提供十分有用的成本信息。

三、作业成本法的计算程序

作业成本法以“作业消耗资源，成本对象消耗作业”为前提，将着眼点放在作业上，以作业为核算对象，依据不同成本动因分别设置成本库，再分别以各种成本对象所耗费的作业量分摊其在该成本库的作业成本，然后分别汇总各种成本对象的作业总成本，计算各种成本对象的总成本和单位成本。具体计算步骤如下。

1. 确认主要作业与作业中心

一个作业中心就是生产程序的一个部分。例如，检验部门就是一个作业中心。按照作业中心披露成本信息，便于企业控制作业、评估作业的绩效。

2. 将资源成本分配到作业中心

将归集起来的投入成本或资源分配到每个作业中心的成本库，每个成本库所代表的是它所在的那个中心所执行的作业。因此，第二个步骤的分配过程反映了作业成本法的基本前提：作业量决定资源耗用量。这种资源消耗量与作业量之间的关系就是前述的“资源动因”。“资源动因”是第二个步骤分配的基础。例如，如果将“检验部门”定义为一个作业中心，那么“检验小时”就成为一个资源动因。这时，许多与检验有关的成本都将归集到消耗该项资源的作业中心。第二个步骤是作业成本法的“本源”。顾名思义，作业成本法计算的就是企业各种作业的成本。

3. 将各个作业中心的成本分配到成本对象

这一步骤的分配过程反映了作业成本法产出量（成本对象）决定作业耗用量这一基本前提。这种作业消耗量与企业组织的产出量（成本对象）之间的关系就是前述的“作业动因”，这是作业成本法的延伸。既然上一步骤已经计算出企业各种作业的成本，那么企业就可以“按需取数”计算出各种成本对象的成本。产品只是作业成本法的众多成本对象之一。

作业成本法的基本步骤如图 3－3 所示。

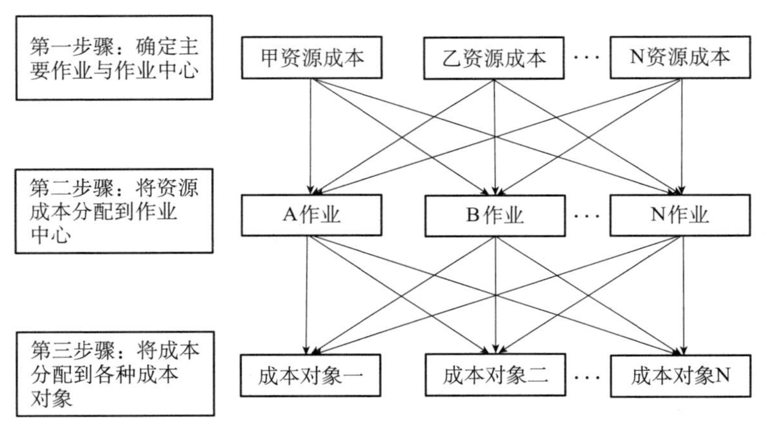

图 3－3　作业成本法的基本步骤

根据作业成本法基本原理，成本动因的选择极为重要。一般而言，成本动因的选定应由企业的工程技术人员和成本会计师等人员组成的专门小组讨论后确定。在选择成本动因时，必须注意以下两个问题。

（1）成本动因应该简单明了，通俗易懂，可以量化，容易从现存资料分辨出来，并与相关部门的产出具有直接的关联性。

（2）代表性与全面性相结合。在选择成本动因时，为了避免作业成本法过于复杂、难以执行而流于形式，不宜把面铺得太广，要尽量选择具有代表性的或重要性的成本动因，但是又要注意避免过于简单。

表 3－3 列示了作业成本法的一些典型的作业成本库和成本动因。

表 3－3　　作业成本库和成本动因的典型例子

作业成本库	成本动因
整备	整备次数或整备时数
质量控制	检验次数
材料采购	供应商的数量或购货订单的数量
顾客关系	顾客的数量或部门分布或顾客订单数量
材料处理	材料移动次数或材料移动距离

下面举例说明作业成本法基本原理及其与传统成本计算方法的差异。

【例 3－1】 星城公司同时生产 A、B、C 三种产品。其中，A 产品是老产品，已经有多年的生产历史，比较稳定，每批生产 10 000 件以备顾客订货的需要，年产 A 产品 120 000 件；B 产品是应顾客要求改进的产品，每批生产 100 件，年产 B 产品 60 000 件；C 产品是一种新的、复杂的产品，每批生产 10 件，年产 C 产品 12 000 件。

有关三种产品生产成本资料如表 3－4 所示。

表 3－4　　星城公司产品生产成本表　　单位：元

成本项目	A 产品	B 产品	C 产品	合计
直接材料	600 000	360 000	96 000	1 056 000
直接人工	240 000	120 000	36 000	396 000
制造费用	1 200 000	600 000	180 000	1 980 000
合计	2 040 000	1 080 000	312 000	3 432 000

根据表 3－4，基于传统成本计算方法，星城公司所生产的 A、B、C 三种产品的单位成本计算结果如表 3－5 所示。

表 3－5　　星城公司基于传统成本计算方法的产品单位成本表　　单位：元

成本项目	A 产品（120 000 件）	B 产品（60 000 件）	C 产品（12 000 件）
直接材料	5.00	6.00	8.00
直接人工	2.00	2.00	3.00
制造费用	10.00	10.00	15.00
合计	17.00	18.00	26.00

基于传统成本计算方法，制造费用以直接人工成本为基础，它是直接人工成本的

500%。基于作业成本法，依据不同的成本库，归集制造费用如表3－6所示。

表3－6　　依据成本库归集的制造费用表　　单位：元

制造费用项目	数　额
间接人工：	
整备工作	320 000
材料处理	280 000
检验人员	200 000
采购人员	210 000
产品分类人员	100 000
工厂管理人员	160 000
小计	1 270 000
其他制造费用：	
照明和热动力	80 000
房屋占用	190 000
材料处理设备折旧	80 000
机器能量	140 000
供应商（检验）	70 000
供应商（购买）	60 000
供应商（产品分类）	40 000
供应商（全面管理）	50 000
小计	710 000
合计	1 980 000

进一步假设相关的成本动因资料如下。

（1）A、B、C产品的单位机器小时比例分别为：1、1.5和3.5。

（2）每批次需要一次标准的整备工作。

（3）每批的标准检验单位为：A产品每批50件、B产品每批5件、C产品每批2件。

（4）A、B、C产品每批材料移动次数分别为：25、50和100。

（5）A、B、C产品每件购货订单数分别为：200、400和1400。

（6）A、B、C产品每件产品分类次数分别为：50、75和200。

根据上述资料，分别按照单位作业、批作业、产品作业和能量作业四个作业层次分配制造费用。

1. 单位作业层次

（1）直接材料成本与直接人工成本的分配与传统成本计算方法相同。

（2）机器能量成本按一定比率分配到产品生产线。其分配过程如表3－7所示。

表 3－7　机器能量成本分配表

产品名称	数量（件）	使用比例	合计	分配率	分配额（元）
A 产品	120 000	1	120 000	0.56	66 700
B 产品	60 000	1.5	90 000	0.56	50 000
C 产品	12 000	3.5	42 000	0.56	23 300
合计	—	—	252 000	0.56	140 000

2. 批作业层次

（1）检验成本按检验次数分配。其分配、计算过程如表 3－8 所示。

表 3－8　检验成本分配表

产品名称	批量	每批检验数	合计	分配率	分配额（元）
A 产品	12	50	600	45.00	27 000
B 产品	600	5	3 000	45.00	135 000
C 产品	1 200	2	2 400	45.00	108 000
合计	—	—	6 000	45.00	270 000*

注：检验成本＝检验人员工资 200 000 元＋供应商（检验）70 000 元。

（2）材料处理成本以材料移动次数为基础分配。其分配、计算过程如表 3－9 所示。

表 3－9　材料处理成本分配表

产品名称	批量	每批移动次数	合计	分配率	分配额（元）
A 产品	12	25	300	2.40	720
B 产品	600	50	30 000	2.40	71 856
C 产品	1 200	100	120 000	2.40	287 424
合计	—	—	150 300	2.40	360 000*

注：检验成本＝材料处理人员工资 280 000 元＋折旧 80 000 元。分配率和分配额根据四舍五入取整数列示。

（3）整备成本以每批整备次数为基础分配。其分配、计算过程如表 3－10 所示。

表 3－10　整备成本分配表

产品名称	每批整备次数	分配率	分配额（元）
A 产品	12	176.60	2 120
B 产品	600	176.60	105 960
C 产品	1 200	176.60	211 920
合计	1 812	176.60	320 000

3. 产品作业层次

（1）购买成本以购货订单为基础分配。其分配、计算过程如表 3－11 所示。

表 3－11　　购买成本分配表

产品名称	购货订单数量	分配率	分配额（元）
A 产品	200	135.00	27 000
B 产品	400	135.00	54 000
C 产品	1 400	135.00	189 000
合计	2 000	135.00	270 000 *

注：购买成本＝购买人员工资 210 000 元＋供应商（购买）60 000 元。

（2）产品分类成本以分类次数为基础分配。其分配、计算过程如表 3－12 所示。

表 3－12　　分类成本分配表

产品名称	分类次数	分配率	分配额（元）
A 产品	50	430.77	21 540
B 产品	75	430.77	32 310
C 产品	200	430.77	86 150
合计	325	430.77	140 000 *

注：分类成本＝分类人员工资 100 000 元＋供应商（产品分类）40 000 元。分配率和分配额根据四舍五入取整数列示。

4. 能量作业层次

能量作业层次以主要成本（直接材料成本＋直接人工成本）为基础分配。其分配、计算过程如表 3－13 所示。

表 3－13　　主要成本分配表

产品名称	单位主要成本（元）	生产数量（件）	主要成本（元）	分配率	分配额（元）
A 产品	7.00	120 000	840 000	0.33	277 686
B 产品	8.00	60 000	480 000	0.33	158 678
C 产品	11.00	12 000	132 000	0.33	43 636
合计	—	—	1 452 000	0.33	480 000 *

注：能量成本＝工厂管理人员工资 160 000 元＋照明和热动力费用 80 000 元＋房屋占用费 190 000 元＋供应商（全面管理）50 000 元，合计 480 000 元。分配率和分配额根据四舍五入取整数列示。

综合上述计算结果，根据作业成本法，各种产品的总成本和单位成本如表 3－14 所示。

表 3－14　　星城公司基于作业成本法的产品单位成本表　　单位：元

项目	A 产品		B 产品		C 产品	
	单位成本	总成本	单位成本	总成本	单位成本	总成本
1. 单位作业层次						
直接材料	5.00	600 000	6.00	360 000	8.00	96 000
直接人工	2.00	240 000	2.00	120 000	3.00	36 000

续表

项目	A 产品		B 产品		C 产品	
	单位成本	总成本	单位成本	总成本	单位成本	总成本
1. 单位作业层次						
机器能量	0.56	66 700	0.83	50 000	1.94	23 300
小计	7.56	906 700	8.83	530 000	12.94	155 300
2. 批作业层次						
检验	0.23	27 000	2.25	135 000	9.00	108 000
材料处理	0.01	720	1.20	71 856	24.00	287 424
整备工作	0.02	2 120	1.77	105 960	17.66	211 920
小计	0.26	29 840	5.22	312 816	50.66	607 344
3. 产品作业层次						
购买	0.23	27 000	0.90	54 000	15.75	189 000
产品分类	0.18	21 540	0.54	32 310	7.18	86 150
小计	0.41	48 540	1.44	86 310	22.93	275 150
4. 能量作业层次						
全面管理*	2.31	277 686	2.64	158 628	3.63	43 636
合计	10.54	1 262 766	18.13	1 087 898	90.16	1 082 006

注：参见表 3 – 13 的结果。

根据表 3 – 5 和表 3 – 14 编制基于传统成本计算方法与作业成本法的成本计算结果比较表，如表 3 – 15 所示。

表 3 – 15　　基于传统成本计算方法与作业成本法的单位成本比较表　　单位：元

成本计算方法	A 产品	B 产品	C 产品
传统成本计算方法	17.00	18.00	26.00
作业成本法	10.54	18.13	90.16

表 3 – 15 显示了传统成本计算法与作业成本法计算结果的差异。作业成本法除了提供更为详细的成本信息之外，其所确定的单位成本也与传统成本计算方法不同。本例中，A 产品和 C 产品的差别尤其明显。A 产品是一种稳定大批量生产的产品，其单位成本几乎是传统成本计算方法的一半；而 C 产品是一种技术含量较高、小批量生产的产品，其单位成本大约是传统成本计算方法的 3.5 倍。

事实上，以直接人工成本为基础的传统成本计算方法导致 A 产品补贴了 C 产品。出现这种结果的主要原因在于，传统成本计算方法采用单一分配标准（如直接人工成本）分配制造费用，忽视了各种产品生产的复杂性和技术含量不同以及与此相联系的作业量不同，从而导致产品成本的扭曲。

四、作业成本法的改进

尽管与传统成本计算方法相比，作业成本法是一种进步，但是作业成本法理念并没有得到普遍接受。在一个有关管理工具运用程度的年度调查中，作业成本法处于平均水平之下，其运用程度只有50%（Rigby，2003）。卡普兰和安达森（Kaplan and Anderson，2007）也意识到实施作业成本法面临如下问题：（1）有关成本动因的访谈过于耗时，而且成本较高；（2）作业成本法模型的数据过于主观，难以验证；（3）数据的储存、处理和报告过于昂贵；（4）大多数作业成本法模型只是局部性的，难以提供整个企业盈利机会的全局观点；（5）作业成本模型难以更新，以便适应各种变化的环境；（6）从理论上说，如果考虑闲置产能这个因素，作业成本法模型未必正确。为解决这一困境，卡普兰和安达森提出了“时间驱动作业成本法”（time-driven activity-based costing，TDABC）的改进方法。

顾名思义，时间驱动作业成本法就是以时间为基础分配作业成本。基于时间驱动作业成本法，以时间为基础衡量各种资源产能，分别以各种“时间方程式”（time equations）表示各种作业消耗的时间，根据各种作业使用时间计算其成本。具体而言，时间驱动作业成本法需要估算两个主要参数：（1）单位时间产能成本（cost per time unit of capacity）；（2）各种作业消耗的时间（unit times of activities）。由此，与传统作业成本法相比，时间驱动作业成本法简化了成本分配过程。

时间方程式是时间驱动作业成本法的核心。所谓时间方程式，是由多项时间动因所构成的方程式，用以表述执行特定作业所需要的时间。时间方程式的表达方式为 $T_{j,k}=b_0+b_1X_1+b_2X_2+b_3X_3+\cdots+b_nX_n$。其中，$T_{j,k}$表示针对 k 交易执行 j 作业所需要的时间；b_0 表示执行 j 作业所需要的固定时间，不受 k 交易特征的影响；$X_1\sim X_n$ 分别表示各种时间动因；$b_1\sim b_n$ 分别表示各种单位时间动因（$X_1\sim X_n$）所消耗的时间；n 表示影响执行 j 作业所需要时间的时间动因。

单位时间产能成本的计算公式为：单位时间产能成本＝产能成本总额÷以时间表示的实际产能。

下面举一个简例说明时间驱动作业成本法（TDABC）基本原理及其与传统作业成本方法（CABC）的差异。

例如，假设某个顾客服务部门每个季度的经营成本总额为567 000元。该经营成本总额包括顾客服务人员及其主管的相关成本以及该部门的信息技术、通信设备和办公室的相关成本。

1. 传统作业成本法

企业首先要组成一个作业成本法团队，与该顾客服务部门的主管和相关人员座谈，了解他们执行的各种作业。假设该顾客服务部门执行三项作业：（1）处理顾客订单；（2）处理顾客咨询与投诉；（3）核查顾客信用。随后，该作业成本法团队进一步访谈各位员工，要求他们估算他们在这些作业所消耗或预期消耗的时间百分比。假设访谈的结果显示，上述三项作业所消耗的时间百分比分别为70%、10%和20%。于是，该作业成本法团队根据各项作业所消耗的时间百分比将该顾客服务部门的经营成本总额（567 000 元）分配到上述三项作业。与此同时，该作业成本法团队还收集每季度上述三项作业的实际（或预期）工作量数据分别为：（1）处理顾客订单 49 000 份；（2）处理顾客咨询与投诉 1 400 次；（3）核查顾客信用 2 500 次。据此，该作业成本法团队计算各成本动因分配率如表 3 - 16 所示。

表 3 - 16　　基于传统作业成本法的成本动因分配率

作业	耗用时间（%）	成本分配额（元）	成本动因数量	成本动因分配率
处理顾客订单	70	396 900	49 000 份	8.10 元/份
处理顾客咨询与投诉	10	56 700	1 400 次	40.50 元/次
核查顾客信用	20	113 400	2 500 次	45.36 元/次
合计	100	567 000	—	—

最后，该作业成本法团队运用表 3 - 16 的成本动因分配率，根据各个顾客消耗的处理顾客订单、处理顾客咨询与投诉、核查顾客信用等作业的数量，将该顾客服务部门的经营成本总额分配到每个顾客。

2. 时间驱动作业成本法

该时间驱动作业成本法团队直接根据时间方程式自然而然地将该顾客服务部门的经营成本总额分配到其所执行的各项作业。这样，时间驱动作业成本法就可以跳过作业界定环节，从而避免传统作业成本法的“成本较高、耗时且主观性”的作业调查工作。该顾客服务部门总共有 28 名员工，每位员工一天工作 7.50 小时，每月工作 20 天，但是平均每天的休息与培训时间为 75 分钟。这样，该顾客服务部门以时间表示的实际产能总额为 630 000 分钟［（7.50 小时/天 ×60 分钟/小时 - 75 分钟/天）×28 人 ×20 天/月 · 人 ×3 月］，其单位时间产能成本为 0.90 元/分钟（567 000 元 ÷63 000 分钟）。

该时间驱动作业成本法团队估计上述三项作业的平均单位时间分别为：（1）处理顾客订单平均单位时间为 8 分钟；（2）处理顾客咨询与投诉平均单位时间为 44 分钟；（3）核查顾客信用平均单位时间为 50 分钟。那么，该顾客服务部门三项作业的成本动因分配率如表 3 - 17 所示。

表 3 - 17　　基于时间驱动作业成本法的成本动因分配率

作业	成本动因分配率	
	单位时间（分钟）	分配率（按 0.90 元/分钟计算）
处理顾客订单	8	7.20
处理顾客咨询与投诉	44	39.60
核查顾客信用	50	45.00

当然，这里可以用该顾客服务部门的一个时间方程式替代传统作业成本法模型的上述三项顾客服务作业，即顾客服务时间（分钟）= 8 × 处理顾客订单数量 + 44 × 处理顾客咨询与

投诉数量 +50×核查顾客信用数量。

与表 3 – 16 相比，表 3 – 17 表明，基于时间驱动作业成本法的成本动因分配率略低于基于传统作业成本法的成本动因分配率。如果再进一步计算该顾客服务部门该季度执行上述三项作业的成本（如表 3 – 18 所示），那么这种差异的原因便显而易见。

表 3 – 18　　基于时间驱动作业成本法的成本分配

作业	单位时间（分钟）	工作量	时间总额（分钟）	成本总额（元）
处理顾客订单	8	49 000 份	392 000	352 800
处理顾客咨询与投诉	44	1 400 次	61 600	55 440
核查顾客信用	50	2 500 次	125 000	112 500
已使用产能	—	—	578 600	520 740
闲置产能（≈8%）	—	—	51 400	46 260
合计	—	—	630 000	567 000

根据表 3 – 18，该季度只有大约 92%（578 600 元 ÷630 000）得到运用。因此，该季度只有 92% 的经营成本总额（567 000 元）分配到顾客。基于时间分配的原因，传统作业成本法高估了该季度的作业成本。不过，如果综合已使用产能成本和闲置产能成本，该季度的作业成本预计的时间百分比 70%、10% 和 20% 比较接近实际的时间百分比 67.75%、10.65% 和 21.60%。时间驱动作业成本法明确执行各项作业的时间，企业经理人可以更有效地获得各项作业的成本与效率以及闲置产能的数量（51 400 分钟）和成本（46 260 元），避免将闲置产能成本随着已使用产能成本分配到作业，从而避免高估成本动因分配率和作业成本。

综上所述，传统作业成本法与时间驱动作业成本法的成本分配逻辑差异可用图 3 – 4 描述。

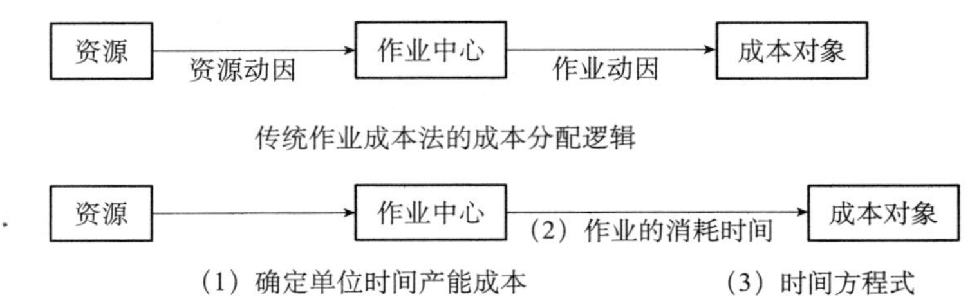

图 3 – 4　传统作业成本法与时间驱动作业成本法的成本分配逻辑差异

由此可见，传统作业成本法与时间驱动作业成本法的成本分配逻辑最大的差异在于时间驱动作业成本法将所有的作业都转化为以时间为基础的动因，而不是根据不同的作业特征寻找不同的作业动因。传统作业成本法旨在解决成本信息的管理需求问题，而时间驱动作业成本法旨在解决传统作业成本法的成本计算问题。当然，时间驱动作业成本法与传统作业成本法的基本思路一致，时间驱动作业成本法只是传统作业成本法的改进。

第四节　作业成本管理

作业成本管理是应用作业成本计算提供的信息，从成本的角度，合理安排产品或劳务的销售组合，寻找改变作业和生产流程、改善和提高生产率的机会。作业成本管理主要从成本方面来优化企业的作业链和价值链，是作业管理的一个重要方面。

同时，我们还要看到，作业成本计算的最终目的是准确地计算不同产品或劳务的盈利水平，以帮助企业实现最大效益。这是从企业战略层面进行作业成本管理的最终要义。

对于大部分企业来讲，产品销售收入一般与销售品种之间存在以下关系，我们可用产品盈利曲线表示，如图3－5所示。

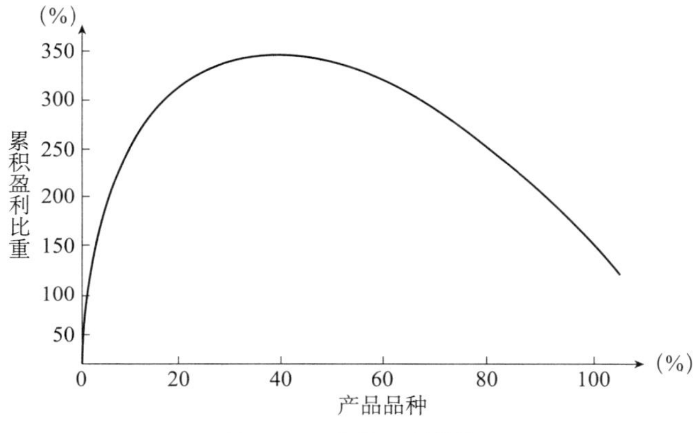

图3－5　产品盈利曲线

在图3－5中，纵轴代表产品盈利比重，横轴代表不同的产品品种。该图显示了大部分企业多品种生产的现状。从图3－5中我们可以看出，企业约30%的产品创造了约300%的利润，而其余70%的产品要么刚好保本，要么亏损。所以全部产品的获利能力仅仅为50%。如果不考虑其他因素，我们可以认为该企业只生产前30%的产品是最佳选择。作业成本计算法在这一方面为我们揭示了不同产品的真实盈利情况，可以帮助企业克服传统成本计算的缺陷，作出一系列有助于提高盈利水平的决策，这就是所谓的“作业成本管理”。

这些决策通常包含以下内容：产品定价决策、顾客经营决策、产品替换决策、产品设计改进决策、生产过程改善决策、技术投资决策、停产决策。

一、产品定价决策

产品定价一般有两种类型：一种是以市场为基础的定价。在一个完全竞争的市场中，许多产品的价格是由市场来决定的，对于企业而言，只能被动地接受市场的价格。因此，企业想要在这样的市场中取得竞争优势，就要从产品的设计、替换、功能改进以及成本上下功夫。另一种是以成本为基础的定价。某些企业在市场中可能处于垄断地位，或者新开发一种新产品，市场上没有竞争对手。在这种情况下，企业在产品定价上就会有较大的决策权。通常情况下，企业的产品定价面临这样两种情况：一种是大批量生产的产品。这种产品由于批量大，必然产品成本低且市场竞争激烈，以较低定价取得价格优势是企业占领市场的有效途径。另一种是小批量生产的产品。这类产品往往是应客户的特定需要而生产的，它们一般生产成本较高且缺乏市场竞争，所以顾客一般愿意接受较高的价格。作业成本计算由于能够更准确地提供成本信息，所以在定价上就能够帮助企业作出更正确的决策。

1. 短期定价

我们知道，长期定价决策必须考虑整个产品寿命周期的成本，而短期定价决策却要更多地考虑相关成本或增量成本。比如，特殊订单的决策，在现有生产能力允许的情况下，我们无须考虑生产能力成本及市场正常价格因素，而只需要弄清楚相关的增量成本。特别对于那些制造业，一般应考虑以下因素：（1）为生产这一订单所需耗费的原材料成本；（2）额外增加的人工成本；（3）额外发生的相关制造费用。

对于大部分服务性行业而言，几乎无须发生额外成本开支。在考虑了这些相关成本的合理补偿之后，定价决策所需考虑的有关因素包括以下几个方面：（1）现有生产能力能否满足这一订单需求；（2）资源消耗是否存在其他机会成本；（3）特殊定价会不会影响其他正常产品的销售价格；（4）订货人是否只是一个中间批发商。

以上任何一点若存在现实可能性或不确定性，都会影响企业的销售盈利。

2. 如何计算订单成本

要不要接受特殊订单，在很大程度上取决于订单成本。作业成本计算方法可以解释许多在传统成本计算法下无法解释的现象。

【例 3－2】某公司接到一张生产 100 件 A 产品的订单。这张订单所涉及的作业活动及其最佳成本计算如表 3－19 所示。

表 3－19　　作业活动及其最佳成本计算

作业活动	作业分配率	作业耗用量	总成本（元）
材料	12.4 元/件	100 件	1 240
直接人工	50 元/小时	60 小时	3 000
设备	60 元/小时	80 小时	4 800
实物量耗费	—	—	9 040
采购费	150 元/次	10 次	1 500
投产批次	200 元/次	6 次	1 200
设备调试	80 元/小时	18 小时	1 440
购销合同	100 元/次	1 次	100
批次作业耗费	—	—	4 240
设备保养	75 元/小时	20 小时	1 500
生产辅助费	—	—	1 500
合计	—	—	14 780

从上面的计算中我们可以看出，100 件产品的总成本为 14 780 元，而实物量成本为 9 040 元，实物量成本完全与数量呈正比关系；至于批次成本与生产辅助费事实上与数量无关。如果我们取得一张 1 000 件产品的订单，则实物量成本为 20 200 元，而其他两项作业成本仍然是 5 740 元。其单件产品成本就从 147. 8 元下降为 96. 14 元。

以上信息为定价指出了方向。大部分企业采用成本加成法定价。例如在成本上加成 20%，则 100 件订单的单价为 177. 36 元（147. 8 ×1. 2）。而 1 000 件订单的单价为 115. 37 元（96. 14 ×1. 2）。也有个别企业采用较为灵活的定价策略，视当时的市场情况及与客户协商的结果而定。但不论采用哪种策略，准确的成本信息是一个十分必要的条件。

二、顾客经营决策

作业成本计算不仅有助于提高成本计算的准确性，而且有利于企业管理层对不同层次的客户作出合理的分类与决策。一般而言，针对不同的客户，企业一方面增加支出以向不同的顾客提供各种服务，另一方面又可以从相应的价格上得到应有的补偿。如果我们将客户分成两大类，一类为服务成本较高的客户，另一类为服务成本较低的客户，则高低之分取决于多种影响因素。我们可以将这些因素归纳如表 3 –20 所示。

表 3 –20　　　　不同服务成本的顾客特征

服务成本高的客户	服务成本低的客户
特殊订货	正常订货
小批量生产	大批产
一次性客户	老客户
特定送货需求	正常送货
人工操作	自动化
较高的营销储备	较少的营销成本
要求有存货储备	适时供应
赊账支付方式	现金交易

与表 3 –20 的成本相配比，不同性质的顾客又有不同的销售利润。从理论上讲，他们可以用一个类似于矩阵的坐标图来反映服务成本与其相应利润之间的关系，如图 3 –6 所示。

在图 3 –6 中，横轴代表为客户提供服务而支付的成本，纵轴代表从客户的销售中取得的盈利。四类客户的基本特征可描述如下。

A 类：低成本、高盈利客户。这类客户由于各种原因对企业最具有吸引力。从管理的角度讲，必须十分善待这类客户，在必要时不惜降低价格来争取这类客户，取得竞争优势。

B 类：高成本、高盈利客户。这类客户符合市场竞争规律。从企业管理层角度来讲，只要销售收入足够补偿所耗费的服务成本，就应该努力争取这类客户，以取得相应的市场份额。

C 类：低成本、低盈利客户。这类客户基本上与 B 类客户相类似。这些客户对价格十分敏感，他们往往以所取得的服务来衡量所应支付的价格。因此，对于这类客户要讲究信誉，使他们逐步成为企业忠实的老客户。

D 类：高成本、低盈利客户。对于这类客户要具体分析，应想方设法将他们朝斜线左上方移动。导致这类客户高额成本的原因不外乎两种：一是内部原因，例如生产安排、营销策略等；二是外部原因，例如客户对供货提出特殊要求，中途突然改变订单需求等。企业应从内、外两方面进行改进，采取一切可能措施，使这类客户成为扭亏为盈的客户。

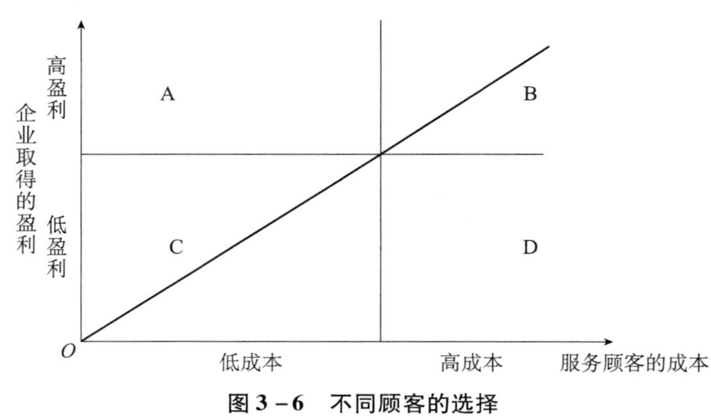

图 3-6　不同顾客的选择

三、产品替代决策

某些产品批量小，价格又上不去。一个较好的办法就是选用替代产品，替代产品有两大优势：一是在原有价格的基础上降低生产成本；二是在原有成本基础不变的前提下增加产品的功能以提高价格。这是因为顾客对产品的生产成本往往不是很关心，他们比较关注产品的价格以及产品的性能。

四、产品设计改进决策

许多产品之所以价格高，问题出在设计得不合理上。运用传统的成本计算方法，许多产品部件及生产过程容易被忽视。产品的某些部件成本可能过高，生产的某些环节可能是多余的。由此可见，降低产品成本在很大程度上取决于产品的最初设计。运用作业成本计算就可以详细分析哪些可以用更便宜的替代品，哪些生产步骤可以适当简化，以便从各个方面降低产品的成本。改进产品的设计对于顾客来讲不会有任何影响，但对于企业而言却意义重大。因为企业通过设计的改进，在无须降低或无须采用替代产品的前提下就可提高盈利水平。

五、生产过程改善决策

生产过程是成本发生的过程，改善这一过程对于降低产品成本有重大意义。在传统成本计算法下，产品成本主要由原材料、人工费及制造费构成。由于制造费用将全部间接费用混合在一起，所以降低成本根本无从下手。而依据作业成本计算，由于我们将间接成本按作业进行划分，就可以在作业的调整上下功夫，合理安排各作业的生产批次，提高作业的使用效率，从而达到降低成本的目的。

六、技术投资决策

面对市场激烈的竞争，企业必须将客户的满意度放在十分重要的位置上。市场的需求千变万化，有大批量的需求，也有单件小批的订货。为了适应这一变化，需要采用弹性制造系统。不仅在硬件设置上能满足不同批量生产的需求，而且在软件管理上也能相应地提供各种信息。例如，运用计算机辅助设计、计算机辅助技术、计算机辅助测试以及计算机辅助制造等。而这些新技术的采用不仅大大提高了企业的生产能力和对外适应能力，同时也对降低产品成本有重要意义。这些新技术的采用必须依赖作业成本计算体系。因为各个作业在不同程度上影响着产品的成本，有无必要采用先进的技术，只有在作业划分的基础上才能进行分析，并作出相应的决策。

七、停产决策

以上我们从多个方面讨论了降低成本的措施。但是对于任何一家企业而言，并非以上所提到的措施都能行得通。在某些情况下，可能任何一种方法都不现实或无法来用，那么我们面临的最后一项措施就是停产。

从销售的角度而言，停产就意味着失去市场，但作业计算主要是从成本的角度去考虑问题的。有些产品表面上看无利可图，但对其他产品的销售可能是一种促进。例如，配套产品的销售，作为企业而言，放弃某一种产品的盈利，而获取另一种产品的盈利，可能会使企业整体盈利水平上升。作业成本计算不仅能帮助人们分析不同产品成本的实际耗用，而且对降低这些配套产品的整体成本有着重要意义。

总之，作业成本管理主要是利用作业成本计算的特定优势帮助企业管理者作出各种合理的决策。这些决策包括产品定价决策、顾客经营决策、产品替换决策、产品设计改进决策、生产过程改善决策、技术投资决策、停产决策等。所有这些决策在作业成本计算体系下能够被更好地实现。

思考与讨论

（1）解释一种销售量最大的产品是如何导致企业亏损的。

（2）什么因素促使许多公司改善成本核算体系以获得更准确的成本？

（3）作业成本体系是如何划分作业的，又是如何确定成本动因的？如何进行作业成本管理？

（4）解释以单一的成本分配率为基础的传统成本法是如何造成产品成本信息的扭曲的。

（5）相对于传统成本法，作业成本法是如何提供更为准确的产品成本信息的？

（6）我国应用作业成本法的前景如何？

案例与讨论

Face Beauty 是一家中外合资的玩具制造企业，尤其以生产独特的狂欢节面具而著名，最初的成本核算系统是采用标准成本，但是由于顾客需求较为独特，产品生产的针对性较强，往往是根据客户的专门需求下单，所以标准化成本不太适用。因此，公司的 CFO 提出了采用作业成本法对成本进行归集和分配，董事会对这一提法很感兴趣，但是需要管理层对作业成本法的采用提出足够的说明。这样，作为 CFO 的艾伦（Araon）必须考虑以下问题：如何构建新的成本核算系统，即作业成本法如何设计和使用？

艾伦列出了企业销售和分销作业以及对应的成本动因资料，如表 1 所示。

表 1　企业销售和分销作业以及对应的成本动因资料

作业	成本（元）	成本动因
营销	30 000	500 000 元的销售额
顾客服务	10 000	5 000 个顾客
订单服务	5 000	100 个订单
库存	5 000	50 个产品线

该企业的整个作业流程大致可以分为四类：营销、顾客服务、订单服务和库存，这四个方面发生的成本需要划分相对应的成本动因。艾伦初步设定：营销成本由销售额作为成本动因，顾客服务所发生的成本按照顾客的数量来分配，订单服务成本则按照订单数量来分配，库存成本按产品线的数量来划分。

但是董事会对艾伦的方案提出以下质疑。

（1）对营销成本来说，是否不同产品的销售收入所对应的成本销售率是相同或者近似的？

（2）对顾客服务来说，是否每个顾客身上所产生的服务成本也是相同的？

（3）对订单服务来说，是否每个订单所产生的成本也是相同的?

（4）对库存成本来说，是否每个产品线带来的成本也是相同的?

案例讨论

（1）在哪种情况下用作业成本动因是合适的?

（2）对董事会的质疑是否有充分的理由表述自己的观点。

（3）帮助艾伦对作业成本系统的设定进行改善。

第四章　战略成本管理会计

第一节　战略成本管理概述

一、战略成本管理的产生背景

随着社会经济的发展，市场竞争日益激烈，对管理会计理论和方法适应市场竞争的需求提出了更高的要求。因此，自20世纪80年代，特别是自80年代末期以来，人们开始将战略的因素引入管理会计的理论与方法中，以便为企业竞争提供信息系统和决策支撑，为增强企业竞争优势和保持企业持续发展服务，从而将管理会计逐步推向战略管理会计的新阶段。

（一）新经济环境的变化

传统成本管理系统主要是进行财务报告和成本分析，普遍强调标准化的成本；成本管理人员只是职能专家和财务绩效的记录者，扮演注重成本核算和财务报告的“管家”角色。但是，自20世纪70年代开始，信息技术革命席卷全球，世界经济和制造环境发生了巨大变化，迫使企业对成本管理的目标作出适应性调整，成本管理的方法亦随之大为扩展。成本管理的目标不再由利润最大化这一直接动因决定，而是定位于更具广度和深度的客户满意层面。

产品多元化、组织柔性化、服务理念顾客化、信息系统网络化、市场竞争全球化等内外环境的变化，要求企业必须从战略的角度来研究成本的形成和控制的思想与技术。企业成本管理的目标不是获得短期的利润，而是保持和增强企业的长期核心竞争能力，这就需要实施企业运作之前的成本管理，即实施防患于未然的成本管理。

（二）传统成本管理的缺陷

由于企业经营环境的变化，企业成本管理的角色亦随之发生变化。信息技术、顾客为本、全球市场竞争都要求企业建立战略成本管理信息系统，传统成本管理的缺陷日益显露出来，主要表现在以下几个方面。

1. 侧重短期的利润目标，忽略了战略目标的实现

传统成本管理理念是尽量控制成本，单纯地为降低成本而降低成本，旨在保证企业短期

利润目标的顺利实现。实际上，虽然发生成本支出的环节很多，但不是随便降低哪一项成本都行。例如片面地降低质量控制成本，可能导致产品或者服务的质量下降、企业产品退货率上升，产品销售亦会受到影响。尽管对于企业来说降低成本在任何时候都很重要，但从实现战略目标的角度来看，不同的战略对成本有不同的要求。若企业以成本领先战略为目标，那么降低成本当然非常关键；若企业以差异化战略为目标，即凭借产品的独特品质取胜，那么成本降低就不一定是重点，相反，在有些情况下，为了提高品质，还需要提高成本。因此，只有将成本管理与企业战略结合在一起，才能适应瞬息万变的外部环境。

2. 内容片面

传统成本管理把降低产品的生产成本作为决定企业生产与发展的重要因素，因此，其对象主要是企业内部生产过程成本，而不是企业内部价值链，对供应、销售环节等外部价值链更是视而不见。对处于开放型竞争环境中的现代企业而言，仅以降低产品的生产成本作为成本管理的全部内容显然已不能满足企业获取竞争优势的要求。因为虽然企业通过各项作业为顾客创造价值，但有些作业并不创造价值，比如储存存货作业，所以成本管理应该对企业内部价值链进行分析。与此同时，当今企业所处环境是开放、竞争性的，所以成本管理还应该通过了解和分析整个行业价值链来帮助企业实现战略目标，并且需要了解竞争对手的成本情况，模拟计算竞争对手的成本。因此，必须对企业整个价值链的成本进行管理，既包括生产过程，又包括研究开发与设计过程，还包括售后服务过程，重视与上下游企业的连接，重视企业外部环境的变化。

3. 忽视了战略成本动因

在传统成本管理信息系统中，材料、人工和制造费用等构成成本的主要项目，往往将产出量作为主要的成本动因，却忽视了企业的产品开发、市场开拓、内部结构调整等活动对产品成本的影响，更未考虑规模、整合程度、地理位置、生产布局、企业管理制度等战略成本动因。已有的研究表明，企业在产品的研究开发与设计阶段，就有约 80% 的产品成本被决定和约束住了，传统成本管理能产生影响的部分只占产品总成本的 20% 左右。因此，对企业而言，以产出业务量为单一成本动因的传统成本系统已经不适应当前的实际情况。而战略成本动因对企业成本的影响会很大，因为这些成本动因往往在生产过程之前就已经形成了，而且一旦形成就难以改变，所以更需要从战略上予以考虑。

4. 造成了成本信息的扭曲

20 世纪初期，成本会计发展之初，企业多是劳动密集型企业，直接人工成本是产品成本的主要组成部分，制造费用数额较小。20 世纪 70 年代以后，由于技术的进步及其在生产领域的运用，引起了生产组织的革命性变革，使得生产成本的直接人工部分大大减少，制造费用部分大大增加，而且制造费用的发生与直接人工成本的相关性越来越低，这就使得按照单一标准分配制造费用的传统成本计算方法造成不同产品之间成本的扭曲。

随着市场条件、技术水准、管理制度和管理方式发生重大变化，现代企业在产品的研究开发和售后服务等方面都有较大的投入，研究开发费用与销售费用等期间费用占比越来越高，其使用的合理性往往决定了现代企业的整体竞争实力，如果仍按传统成本管理方式来计算产品成本，不仅会使产品的相关成本内容不全、导致产品成本信息扭曲，而且不能正确地评价产品在整个生命周期过程中的经济效益、不利于企业谋求竞争优势。

（三）管理理论的推动

20 世纪 80 年代以来，管理理论取得重大进展，发展出很多新理论。对成本管理理论有重要影响的当属全面质量管理和适时制造。

1. 全面质量管理

全面质量管理观念是一种新的质量管理观念。它是一种全员、全过程、以工作质量保证产品或服务质量的保证体系。同时，它也是一种从产品设计和投产开始，就以“零缺陷”为最终目标的质量管理理念。

全面质量管理促使管理者从更广阔的视野来认识质量与成本之间的辩证关系。必要的预防成本、鉴定成本等项费用的支出，有可能减少（内外部）故障成本所造成的损失，特别是在确保产品或服务的质量、维护企业及其名牌的声誉、开拓与占领市场等方面，对企业可持续发展都具有十分重要的意义。

2. 适时制造系统

适时制造系统是 20 世纪 70 年代日本企业首创，随后在西方国家广泛应用的一种生产管理系统。在该生产系统下，企业以顾客订货所提出的有关产品数量、质量和交货时间等特点要求作为组织生产的基本出发点，以最终满足顾客需要为起点，由后向前逐步推移，全面安排生产任务，是一套按照市场需求安排生产流程的“拉动式”生产系统。

适时制造系统通过削减存货水平，努力消除非增值作业，可以减少存货，缩短准备时间，从而降低采购成本、储存成本、检验成本等，能够通过快速反应获取竞争优势，同时还有助于提升产品质量，可以多方位降低成本、提高效益、增强企业竞争力。

综上所述，传统成本管理的核心是降低产品的成本，着眼于生产过程的科学管理，把重点放在对生产过程的个别环节、个别方面的高度标准化上，为尽可能提高生产和工作效率服务，但对企业管理的全局、企业与外部环境的关系很少考虑。在新的经济和制造环境下，传统成本管理自身的缺陷暴露无遗，将战略管理与成本管理结合起来，运用先进技术和管理方式，从全局综合考量企业成本，为企业经营管理者提供培育和构建企业核心竞争能力的战略成本信息，已成为时代的必然要求。

二、战略成本管理的定义与特点

（一）战略成本管理的定义

战略成本管理是指管理人员将成本管理置于战略管理的广泛空间，运用专门方法提供企业本身及其竞争对手的分析资料，从战略高度对企业及其关联方的成本行为和成本结构进行分析，来为决策者进行战略管理提供信息服务的管理活动。

战略成本管理要解决以下两个问题。

1. 如何利用成本信息进行战略选择

企业战略通常是由相互作用的总体战略、一般竞争战略和具体竞争战略组成的三维结合，在明确了总体战略的前提下，企业一般通过成本领先战略、产品差异化战略和目标集聚战略等竞争战略方式来开发竞争优势。

2. 不同战略选择下如何组织成本管理

企业战略成本管理就是将成本管理置于战略管理的广泛空间，从战略高度对企业及其关联方的成本行为和成本结构进行分析，为战略管理服务。在不同的竞争战略下，利用成本信息进行与竞争战略相适应的成本战略决策，正确组织成本管理，确保竞争战略成功实施，从而提高竞争优势。其中，获取成本优势是战略成本管理的核心。

（二）战略成本管理的特点

1. 观念的创新性

20 世纪六七十年代以来，随着社会经济的发展和消费水平的提高，市场需求由大众需求向个性化需求转变；传统的大批量、标准化生产向小批量、个性化生产过渡，市场从卖方市场向买方市场转变。这种市场需求和市场竞争的变化，迫使企业从单纯地提升生产过程效率的管理转向更加关注实现顾客价值的管理；从以往仅关注内部组织和流程的管理，转变到更加注重与外部环境连接的供应商和顾客的全价值链过程的管理。战略成本管理理念首先是确保企业战略实现来管理成本，而不是一味地降低成本。例如，企业为了研发战略性产品，可能要增加成本，舍得投入试错；另外，人工成本与材料成本降低是有限制的，不能无限降低，企业要鼓励更多技术革新投资，通过技术进步来降低成本，进行战略意义上的成本管理。

2. 管理的开放性

战略成本管理的着眼点是外部环境，重视企业与市场、外部客户和供应商的关系，具有开放性系统的特征。战略成本管理要考虑到同行业的平均水平和先进水平，特别强调相对成本、相对现金流量和相对市场份额等各种指标的计算和分析。战略成本管理所倡导的核心是以变应变。在确定的战略目标下，企业的经营和管理都要适应动态的市场变化，及时进行调整。

3. 对象的全面性

战略成本管理以企业全局为对象，根据企业总体发展战略制定战略目标，具有结果控制与过程控制相结合的特征。战略成本管理将企业内部结构与外部环境相结合，将企业价值贯穿企业内部自身价值创造作业和企业外部价值转移作业的二维间，而企业不过是整个价值创造作业链条中的一个部分、一个环节。因此，战略成本管理要求从企业所处的竞争环境出发，其成本管理不仅包括企业内部的价值链分析，而且包括竞争对手价值链分析和企业所处行业价值链分析，从而达到知己知彼、洞察全局的目的，并由此形成价值链的各种战略。

4. 目标的长期性

战略成本管理更加关注企业的长期目标和持续成功。战略成本管理并不局限于单一的会计期间，而是着重从竞争地位的转变中把握企业未来的发展方向。它充分考虑到不同发展阶段的特点，使各个发展阶段都服从企业的长远目标，甚至不惜放弃短期利益，增加某些关系到企业战略目标的成本项目支出，追求企业持久的竞争优势，不断增大企业的市场份额，从而实现企业的战略目标。

5. 策略的抗争性

战略成本管理的目标主要是构建企业的成本优势，其降低成本的途径与传统成本管理有所不同。战略成本管理通常要分析竞争对手的相对成本情况，同时要加强事前和研究开发阶段的成本分析以及对市场信息的预测和分析。

6. 信息的多样性

战略成本管理系统包括财务与非财务信息、主观与客观信息、定量与定性信息、原因和结果信息、过程与结果信息等多方面的信息。

总之，战略成本管理是现代成本管理与战略管理的有机结合，是传统成本管理对竞争环境变化的适应性变革，是当代成本管理发展的必然趋势。与传统成本管理相比，战略成本管理具有更开阔的视野和更超前的意识，更加注重普遍联系的观点，并从根本上抓住了企业经营中的主要矛盾，在很大程度上弥补了传统成本管理的不足，更加适应竞争经济环境下对现代企业的成本管理要求。

（三）战略成本管理与传统成本管理的比较

战略成本管理是在传统成本管理基础上的延续与发展，二者既有区别也有一定联系。

1. 联系

（1）战略成本管理的体系框架不是一蹴而就的，而是逐步发展起来的。战略成本管理实质上是在新的环境下，对传统成本管理在内容上的一种发展，其自身也在不断地随着企业内外部环境的变化而发展变化。

（2）战略成本管理对传统成本管理具有指导作用，它为传统成本管理指明了方向。

（3）战略成本管理和传统成本管理相互补充，满足不同层次的企业管理的需要。

2. 区别

战略成本管理和传统成本管理的区别主要表现在目标、服务对象、管理范围、管理周期、管理频度、管理形式等方面，如表4-1所示。

表4-1　战略成本管理和传统成本管理的区别

项目	传统成本管理	战略成本管理
主要目标	成本的绝对降低	获取成本优势，成本持续降低
服务对象	企业日常运营	企业战略管理
管理范围	企业内部生产领域成本管理	企业上下游价值链成本管理
管理周期	企业日常运营周期内对成本的短期计划和控制	战略周期内对成本的长期规划和控制
管理频度	定期进行	经常、持续性进行
管理形式	治标性的事后反应式	治本性的源流控制式

三、战略成本管理的主要观点

关于战略成本管理的研究始于20世纪80年代，国外对该理论体系作出重大贡献的学者有西蒙（Kenneth Simmonds）、波特（Michael Porter）、桑克（Shank）、库珀（Robin Cooper）、西尔德（Sheld）等，他们的研究成果构成了战略成本管理的核心思想和具体内容。

（一）西蒙对战略成本管理理论的研究

战略成本管理的定义由英国学者西蒙在1981年首次提出。西蒙认为，战略成本管理是构建战略和监督战略的需要，企业必须清楚地了解本企业的成本结构，还应分析竞争者的成本结构资料，这样才有利于企业战略的实现和管理。

西蒙认为，企业的竞争地位主要取决于两个因素：相对成本和市场份额。他把相对成本作为起点来反映企业的相对成本地位。具有成本优势的企业是强者，处于成本劣势的企业是弱者。战略成本管理能够通过评价每个主要竞争对手的成本结构进而联系到价格反映其竞争地位。通过监视市场份额的变化，企业能够看到自己竞争地位的消长，检查相对市场份额也能表明不同竞争者的强弱。

根据西蒙的观点，战略成本管理的主要内容包括：（1）评价每个主要竞争对手的成本结构，并与其价格相联系。（2）计算比较成本来反映企业的战略地位的变化和作出相应的决策。（3）分析市场份额的动态过程，反映企业竞争地位的消长和不同竞争者的强弱。

西蒙对战略成本管理的主要贡献在于，他提出了要关注竞争对手成本结构以及企业相对于竞争对手的成本地位，他所定义的战略成本管理主要是为战略管理提供成本信息，使成本信息具有战略相关性，属于成本会计的范畴，没有关注成本管理的措施。

（二）波特对战略成本管理的贡献

尽管波特并没有提出战略成本管理这个概念，也没有会计的学术背景，但是波特的研究是战略成本管理研究的基础，后人对战略成本管理的研究框架很大程度上沿用了波特的思想，他对战略成本管理理论的贡献主要表现在以下五个方面。

1. 明确把成本管理提高到战略的地位，认为成本是重要的战略要素

波特在其经典著作《竞争战略》和《竞争优势》中提出企业要在竞争中成功取决于两个方面，即企业所在产业的吸引力和企业在产业中的相对地位。前者主要取决于企业管理者的洞察力；后者则取决于五力作用模型，即产业内现有企业间的竞争、供应者的讨价还价能力、买方的讨价还价能力、潜在竞争者的进入以及替代产品和服务带来的威胁。前者决定了产业的平均盈利能力，而后者则决定了企业的盈利能力是高于还是低于行业的平均水平。

波特认为，要想长时间地维持优于平均水平的竞争业绩，根本基础是持久性的竞争优势，而企业相对于其竞争对手可以拥有的两种最基本的竞争优势是低成本和差异性，因此提出了企业取得成功的三种基本战略，即成本领先战略、差异化战略和集中战略（成本集中

和差异集中）。

此外，波特特别强调，尽管成本优势是企业可能拥有的优势之一，但是成本对于差异化战略同样极为重要，因为采取差异化战略的企业必须与竞争对手保持近似的成本，除非由差异化而得的溢价超过差异化的成本。

由此可以看出，在波特的竞争战略理论中，成本实际上是最为重要的战略武器。企业任何战略的目标是为买方创造超过成本的价值。

2. 首次提出价值链的概念，使作业成本分析成为重要的战略分析活动

在《竞争优势》一书中，波特首次提出了价值链的概念，并把价值链作为分析企业竞争优势的重要工具。波特认为，企业是一系列作业的集合，并引入价值链来表示这一系列战略相关的作业。企业的竞争优势正是通过比竞争对手更廉价或者更出色地开展这些重要的战略活动来赢得的。因此，企业为了在竞争中获得优势，必须对价值链上的各个活动的成本进行分析，并且对竞争对手的价值链以及价值链中各活动进行成本分析，以确定本企业和竞争对手的差别之处。这样使成本分析从原来的原材料和人工成本分析转变为活动分析，使成本分析成为重要的战略分析，价值链成为重要的战略分析工具。

3. 提出了多成本驱动因素

波特认为，企业相对于其竞争对手的成本地位源于其价值活动的成本行为。而成本行为取决于影响成本的一些结构性因素，波特称之为成本驱动因素，简称成本动因，若干个成本驱动因素结合起来决定一种既定活动的成本。

波特提出了10种主要的成本驱动因素，即规模经济、学习、生产能力利用模式、联系、相互关系、整合、时机选择、自主政策、地理位置和机构因素等。

尽管上述10个因素不能全部解释企业价值链活动的成本的相对地位，并且各因素之间并不是完全独立的，而是相互联系的，很难肯定地说哪个因素对于成本的影响是多大，但是波特最先比较全面地分析了影响活动成本的因素，虽然只是定性的描述，却为企业在进行成本管理时提供了一种思路。可以说，波特在这方面的工作是开创性的。

4. 提出了成本动态的概念

波特指出，企业在某一时点上进行成本行为分析以外，还必须考虑价值活动的绝对成本和相对成本会怎样独立于其战略并随时间而变化，即成本动态。成本动态的主要来源有：（1）产业实际增长；（2）不同的规模敏感性；（3）不同的学习速度；（4）不同的技术变革；（5）成本相对上涨；（6）老化；（7）市场调整。

5. 提出了战略性成本分析的过程

波特提出的战略性成本分析的步骤包括：（1）识别价值链，分摊成本和资产；（2）判定每种价值活动的成本驱动因素及它们的相互作用；（3）识别竞争对手的价值链，确定竞争对手的相对成本和成本地位；（4）通过控制成本驱动因素或重构价值链来制定降低相对成本的战略；（5）确保为降低成本所做的努力不会损害差异性；（6）检验成本削减战略的持久性。

从波特提出的战略性成本分析过程可以看出，波特的成本分析是以价值链和标杆法为基

本工具，揭示企业成本行为和成本地位，最终目的是为企业制定成本削减战略以及保持成本优势的持久性。波特的战略成本分析的过程是现代战略成本管理理论体系的基础。

（三）桑克对战略成本管理理论的研究

1. 桑克战略成本管理理论形成的两个阶段

桑克对战略成本管理的研究是在波特的战略成本分析理论的基础上向前推进的。波特以一个产业经济学家和战略学家的角度来研究战略成本分析，定性地提出了成本分析的工具方法和成本控制措施；桑克以会计学家的角度来研究战略成本分析和战略成本管理，他将波特的有关思想进行了发扬和创新，并进行了定量计算和应用，形成了相对较完整的战略成本管理的理论体系。该理论体系的形成大体经历了以下两个阶段。

第一阶段：以《战略成本分析》的出版为标志，将波特的战略成本分析思想引入会计领域。

1989 年，桑克等出版了《战略成本分析》一书，主要阐述了三部分内容：（1）对传统成本概念的新的思考方式。他认为管理会计代替了成本会计是因为成本会计缺乏管理相关性，而今天战略会计的引入是为了增加战略相关性，即在传统的贡献分析、量本利分析中考虑战略因素。（2）介绍新的成本分析概念：价值链和成本动因。（3）讨论了在不同的战略之下采取的不同的会计控制方法。

第二阶段：以《战略成本管理》的出版为标志，在波特理论的基础上进行了改进，提出了战略成本管理的概念，形成了相对完整的战略成本管理理论。

1993 年，桑克等出版了《战略成本管理》一书，书中提出了战略成本管理的概念，并提出了战略成本管理的理论框架，如果说战略成本分析还是战略管理的一个工具，那么至此战略成本管理就成为战略管理的一个重要组成部分。

2. 桑克的战略成本管理框架

该框架主要包括三部分内容：价值链分析、战略定位分析和成本动因分析。

（1）价值链分析。桑克除了沿用波特的战略成本分析的思想外，还探讨了价值链分析与传统成本分析的区别。传统的成本分析只关注企业的内部，注重从事前、事中、事后分别对产品成本进行预测分析、控制分析和结果分析，其分析的范围开始于材料的采购，而结束于产品的销售。桑克认为，这种成本分析方法开始得太晚，丧失了与供应商联系的机会，而结束得太早，丧失了与销售渠道或客户联系的机会；价值链分析则强调四个利润改善领域，即与供应商的联系、与客户的联系、在同一业务单元内部的过程联系、企业内不同业务单元价值链的联系，通过这些联系寻求降低成本的机会。

（2）战略定位分析。战略定位分析是桑克的一个突破，他认为进行战略成本管理首先要进行战略定位，不同的战略下有不同的成本管理，即成本管理要在战略的指导下进行。他认为企业的战略依赖于相互联系的两个方面：企业的使命或目标和企业为完成这些使命所采取的方式即竞争优势。

对企业的使命方面，桑克引用了咨询公司如 BCG、安盛、科尔尼和一些学者如霍夫等建议的三种使命：建立、保持和收获，并且提出了在不同的战略使命下战略规划、预算以及激励补偿的意义。对竞争优势方面，桑克采用的是波特在 1985 年提出的成本优势和差异化优势，并探讨了在不同的竞争优势下成本管理的不同，如表 4－2 所示。

表 4－2　　不同的竞争战略下成本管理的不同

成本管理内容	战略类别	
	差异化	成本领先
策划产品成本在评价业绩中的作用	不太重要	很重要
控制制造成本、弹性预算之类概念的重要性	中到低	高到更高
注意满足预算的重要性	中到低	高到更高
营销成本分析的重要性	低	高
竞争者成本分析的重要性	低	高

桑克对于战略定位的分析，使我们可以明确在企业发展的不同阶段、企业的不同战略下，一些成本管理手段如预算、控制和评价等的不同，这打破了传统的关于成本管理的一些理念，即企业的成本管理就是要对成本进行严格的控制，并按照成本差异分析结果进行业绩评价。

战略定位分析就是运用多种方法对企业的内外部环境进行分析，帮助企业选择适合于自己所处行业的特征及自身特点的竞争战略。具体来说，企业首先需要对自己所处的内外部环境进行调查分析，然后从行业分析中确定企业所进入的行业是否具有潜力，从市场维度确定企业所立足的市场的优劣势，从产品维度确定企业应开发的产品及其市场前景，最终确定如何达成战略，保证企业在既定的行业、市场、产品中立足，击败竞争对手，获取行业平均水平以上的利润。

（3）成本动因分析。桑克认为，波特对于成本动因分析的贡献是显著的，其显著之处不在于他提出的成本动因的具体内容，而在于他将成本动因多样化，突破了传统单一的成本动因。桑克把成本动因分为结构性成本动因和执行性成本动因两大类。

结构性成本动因包括规模、范围、经验、技术和复杂性；执行性成本动因包括全员参与、全面质量管理、能力利用率、工厂布局效率、产品配置以及开发与供应商和客户的联系等。仔细分析上述成本动因不难看出，里面包含了波特在成本动因方面的一些思想，有几个成本动因和波特所提出的成本动因是一一对应的关系或者是对波特的发展。

在桑克提出的成本动因中，有几类是波特所没有提到的，如技术、全面质量管理、全员参与以及产品配置和设计等。这些成本动因的提出和日本管理模式在 20 世纪 80 年代中后期在全球推广有直接的联系，日本企业在成本管理方面的卓越成就来自几个重要的方面，如全面质量管理、现场改善和在产品设计过程中使用的成本企划，并在全部员工中提倡人人参与节约的企业文化。

桑克的战略成本管理是在波特的理论的基础上发展起来的，但并没有囿于波特所提出的低成本战略，而是试图探讨在不同战略下的不同的成本管理方法和过程。

（四）库珀对战略成本管理理论的贡献

1. 库珀战略成本管理理论的形成

1988 年，库珀和卡普兰在借鉴前人的基础上首次系统地提出了一种新的成本核算方法——作业成本法（ABC）。

作业成本法最初的目的是精确地对成本对象（主要是产品）进行成本计算。之后，库珀和卡普兰推广了它的应用范围，使 ABC 不仅为企业日常运营作业提供信息，如作业管理、流程重组、全面质量管理和绩效评价等，而且为战略作业管理提供信息，并最终为战略决策提供依据，包括产品设计、产品和客户组合、供货商关系管理、客户关系管理（定价、订货量、送货、包装）、市场细分以及分销渠道的选择等，将 ABC 最终推向战略管理的应用。

尽管库珀没有明确地对战略成本管理进行定义，但是从上述内容可以看出，库珀的战略成本管理理论主要基于 ABC 系统，为企业战略作业管理提供准确的信息。

2. ABC 的战略应用

库珀认为，传统的作业管理主要针对企业的运营管理，而忽略了战略作业管理。因此，在他提出 ABC 后，便把 ABC 全面推向战略应用。下面以产品定价和组合、客户关系管理和供应商关系三方面为例，分析库珀的思想。

（1）产品定价和组合。库珀认为，传统成本核算方法在计算不同产品复杂性、不同产量的产品的成本时，容易引起成本的扭曲。

按照传统的核算方法，企业往往会高估那些生产批量大、产品复杂性低的产品的成本，而低估那些生产批量小、产品复杂性高的产品的成本，由此导致按照产品成本定价决策的失败和产品线组合决策的失败。

而通过 ABC 计算得出的结果发现，若按原来的产品价格不变计算，在产品线组合中存在典型的 80/20 现象，即 20% 的最高产量的产品产生 80% 的销售额，20% 的最盈利产品产生 80% 的利润。

根据库珀的观点，通过 ABC 计算，可以根据计算的成本对产品定价和产品组合采取如下措施：重新定价、替换产品、重新设计产品、改善生产过程、改变运营政策和战略、加大对柔性技术的投资、去除不盈利产品、重新组合产品线。

（2）客户关系。库珀认为，由于客户的需求不同，服务他们的成本也各不相同，他列举了高服务成本和低服务成本的客户的特征，如表 4－3 所示。

表 4－3　不同服务成本客户的特征

高服务成本客户	低服务成本客户
小批量订购	订购标准化产品
订购定制产品	大批量订购
不可预期的订购	可预期的订购
定制化的送货	标准送货

续表

高服务成本客户	低服务成本客户
改变送货要求	不改变送货要求
手工处理	电子处理（EDI）
大量的售前支持活动	基本上没有售前支持活动
大量的售后支持活动	没有售后支持活动
要求备用库存	没有苛刻的库存要求
较慢的支付	按时支付

准确计算各客户的成本，通过运用 ABC 将作业成本跟踪到客户，使企业可以认识哪些是高成本客户、哪些是低成本客户、哪些是盈利客户、哪些是亏损客户，从而可以使企业识别更多的机会提高利润。这些机会包括：保护已有的高利润客户；重新定价昂贵的服务；必要时通过提供折扣以获得低服务成本的客户；通过双赢谈判，降低客户的服务成本；将难以盈利的客户让给竞争对手；试图从竞争对手那里夺来高盈利客户等。

（3）供应商关系。库珀认为，通过运用 ABC 有助于公司基于总成本而不是购买价格来评价供应商。他提出了所有权总成本的概念，认为所有权总成本包括购买产品的价格和所有购买活动的成本。

库珀列出的购买活动清单包括：接收材料、检查材料、退回材料、移动材料、储存材料、扔弃不再使用的材料、由于购买材料的缺陷导致废弃和重新交工产品、订购材料、由于材料的延迟而导致生产的延迟、支付材料等。一个好的供应商应该是所有权总成本最低的供应商。

（五）西尔德对战略成本管理的研究

1992 年，西尔德等在《成本管理》杂志上发表文章《有效的长期成本降低：一种战略观点》，提出了战略成本降低的概念，并将战略成本降低和传统成本降低进行了比较，分析了传统成本降低的方法及其缺陷，提出了战略成本降低的动因。

1. 战略成本降低的概念

西尔德认为，战略成本降低是竞争优势的一部分，将战略和文化放在重要和优先的地位上，必须与技术战略和人力资源战略相结合，以提供一种协调的、广泛基础的和长期的方法来降低成本。长期的成本竞争优势需要建立一种通过革新来持续改善成本、质量以及时间的企业文化。

2. 传统成本降低的方法及其缺陷

长期的成本降低可以通过比竞争对手更快地学习和建立核心能力来获得，也可以通过和具有创新精神的、多技能的员工建立长期的雇佣关系来获得。

西尔德认为，传统成本降低经常采用的一些方法有技术、主要靠裁员削减开支、撤退、兼并和多样化等，他指出无论采用什么方法，传统成本降低主要的对象是劳动力，因此主要是通过降低劳动力成本来降低整个企业的成本，但是他指出这样做的结果往往是适得其反，得不到预期的效果，反而提高了成本。

3. 战略成本降低的动因

西尔德认为，传统的成本降低方法不能对公司长期战略产生积极影响的一个重要原因是它排斥了员工的价值。

从长远的角度看，员工的决策和行为引起成本，只有员工能作出决策并采取措施降低成本。因此，有效的长期成本降低的关键是员工——他们的信仰、价值观和目标。而保证员工能致力于长期成本降低的三个前提条件是好的高层管理、拥有成本文化、提供长期的雇佣关系。

西尔德认为，该过程背后的思想是组织学习的速度决定一个企业是否能保持竞争优势。这样做需要企业比竞争对手更快地学习核心能力（如新产品技术和组织过程技术），而组织结构和组织过程影响组织学习的速度。

第二节　战略成本管理的系统框架和方法体系

一、战略成本管理的系统框架

经过多年的发展，战略成本管理在分析方法、核算方法、分析对象等方面提出了作业成本法、价值链分析、成本动因分析等新内容，逐渐形成了一个基本的理论框架，包括制定企业竞争战略、确定成本管理战略、选择成本控制方法、选择成本计算方法和确定业绩评价方法，如图4－1所示。

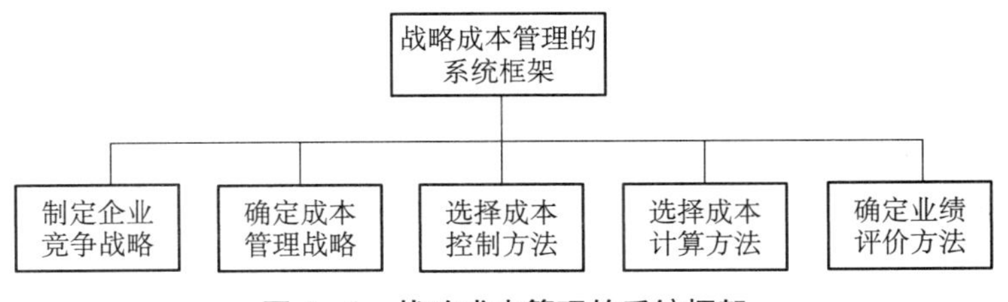

图4－1　战略成本管理的系统框架

（一）制定企业竞争战略

竞争战略是在运用价值链分析工具，分析企业内外部环境后制定的。价值链分析包括横向价值链分析、纵向价值链分析和企业内部价值链分析。

纵向价值链分析是对企业所处行业价值链的分析，即分析企业与上下游企业（供应商、购买商）的价值联系；横向价值链分析是分析竞争对手的价值链情况，其目的在于与竞争对手比较成本、市场占有等情况；内部价值链分析则是分析企业内部价值活动的增值情况，并分析企业相对于竞争对手的优势与劣势。

在以上三种类型的价值链分析的基础上，确定相应的竞争战略，即成本领先战略、产品差异战略和集中战略。

（二）确定成本管理战略

根据已定的竞争战略，结合企业的实际情况，确定相应的成本管理战略。成本管理战略是从战略高度对成本管理的重点、成本管理的途径作出的规划。不同的竞争战略，成本管理的重点也不同。

成本领先战略下成本管理的重点在于维持现有的较紧的成本控制和不断寻求新的方法节约成本；产品差异战略下的成本管理重点则在于保证产品差异而进行的产品全生命周期成本控制。

（三）选择成本控制方法

成本控制方法是多种多样的，既有传统的通过差异分析进行的价值控制方法，也有利用技术革新、组织结构的协作制约功能的非价值控制方法。

根据成本管理战略选择成本控制方法没有固定的模式，完全要依靠企业的现实基础，考虑组织结构、企业文化、生产方式等而定。

同时，还应意识到传统的责任会计法、标准成本法和预算控制等成本控制方法与现代的作业成本管理法、成本企划法等方法并不是必然相互排斥的，相反，在一定条件下它们常常是可以融合在一起。

（四）选择成本计算方法

选择成本计算方法时既要服务成本管理战略的需要，又要考虑与成本控制方法的协调及组织结构、制造模式、企业规模和计算机技术等环境因素的制约。成本领先战略需要更加精确的成本信息，而差异化战略则侧重于对非成本因素的管理，对成本信息精确性的要求并不高，因此适合于不同的成本计算方法。

设计成本管理系统时，还应注意协调好成本计算方法与成本控制方法之间的关系。成本计算方法是成本控制的基础，成本控制需要利用成本计算的结果，成本控制方法的实施会对成本计算方法的选择提出要求。

但是，成本计算方法与成本控制方法并不是一一对应的，相同的成本控制方法可以利用不同的成本计算方法来支持，相同的成本计算方法也可用于不同的成本控制方法。因此，需要企业根据具体情况将不同的计算方法和控制方法组合起来。例如，作业成本管理既可以与传统的标准成本法、定额成本法等相结合，也可以在专门的作业成本计算法基础上进行。

（五）确定业绩评价方法

成本控制的有效实行，要求有配套的业绩评价指标，并辅之以相应的约束激励机制。业绩评价指标的设计应在成本计算的基础上进行，同时还要满足竞争战略和成本控制方法的要求。

成本领先的竞争战略多采用以差异分析为特征的成本控制方法，因此适合采用以财务指标为主的评价指标进行业绩评价；而差异化竞争战略采用的是利用组织和技术多种手段的成本控制方法，并且管理范围不限于成本本身，需要对客户服务、内部经营过程和企业学习能力等多方面内容进行评价，因此适合于非财务指标的使用，以便全面客观地评价经营过程的效率和效果。

二、战略成本管理的方法体系

战略成本管理的方法体系主要有：战略定位分析、价值链分析、竞争对手分析、成本动因分析、目标成本分析、全面质量管理、产品生命周期管理、综合业绩评价。

（一）战略定位分析

战略定位分析就是运用多种方法对企业的内外部环境进行分析，帮助企业选择适合于自己所处行业的特征及自身特点的竞争战略。

具体来说，企业首先需要对自己所处的内外部环境进行调查分析，然后从行业分析中确定企业所进入的行业是否具有潜力，从市场维度确定企业所立足的市场的优劣势，从产品维度确定企业应开发的产品及其市场前景，最终确定以怎样的方式达成战略，保证企业在既定的行业、市场、产品中立足，击败竞争对手，获取行业平均水平以上的利润。

（二）价值链分析

波特认为，每个企业都是在设计、生产、销售、发送和辅助其产品的过程中进行种种活动的集合体，所有这些活动可以用一个价值链来表明。成本作为价值创造过程中的一种代价，其分析只能放在与价值创造有关的活动之中进行。价值链分析的任务就是要确定企业的价值链，明确各价值活动之间的联系，提高企业创造价值的效率，增加企业降低成本的可能性，为企业取得成本优势和竞争优势提供条件。

价值链分析主要包括四项内容：企业内部价值链分析、企业行业价值链分析、企业竞争对手价值链分析、价值链重构。

1. 企业内部价值链分析

企业内部价值链是企业进行价值链分析的起点。企业的每个业务都是由设计、生产、市场营销、发货、产品和服务等一系列活动组成的，这一系列活动的连接就形成了企业内部价值链。每项活动都会带来成本，而且由于活动之间都有联系，一项活动的展开往往会影响另一项活动展开的成本，因此每项活动的成本都会影响企业与竞争对手的整体相对成本地位。所有这些活动的成本之和构成了企业内部成本，如果内部价值链上所有活动的累计总成本小于竞争对手，企业就具有了战略成本优势。

企业内部价值链分析的目的就是找出最基本的价值链，然后分解为单独的作业，并根据其战略目标进行价值作业之间的权衡、取舍、调整，对比单元（基本）价值链上的成本与效益，发现在企业内部价值链上哪些是不增值的活动，判断是否可通过价值链重构予以消除。例如，实施适时生产系统，在企业生产经营的各环节力求零存货；实施全面质量管理，在原材料、外购件的供应与在产品、半成品、产成品生产的各个环节力求零缺陷；等等。

2. 企业行业价值链分析

一个企业的成本竞争力不仅取决于该企业的内部活动，还取决于一个更大的活动体系，即包括企业的上游供应商的价值链以及涉及将产品送至最终用户的下游客户或联盟的价值链。在这个价值链上，企业各自发挥自己最大的优势环节，与其他各种有利的竞争资源相结合，弥补自身的不足和局限性，共同完成价值链的全过程。这不但能大幅度地降低成本、实现更多的利润，还能提高企业的核心竞争能力。例如，供应商产品的适当包装能减少企业的搬运费用，并且改善价值链的纵向联系，使得企业与其上、下游企业共同降低成本，提高这些相关企业的整体竞争优势。利用行业价值链分析，企业可以决定是否需要实施纵向一体化战略。

3. 企业竞争对手价值链分析

行业中往往存在生产同类产品的竞争者，它们或者与企业处于同一价值链，或者跨越价值链的几个环节。竞争对手的价值链和本企业价值链在行业价值链中处于平行位置。

通过对竞争对手价值链分析即企业外部横向价值链分析，测算出竞争对手的成本水平、成本构成与成本支出情况，并与企业产品成本一一比较，根据企业的不同战略，确定扬长避短的策略，争取成本优势。此时，企业可能的战略行为就是水平一体化，通过对同类企业所有权的控制，或实行各种形式的联合经营，扩大企业经营规模和实力。

4. 价值链重构

价值链重构分析作为一种战略成本分析方法，其主要目的是通过分析全面了解企业三类价值链的强与弱、优与劣，并通过价值链重构回避或者消除弱点和进一步做强优势价值链环节，借此增强企业竞争优势。

在对各类相互联系进行深入分析的基础上，根据所处产业竞争环境的变化，企业可对其价值链进行适应性重构，例如，可通过改变产品组合、工艺流程、服务方式与服务范围，重新选择价值链的上游、下游与购销渠道或调整它们之间的联系等方式，来进行价值链的剪裁与重新构建，以从根本上改变其成本地位，提高其核心竞争力。

（三）竞争对手分析

确定竞争对手是制定企业竞争战略的前提条件。在确立了重要的竞争对手以后，就需要对每一个竞争对手作出尽可能深入、详细的分析，揭示每个竞争对手的长远目标、基本假设、现行战略和能力，并判断其行动的基本轮廓，特别是竞争对手对行业变化以及当受到竞争对手威胁时可能作出的反应。

进行竞争对手分析，主要从以下几个方面考察竞争对手：（1）竞争对手的长远目标；（2）竞争对手的战略假设；（3）竞争对手的战略途径与方法；（4）竞争对手的战略能力。

（四）成本动因分析

成本动因是引发成本的驱动因素，不同层面、不同领域的成本动因具有不同的特征和构成。按照企业经营管理的不同层面，成本动因可分为结构性成本动因和执行性成本动因。

1. 结构性成本动因

结构性成本动因是指与企业组织基础、经济结构和影响战略成本整体局势相关的成本驱动因素。主要包括：规模、范围、经验、技术、厂址和复杂性等项内容。

（1）规模，即企业规模，可以通过企业在生产和研究开发等方面投入资金量的多少来反映。主要通过规模经济效应对成本产生影响。当规模较大时，可以提高作业效率，并使企业成本分摊于较大规模的业务量上，从而降低单位成本。所以，企业应合理安排恰当的规模。

（2）范围，即业务范围，是企业垂直一体化的程度，即企业跨越产业价值链的长度。企业为提高自己的竞争地位，可扩展企业经营的业务范围，从本企业现有的业务领域出发，向行业价值链的两端延伸，直至原材料供应和直接面向消费者销售产品。企业纵向整合程度的强弱会对成本产生正负双面影响，扩张适度，可以为企业带来低成本，以及沟通、协调和控制的改善，从而提高整合效益。

（3）经验，即经验积累，是单位产品所需时间随着工人熟练程度的不断加强而逐渐减少的现象（学习曲线或称经验曲线效应）。企业通过内部积累与外部学习，可以提高企业自身的整体素质，使得开展某项活动的成本可能会因为经验和学习的经济性而随时间下降。但是，也可能通过供应商、购买者等使企业产生外溢效应，即企业的经验可能会流出企业。从战略方面分析，企业应将外溢限制在最低限度，保持学习的专有程度。

（4）技术，是企业价值链的每一环节中运用的处理技术。从成本角度说，借助先进的技术手段对企业的产品设计、生产流程、管理方式等方面进行功能再造可以有效地降低成本，并使得这种降低呈现连动的态势。

（5）厂址，指厂址的选择与转移。地理位置优越，可能有利于企业扩大销售量。

（6）复杂性（多样性），即生产的复杂性（产品的多样性），是企业向顾客能够提供多宽范围的系列产品或服务。这涉及企业的横向整合程度，复杂性的增加会相应增加成本。

结构性成本动因具有以下基本特征：第一，结构性成本动因一旦确定常常难以变动，对企业的影响持久而深远（刚性）；第二，结构性成本动因发生在生产开始之前，属于资本性支出，构成约束成本；第三，结构性成本动因既决定了企业的产品成本，也对产品质量、人力资源、财务、生产经营等方面产生影响，并最终决定企业的净值态势。

2. 执行性成本动因

执行性成本动因是与企业执行作业持续有关的动因，即影响企业成本态势并与执行作业持续有关的驱动因素。执行性成本动因是在结构性动因决定以后才建立的，与企业的生产经营过程密切相连，包括员工的参与感、全面质量管理、生产能力的利用、联系、工厂布局、产品外观等。

（1）员工的参与感：企业生产经营过程中，员工的参与程度及责任感与企业成本的高低密切相关。因此，在战略成本管理过程中强调全员参与，通过建立各种激励制度，培养员工的归属感和荣誉感，充分调动全体员工参与的积极性，有助于降低企业成本。

（2）全面质量管理：全面质量管理的宗旨是以最低的质量成本获得最优的产品质量，并且最低的质量成本可以在缺点为零时达到。因为对错误的纠正成本是递减的，所以总成本会保持下降的趋势，全面质量管理的改进总是能降低成本。因此，企业要树立质量意识，从各个环节提高产品质量，降低产品成本，实现优质高效。

（3）生产能力的利用：企业规模既定的前提下，生产能力的利用程度是影响企业成本的一个重要动因。生产能力利用主要通过固定成本影响企业的成本水平，企业应寻求建立能使企业充分利用其生产能力的经营模式，以给企业带来成本竞争优势。现在来看，生产能力的利用还包括员工能力、机器能力和管理能力的利用是否充分，以及各种能力的组合是否最优。

（4）联系：企业各种价值获得之间的相互关联，包括内部联系和外部联系。内部联系是企业内部各种价值活动之间的联系，针对相互联系的活动，可以通过协调和最优化的策略，提高效率或降低成本；外部联系是与供应商和顾客的合作关系。

企业的所有价值活动都会相互产生影响，如果能够确保它们以一种协调合作的方式开展，将会为总成本的降低创造机会。

（5）工厂布局：指工厂内部布局的效率，即按照现代工厂布局的原则和方法进行合理布局。

（6）产品外观：指产品设计、规格套式的效果符合市场需要。

执行性成本动因具有以下基本特征：第一，是在结构性成本动因决定之后才成立的成本动因；第二，是非量化的成本动因；第三，因企业而异，并无固定因素；第四，形成和改变需要较长时间。

（五）目标成本分析

目标成本分析是企业为实现财务业绩，制定以产品成本为主的目标成本，确定达到这一成本水平的途径的一种分析方法。制定目标成本涉及一般性的管理因素和特定的产品与环境因素。

确定目标成本的方法有：扣减法，即根据竞争对手的价格和市场价格以及目标利润要求倒推出目标成本；累加法，即根据技术、生产水平、交货时间等内部因素的总和推测出目标成本；综合法，即在考虑市场因素和企业内部因素的基础上结合扣减法和累加法制定目标成本。

（六）全面质量管理

不同客户对产品与服务质量的预期并不完全相同，但是质量不同的产品与服务对应的成本一般不同。产品与服务是企业价值的载体，产品与服务的质量无疑是企业实施战略的重要抓手，因此全面质量管理自然也成为战略管理会计的一种重要方法工具。

全面质量管理（total quality management，TQM）就是一个企业以质量为中心，以全员参与为基础，目的在于通过让顾客满意和本企业所有成员及社会受益而达到长期成功的管理途径。

全面质量管理的基本方法可以概况为一个过程、四个阶段和八个步骤。

一个过程，即企业管理是一个过程。企业在不同时间内，应完成不同的工作任务。企业的每项生产经营活动，都有一个产生、形成、实施和验证的过程。

四个阶段，根据管理是一个过程的理论，美国的戴明（W. Edwards Deming）博士把它运用到质量管理中来，总结出“计划（plan）—执行（do）—检查（check）—行动(act)”四阶段的循环方式，简称PDCA循环。

八个步骤，为了解决和改进质量问题，PDCA循环中的四个阶段还可以具体划分为八个步骤：（1）计划阶段：分析现状，找出存在的质量问题；分析产生质量问题的各种原因或影响因素；找出影响质量的主要因素；针对影响质量的主要因素，提出计划，制定措施。（2）执行阶段：执行计划，落实措施。（3）检查阶段：检查计划的实施情况。（4）行动阶段：总结经验，巩固成绩，工作结果标准化；提出尚未解决的问题，转入下一个循环。在应用PDCA四个循环阶段、八个步骤来解决质量问题时，需要收集和整理大量的数据资料，并用科学的方法进行系统的分析。

质量和质量成本有着内在的必然联系，也就是说，必要的预防成本、鉴定成本的支出，可以减少质量损失成本，维护企业及其品牌的声誉。因此，在战略已经选定的情况下，实施全面质量管理可以使企业实现缩小质量损失成本的支出，力求以尽可能低的质量成本确保企业战略目标的执行和实现。

（七）产品生命周期管理

产品生命周期就是指从人们对产品的需求开始，到产品淘汰报废的全部生命历程。产品生命周期看似一个自然的过程，企业只能被动适应，在既有的产品生命周期条件下决策是传统管理会计思维模式。战略管理会计要求企业管理当局化被动为主动，自觉介入和干预产品的生命周期，最大限度挖掘产品的价值潜力，实施产品生命周期管理。

产品生命周期管理（product life-cycle management）是一种先进的企业信息化思想，它让人们思考在激烈的市场竞争中，如何用最有效的方式和手段来为企业增加收入和降低成本。在产品的不同阶段，企业面临的机会和挑战不同，因而需采取相应的战略以抓住机遇、迎接挑战。同时，产品生命周期可以很好地指导企业的战略成本管理。

产品生命周期管理的主要意义在于通过判断产品与企业所处的不同阶段，制定相应的战略，通过价值链管理和作业管理做好整个产品生命周期的成本管理。

（八）综合业绩评价

业绩评价在预算管理、责任会计和成本控制等传统管理会计内容中具有重要作用，但是传统业绩评价的重点是基于事后的财务评价。即使是差异分析和责任中心的考核，也是基于事后的财务指标与预算或责任指标的对比。这样的评价方法本质上坚持了单一的历史维度，深深打上了财务会计的烙印，因而是不平衡的业绩评价。战略管理会计要求实施综合业绩评价，在战略层面对企业各层级、各部门直至每个员工的绩效进行多维度评价。具体的综合业绩评价方法有平衡计分卡、经济附加值、关键绩效指标等。

第三节　目标成本管理

目标成本法于20世纪60年代起源于日本，80年代被日本企业广泛采用，90年代在欧美传播，1995年之后我国学者也开始关注。目标成本法是一种对企业未来利润进行战略性管理的技术，遵循客户导向，由市场定价并进行成本倒推，从而在产品设计初期就注重降低成本，使企业在激烈的市场竞争中占据成本优势地位。

一、目标成本管理的形成与传播

（一）目标成本管理的形成

20世纪60年代，随着经济的发展和计算机技术的应用，以科学管理理论为基础的标准成本制度和预算控制已不能适应日益激烈的市场竞争。当时的日本经过战后的发展，国内市场已经饱和，在国际市场上获取竞争地位面临重重障碍，试图用低成本战略突破市场的重围。管理者尝试将控制目标从生产现场延伸到研发设计阶段。在此背景下，从20世纪60年代初期开始，逐步形成目标成本管理思想的雏形。

目标成本由日本丰田汽车公司于20世纪60年代首创，丰田公司在产品设计阶段将成本限定在目标内，然后运用价值工程手法实施新车开发和车型更新。同时，在设计阶段，各部门通力合作以达成目标成本，这样就开始逐渐走向所谓的目标成本管理体制。

1962年，丰田公司开始导入目标成本管理的主要工具——价值工程。1963年则对员工明确提出了成本管理的三大支柱：成本维持、成本改善与目标成本管理。1967年制定了“目标成本实施细则”，规定了目标成本的实施步骤及其责任部门，使其成为一种制度化的组织活动。1969年形成了不仅包括公司内部，而且包括协作企业的一体化目标成本活动。后来，日产汽车公司也经历了类似的过程，走向了具有其自身特色的目标成本管理体制。其后的30年中，目标成本管理在日本跨越了汽车界，走向了电机、机械制造、冶金与其他行业，以极快的速度向外普及。

（二）目标成本管理的传播

到20世纪80年代末期，日本经济发展取得巨大成功，其经济实力非常接近美国。美国大批企业经理和学者纷纷到日本企业考察，发现日本成功的秘诀之一是低成本高效率，而达成低成本高效率的主要方法是目标成本制度。从此，美国有些企业采取“拿来主义”，直接使用目标成本制度，还有一些企业则试图将目标成本制度与作业成本制度、战略成本等结合起来应用于企业成本管理。

美国在发展日本的目标成本法时，通常在目标成本和企业战略间建立一种联系。库珀（1997）认为，目标成本和企业战略之间是相互联系的。安萨里和贝尔（Ansari and Bell,

1997）则认为，目标成本和企业的竞争性战略之间具有联系。相关学者通过对美国和德国的12家实行目标成本管理的公司进行调查，发现产品差异性较大的公司比其他竞争性战略的公司采用目标成本管理的可能性要大，目标成本管理有助于增强企业的竞争能力。

桑克和费舍（John K. Shank and Joseph Fisher，1999）采用案例研究法对目标成本管理作为一个战略工具进行了研究，认为目标成本可以被应用于产品生命周期中的制造阶段，他们通过蒙特克莱尔（Montclair）纸制品公司的实践对标准成本和目标成本管理进行了对比，结果表明，目标成本使企业的战略目标得以很好的实现。库珀和斯拉格谬德（Cooper and Slagmead，1999）对采用目标成本来发展可获利的新产品进行了研究，认为在竞争激烈的环境中，公司如果想生存就必须管理成本，而成本管理必须从产品生命周期的早期就开始，提出了目标成本操作的三个流程能够保证公司只生产可获利的产品。

随着美国等学者将目标成本法和作业成本法、产品生命周期、竞争性战略等分析方法的结合应用，目标成本法的作用日益凸显，在世界范围内得到了更广泛的传播。我国的邯郸钢铁厂在实施目标成本法过程中也积累了为人所称道的“邯钢经验”。

二、目标成本管理的基础

目标成本管理制度是基于下列事实建立起来的。

（1）尽管在经济学上，价格是由供求关系决定的，但在现代经济现实中，企业左右产品价格的能力是非常有限的。

（2）相对说来，企业对成本的操纵空间要大得多，特别是通过采用新技术降低成本，其潜力是巨大的。

（3）产品在生产之前，即在研究、开发和设计阶段，其绝大部分成本（约80%）已经被“锁定”，因此，成本计划和控制的重点不在生产阶段，而是在研究、开发和设计阶段。生产阶段的成本计划和控制在日本称为“改进成本”（kaizen costing）。

三、目标成本管理的基本内容

目标成本管理在具体执行时有着不同的模式，但其基本内容大致相同。主要包括以下方面。

（一）目标成本的设定

目标成本管理中的目标成本是指在新产品开发设计过程中，为实现目标利润所必须达到的成本目标值。这个目标值也是产品全生命周期成本下的最大允许值，是必须达到的目标。目标成本的设定通常有以下三种方式。

1. 加算方式

企业根据现有技术水平的作业能力，以现在开发时点的材料、部件和工资等价格水平为前提计算出来的成本，加上因追加新功能所必需的成本，减去可消除功能和作业所涉及的成本，即为加算方式所求得的新产品目标成本。

2. 扣除方式

参照竞争企业和类似产品的售价来预测现在研制的产品的可能售价，减去企业必须赚取的利润，即为扣除方式的新产品目标成本。

3. 综合方式

加算方式以现实技术水平为依据，成本计算尽管可靠，但较为消极。扣除方式以市场价格为依据，但有时脱离现实技术能力太远，难以达成。因此，有时要采用两者结合方式。

（二）目标成本的分解

为了使目标成本容易达成，就要把设定的目标成本分解成更小的单位，从而使目标成本分解以后具有明确的责任对象。目标成本的分解可以采用以下两种方式。

1. 按物分解

有的可以按照产品的功能进行分解，有的可以按照产品的基本构造进行分解，也可以按照料、工、费等成本要素进行分解。

2. 按人分解

可按部门分解，也可按设计小组或个人分解。按人分解可以把成本目标任务落实到主体，有利于促进人的行为动机。

（三）目标成本的达成

目标成本设定和分解以后，就要对目标成本采取有效手段来达成，这是目标成本的关键阶段。实际上，就是要通过设计加以具体化，把产品的形成过程视同成本的形成过程，以达到目标成本的要求。

达成目标成本的方法主要是利用价值工程方法。价值工程又称价值分析，早期的价值工程只应用于外购材料的分析，后来逐渐在生产制造过程中采用，现已扩展到产品开发设计、产品目标成本、管理和服务活动。其基本思想是功能成本分析，即：

$$价值（V）= 功能（F）/ 成本（C） \tag{4-1}$$

这里的功能是指产品满足人们欲望、效果或效用的属性，而价值是指对于特定功能所要求的成本支出是否合适的评判值。价值工程的实施就是要设法使价值比率逐步提高，或者说，从低价值比率向高价值比率转化。为了达到提高价值的目标，通常有五种途径：第一，提高功能并降低成本，价值提高，最为理想；第二，功能保持不变，成本降低，价值也有提高；第三，在成本不变的前提下，提高功能，价值提高；第四，功能适当降低，但成本大幅下降，价值也提高；第五，成本略有提高，功能有更大提高，价值也提高。

根据以上思路，目标成本应用价值工程主要有以下三种情况。

1. 制造阶段价值工程

这是在产品投入批量生产后开始实施的。在产品制造阶段应用价值工程最为常见，可以改变部件的形状，改变加工次序或方法来改善成本和功能的关系，此时功能不变，成本下降；或者花同样成本，取得较好功能。

2. 开发设计阶段价值工程

在产品开发设计阶段应用价值工程可以通过对产品结构、使用材料、外观形状和制造方法等的分析，使设计产品的式样、参数等符合目标成本的要求，并以此作出产品规格设计图，以达到提高功能，或者使功能提高，成本降低。

3. 市场价值工程

市场价值工程是为了满足市场上消费者的需求，在产品开发前实施价值工程。从价值工程的角度看，企业向市场提供的产品和服务必须具有消费者满意的功能，因此，企业在开发产品前就要进行市场调研，根据消费者的消费习惯、市场竞争对手的产品定位、市场需求的变化等情况，考虑消费者需要哪些实用和美学的功能，进而考虑需要突破什么技术，付出多少投资以实现这些功能，经分析评估后，编制目标成本书，最终实现顾客满意与企业利润增长的统一。

为了达到目标成本，除了采取价值工程方法以外，还要采取一些辅助办法，如种类减少方案、设计评价方案、目标成本保留方案等。

四、目标成本管理的核心问题——设计并传递成本压力

库珀等学者曾经对实施目标成本管理成熟有效的7家日本公司进行考察，将其目标成本管理的过程分为三个阶段，反映了成本压力的设计和传递过程，如图4－2所示。

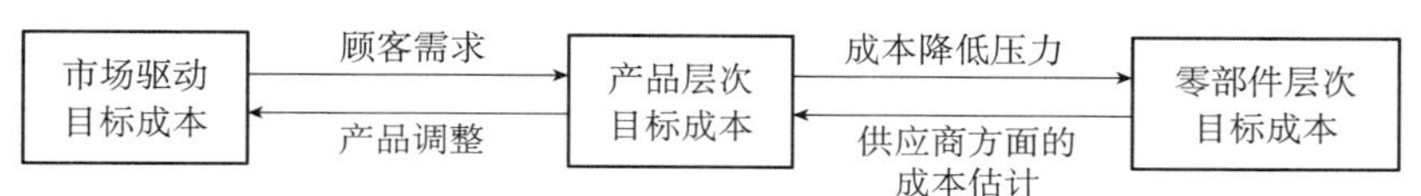

图4－2　成本压力的设计和传递过程

（一）市场驱动目标成本

这是目标成本管理的第一个过程，目的是要制定一个能够维护市场竞争地位而必需的可允许成本，并通过可允许成本，把市场竞争的压力转移到产品设计者和产品零部件供应商身上，可允许成本计算公式为：

可允许成本＝目标销售价格－目标利润　　(4－2)

由于可允许成本是以企业的目标利润计算出来的，没有考察产品设计者和产品零部件供应商的降低成本潜力，因而不能保证可允许成本的实现。

（二）产品层次目标成本

这是目标成本管理的第二个过程。整个目标成本管理的枢纽部分是确定产品层次的目标成本，产品设计者应在可允许成本的约束下开发设计出能满足顾客需要的产品。但实际上，

往往会有一定差距，此时产品层次目标成本为：

$$产品层次目标成本 = 现行成本 - 可实行的成本降低目标 \tag{4-3}$$

现行成本是企业没有采取任何成本降低措施，通过经验估算出来的，这要求企业采取多种措施，包括价值工程、成本—效益分析等，发动各方面的力量，寻求降低成本的最大潜力，力争产品层次目标成本能达到可允许成本的要求。通常，在产品层次目标成本和可允许成本之间会有反复调整的情况。

（三）零部件层次目标成本

这是目标成本管理的第三个过程。企业一旦确定了产品层次目标成本，就要按照产品功能层次进行分解，形成各种功能的目标成本，并可进一步分为组件、零部件层次的目标成本，这些功能和零部件层次的目标成本应由各功能设计小组负责完成。同时，对外购零部件，就要同供应商协商，力求供应商的报价同零部件目标成本相接近。

五、目标成本管理的战略内涵

从目标成本管理的本质来看，它是将企业经营战略与市场竞争机制有机结合的全面成本管理系统。目标成本管理根据企业的经营规划和市场的顾客需求，确定目标利润和市场价格，并提出目标成本作为企业努力的方向。它把企业的经营战略和市场竞争机制有机结合起来，既体现了市场的导向，又反映了企业的战略要求。最后又结合价值工程，剔除过剩的功能，补足欠缺的功能，优化成本结构，提高效益，在保证产品质量的前提下，以较少的投入获得较大的产出，它是适应现代化大生产和市场经济要求的有效的成本管理方法。

目标成本管理中的目标成本来源于市场，按照这种目标成本进行产品设计和成本控制，对于增强企业竞争地位十分有利。

从目标成本管理的范围来看，包含了产品的整个生命周期。从全流程角度实施成本跟踪和控制，不仅重视产品制造成本，而且关注研究开发和客户服务的成本，所有这些都突破了传统成本管理的视野，有助于增强企业的竞争优势。

总体而言，目标成本是从成本的角度对业务进行筹划，最小的业务可以是一项作业，最大的业务可以是一个企业甚至全行业的所有经营管理行为。目标成本管理充分体现了战略成本管理的外向、目标、竞争理念，将其用于长期的规划时，可以认为是从成本的角度服务于企业的战略管理，所以目标成本管理是从增强企业的竞争优势出发进行成本管理，无论从其范围还是本质来看，都是为实现企业的战略服务的，是战略成本管理的有机组成部分。

第四节　生命周期成本管理

20 世纪 60 年代初期，为了控制国防经费支出，美国国防部需要物资的采购成本及在购买后整个使用期间的使用成本和废弃处置成本尽可能低。因此，美国国防部在与每个生产厂商签订供货合同时，既要指导生产厂商按照特定的规格和标准进行设计和开发，又要求设计和开发“全生命周期成本”（whole life-cycle cost，WLCC）条件下总成本最低的产品。可以说，产品生命周期成本的研究开始于美国国防部的尝试及其实施。

一、生命周期成本的定义

（一）产品生命周期

根据谢尔德和杨（Shields and Young）的见解，产品生命周期概念可以从四个视角来加以认识：（1）市场视角的生命周期；（2）生产者视角的生命周期；（3）消费者或用户视角的生命周期；（4）社会视角的生命周期。

通常意义上，产品生命周期是从第一种视角而言的，即是从某种产品与市场的关系来说的。这种产品生命周期是指从产品进入市场到退出市场的循环过程，即该产品所经历的从导入期、成长期、成熟期到衰退期这样一个循环过程。第二种和第三种视角的产品生命周期主要是从产品策划、开发设计到用户使用、废弃处置这样一种循环。第四种视角的生命周期表明整个社会作为一个广义的消费者，在环境保护等方面对产品成本的要求。

（二）生命周期成本

生命周期成本（LCC）的概念有狭义和广义两种。狭义的生命周期成本是指由生产者负担的成本，具体指产品策划、开发、设计、生产、销售等过程中的成本。广义的生命周期成本是全生命周期成本（WLCC），包括由生产者负担的成本和消费者承担的产品使用成本、废弃处置成本等。从获取竞争优势的目标出发，企业不得不重视全生命周期成本。

（三）产品生命周期成本的构成

鉴于整个产品生命周期可以区分为与生产制造者相关的和与消费者使用相关的两个阶段，因此生命周期成本的构成也可以相应地分成两个主要部分，我们不妨称为“生产者成本”与“消费者成本”。

1. 生产者成本

生产者成本包括由生产者承担的为制造消费者所需要的产品所发生的市场调研成本、研发成本、设计成本、制造成本、物流成本、营销成本等部分。

2. 消费者成本

消费者成本包括由消费者承担的使用成本、维护保养成本和废弃处置成本等部分。

在这些成本中，生产者成本中的研发设计成本和制造成本影响乃至决定消费者成本，以产品的研发设计成本为对象的成本企划不仅决定制造成本，更决定消费者成本。在我国消费者成本中的废弃处置成本一般由社会代替消费者承担，而在日本等国家则基本上由消费者个人承担。随着我国经济的发展和居民生活水平的提高，消费者成本中的废弃处置成本也将逐步由消费者个人承担。

二、生产者成本管理

生产者成本管理是指成本管理者站在生产者的角度统观包括生产者成本与消费者成本的生命周期全过程的成本，以期加以先导的前馈控制，特别是对设计后阶段的制造成本和用户使用成本的控制。美国的成本设计活动（design to cost，DTC）与日本的成本企划模式均是生产者成本管理的表现形式。

（一）成本设计

由美国国防部首创的成本设计活动是在军工企业激烈的国际竞争及美国相对有限的国防经费条件下产生的，它是对开发与设计阶段、产品制造阶段和使用阶段发生的成本设定目标值进行先期控制，或者说是在限定的成本条件下进行设计，在军用产品的图纸上注入成本思考以解决国防经费的不足问题。

（二）成本企划

在日本独特的经济文化环境下，美国的成本设计则发展成了主宰日本成本管理思潮的主流模式，由丰田、日产等汽车公司在实践中摸索出了更系统、更具成效的成本企划模式。成本企划将成本管理的视野全面转换到了产品开发、设计阶段，针对目标成本将价值工程分析方法与成本估算方法结合为一体运用，以达成先导式更具实效的成本管理方法。

三、消费者成本管理

产品生命周期延续到消费者阶段是以产品的空间位置发生转移为标志的，即产品交付给了顾客之后成本的负担者由生产者转变为消费者。在以卖方市场为主的条件下，生产厂商对消费者成本一般不予以考虑。在以买方市场为主的条件下，为争夺顾客的竞争日趋白热化，企业不得不将原来由客户负担的消费者成本纳入考虑范围。

在以买方市场为主的条件下，包括产品的使用成本（如汽车的耗油量和电器的耗电量）、维护保养成本（由产品的故障率和维修的难易程度决定）、废弃处置成本（由产品的体积、作物理或化学分解的难易度等决定）等内容的消费者成本的高低已经成为决定企业竞争优势的关键因素之一。在现代市场经济条件下，企业成本管理目标应定位为：在生产者成本和消费者成本两者之间做出科学的权衡，以使产品全生命周期成本总额最低。

消费者成本管理的内容：首先，应该向产品的策划、开发设计人员宣传强调产品对消费者成本的影响问题，特别是待开发产品影响的程度及问题的关键所在；其次，针对高消费者成本的产品和产品生产过程，必须以长期观和战略观为基础来考虑生产计划改进的可能甚至于停止生产的必要，并促请最高管理部门采取快速对策；最后，对于企业为解决高消费者成本问题而采取对策后取得的成效应加以评价，评价应注重数据资料的可比性。

四、全生命周期成本管理

一般来讲，生产者成本投入总额随着产品可靠性（耐用程度）提高而提高，消费者成本（使用保养费和处置成本）随着产品可靠性（耐用程度）提高而降低，两种成本合计的最小值为全生命周期成本总额的最低点，即为生命周期成本优化点——产品可靠性（耐用程度）的经济最优点。

产品生命周期成本的优化一般是通过生产者、供应商与产品用户之间理想的信息双向交流传递为前提的。这一理想的信息双向交流传递形式是：以“用户—生产者—供应商”为正向传递渠道，以“供应商—生产者—用户”为逆向传递渠道。

第一个环节，先沿正向传递渠道提出对生命周期成本的要求，再由逆向传递渠道呈交为达到生命周期成本管理的反馈提案（当然，由生产者向用户的呈交在现实生活中是不存在的，它通常表现为调查征询意见形式）。

第二个环节，基于用户要求或供货合同沿正向传递渠道对生命周期成本加以计量、评估和修正（用户对生产者的计量评估活动往往表现得较为隐晦），再由逆向传递渠道呈报项目实施的正式结果，即完整的全生命周期报告。在这一完整的全生命周期报告基础上的全生命周期成本管理能够很好地实现对全生命周期成本的计算与控制。

第五节 质量成本管理

随着科学技术的发展，人类社会的生产力水平也在不断提高。各种新产品的问世使得消费者多样化的需求逐步得到满足，消费者对产品的需求不再局限于数量，更体现在产品的质量上。消费者进行购买决策时不再停留于产品能否满足其特定需求的层面，而是上升到产品能在多大程度上满足这种特定需求。在提供同等质量产品或服务的情况下设法降低成本，或在同等成本水平的基础上设法提高产品或服务的质量水平，是企业应对日益激烈的国内外竞争环境不得不思考的问题。产品的质量已成为企业立足市场的基本条件，加强质量管理不仅可以增强企业的竞争能力，还能更好地满足消费者对高质量产品的需求。产品质量的提升是需要代价的，质量成本则是考核产品质量与成本关系的重要指标。

一、质量与质量成本

（一）质量的含义

人们常常用产品某一方面的性质作为评判产品质量高低的标准，这一特定方面的性质也渐渐成为某种产品质量的替代概念，如电器的耐用程度、药品的疗效、衣物的用料等。针对不同种类的产品，“质量”一词的概念也会有所不同。要研究质量与成本之间的关系，需要一个一般性的抽象概念，而不是具体的质量特性。美国著名质量管理专家朱兰（J. M. Juran）最早给质量下的定义是：质量就是产品的适用性，即产品在使用时能成功地满足用户需要的程度。朱兰还进一步从设计质量、符合性质量、可靠性质量、现场服务质量四个方面来解释质量的概念。本节的分析主要集中在符合性质量层面。在理解质量的概念时需要结合设计要求和顾客需求两个不同的维度。企业在设计生产产品时也需要从这两方面出发来考虑产品的质量问题：一方面，产品的质量应该基于消费者的需求，针对消费者的某种具体的需要来不断完善自身的设计。如果一个产品在设计上达到了较高的水平，但是脱离了消费者的实际需求，消费者的需求并没有得到有效的满足，那么这样的产品难以称得上高质量。另一方面，如果产品的设计要求已经完全超出了消费者的需求，消费者需要为满足特定需求之外的设计支付额外的成本，这同样不是高质量的产品。质量不是产品的一个固有属性，对质量好坏的评判需要消费者的参与，是消费者对产品或服务所感知的优良程度。这也意味着，企业应该关注产品的质量，想要改善产品的质量，就需要从了解消费者的需求开始。

国际标准化组织（ISO）是目前世界上最大、最权威的国际标准化专门机构，其下属的质量保证技术委员会经过多次的修订，在2005年发布的ISO 9000：2005《质量管理体系——基础和术语》中对“质量”给出了如下定义：一组固有特性满足要求的程度。其中，“特性”定义为可区分的特征，特性可以是定性的或定量的，还可以划分为具体的类别，如物理特性、功能特性、时间特性等；“要求”则是指明示的、通常隐含的或必须履行的需求或期望。

质量标准是企业生产产品、检验和评定产品质量标准的依据，是产品质量特性的定量表现。产品质量标准并不是一成不变的，随着科学技术的发展，人们对产品的需求不断提高，对产品质量的要求也会随之改变。不同的用户，对同一类型产品的质量要求有所不同。用户的年龄、性别、职业、受教育程度、经济状况、生活习惯、宗教信仰等都是影响其对产品质量要求的因素。同一用户对同一类型的产品在不同时间会有不同的质量要求。社会的发展、技术的进步以及人类生活水平的提高，不断地改变着人们的消费需求和消费习惯。技术的不断革新，使得产品功能越来越强大，性能越来越优异，也在不断地淘汰当前的产品。使用产品的外部条件不同，对产品的质量要求也会不同。由于自然条件、技术环境以及人文因素的不同，用户对产品的质量要求也会有所差异。此外，社会环境以及政治经济因素都会让用户对产品质量的要求发生改变。因此，要以动态的、发展的眼光考察产品质量，要结合用户及其所处的社会经济条件加以判断。

（二）质量成本

产品服务质量的提升需要付出相应的成本，从市场的调研、产品服务标准的制定执行到产品的测试检验以及不合格产品的淘汰，都需要企业付出相应的经济资源来保证。企业要想在市场竞争中占据有利地位，必须拥有比竞争对手更高的效率，质量管理的过程同样要强调其经济效益。质量成本是指企业为了保证产品达到一定质量标准而发生的成本，这一概念涉及企业管理中的生产技术与经济效益两个层面。

20 世纪 60 年代，全面质量控制之父、美国质量管理专家菲根堡姆（A. V. Feigenbuam）首次提出了“质量成本”的概念。菲根堡姆综合考虑了产品质量的预防费用、检验费用以及产品不合格所造成的损失，在《全面质量管理》一书中将质量成本划分为四类：预防成本（prevention costs）、检验成本（也称鉴定成本，appraisal costs）、内部失败成本（internal failure costs）、外部失败成本（external failure costs），为质量成本管理奠定了基础。菲根堡姆的理论得到了西方国家的普遍重视。而后，朱兰将质量成本比作“矿中黄金”，把企业减少不合格产品的损失比作一座尚待开发的金矿，人们应该尽可能地去进行有利的开采。

质量管理专家对质量成本的定义和划分提出了不同的意见，但普遍认为质量成本可划分为以下四类。

1. 预防成本

预防成本是为防止产品质量达不到预定标准而发生的成本，是为防止质量事故的发生以及最大限度降低质量事故所造成的损失而发生的费用。一般来讲，预防成本发生在产品生产之前的各阶段。这类成本包括以下内容。

（1）质量工作费用。指质量管理体系中，为预防、保证和控制产品质量而制定的质量政策、目标、标准，开展质量管理所发生的办公费、宣传费、搜集情报费，以及编制手册、制订全面质量管理计划、开展质量控制小组活动、组织质量管理工作和工序能力研究等所发生的费用。

（2）标准定制费用。质量管理需要制定相应的质量标准，而作业标准的评估、测试审查等环节都会产生一定的费用，这就是标准定制费用。

（3）教育培训费用。质量管理的实施，最后都要落实到管理者和员工身上。对企业员工进行质量管理方面知识的教育，以及为员工作业水平的提升进行相关的后续培训带来的一系列费用，可视为预防成本中的教育培训费用。

（4）质量奖励费用。指在生产或服务过程中，为了激励员工达到质量标准而实行的奖励措施所带来的费用。

2. 鉴定成本

鉴定成本是为保证产品质量达到预定标准而对产品进行检测所发生的成本，如原材料或半成品的检测、作业的鉴定、流程验收、设备检测以及外部批准等方面发生的检验费用。具体可细分为以下内容。

（1）检测工作的费用。某些检验需要送到外部单位进行，此时需要支付一定的检测费用，这就是检测工作的费用。

（2）检测设备的折旧费用。这类费用不仅包括检测所需仪器的折旧或维护费用，还包括检测场所建筑的折旧或维护费用。

（3）检测人员的费用。具体包括对原材料、产品或流程进行检验的员工的工资福利费用。

3. 内部失败成本

内部失败成本是指产品进入市场之前由于产品不符合质量标准而发生的成本，这部分成本包括：废料、返工、修复、重新检测、停工整修或变更设计等。鉴定成本以及内部失败成本都发生在产品未到达顾客之前的阶段。

4. 外部失败成本

外部失败成本是指存在缺陷的产品流入市场以后发生的成本，如产品因存在缺陷而错失的销售机会，问题产品的退还、返修，以及处理顾客的不满和投诉所发生的成本。外部失败成本一般发生在产品被消费者接受以后的阶段。

一般来说，企业能够控制预防成本和鉴定成本的支出，因此这两种成本属于可控质量成本；而无论是内部失败成本还是外部失败成本，企业都无法预知其是否会发生，一旦发生失败成本，其费用的多少往往不能在事前得知，因此失败成本属于不可控质量成本。

美国质量管理专家哈灵顿（H. J. Harrington）对质量成本的分类与之前的分类基本相同，仍分为预防成本、检验成本、内部失败成本和外部失败成本。哈灵顿注重从社会范围考察质量成本，将用户损失、用户不满成本、信誉损失等外部质量保证成本单独作为一类加以反映。用户损失是指由于产品质量不符合用户的要求而给用户带来的损失；用户不满成本是指因产品质量不符合用户的要求，引起用户不满而导致企业丧失盈利机会所带来的损失；信誉损失是指产品质量的缺陷而导致企业形象的下降，并由此带来的经济损失，如销量下降、存货积压、融资困难等。

不同行业的企业在运作模式、规模、产品类型等方面存在差异，会计核算的管理体制也有所不同，因此质量成本项目的设置也会有所不同。

（三）质量成本管理的主要内容

现代质量成本管理的主要内容包括以下几个方面。

1. 质量成本的预测和决策分析

通过分析企业生产经营过程，找出影响产品符合性质量水平的因素与环节，对生产经营过程与符合性质量水平的相互依存关系进行理论分析，把握两者之间的规律。初步建立起产品的质量成本结构，分析出理论上产品质量成本与符合性质量水平的配比关系，尝试找出质量成本与符合性质量水平的最优组合，并据此制定适合本企业的质量管理方案。

2. 质量成本计划的制订

质量成本管理贯穿企业生产的全过程，需要各部门的参与，为了保证质量成本管理工作有效且稳定地进行，企业内部各生产经营单位和职能部门应参考企业的质量管理方案和质量成本项目，以过往的成本数据为基础，结合部门具体情况，编制本部门的质量成本计划，作为日后控制与考核质量成本的依据。

3. 质量成本的核算

采用财务会计核算体系反映企业质量成本。根据企业生产经营的特点，在质量管理方案的指导下，建立质量成本核算制度和质量成本账户体系，采用一定的方法归集处理质量成本信息，对照事前制订的质量成本计划，检查企业质量成本管理的执行效果。

4. 质量成本的日常监督控制

企业各生产经营单位和职能部门在日常生产经营过程中应当根据事前制订的质量管理方案和质量成本计划来组织生产和经营活动，对各项质量管理费用和因质量问题而产生的损失实行严格监督控制，力求在较低的质量成本下取得较高的质量水平。同时，对于超出质量成本标准的差异要进行分析，找出造成差异的原因，必要时还要追究个人或单位的责任。如果差异是由于质量成本标准设置不当造成的，还要据此对质量成本标准加以修改。

5. 质量成本计划执行情况的考核与评价

企业要定期对各生产经营单位和职能部门的质量成本计划执行情况进行考核，分析各部门的执行效果，明确责任，并予以相应的奖惩。

显然，不同企业在具体实施质量成本管理的过程中没有统一的标准，但主要内容可以概括为以下九部分：（1）建立质量成本管理组织体系；（2）制定质量成本责任制度；（3）设置质量成本二级、三级明细科目，构建质量成本科目体系；（4）预测质量成本，制订质量成本计划；（5）组织质量成本核算；（6）对质量成本加以控制；（7）考核分析质量成本，撰写质量成本分析报告；（8）定期总结与评价质量成本管理工作；（9）改进完善质量成本管理体系。

二、全面质量管理

（一）质量管理的发展历程

传统的质量管理往往只重视生产过程中的产品质量，将质量管理的范围局限在产品的生产制造过程，而没有考虑到销售后的服务质量。随着质量管理实践的不断发展，传统的质量管理对产品设计缺陷以及产品售后服务质量的忽视带来的负面影响逐渐暴露出来。将质量检验当作保证质量的唯一途径难以从根本上解决产品质量问题，管理者不得不对传统的质量管理工作加以思考和改进。于是，一种全员、全过程、全方位的现代质量管理方法逐渐形成，被称为全面质量管理（total quality management，TQM）。

现代质量管理的发展历程大体经历了质量检验阶段、统计质量管理阶段以及全面质量管理阶段。

1. 质量检验阶段

20 世纪初，“科学管理之父”泰勒提出，在生产过程中应该将计划和执行、生产和检验分开，目的是防止不同生产者个体间的产品质量标准差异导致整批产品质量水平参差不齐。之后，生产企业中开始设立专门的质量检验部门，其主要职能是对产品进行统一的质量检验。质量检验部门采用一定的方法，依据一致的标准来鉴别合格品和残次品，以使出厂产品的质量水平维持在一定的平稳状态。采取专人专职进行产品质量检验工作，使得质量管理从一般性的、分散的、随意性较强的质量检查中独立出来，成为企业管理过程中的重要一环，这种做法是质量检验阶段的开始。

2. 统计质量管理阶段

在质量检验的过程中，往往是针对产成品进行质量鉴定，这种事后检验的方法虽然能够辨别出质量较差的产品，但是并不能预防不合格产品的发生，而不合格产品的发生所造成的损失仍然提高了质量成本。另外，对于大批量生产的产品采取逐一检验的方式并不可取，某些产品的检验具有破坏性，不能每个产品都进行检验。管理者对于质量检验的可靠性和经济性的追求催生了新的质量管理思路。

20 世纪 20 年代，概率论和数理统计逐渐应用到质量管理领域。美国贝尔电话研究室工程师休哈特（W. A. Shewhart）发明了质量控制图。他采取“事先控制，预防废品”的思路，结合概率论和数理统计的方法，解决了事后把关的不足，将质量管理推向事先控制、预防为主、防检结合的新方向。美国的道奇（H. F. Dodge）和罗米格（H. G. Romig）随后又提出了抽样检验的方法，他们设计的抽样检验表有效地解决了全数检验以及破坏性检验在实际操作中的困难。

第二次世界大战期间是统计质量管理阶段发展和成熟的黄金时期。美国为了提高军需品的质量和可靠性，先后制定了三个战时质量控制标准，在质量控制过程中大量运用了数理方法。军工产品的制造商被普遍要求实行这些统计质量控制方法，这一期间产生的理论方法以及大量的实践有力地推动了质量管理的发展。第二次世界大战后，随着理论研究的进一步深入，统计质量管理得到了进一步发展，数理统计方法更广泛地应用到质量管理以外的其他管理领域。

3. 全面质量管理阶段

20 世纪下半叶，科学技术的快速发展大大提升了产品的技术含量和复杂程度。而且，世界各国的战略重心纷纷转移到经济建设上，经济水平不断提升，生活水平明显改善，人们对产品的可靠性提出了更高的要求。服务业的迅猛发展也带来了服务质量管理的新问题，以往只针对产品的质量管理方法显然不再适应现实的需求。管理者迫切需要一种能够涵盖所有影响产品质量因素的质量管理体系，以确保产品和服务的质量。

全面质量管理理论在这样的背景下应运而生。20 世纪 60 年代初，菲根堡姆和朱兰提出了全面质量管理的科学概念和理论，迅速在美国及世界范围内得到接纳和采用。从此，质量管理进入了全面质量管理的崭新阶段。

质量管理与全面质量管理的比较如表 4 - 4 所示。

表 4 - 4　质量管理与全面质量管理比较

项目	质量管理	全面质量管理
对象	产品或服务	所有与产品和服务有关的事物
相关者	外部顾客	外部顾客和内部顾客
过程	与产品和服务提供直接相关的过程	所有过程
人员	组织内部分人员	组织内所有人员
部门	组织内部分职能部门	组织内所有职能部门

（二）全面质量管理的含义与特点

1. 全面质量管理的含义

全面质量管理思想自诞生之日起便得到了广泛的肯定和传播，其理论研究价值以及对实践的指导意义都得到了充分的证实，是当今世界质量管理领域最经典的理论。1961 年，美国通用电气公司总裁菲根堡姆在《全面质量管理》一书中提出了“全面质量管理”的概念：“全面质量管理是为了能够在最经济的水平上，并考虑到充分满足客户要求的条件下进行生产和提供服务，把企业各部门在研制质量、维持质量和提高质量方面的活动构成一体的一种有效体系。”

在 ISO 8042：1994《质量管理和质量保证——术语》中，全面质量管理的定义是：“一个组织以质量为中心，以全员参与为基础，目的在于通过让顾客满意和本组织所有成员及社会受益而达到长期成功的管理途径。”从这个定义可知，全面质量管理有别于质量管理，是组织中多种管理职能的一种，跟其他管理职能（如生产管理、财务管理、人事管理等）是平行的关系。全面质量管理对质量管理提出了更高的要求，需要从更多的维度和更深的层次来统筹整个组织的质量管理工作，它的管理范畴涵盖了其他的管理职能，是一种系统性的质量管理思想。

全面质量管理尤其强调一个组织必须以质量为中心，管理工作应该围绕保证产品或服务的质量而展开，全体人员都应参与其中，以此为组织带来持续的经济和社会效益。全面质量管理的对象从传统的“管结果”转移到了“管因素”，即不再仅仅着眼于最终的产出，而是先研究出整个企业的运作过程中会对最终的产品或服务造成影响的因素，然后对这些因素实施系统性的管理。此外，过去的质量管理强调的是职能分工，将质量管理工作作为企业管理中的一个相对独立的职能，以便管理人员对产品或服务实行统一的质量控制标准。现在，全面质量管理强调各部门协调运作，各职能部门共同围绕保证和提高产品或服务质量的目标来开展本部门的工作，使得企业成为一个各部门紧密联系的有机整体。

2. 全面质量管理的特点

概括起来，对全面质量管理的理解需要注意它的三个特点，即全面的质量管理、全过程的质量管理、全员参与的质量管理。

（1）全面的质量管理。全面的质量管理是一种相对广义的质量管理概念，不仅包含传统狭义质量管理中对产品性能、寿命、可靠性和安全性等具体方面的要求，还对工作质量、服务质量提出了要求，将产品适用性、交货期限、服务水平等一系列事项都纳入了质量管理的范围。同时，不仅对事物进行管理，还对企业员工进行管理。员工作为企业中最活跃的要素，其行为无时无刻不影响着企业的正常运作，对最终产品质量的好坏起着至关重要的作用，需要将其作为质量管理的一个重点。简而言之，全面质量管理是从全方位对质量进行管理，从多个角度来保证产品或服务的质量。

（2）全过程的质量管理。全面质量管理需要对产品质量形成的全过程进行管理。传统的质量管理往往只着眼于产品的生产制造环节，而对于大多数企业来说，生产制造仅仅是企业向消费者提供产品的诸多环节中的一个。企业向市场推出产品的背后实际上涵盖了一系列的活动，是一个包括市场调查、研究分析、设计、试制、工艺设计、原料供应、生产制造、检验、包装、售后服务的完整过程。其中任何一个环节存在缺陷，都会对其他环节造成影响，且最终反映到产品质量当中。为了向消费者提供一款让其满意的产品，并使产品能够充分发挥其价值，企业不仅要对产品的形成过程进行质量管理，还需要对产品形成以后乃至产品的使用过程进行质量管理。

（3）全员参与的质量管理。由于全面质量管理是全方位、全过程的，涉及企业方方面面的活动，因此质量管理工作所涉及的职能部门必定不仅仅是生产车间。事实上，企业内每位员工的工作都与产品质量有联系。产品的设计、生产、销售、使用，每个环节都会影响质量。企业各部门都应当参与到质量管理活动当中，不同部门的员工都应当从自己的工作岗位出发，对照产品质量管理方案，重新思考自身工作与最终产品质量之间的关系，确定会对产品质量造成影响的具体工作事项，对工作质量严格把关，以此来保证企业所提供产品或服务的质量。由此可见，全面质量管理是一个需要企业全员参与的质量管理活动。

（三）全面质量管理的基本理论观点

全面质量管理理论经过多年的发展，从企业的具体实践中不断汲取宝贵的经验，其理论体系日渐完善，并形成了独特的理论观点。

1. 系统性的观点

系统是由具有共同目标和一定层次的多个部分组成的整体，而且不同部分之间存在相互沟通与联系。系统作为一个整体而存在，不同的部分都是组成系统所必不可少的元素，各部分不能独立于系统而存在，系统则要对各个部分进行有效的整合与协调。全面质量管理则是这样一个系统，其目标是保证产品或服务的质量，其具体的管理活动涉及不同层次、不同类型的部门，不是单一的针对某些产品质量指标的管理活动。因此，在推行全面质量管理的企业中，每位员工（尤其是管理者）都需要具备系统性的管理思想。

系统性的管理思想是一种由点及面的管理思想，其内容是对一切与产品质量有关的事项进行分析研究。它要求管理者在遇到与质量有关的管理问题时，所思考和研究的范围不是局限于问题的本身，而是顾及与问题有关的其他方面。在寻找解决问题的方法时可以从宏观着手，结合多个层次和维度来共同解决问题，注重整体效应。全面质量管理所追求的是全局的、整体的、长远的利益，唯有具备系统性的管理思想，才能统筹不同部门，协调各方利害关系，共同达到保证产品和服务质量的目标。

2. 为顾客着想的观点

作为产品或服务质量的最终评判者，顾客的满意应该是全面质量管理工作的出发点和落脚点。企业应当从顾客的需要出发来设计产品，生产能够满足顾客的产品。要将顾客作为自身服务的对象，在努力争取顾客满意的同时，尊重顾容、方便顾客。

在这里，“顾客”的含义比较广泛，不仅指产品购买者或使用者，还可能指企业内部生产过程中的每一个部门和岗位。在企业内部的生产流程中，往往存在相互衔接而又相对独立的工序，产品的质量要经过多个环节才能形成。全面质量管理的指导思想认为，应当将下一道工序视为上道工序的顾客；上道工序应该为下道工序提供符合标准、质量过硬的半成品，为下道工序提供服务，及时接受下道工序的反馈信息并作出整改，以便提高下一道工序的生产效率。

此外，为顾客着想能够使得顾客、企业以及社会三者的效用最大化。企业如果能够真正做到为顾客着想，提供质量过硬、设计优秀且价格合理的产品，就能打开销路，扩大市场份额，取得竞争优势。同时，优秀的产品能有效地满足顾客需求，顾客从企业提供的服务中，能够充分了解产品的性能，掌握使用方法，使得产品价值能够充分得到体现。从整个社会的宏观层面来看，通过企业对顾客的服务，还能够避免资源浪费，提高社会整体的福利水平。

3. 预防为主的观点

以往的质量管理活动大多通过不同的方法来找出存在问题的产品，强调的是通过质量检验来保证输送到市场的产品的质量，是一种事后把关的管理思想。但真正影响产品质量好坏的并不在于检查本身，而是产品质量形成的过程，因此，若想有效提高企业所生产产品的质量，应该从形成产品质量的各个环节入手。例如，产品往往在设计的时候就已经决定了其质量所能达到的最高水平，而制作仅仅是实现质量。如果产品在设计时便存在这样或那样的不足，那么无论生产过程多么严格，其产品的先天缺陷都是无法弥补的。

全面质量管理是一个具有前瞻性的管理体系，需要的是防患于未然的管理思想，即事前分析各种影响产品质量的因素，找出主要的因素并加以控制，最大限度地防止质量问题的发生。产品的质量是各道工序、各个环节质量的积累，生产过程中每道工序的质量都是人、设备、材料以及周围环境因素相互作用的结果。只有对每道工序中可能影响其产出的质量的因素加以控制，才能有效地保证该道工序的质量。

4. 用事实和数据说话的观点

“用事实和数据说话”强调的是在质量管理过程中注重客观事实，做到实事求是，以客观的事实、数据、资料作为反映、分析、解决质量管理问题的基础。在质量管理过程中要尊重客观事实，尽量避免主观随意性，运用科学的方法来发现问题、研究问题、解决问题。对于那些不能用数据来说明的问题，只能以事实呈现。不过，无论是事实还是数据，其原则都是一切从实际出发，力求用最准确的方式来反映现实情况。只有用事实和数据说话，才能使得信息在组织内流动时减少失真，增强信息的可靠性，也只有这样，质量问题才能准确反映，管理者才能采取有针对性的解决办法。

5. 质量与经济性相统一的观点

在正常的经营环境下，企业应当以尽可能少的投入生产出质量尽可能高的产品，来满足顾客需求，使顾客满意，以获得尽可能大的经济效益和社会效益。这实际上是一种最优决策的管理思想。认真分析企业的各项投入与最终产出的质量的关系，找出质量与消耗、质量与技术、质量与收益之间的关系，谋求投入数量与产出质量的最优组合，优化质量效益。

质量成本管理，实际上就是对产品的制造过程与使用过程进行经济分析，从经济的角度来衡量质量管理的有效性，并指出质量管理工作的改进方向。质量成本管理将产品质量和成本经济性这两个目标统一起来，这两个目标并不总是对立矛盾的，还可能是一致的。有时产品或服务质量的提升需要企业投入更多的成本，而有时如果企业能对其内部每道工序的质量加以有效控制，就能在维持一定产品或服务质量水平的情况下实现成本的下降，使得企业的生产经营更具经济性。采纳质量与经济性相统一的思想，有利于提高企业的管理水平和经济效益，合理利用资源，使企业在取得经济效益的同时也带来社会效益。

6. 突出人的作用的观点

人是企业管理过程中最活跃且最具能动性的要素，管理者在企业管理过程中需要重视对人力资源的开发和利用。全面质量管理充分重视人在质量管理过程中的积极作用，将发动全员参与、调动人的主观能动性与创造性作为其核心管理思想之一。

企业需要通过多种方法不断提高人的素质，创造优良的工作质量以保证产品质量，并要求员工掌握企业的质量目标并贯彻企业的质量方针。只有每一位员工都明确企业的质量方针并熟悉自己的工作职责，才能够使得每一个岗位上的员工发挥自身的能力，积极主动地投入工作当中，并且使得整个全面质量管理体系平稳有序地运行。企业应采取各种形式发动员工参与到企业的质量管理活动当中，同时，要鼓励、保护员工在工作过程中表现出来的首创精神，注重挖掘员工的潜力，使其主人翁精神得以发挥。企业的管理制度应该既严格又灵活，以便在保障管理工作有序进行的同时避免使企业陷入过于呆板的制度氛围，做到奖罚分明，增强员工主动学习、主动参与的意愿，提高全体员工的生产效率。

7. 重视质量的观点

重视质量的观点强调的是：企业在生产经营的过程中要以质量为纲，重视质量，将质量作为串联企业各项管理活动的主线。企业的供、产、销等活动需要以科学的质量管理原理为指导，协调好质量与品种、效益、消耗等方面的矛盾。企业要树立以质取胜的经营目标，围绕质量目标开展有效的计划、组织、领导、控制等活动。生产活动固然是质量管理活动的重心，但产品设计、销售、服务等其他环节同样要做到以质取胜，让质量目标把各单位、各部门联系成一个有机整体。随着市场经济的发展，产品同质化的问题日趋严重，质量越来越成为企业能否立足市场的评判标准，激烈的市场竞争能够有效地淘汰产品或服务质量较差的企业。企业需要重质量，不仅是所提供产品或服务的质量，而且包括内部工作的质量，要将质量作为衡量企业产出水平的一个标准，不断提高企业的投入产出比，增强竞争优势。质量制胜这个命题已在市场中多次得到验证，全面质量管理应当成为带动企业各项管理工作的中心环节，以保证企业沿着不断提高质量效益的路径发展。

（四）全面质量管理的工作程序

1. PDCA 循环的内容

全面质量管理是一整套为保证和提高产品或服务质量而设立的科学管理体系，在具体的管理实践中，它遵循 PDCA 的管理程序。PDCA 最初是由“统计质量控制之父”休哈特提出的，他认为管理活动应该遵循“计划（plan）—执行（do）—检查（check）—行动（action）”这样一套科学的通用管理流程（即 PDCA 循环）。而后，美国质量管理专家戴明对 PDCA 循环做了进一步的研究，使其发展为一套持续改进、不断学习的循环管理步骤，并在质量管理领域大力推广。因此，PDCA 循环又被称为质量环或戴明环。

PDCA 循环分成四个阶段、八个步骤，如图 4－3 所示。

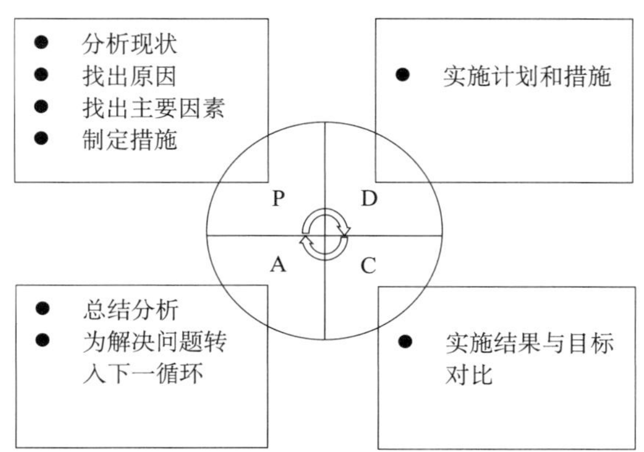

图 4－3　PDCA 循环的四阶段八步骤

第一阶段——P 阶段，计划阶段。在这个阶段，企业需要明确其质量目标。企业需要通过市场调研来发现顾客的需求，随后评估市场机会，对照企业自身的能力与资源来决定是否进入该领域。通过市场调查、用户访问、国家计划指示等，明确用户对产品质量的要求，初步确定产品类型；然后通过设计、试制、检查来进一步确定技术经济指标，以及达到这些指标所要采取的措施方法，形成一定的计划方案。

P 阶段包含以下四个步骤，这四个步骤实际上也是 P 阶段的具体化。

步骤 1：分析现状。对外部环境及企业内部资源、能力进行研究，发现可能对质量造成影响的问题。

步骤 2：找出原因。质量管理过程中出现的问题往往不是由单一的要素造成的，管理人员在发现问题以后，要系统地从宏观层面来看待问题，发现造成问题的各种因素，并对各种因素加以分析。

步骤 3：找出主要因素。在造成质量问题的诸多因素中，对问题的影响程度有大有小，解决质量问题需要从主要的影响因素着手。管理者要善于抓住重点，排除干扰，从多个影响因素中找出关键影响因素。

步骤 4：制定措施。针对影响质量的主要因素，要有针对性地制定一些纠正措施或防范性措施，措施要明确具体，并且要注重其可行性。

第二阶段——D 阶段，执行阶段。这个阶段实际上是对之前所形成的计划方案的实施，根据计划上的安排执行各项工作，包括人员的培训、原材料的采购、产品的生产、产品的检验等。

D 阶段即步骤 5：实施计划和措施。具体表现为按照计划方案执行相应的任务。

第三阶段——C 阶段，检查阶段。在具体工作推进的期间需要不断地对进度进行测量，并对照原计划检查完成情况，以保证实际情况与计划相符，有利于发现计划中没有预计到的情况并做出反应。

C 阶段即步骤 6：将实施结果与目标对比。对照原计划的各项技术经济指标，检查实际执行的结果，评定总体完成情况。

第四阶段——A 阶段，行动阶段。根据第三阶段的检查，对出现的情况进行反思研究，总结经验，吸取教训，以提高日后的执行效率。

A 阶段由步骤 7、步骤 8 构成。

步骤 7：对检查的结果进行总结。归纳成功的经验和失败的教训，对原计划的标准进行修正完善，对在质量管理过程中表现较好的单位和个人进行奖励，对出现失误的单位和个人追究责任，必要时予以相应的惩罚。

步骤 8：对本次循环当中尚未解决的问题进行检查梳理，并将其转到下一个循环当中去。

2. PDCA 循环的特点

（1）大环套小环。PDCA 最初作为一种通用的管理方法，其实施范围并不局限于整个宏观的质量管理项目，而是应该涵盖每个职能部门、每个车间乃至每位员工。在具体实施管理工作的时候都可以采取该循环，使得管理活动科学合理，提高效率。每个职能部门应当根据企业的总体方针目标来制定自己的次一级目标，并采用 PDCA 循环来指导本部门的工作。这样，在整个企业大的 PDCA 循环当中又嵌有更小的 PDCA 循环，再次一级的单位再实施更小的 PDCA 循环，直到个体员工按 PDCA 循环开展工作（如图 4－4 所示）。较大一级的 PDCA 循环是制定较小一级 PDCA 循环的依据和基础，较小一级 PDCA 循环的贯彻落实又反过来成为较大一级 PDCA 循环有效运转的保障。如此大环套小环，小环推动大环，形成相互促进的关系，企业各部门能够有机地结合成一个整体，各项目标得到分解落实，让管理活动更科学、更具效率。

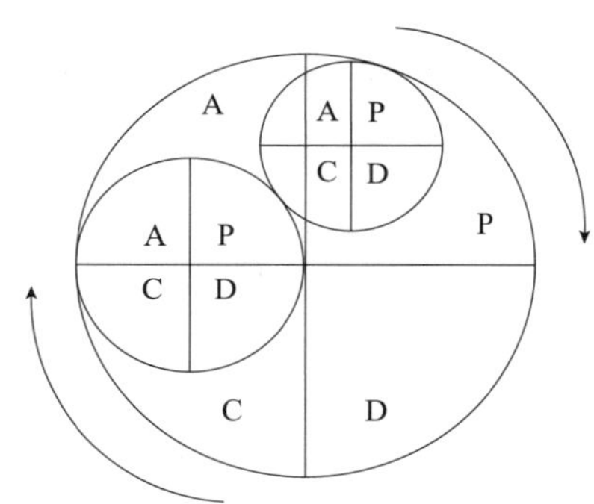

图 4－4　PDCA 循环中的大环套小环

（2）不断前进提高。PDCA 的四个阶段不断滚动循环，每完成一次循环，都会有一些问题得到解决，形成新的经验的积累，同时也会出现新的目标和内容，整个企业得到发展，质量水平也得到提高。每个员工、每个部门乃至整个企业，每完成一次 PDCA 循环就上升一个台阶，总体的发展轨迹可以概括为阶梯式上升，循环前进（如图 4－5 所示），即问题不断得到解决，并利用新的信息开展新的循环的过程。

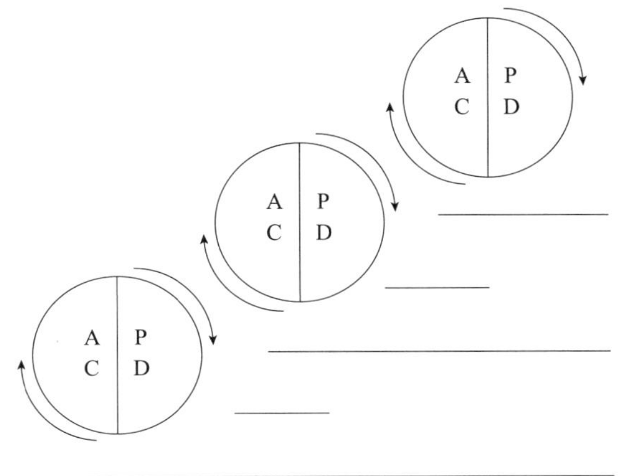

图 4-5　PDCA 循环的总体发展轨迹

（3）重视 A 环节。在整个 PDCA 循环当中，推动循环的关键在于 A 阶段，即行动阶段。在这个阶段，需要对任务的执行情况进行回顾总结。对于成功的经验需要肯定和进一步提炼升华，对于过失需要探究其原因，找出关键点。只有不断地反思总结、不断地提高完善，才能使得 PDCA 循环向更高的层次推进。如果没有 A 阶段，成功的经验得不到总结，错误的教训也得不到吸取，那么在以后的循环当中，面对相同的情况，以往的成功可能并未使问题变得简单，曾经出现的错误则可能再次出现。因此，要充分重视 PDCA 循环中 A 环节的作用，使得 PDCA 循环能够不断朝着更高的层次推进。

（五）全面质量管理下的质量成本管理

在全面质量管理的视角下，企业的质量管理活动更应做到防患于未然，缩减失败成本，在确保质量的前提下尽可能降低成本支出。

作业管理将作业区分为增值作业与非增值作业。一般认为，内外部失败成本及与其相联系的作业都属于非增值成本或作业，应该尽可能消除；预防成本及与其相联系的作业属于增值成本或作业，必要的预防成本、鉴定成本等项目费用的支出，在一定程度上能够减少内外部失败成本，对确保产品和服务质量、维护品牌声誉等都有积极意义，应该提高其效率；至于鉴定成本及与其相联系的作业，很大一部分是预防成本及与其相联系的作业所必需的，应该将其视为增值成本或作业。

在全面质量管理体系下，管理会计需要适当转变观念，使得质量成本的管理符合全面质量管理指导思想的要求。

1. 利用技术手段，提高财务信息的传输效率

过去以周或月为单位提供财务信息的做法已经不能适应全面质量管理对管理信息的及时性要求，信息的滞后可能会使问题不能及时得到反馈，很容易错过最佳的处理时间。应用现代技术手段，提高信息传输频率，可以让管理者及时了解企业管理信息的动态。

2. 管理会计所收集和处理的信息不能仅局限于财务信息，还应该包括非财务信息

质量管理过程中的问题有的能通过财务信息反映出来，但是相当一部分问题是无法通过财务信息呈现的，管理者应运用多种方法收集不同方面的信息来了解企业的质量成本状况，以便较为全面地掌握企业的质量管理状况。

3. 全面质量管理需要对企业全过程、全方位的活动进行管理

在质量成本管理活动中需要的信息更为详细且复杂，仅靠会计部门难以完成全部的信息收集工作。广大员工在参与企业管理的过程中也可以成为信息收集的节点，然后将信息经过一定的程序和方式汇总到会计部门或质量检测部门。这不仅便于迅速地收集大量质量成本信息，建立起部门间相互协作、相互监督的关系，而且体现了全面质量管理中全员参与的特点。

三、质量成本的计量与质量成本报告

（一）质量成本的计量

建立一套良好的计量质量成本的制度，能够有效地反映企业质量管理活动的实施情况，让管理者充分了解企业当前的质量管理水平，并做出相应的调整，使企业生产成本得以降低，货物交付得以保证。

质量成本计量上可以具体划分为显性质量成本（observable quality cost）和隐性质量成本（hidden quality cost）。显性质量成本是指能够直接从会计记录中获取数据的成本；隐性质量成本则是指由不良质量形成的机会成本，如失去的市场份额、客户的抱怨等。隐性成本不能从会计记录中直接取得，且其数额往往较大，不能忽略，需要采用一定的方法进行估计，常用的方法有：乘数法（multiplier method）、市场研究法（market research method）和田口质量损失函数（taguchi quality loss function）。

1. 乘数法

乘数法是假定全部失败成本是所估量到的失败成本的若干倍数。其计算公式为：

$$全部失败成本 = K \times 所计量到的外部失败成本 \tag{4-4}$$

其中，K 表示乘数效应，具体数值根据经验确定。例如，某公司的 K 值为 3 ~ 4，如果计量的外部失败成本为 100 000 元，那么实际外部失败成本在 300 000 ~ 400 000 元。隐性成本的加入，使得管理者能够更加客观地估计预防和鉴定成本水平。

2. 市场研究法

市场研究法可以较为准确地估计由于质量低劣给销售量及市场份额带来的影响。市场研究法可通过与顾客的面谈、经销商销售数据的反馈等途径进行，市场研究的结果可用于估计由于产品质量缺陷所造成的利润损失。

3. 田口质量损失函数

根据“零缺陷”的理念，隐性成本只有在产品超出规格的上下限时才会存在，田口质

量损失函数则假设，对一个质量目标值的任何偏差，都会引起隐性成本。同时，当实际值偏离目标值时，隐性成本也以该偏差值的平方增加。该损失函数可表示为：

$$L(y) = K(y-T)^2 \tag{4-5}$$

其中，K 为外部失败成本结构的比例常数，y 为质量特征的实际值，T 为质量特征的目标值。

（二）质量绩效的报告

管理者可通过编制质量绩效报告来反映企业的质量成本管理改善状况，进而实施质量成本的控制。质量成本报告主要通过企业质量成本所达到的水平与目标值对比来反映质量成本管理的有效性。因此，企业想要编制质量成本报告，首先要确定质量成本的绩效标准，才能将绩效与其进行比较，通过分析表异，发现质量成本管理过程中存在的问题，对有利的差异要巩固，对不利的差异则要纠正消除。

1. 质量标准的确立

企业选择质量标准的方法主要有传统法和全面质量法。

（1）传统法。传统法认为，恰如其分的质量标准是可接受质量水平（acceptable quality level，AQL）。可接受质量水平允许企业生产并销售一定数量的缺陷产品，即规定销售给客户的产品中存在缺陷的比例不能超过某一范围。可接受质量水平的缺点在于，它没有有效地推动企业改正过去存在的经营缺陷。

（2）全面质量法。全面质量法也称零缺陷标准（zero-defects standard）。它反映了全面质量管理的理念，要求生产和提供的产品或服务必须满足目标价值。零缺陷标准的实现也需要全面质量管理的配合，因此采用适时生产系统的企业倾向于使用全面质量法。

2. 质量绩效报告

质量绩效报告（quality performance reports）是反映企业在质量改进方面所取得的进展的报告，分为中期质量绩效报告、长期质量绩效报告和多期质量趋势报告。

（1）中期质量绩效报告。中期质量绩效报告（interim quality performance report）是指将质量改进的成效与当期标准或目标进行比较的报告。采用这种报告的企业需要每年制定中期质量标准以及达到这个目标的计划。由于质量成本是质量的数值衡量指标，各类质量成本及其成本项目都能够通过金额来反映。到了期末，企业通过中期质量绩效报告将当期的质量成本水平与预先设定的质量成本目标进行比较，从而揭示差异。表 4－5 列示了一个中期质量绩效报告的范本。

表 4－5　　中期质量绩效报告　　单位：元

质量成本项目	实际成本	预算成本	差异
预防成本			
质量培训			
可信赖工程			
预防成本合计			

续表

质量成本项目	实际成本	预算成本	差异
鉴定成本			
材料检验			
产品验收			
流程检验			
鉴定成本合计			
内部失败成本			
拆除			
返工			
内部失败成本合计			
外部失败成本			
顾客投诉			
保证			
维修			
外部失败成本合计			
质量成本合计			
质量成本占实际销售百分比			

表4－5中，“差异”一栏列示的是每个质量成本项目与预算成本项目的差异值。差异可以区分为有利差异（一般用U标记）和不利差异（一般用F标记）。

（2）长期质量绩效报告。如前所述，失败成本是非增值成本，在质量成本管理活动中，应该设法彻底消除失败成本来提升企业的竞争力。同时，鉴定成本和预防成本作为成本支出，虽然会导致一定的经济利益流出企业，但是这两类成本的支出能够有效地降低失败成本的出现，不过这两类成本不宜过大，即企业不能盲目地追求产品的完美而不顾鉴定成本的提高。长期质量绩效报告（long-range quality performance report）实际上是一个反映增值作业和非增值作业成本差异的报告。表4－6为一个长期质量绩效报告的范本。

表4－6　　长期质量绩效报告　　单位：元

质量成本项目	实际成本	目标成本	差异
预防成本			
固定的：			
质量培训			
可信赖工程			
预防成本合计			
鉴定成本			
变动的：			

续表

质量成本项目	实际成本	目标成本	差异
材料检验			
产品验收			
流程检验			
鉴定成本合计			
内部失败成本			
变动的：			
拆除			
返工			
内部失败成本合计			
外部失败成本			
固定的：			
顾客投诉			
变动的：			
保证			
维修			
外部失败成本合计			
质量成本合计			
质量成本占实际销售百分比			

（3）多期质量趋势报告。多期质量趋势报告（multiple-period quality trend report）是将一段时间内质量改进所取得的成效以图的形式加以表达的报告。横坐标表示年份，纵坐标表示相应时间内质量成本占销售额的百分比。将多期质量成本占销售额的百分比用图来描述，能够更加直观地反映质量改进的情况。图 4－6 为某企业多期质量趋势折线图。

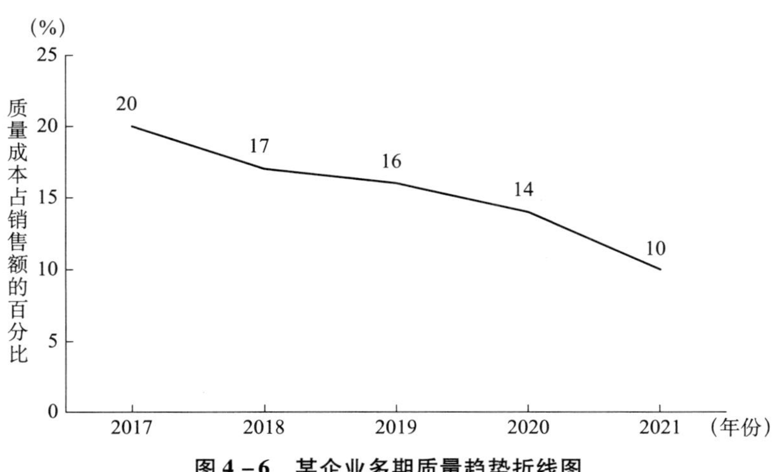

图 4－6　某企业多期质量趋势折线图

3. 质量成本报告

（1）质量成本报告概述。企业编制质量成本报告的主要目的是显示各类质量成本的支出情况及其财务影响，以及各类质量成本的分布情况，以此来反映当期实际质量成本水平，以便管理者据此对成本管理活动进行评价并做出进一步决策。表 4 – 7 列示了一个质量成本报告的范本。

表 4 – 7 **质量成本报告** 单位：元

质量成本项目	实际成本	占质量成本百分比	占销售额百分比
预防成本			
质量培训			
可信赖工程			
预防成本合计			
鉴定成本			
材料检验			
产品验收			
流程检验			
鉴定成本合计			
内部失败成本			
拆除			
返工			
内部失败成本合计			
外部失败成本			
顾客投诉			
保证			
维修			
外部失败成本合计			
质量成本合计			

（2）质量成本的评价标准。编制好质量成本报告以后，管理者根据报告对企业当前的质量成本管理水平给出何种评价直接受管理者的质量成本观念所左右。与确立质量成本目标一样，基于不同的管理理念存在两种不同的质量成本观，即可接受质量水平的传统观和全面质量管理的现代观。

可接受质量水平的传统观认为：最优质量成本实际上是指质量成本的最佳分布，它假定控制成本（包括预防成本、鉴定成本）与内外部失败成本之间存在一种此消彼长的关系，随着控制成本的增加，失败成本相应减少。只要失败成本的减少额超过了相应的控制成本的增加额，企业就应努力加大控制成本的投入，并且存在这样一个点——控制成本超过这个点以后，任何控制成本的增加都会超过相应失败成本的减少，这个点就是控制成本与失败成本之间的最优平衡点，用来界定可接受质量水平。

传统观认为，如果产品在某一质量特征或维度方面超过了可容忍的限度，就会发生缺陷。只有当产品质量不符合规定时才会发生失败成本，并且失败成本与控制成本之间还需要进行最优的规划。这实际上不仅没有努力消除产品缺陷，反而允许了一部分不合格产品的存在，企业也许认为产品中存在万分之一乃至千分之一的不合格品是合理的并且是可以接受的，没有必要为完全消除质量缺陷而付出过高的成本，因为这种做法不经济，并不能为企业创造更多的利润。然而，对于购买了有缺陷的产品的用户而言，他们买到的是百分之百的缺陷产品，他们的权益确实受到了侵害。

种种事实表明，在当今激烈的市场竞争中，传统观对企业的发展已造成限制，不再适应现代企业发展的要求。企业如果不能从顾客的角度来思考问题，招来的将是市场的背弃。

与传统观不同，全面质量管理的现代观认为：质量成本总体水平并不是在下降一定幅度以后就会稳定在某一平衡点上，质量成本总体水平不是静态的，而是动态的。控制成本在增加到一定程度以后，可能会出现下降，但此时失败成本未必会随之而反弹上升。假设产品的故障背后都存在原因，且预防作业的代价总比发生故障时的损失要小，那么企业可以通过下列途径来降低质量成本：（1）直接针对失败成本采取措施，尽可能消灭失败成本；（2）为寻求质量改善，企业应舍得投资于合理的预防作业；（3）对预防成本与鉴定成本的支出要从长远角度考虑，先前较大的预防作业投资可能会降低日后的控制成本支出；（4）不断评价并改进预防作业，使质量得到持续改善。

思考与讨论

（1）西方战略成本管理理论有哪几种主要观点？如何评价？

（2）你认为战略成本管理的方法体系应该包括哪些内容？为什么？

（3）目标成本法中价值工程的运用有哪几个步骤？

（4）生产者成本、消费者成本、全生命周期成本各包含哪些内容？你怎样理解它们之间的关系。

（5）质量、质量成本、质量成本管理的含义分别是什么？简述现代质量管理的发展历程。

（6）如何理解全面质量管理中的“全面”二字？简述全面质量管理基本观点。

（7）如何理解质量成本与企业可持续发展的关系？

案例与讨论

目标成本法在XZ木业有限公司的应用*

天然的古老材质，时刻给人一种干净、清新的舒适感觉，受到许多消费者的青睐，但也造成过量采伐林木，多家林业局辖区内的原始森林已消失殆尽。全面停止天然林商业性采伐是国有林区的重大变革，对于森林的保护具有重要意义。对于木制品加工企业而言，它们面对着较大的挑战，行业竞争加剧时刻威胁着企业，资源停伐加大了生产的成本，如何保证自己的经济效益呢？XZ木业有限公司给出了很好的回答。

一、案例背景介绍

（一）宏观经济背景

在外需疲弱、产能过剩和去杠杆等因素影响下，2015年上半年中国经济继续下行，季度GDP增长7%，增速为24个季度最低。季度GDP、投资、消费、出口和工业生产等主要指标继续放缓。

（二）政策背景

党中央、国务院对天然林保护工作高度重视，中央领导同志多次就天然林保护工作作出重要指示和批示。2015年2月8日，中共中央、国务院正式印发了《国有林场改革方案》和《国有林区改革指导意见》，随后开全国国有林场和国有林区改革工作电视电话会议，指明了国有林区改革的方向和任务。

（三）行业背景

目前，我国已是世界上最大的木业加工、木制品生产基地和最主要的木制品加工出口国，同时也是国际上最大的木材采购商之一。行业内竞争不断加剧，我国从事木材加工的企业有几千家，竞争压力巨大，而且我国木材加工企业大多数是中小企业，木材加工业基础还不够扎实，表现出的行业特征是市场整体竞争力不强，弱势企业较多。

二、案例的概况

（一）公司介绍

XZ木业有限公司成立于2001年12月20日，是某省规模较大的木制品深加工企业之一，公司下设六个工厂、两个地板厂和两个家具厂及一个动力厂，主要生产三层实木复合地板、实木多层复合地板、实木家具、木门、客车内饰件等产品。具有年产复合地板、实木地板160万平方米，家具660个标箱的生产能力。

（二）XZ木业有限公司目标成本法的实施

从近几年来看，资源停伐影响开始显现，原料采购价格涨幅较大，使企业生产成本加大，面对这种困境，公司管理层经过研究决定，制定“以攻坚克难、稳中有为、改革创新、

---

* 资料来源：中国专业学位案例中心会计专业学位案例库。作者：陈丹、曲蒙、李景珍，作者单位：吉林大学，案例入库号：202012530141。

发展升级为统领，以企业改革为主线，以保民生、保稳定为根本，以承包经营、分灶吃饭为核心，努力将企业打造成集约发展、快速发展、立体发展的林产工业龙头企业”的发展战略，开始实施精细化的目标成本管理，在以公司雄厚的技术实力、人员配置解决产品研发短板和质量问题基础上，下最大力气，全过程全公司上下一起控制产品成本，力争在激励竞争中站稳脚跟，企业得到较好的发展。具体目标成本法的实施过程如下。

1. XZ 木业有限公司目标成本管理的组织结构建立

公司针对目前的情况，决定采取目标成本管理，先采取措施为目标管理做准备。成立了目标成本管理专项小组作为公司目标成本管理的专门管理机构，该专项小组是由企业决策层主要领导、各个下属责任单位的主要负责人、各部门的业务骨干组成，同时，公司的组织机构也进行了相应的调整，具体如图 1 所示。

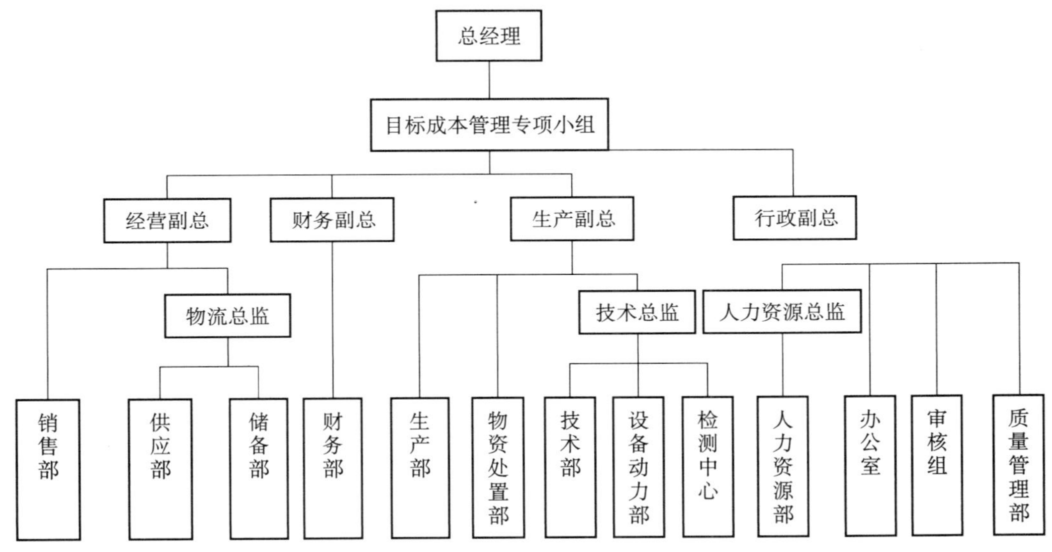

图 1　XZ 木业有限公司的组织结构

2. XZ 木业有限公司目标成本意识的管理

公司要进行目标成本管理，必须全公司上下提高成本管理意识和加强成本责任素质，树立目标成本管理系统化的思想，先从改革旧的成本观念入手，培养公司全体员工成本管理的意识。

首先，公司的管理层要对目标成本管理的步骤和措施有整体的把握，能够把企业目标成本管理各项要求落到实处。其次，要对公司各部门主要负责人进行目标成本管理的系统培训，基层负责人进行在岗培训，使公司管理人员都能清楚地认识到目标成本管理对于企业生存发展的意义和执行的具体要求。最后，要动员公司全体员工共同参与到成本管理中，对于提出合理化意见，有助于公司实现目标成本的进行适当奖励，对于执行不力和完不成目标成本管理任务的要给予处罚，多给员工宣导目标成本管理的思想，逐渐在全公司范围内形成全员成本管理的良好氛围。

3. 目标成本的确定

目标成本法的出发点是在大量市场调查的基础上，根据客户认可的价值和竞争者的预期反应，估计出在未来某一时点市场上的目标售价，然后减去企业的目标利润，从而得到目标成本，具体过程如图2所示。

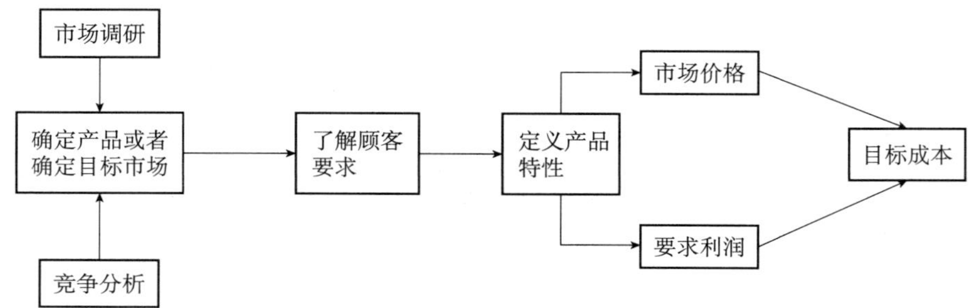

图2　目标成本确定流程

在确定了目标售价以及目标利润的基础上，得到对应的目标成本，结合公司实际确定产品研发方向，对现有产品进行严格的检验分析，最终确定公司产品的改进方向，在确定目标市场产品质量要求和特点后，有针对性地调整和设计公司产品。

4. 目标成本的分解

根据公司的生产加工工艺以及自动化程度，分析产品的成本构成，同时，根据公司目标成本管理专项小组的计划，按公司生产主要支出项目和组织机构职能对目标成本进行分解，主要支出项目有制造费用、销售费用、管理费用等。结合公司的实际经费支出情况，制定出公司的目标成本体系，同时，按照公司组织机构管理职能将目标任务落实到各个分管部门，用以保证目标成本能够顺利实施。

5. 目标成本管理的实施

企业应先将目标成本进行分解，而后需要目标成本管理专项小组进行监督，同时根据企业情况，在企业范围内对目标成本进行管理。主要在材料领用方面、产品生产方面、产品销售方面、企业管理方面、公司财务方面、公司人事方面等，根据不同企业的特点选择不同的方面进行目标成本法的实施，最后对目标成本管理的结果进行分析。

6. 目标成本管理的完善和激励

公司相关专项小组需要结合公司各部门具体情况制订出目标成本计划，同时，需要公司的制度作为实施目标成本管理的保证。要求目标成本管理的执行要科学合理，并通过激励员工来发动所有人的力量来完成任务，可以设立适当的奖惩机制，使公司员工自愿、自发地在日常工作中以目标成本为标准要求自己，最终实现企业的目标成本。

三、XZ木业企业运用目标成本法开发的产品示例

下面以XZ木业企业生产的型号为yg866A衣柜为例，具体描述目标成本法的应用。

（一）XZ木业有限公司目标成本的确定

企业通过市场调研以及对竞争对手的分析，确定产品和目标市场，针对目标市场的顾客的需求确定产品特性，从而确定此型号的产品市场价格定为2000元较为合适。保证产品质量规格达标是产品销售的基础，在此基础上，考虑企业在市场的竞争力以及一定的利润预留空间，将目标利润水平定为10%。

XZ木业有限公司由于其产品加工工艺相对简单，而且公司的设备自动化程度较高，生产制造支出中原材料的支出占到了一半以上，主要用于购买用于生产的原料，其他支出项目中主要包括动力费用、职工工资、职工福利、废品损失、设备维修维护费用。公司全部支出中，各成本项目占销售收入的比例为：成本约占81%，主要由木工板、木面板、五厘板、软片、收边线条等构成；管理费用5%；销售费用3.5%；财务费用1.5%；研发、售后等占2%（都是概数），企业的利润水平在7%左右。

（二）XZ木业有限公司目标成本的分解

企业出口生产的产品，必须保证严格按照客户要求的质量规格严格生产。公司制定目标成本的要求是在保证企业利润水平的同时，将目标成本定为消减3%以上，达到10%以上的利润水平，以保证企业有更强的竞争力和预留一定利润空间。为实现目标，项目组运用占比分析，将实际成本与目标成本的差距先分解到各个组成部分，企业成本分布如表1所示。

表1　XZ木业有限公司成本分布比例

序号	名称	数量	单位	金额（元）	实际成本（元）	实际成本占比（%）	目标成本（元）	目标成本占比（%）	目标节约（元）
1	木工板	4	张	87.69	350.75	17.54	350.12	17.51	0.63
2	木面板	2	张	38.12	76.25	3.81	76.11	3.81	0.14
3	五厘板	2	张	52.42	104.84	5.24	104.65	5.23	0.19
4	软片	15	米	4.77	71.48	3.57	71.36	3.57	0.13
5	20收边线条	12	米	1.87	22.49	1.12	21.39	1.07	1.10
6	35收边线条	10	米	4.50	44.98	2.25	42.77	2.14	2.20
7	钉子、滑轨	1	项	32.13	32.13	1.61	30.55	1.53	1.57
8	万能胶水	1	项	32.13	32.13	1.61	30.55	1.53	1.57
9	木开柜门	4.5	平方米	114.37	514.68	25.73	513.76	25.69	0.92
10	油漆	1	项	72.28	72.28	3.61	68.74	3.44	3.54
11	木作人工费	1.6	米	95.65	153.04	7.65	158.26	7.91	-5.22
12	漆作人工费	3.6	平方米	6.38	22.96	1.15	23.74	1.19	-0.78
13	能源				50.00	2.50	42.00	2.10	8.00
14	制造及辅助生产费用				60.00	3.00	52.00	2.60	8.00
15	销售费用				82.00	4.10	76.00	3.80	6.00
16	财务费用				30.00	1.50	28.00	1.40	2.00
17	管理费用				100.00	5.00	80.00	4.00	20.00
18	研发支出				40.00	2.00	30.00	1.50	10.00
19	合计				1 860.00	93.00	1 800.00	90.00	60.00

再将各组成部分任务落实到公司的所有职能部门，并严格执行领导负责制，对完不成任

务的部门追究部门主要领导的责任，并影响部门全体人员的绩效考评。企业成本分配如表2所示。

表2　XZ木业有限公司成本分配

序号	名称	数量	单位	目标节约（元）	公司高层	主责部门	工厂
1	木工板	4	张	0.63	生产副总	检验站	各工厂
2	木面板	2	张	0.14	生产副总	检验站	各工厂
3	五厘板	2	张	0.19	生产副总	检验站	各工厂
4	软片	15	米	0.13	生产副总	检验站	各工厂
5	20收边线条	12	米	1.10	生产副总	物资管理	各工厂
6	35收边线条	10	米	2.20	生产副总	物资管理	各工厂
7	钉子、滑轨	1	项	1.57	生产副总	物资管理	各工厂
8	万能胶水	1	项	1.57	生产副总	物资管理	各工厂
9	木开柜门	4.5	平方米	0.92	生产副总	检验站	各工厂
10	油漆	1	项	3.54	生产副总	物资管理	各工厂
11	木作人工费	1.6	米	-5.22	生产副总	综合办公	各工厂
12	漆作人工费	3.6	平方米	-0.78	生产副总	综合办公	各工厂
13	能源			8.00	生产副总	生产部	各工厂
14	制造及辅助生产费用			8.00	生产副总	生产部	各工厂
15	销售费用			6.00	总经理	市场部	各工厂
16	财务费用			2.00	财务副总	财务部	各工厂
17	管理费用			20.00	行政副总	综合办公	各工厂
18	研发支出			10.00	总经理	研发中心	各工厂
19	合计			60.00			

1. XZ木业有限公司目标成本法的实施

XZ木业有限公司在对企业的目标成本进行有效分解之后，在公司目标成本管理专项小组的监督指导之下，结合公司的实际情况，开始在企业范围内实施目标成本管理。具体措施主要有以下几个方面。

（1）原材料领用方面。第一，制定严格的生产用原材料的使用标准。标准规定，生产领用原材料不得超过生产实际用量的3%，对于该标准的执行实施领导负责制，哪个部门或车间用量超标由部门负责人进行解释。第二，加强原材料库存管理，降低原材料储存损失率。公司要求，原材料实行入场后验收，合格入库。原材料的储存要注意防雨降潮，减少原材料的变质。第三，原材料的采购与领用结合企业生产能力、订单情况、销售战略及公司战略等，确定合理的原材料采购时间与采购量，在原材料资金占用和原材料定价、运输、保管之间寻找平衡点，压缩原材料相关成本。

（2）产品生产方面。在衣柜的生产过程中，公司目标成本管理专项小组根据公司产品生产工艺、生产和销售情况，对公司的生产情况进行了调整。

首先，合理生产流程布局，提高生产效率，缩短企业生产周期。企业目标成本管理专项小组中的各生产骨干综合考虑企业生产流程，对现有企业的生产安排进行一定的调整，努力减少生产过程中因为原材料或半成品没有及时到位而造成的生产拖延，合理生产计划降低产成品的库存积压，缩短企业产品生产的周期，从而降低生产成本，最终得以实现目标成本。

其次，严格操作流程，培养工人操作熟练度并实施绩效工资，提高产品质量与合格率。在企业生产过程中，由于工人操作不善而造成废品是增加企业生产成本一个重要因素，目标成本管理专项小组针对企业实际情况作出强化企业职工职业技术培训的要求。利用周五下午开会时间，组织公司技术骨干对一线工人进行技能培训。并且，生产部门要严格设备操作要求，严格按照操作流程进行生产，提高企业产品质量和降低废品率，进而实现目标成本。

最后，结合企业生产特点和地方能源政策，合理安排生产时间，消减能源动力费用，从而保证了目标成本任务的顺利实施，并为增强企业产品的竞争力起到了极大的作用。

（3）产品销售方面。公司实行目标成本管理后，目标成本专项小组果断决定压缩企业国内销售机构，减员增效，在保证企业销售的同时，努力压缩销售成本，增强企业的竞争力和盈利能力。同时，公司对销售费用的支出，制定严格详尽的销售费用使用制度。对每一位销售人员的支出实行领导审批，进行不定期的考核审查，不但培养销售人员的素养和自律意识，更要以公司的章程和制度作为落实目标成本任务的根本保证。公司在销售方面实行精简机构、费用严格审批，为销售部门目标成本的顺利执行打下了坚实的基础。

（4）企业管理方面。为了达成目标成本，公司在管理方面也下足了功夫。首先，针对企业生产情况制订出一套合理的措施。其次，对于管理费用的支出要严格把关，并结合部门的绩效进行审批，对于不作为或少作为的部门限制其管理费用的支出。在保证企业管理有效进行的同时，将管理费用向真正产生绩效的部门倾斜。

（5）公司财务方面。为了实现公司目标成本的任务，公司财务方面也作出相应调整，下大力气减少企业的财务费用。在保证企业营运资金充分的条件下，合理利用各种融资渠道，加大对应收账款的催收力度和账期管理，利用各种应付账期，减少企业各项资金占用和对财务资源的浪费，在充分利用财务杠杆的同时，降低财务费用，提升企业资本使用效率。使企业资金充分利用的同时付出最少的代价，并严格账务管理，拒绝白条借款，杜绝贪污挪用等现象，为企业目标成本的实现贡献力量。

（6）公司人事方面。加强企业的人才引进，以提高公司的技术力量。对现有员工进行技能培训的同时，吸收部分有经验的兼职人员和专家。继续与职业技术学校合作，发现和培养优秀人才为企业持续发展储备人才资源，并压缩用人成本。

2. XZ 木业有限公司执行目标成本管理的结果及分析

XZ 木业有限公司在 2015 年及以前没有执行目标成本管理时，全年销售收入达到 1. 21 亿元，总成本 1. 11 亿元，营业利润 850 万元左右。企业从 2016 年起执行目标成本管理，全年实现销售收入 1.52 亿元，实际成本 1.32 亿元，营业利润达到 2 100 万元以上。公司实施目标成本管理之后效果明显，在企业销量稳步提升的同时保证了各部门成本的降低，企业总体效益显著提高，超标完成目标成本任务，成本降低率达到了 3% 的目标。

3. XZ 木业有限公司目标成本管理的完善和激励

公司目标成本管理专项小组，针对公司各部门具体情况制订出详细的目标成本计划，并以公司的制度作为执行目标成本的保证。目标成本管理的执行不仅要科学合理，更要通过对员工的激励来发动全公司的力量来完成任务，使公司员工自觉、自愿、自发地以目标成本为指向要求自己，帮助企业最终实现目标成本。

图 3 是 XZ 木业有限公司目标成本完善的流程示意图，目标成本制定后并不是一成不变的，需要企业根据实际情况对目标成本进行不断的调整，才能够真正形成一套适合本企业的目标成本管理方法，使公司管理水平不断提高的同时，增强企业的市场生存能力和产品竞争力。

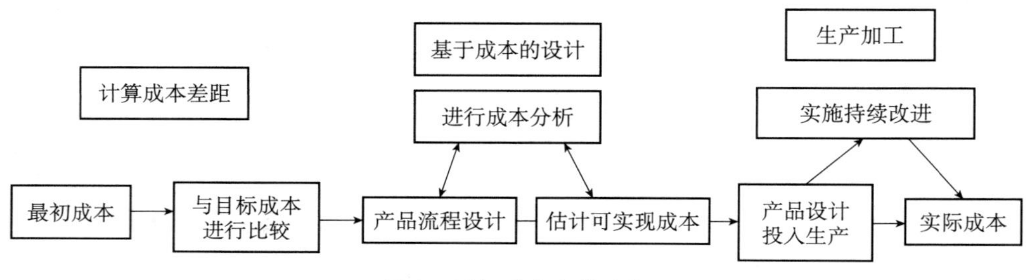

图 3　目标成本完善流程

案例中，XZ 木业有限公司在实施目标成本管理中企业效益得到很大提升，而且目标成本管理体系的先进性也是毋庸置疑的。但是，目标成本管理对于企业来说不是僵化的、一成不变的，企业必须根据外界环境的变化等不断对其进行调整。

四、案例讨论

通过对 XZ 木业有限公司目标成本法应用的讨论，重点思考以下问题。

（1）XZ 木业有限公司为什么要使用目标成本法？

（2）目标成本确定的原理是什么？XZ 木业有限公司如何进行确定？

（3）目标成本法实施流程的关键有哪些？如何应对？

（4）目标成本法存在哪些难点？XZ 木业有限公司如何进行应对的？

第五章　战略绩效管理

第一节　战略绩效管理概述

一、绩效与绩效管理

（一）绩效的定义与特征

1. 绩效的定义

绩效是指组织、团队或个人，在一定的资源、条件和环境下，完成任务的出色程度，是对目标实现程度及达成效率的衡量与反馈。从管理学角度看，绩效是组织期望的结果，是组织为实现企业目标而展现在不同层面上的有效输出。

绩效包括组织、部门/团体和个体的绩效，通过员工与部门绩效的提高来实现组织的战略目标（组织绩效）。绩效可以从结果和行为双维角度加以理解，包括应该做什么和如何做，通过行为者的行为，将工作任务付诸实施，从而实现组织、部门/团体和个体的绩效结果。

2. 绩效的特征

（1）多因性。绩效的多因性是指绩效受到主客观多方位因素的影响，包括员工自身的天赋、智力、所接受的教育和培训、员工工作的积极性、员工所面临的环境以及成长机会等。

（2）多维性。绩效是多维的，绩效指标需要分解为多个维度，从不同的维度来管理和评价员工的绩效。

（3）动态性。绩效随着内外部因素而不断发生变化，管理者应以发展的眼光来看绩效。

（二）绩效管理的定义与特征

1. 绩效管理的定义

根据《管理会计具体指引第600号——绩效管理》，绩效管理是指企业与所属单位（部门）、员工之间就绩效目标如何实现达成共识，并帮助和激励员工取得优异绩效，从而实现企业目标的管理过程。绩效管理的核心是绩效评价和激励管理。

绩效评价是指企业运用系统的工具方法，对一定时期内企业营运效率与效果进行综合评判的管理活动。绩效评价是企业实施激励管理的重要依据。

绩效管理是指企业运用系统的工具方法，调动企业员工的积极性、主动性和创造性，激发企业员工工作动力的管理活动。绩效管理是促进企业绩效提升的重要手段。

绩效管理的主要方法有：关键绩效指标法、经济增加值法、平衡计分卡、360 度绩效评价、股权激励等。企业可根据自身战略规划、业务特点和管理需要，集合不同工具方法的特征及适用范围，选择一种合适的绩效管理工具方法单独使用，也可以选择两种或两种以上的工具方法综合运用。

2. 绩效管理的特征

绩效管理具有以下特征。

（1）战略导向原则。绩效管理应为企业实现战略目标服务，支持价值创造能力提升。

（2）客观公正原则。绩效管理应实事求是，评价过程应客观公正，激励实施应公平合理。

（3）规范统一原则。绩效管理的政策和制度应统一明确，并严格执行规定的程序和流程。

（4）科学有效原则。绩效管理应做到目标符合实际，方法科学有效，激励与约束并重，操作简便易行。

二、国外企业绩效评价的历史沿革

企业绩效评价是在现代公司制度诞生以后，为加强资本所有权控制和公司内部控制而提出来的。

在 19 世纪上半叶，机器工业的发展推动了股份公司的产生与发展。随着企业规模的不断扩大和经营领域的不断拓展，资本使用者不得不聘请专业人士进行经营管理。同时，随着资本市场的发展，公司股东越来越分散，股东需要委托经营者代理其经营企业，为了防止经营者侵犯所有者的权益，所有者需要借助相应的评价方式来对经营者予以考核，绩效评价由此产生。

绩效评价的历史沿革主要分为三个阶段：企业绩效评价形成时期、企业绩效评价完善时期、企业绩效评价创新发展时期。

（一）企业绩效评价形成时期（19 世纪中期到 20 世纪初期）

国外的企业绩效评价始于 19 世纪中期，由于当时企业规模较小，产品和业务单一，主要是企业内部所有者和经营者为提高利润，评估下属人员的工作成绩而进行考核评价，评价的内容基本上限于资产负债表中所提供的资产、负债等科目和利润表中所提供的利润。19 世纪末，泰勒创立了科学管理理论，使人们对企业经营结果的评价不仅注重通过成本降低以实现利润最大化，还注重对生产效率的评价。

这一时期的特点主要是评价企业内部的生产效率，以降低生产成本、加强成本控制、提高生产效率为目的；以成本绩效评价为主，指标体系带有统计性质，如“每公里成本”“每磅成本”等。

（二）企业绩效评价完善时期（20 世纪初期到 20 世纪 80 年代）

随着现代公司制度的不断成熟，现代企业组织形式迅速发展，市场竞争日趋激烈。20 世纪以后，随着所有权和经营权的分离，股东成为公司的外部评价主体，同时，公司规模扩张对资金的大量需求，使债权人也日益成为重要的评价主体，这就使绩效评价主体扩大到了企业外部。

与此同时，评价内容也由成本评价扩大到会计报表所能提供的偿债能力和利润指标等方面的财务评价，以满足债权人和投资人了解企业财务状况和经营状况的需要。因此，这一时期的绩效评价指标以财务绩效指标体系为特征，主要有销售利润率、每股收益率（EPS）、现金流量和内部报酬率（IRR）等。其中，经营利润和现金流量成为当时公司进行业绩评价的主要指标。

（三）企业绩效评价创新发展时期（20 世纪 80 年代以后）

20 世纪 80 年代后半期开始，随着全球经济一体化进程的加快和竞争激烈程度的加深，不仅投资者和债权人关注对企业的评价，企业内部管理者、政府、社会公众、雇员等都开始关注企业经营绩效。

因此，仅仅对企业的生产效率进行评价已无法满足企业管理的需要，营销、研发、财务及人力资源等职能部门也开始根据自身业务特点建立了市场占用率、顾客满意度、新产品开发数量、员工满意度等评价指标，开始进入战略性业绩评价阶段。

该阶段出现了多个综合业绩评价模型，如关键业绩评价指标（KPI）、经济增加值（EVA，1991）、平衡计分卡（BSC，1992）、业绩金字塔模型（1990）、绩效三棱镜模型（2002）等。尤其以平衡计分卡和经济增加值为典型代表。

三、国外战略绩效评价理论

为了适应企业长期竞争优势的形成和保持，非财务指标在绩效评价中的作用也越来越重要，理论界和实业界开始将企业的竞争能力、与顾客的关系等非财务指标纳入企业经营绩效的评价内容，到 20 世纪 80 年代末，形成了以财务指标为主、非财务指标为补充的战略绩效评价指标体系。

国外较有影响的战略绩效评价理论有：霍尔的四尺度法、克罗林和林奇的等级制度法——业绩金字塔、卡普兰和诺顿的平衡计分卡、米勒和莫迪利亚尼的经济增加值法。

（一）霍尔的四尺度法

霍尔（Robert Hall）认为，评价企业的经营绩效要以四个尺度为标准，即质量、作业时间、资源利用和人力资源。

（1）质量尺度。霍尔把质量分为外部质量、内部质量和质量改进程序三种。

外部质量是指顾客或企业组织外部的其他人对其产品和服务的评价，它是产品和服务的精髓。具体指标包括：顾客调查情况、服务效率、保修及可靠性等。内部质量代表企业组织的运营质量，包括总产量、生产能力、检验比率以及残品和返工率等。质量改进程序是企业组织采用的确保高水平的内在和外在质量的程序或一系列的公式化的步骤。因此，今天的质量改进就是明天的内、外部质量。

（2）作业时间尺度。霍尔认为，作业时间是把原材料变为产成品的时间段。具体包括：工具检修时间、设备维修时间、改变产品和工序设计的时间、项目变更时间、工具设计时间和工具制造时间等。

（3）资源利用尺度。该尺度用以计量特定资源的消耗和与此相关的成本，如直接人工、原材料消耗、时间利用和机器利用情况。前两项指标是制造产品和提供劳务的直接成本；后两项既包括直接成本因素，又包括间接成本和机会成本因素。

（4）人力资源尺度。霍尔提出，企业需要有一定的人力资源储备和能恰当评价和奖励雇员的管理系统。

霍尔把质量、时间和人力资源等非财务指标导入企业的经营绩效评价系统，并认为企业组织可以通过对上述四个尺度的改进，减少竞争风险。

需要注意的是：要求企业作出全方位的改变是困难的，企业通常只能在一段时间内取得四个方面的逐渐改进；任何指标的改进不应以牺牲其他指标为代价，如作业时间的改进不应以降低质量为代价。

（二）克罗斯和林奇的等级制度法——业绩金字塔

克罗斯和林奇（Kelvin Cross and Richard Lynch）提出了一个把企业总体战略与财务和非财务信息结合起来的经营绩效评价系统。为了强调总体战略与绩效指标的重要联系，他们设计了一个业绩金字塔。

在业绩金字塔中，企业总体战略位于最高层，由此产生企业的具体战略目标，战略目标的传递呈多级瀑布式，向企业组织逐级传递，直到最基层的作业中心，如图 5－1 所示。

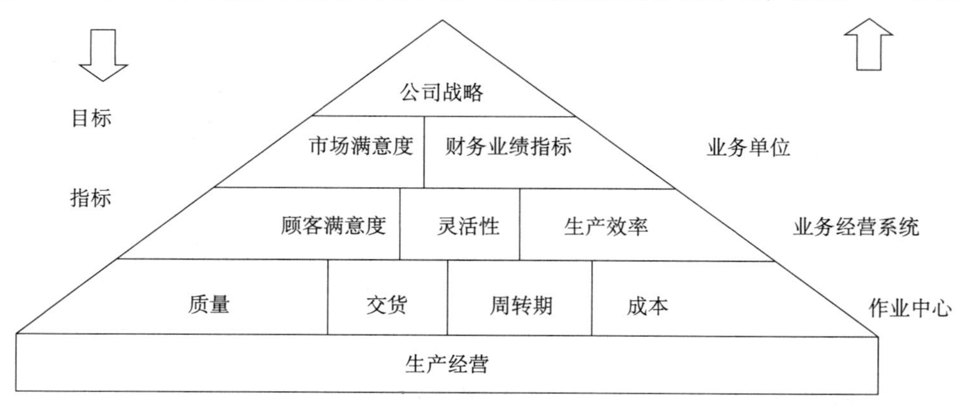

图 5－1　业绩金字塔

如图 5－1 所示，战略目标传递的过程是多级瀑布式的。它首先传递给业务单位层次，由此产生了市场满意度（市场目标）和财务业绩指标（财务目标）；然后继续向下传给业务经营系统，产生顾客满意度、灵活性、生产效率等指标；最后传递到作业中心层次，产生质量、交货、周转期和成本构成等指标。

按照这个等级制度法，只要制定了战略目标，作业中心就可以开始建立合理的经营绩效指标，以满足战略目标的要求。然后，这些指标再反馈给企业高层管理人员，作为企业制定未来战略目标的基础。

业绩金字塔着重强调了组织战略在确定经营绩效评价指标中所扮演的重要角色，揭示了战略目标自上而下和经营指标自下而上逐级往复运动的等级制度（层级结构），从战略管理角度给出了业绩指标体系之间的因果关系，对指标体系的设计具有启发性。这个逐级的循环过程展示了企业的持续发展能力，对正确评价企业业绩有着十分重要的意义。

业绩金字塔的缺点主要有二：一是没有形成可操作性的业绩评价系统；二是没有考虑企业的学习和创新能力。其缺点尤其体现在确认组织学习的重要性上的失败，在竞争日趋激烈的今天，对组织学习能力的评价是极其重要的。这正是该模型虽然在理论上已经比较成熟，但在实际工作中利用率偏低的主要原因。

（三）卡普兰和诺顿的平衡计分卡

平衡计分卡最初源于 1990 年美国诺顿研究所主持并完成的“评价未来组织的业绩”课题的研究成果，是一种新型的经营绩效评价体系。该研究所的诺顿担任项目组组长，哈佛商学院的卡普兰担任学术顾问，共有 12 家企业参与了这次研究。该课题主要研究经营绩效管理方法的创新，阐述了如何使用一种新的“企业计分卡”对企业的持续性发展进行绩效考评。项目小组将这种绩效评价新方法命名为“平衡计分卡”，并建立了四个不同维度的概念：财务、顾客、内部流程和学习与成长。

1996 年，他们分别发表了《平衡计分法：良好的业绩测评体系》《平衡计分卡的应用》《将平衡计分卡用于战略管理系统》三篇论文，此后，又出版了《平衡计分卡——战略目标的转换》《战略为焦点的组织：平衡计分卡式的企业如何在新企业环境中取胜》等专著，使平衡计分卡理论与方法得以系统化。

平衡计分卡相对前述两种方法来说较为完善，它适应了信息时代和竞争环境的需求，从战略的角度对财务和非财务绩效进行衡量，是一个全面计量企业经营绩效的系统，是战略绩效评价方法最为典型的一种。《哈佛商业评论》评定平衡计分卡为过去 75 年来最具影响力的企业管理观念之一。

（四）米勒和莫迪利亚尼的经济增加值法

经济增加值（EVA）的理论渊源是获诺贝尔奖的经济学家默顿·米勒和弗兰克·莫迪利尼亚关于公司价值的经济模型。1958～1961 年，他们发表了一系列论文，向人们证明 EVA 是企业的经济模型，而不是会计制度。他们提供了一个理论框架，把经济增加值作为一个度量业绩的指标和建立激励制度的基础，使得管理人员的行为和股东的需要相一致。

经济增加值是企业的税后经营利润扣除资本成本后的利润余额，其理论基础是经济学家称为“剩余收益”的概念，它与传统会计利润指标的区别在于强调了资本成本，尤其是股权的成本，其应用于考核后使得股东价值持续最大化。而会计利润只补偿企业生产经营的成本，没有补偿资本成本。

在计算经济增加值的过程中，通常会对现行的财务口径进行调整。这是隐藏在 EVA 背后的难点之一，事实上 EVA 计算方法的变化近百种，计算口径也可以根据高层的指导思想进行调整。

第二节　平衡计分卡

一、平衡计分卡的产生与发展

20 世纪 90 年代以前，财务指标被认为是评价企业绩效最公正合理的反映变量。随着经济的发展，智力资本在现代企业竞争中的作用日益凸显，企业竞争优势的源泉更突出地表现为企业是否具有能够有效实现企业战略目标的人力资源及其管理过程。因此，企业的管理者除了要了解精确的短期财务指标以外，更重要的是要了解企业内部经营管理水平以及未来的发展潜力。战略性绩效管理工具——平衡计分卡就是在这种背景下产生和发展起来的。

（一）平衡计分卡的萌芽（1987 ~ 1989 年）

在罗伯特·卡普兰（Robert S. Kaplan）和戴维·诺顿（David P. Norton）研究平衡计分卡之前，ADI 公司于 1987 年就进行了平衡计分卡的实践尝试。ADI 是一家半导体生产公司，主要生产模拟、数字及数模混合信号处理装置，产品广泛应用于通信、计算机、工业自动化领域。1987 年，ADI 公司调整战略方案时，公司决策层意识到不仅要注重战略制定，更要注重战略的实施，希望通过与公司员工的沟通，使员工充分理解并认同公司战略，并将战略落实到日常管理工作中。在制定战略的过程中，公司首先确定了重要利益相关者为股东、员工、客户、供应商和社区，然后在公司的使命、价值观与愿景下，根据上述利益相关者的“利益”分别设定了战略目标并明晰了三个战略重点。为确保战略目标的实现，ADI 推行了“质量提高”（quality improvement process，QIP）项目。在项目推进过程中，ADI 公司将战略目标实现的关键要素转化为年度经营绩效计划，衍生出平衡计分卡的雏形。

（二）平衡计分卡的理论研究时期（1990 ~ 1993 年）

在为 ADI 公司服务的过程中，罗伯特·卡普兰发现了 ADI 的平衡计分卡，并认识到它的重要价值。罗伯特·卡普兰与戴维·诺顿开始了平衡计分卡的理论研究。

研究首先是从企业绩效考核开始的，参加此项研究的还有通用电气、杜邦、惠普等 12 家著名的公司。项目小组重点对 ADI 公司的计分卡进行了深入的研究，将其在企业绩效考核方面扩展、深化，并将研究出的成果命名为“平衡计分卡”。该小组的最终研究报告详细地阐述了平衡计分卡对企业绩效考核的重大贡献意义，并建立了平衡计分卡的四个考核维度：财务、顾客、内部业务流程、学习与成长。

平衡计分卡理论研究的第一个重要里程碑，是 1992 年初卡普兰和诺顿在《哈佛商业评论》上发表了第一篇关于平衡计分卡的论文《平衡计分卡——驱动绩效指标》，对研究成果进行了总结，详细地阐述了 1990 年参加最初研究项目采用平衡计分卡进行企业绩效考核所获得的益处。

平衡计分卡理论研究的第二个重要里程碑，是 1993 年卡普兰和诺顿在《哈佛商业评论》上发表了第二篇关于平衡计分卡的重要论文《在实践中运用平衡计分卡》，将平衡计分卡延伸到企业的战略管理之中。他们认为，平衡计分卡不仅仅是企业绩效考核的工具，更为重要的还是企业战略管理的工具。文章中他们明确指出，企业应当根据自身战略实施的关键成功要素来选择绩效考核的指标。

（三）平衡计分卡理论的深化发展时期（1994 年至今）

平衡计分卡首先在美国的众多企业中得到实施，之后推广到全球很多国家的企业中。从行业角度看，平衡计分卡几乎涉足各个行业，全球各个行业（甚至包括一些非营利性机构）对平衡计分卡的需求每年也以成倍的速度增长。

1996 年，卡普兰和诺顿继续在《哈佛商业评论》上发表第三篇关于平衡计分卡的论文《平衡计分卡在战略管理系统中的应用》，他们在论文中解释了平衡计分卡作为战略与绩效管理工具的框架，该框架包括设定目标、编制行动计划、分配预算资金、绩效的指导与反馈及连接薪酬激励机制等内容。同年，卡普兰和诺顿出版了第一本关于平衡计分卡的专著《平衡计分卡——化战略为行动》，详尽地阐述了平衡计分卡作为战略管理工具对于企业战略实践的重要性。《哈佛商业评论》的三篇文章和这本专著奠定了平衡计分卡的理论基础。

2001 年，卡普兰和诺顿在总结众多企业实践成功经验的基础上，出版了他们关于平衡计分卡的第二部专著《战略中心型组织》。在著作中，卡普兰和诺顿指出，企业可以通过平衡计分卡，依据企业的战略来建立组织内部的管理模式，要让企业的核心流程聚焦于企业的战略实践。该著作的出版，标志着平衡计分卡开始成为组织管理的重要工具。

2004 年，卡普兰和诺顿推出了他们关于平衡计分卡的第三部专著《战略地图——化无形资产为有形成果》，进一步深化和完善了平衡计分卡理论体系。

卡普兰和诺顿关于平衡计分卡的三部著作所关注的焦点各有不同，《平衡计分卡——化战略为行动》关注战略衡量，《战略中心型组织》关注战略管理，《战略地图——化无形资产为有形成果》关注战略描述。两位大师给出了这样的公式：“突破性业绩 = 战略地图 + 平衡计分卡 + 战略中心型组织”，“你无法描述的，就无法衡量；你无法衡量的，就无法管理”，精准地阐述了平衡计分卡三部力作之间，以及平衡计分卡与企业战略之间的相互关系。

二、平衡计分卡的设计思想

传统绩效评价系统仅仅将指标"兜售"给管理者，无论是财务的还是非财务的，人们从中很少看到彼此之间的关联以及对企业最终目标的影响。但是，平衡计分卡不同，它的各个组成部分都是以一种集成的方式来设计的，公司现在的努力与未来的前景之间有着一种"因果"关系，在企业目标和业绩指标之间有着一条"因果链"。从平衡计分卡中，管理者能够看到并分析影响企业整体业绩的各种关键因素，而不单单是短期的财务结果。它有助于管理者对整个业务活动的发展过程始终保持关注，并确保现在的实际经营业绩与公司的长期战略保持一致。

平衡计分卡由四个部分组成：财务（finance）、客户（customer）、内部经营过程（internal business process）、学习与成长（learning and growth）。其框架如图5－2所示。

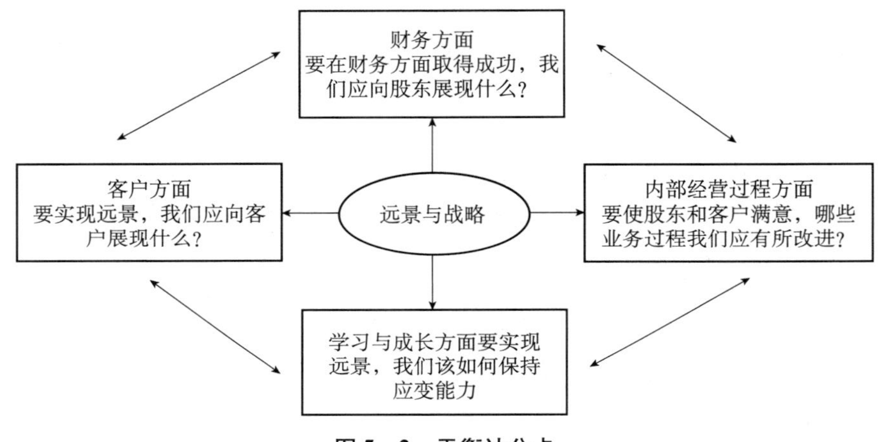

图5－2　平衡计分卡

与以前单一的标准不同，实施平衡计分卡的管理者可以从以下四个重要方面来观察企业。

（1）顾客如何看我们（顾客角度）？

（2）我们必须擅长什么（内部角度）？

（3）我们能否继续提高并创造价值（创新和学习角度）？

（4）我们怎样满足股东（财务角度）？

根据这四个不同角度，平衡计分卡包括以下四个方面的指标，如表5－1所示。

表5－1　平衡计分卡主要指标

主要指标	分类	举例
内外部评价指标	外部评价指标	股东和客户对企业的评价
	内部评价指标	内部经营过程、新技术学习、创新与成长

续表

主要指标	分类	举例
成果评价指标	成果评价指标	财务指标中的利润、市场占有率
	导致成果出现的驱动因素评价指标	新产品开发投资、员工培训和设备更新
主客观评价指标	主观评价指标	客户满意程度、员工忠诚度
	客观评价指标	利润、员工流动率、客户抱怨次数
长短期评价指标	长期评价指标	客户满意度、员工培训成本和次数
	短期评价指标	利润指标

平衡计分卡主要由以上四个方面的平衡组成。此外，还有定性指标和定量指标、财务指标与非财务指标之间的平衡。这四个部分紧密联系，相互作用。

在平衡计分卡系统中，财务指标说明了已采取的行动所产生的结果，同时，它又通过对顾客满意度、内部程序及组织的创新等业务指标来补充财务指标。这些业务指标是未来财务绩效的驱动器。图 5－3 概括了四者之间的关系："学习与成长"直接决定着其他三个因素，"内部经营过程"对"顾客"和"财务"有着制约作用，而"财务"受其他三个因素的直接影响。

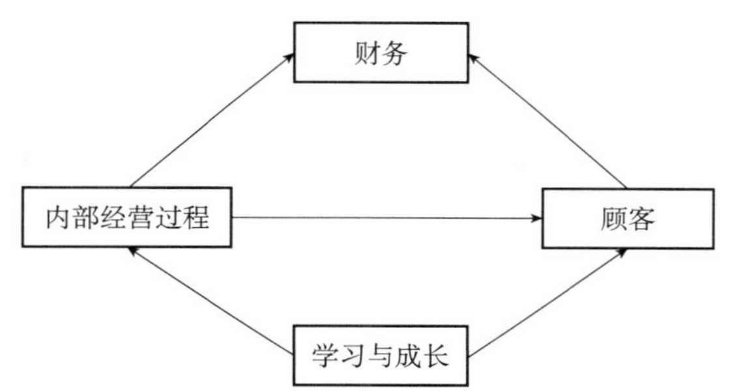

图 5－3　平衡计分卡四个方面的关系

从国外大型公司的管理实践经验看，这种方法能满足管理上的若干需要。

首先，平衡计分卡使得公司能将那些能够增强其自身竞争力的不同事项同时放在一份管理报告中：以顾客为导向，缩短反应时间，提高质量，重视团队合作，缩短新产品投放市场的时间，以及面向长远进行管理等。

其次，平衡计分卡促使管理人员把所有重要业绩考核指标放在一起考虑，使其能注意到，某一方面的改进是否以牺牲另一方面为代价，从而防止了企业的次优化行为。

平衡计分卡这种业绩评价系统，将内部与外部、成果与动因、客观与主观以及短期与长期等各方面进行了综合与平衡，它能够显示有助于企业发展和获得成功的关键因素，突出管理者决策的重点，并能使企业所有部门和人员努力完成相应的目标，致力于实现企业的战略性发展，以体现自己的重要性并获得奖励，从而齐心协力为实现企业的整体目标而努力。

三、平衡计分卡的主要内容

如前所述，平衡计分卡由财务、客户、内部经营过程、学习与成长四个部分组成，这构成了平衡计分卡四个维度的内容。

（一）财务方面

平衡计分卡保留了财务方面的内容，这是因为财务指标能够集中反映企业的经营状况和经营成果。企业经营的最终目的是追求利润，财务指标能够反映出公司的经营策略对利润的提高是否有帮助。财务方面是其他各个方面的落脚点，否则无论其他方面怎样完美，如果不能切实转化成财务成果也无济于事。传统业绩评价体系采用单纯的财务衡量方法有局限性，平衡计分卡突破了这些局限性，弥补了其不足，因而平衡计分卡并不是对财务衡量的否定，而是继续并更加注重财务衡量。

企业应该根据自己具体的发展阶段和经营战略来确定具体采用什么财务指标。例如，美国的一家银行采用了四个财务衡量指标：（1）投资报酬率；（2）收入成长率；（3）储蓄服务成本降低率；（4）各项服务收入百分比。又如，美国的一家半导体公司采用了三个财务衡量指标：（1）现金流入；（2）各销售部门的销售增长额和营业净利润；（3）市场及投资报酬率的增长比率。

这些财务指标对外主要体现了财务会计的功能，即通过按照公认会计原则要求编制的会计报表向公众及投资者反映企业的盈利情况，而对于企业内部管理者而言则体现了一种财务控制的思想。

（二）客户方面

在平衡计分卡的客户方面，管理者要确定本部门所要争取的竞争性客户对象以及市场份额，并计量在这个目标范围内的业绩情况。其核心指标包括客户满意程度、客户保持程度、新客户的获得、客户盈利能力以及在目标范围内的市场份额和会计份额。

1. 市场份额（市场占有率）

市场份额反映了经营单位在市场上所占的业务比例（可以以客户数量、产品销售量进行计算）。这个指标显示了一个企业在目标市场上的占有情况。市场份额最大化必须建立在利润目标的基础上才有意义，片面追求市场份额，不利于企业的长远发展。

2. 客户保持率

这个指标可以通过考察经营单位与客户的关系程度来计量。它反映企业保留或维持同现有顾客关系的比率。显然，在目标客户群中增加现有顾客能够保持或提高市场占有率。

3. 客户获得率

该指标反映和衡量企业赢得新客户和业务的比率。客户获得率既可以用新客户的数量来计算，也可以通过对新客户的销售额来计算。

4. 客户满意程度

这是一个典型的评价性指标，主要是客户的一种心理感受。只有当客户对他们的购买经历完全或特别满意时，企业才能指望他们再次购买自己的产品。要想保持现有客户并获得更多新客户，一个关键方面是提高客户对企业的满意度。同时，因为该指标的主观性非常强，因此，它应与更为客观的客户保持和获得率相结合使用。

5. 客户获利能力

它是指企业从单个客户或客户总体处获利的水平。前述四个指标是企业从客户处获利的基础，但并不能保证企业一定能从客户处获利。企业不仅希望得到对公司满意的客户，更希望获得有利可图的客户。它能防止企业陷入完全以客户为主并被客户的各种要求所困扰的极端情况。

应该注意的是，这五个指标也有传统财务衡量指标的一些缺陷，即企业不能及早了解客户的满意程度以及能否保留现有的客户，等企业知道情况时也许为时已晚，因而无法改进工作。为使这些指标向有利于企业的方向发展，企业应提供优质优价的产品和服务，在客户心目中建立良好的形象和声誉并保持同客户的良好关系。

除了上述五个主要指标外，企业还可以考虑其他一些指标，如服务水准和服务态度、服务的速度、产品的品质等。

（三）内部经营方面

传统业绩评价体系对企业内部经营过程所确定的目标往往是控制和改善现有职能部门的工作效率，而且仅仅根据财务指标来评价这些部门的经营业绩，或者是在财务评价的同时，附加评价产品质量、投资报酬率和生产周期等指标，但也仅仅是强调单个部门的业绩，而不是综合考虑改善企业的经营过程。与其相比，平衡计分卡则强调评价指标的多样化，不仅包括财务指标，还包括非财务指标，同时也为企业整体定义了一个完整的内部过程价值链，协调各部门的工作，以激励管理者全面改善企业的内部经营过程。

每个企业都有自己独特的内部经营过程，总体来看，一般可分为三个阶段：创新阶段、经营阶段和售后服务阶段，形成企业内部价值链如图 5 –4 所示。

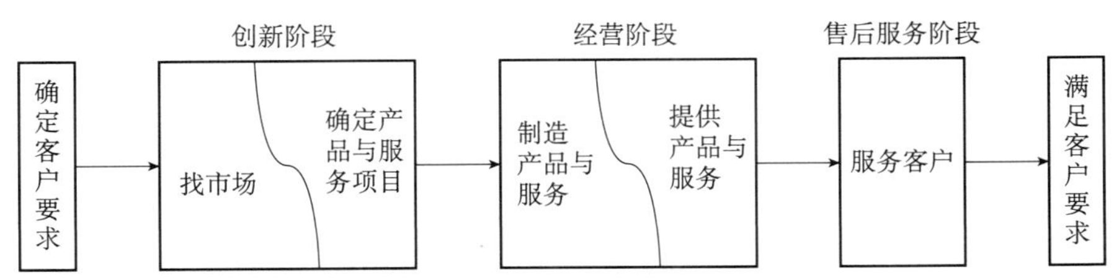

图 5 –4　企业内部经营过程价值链

1. 创新阶段

创新过程由两部分组成：一是管理者进行市场调查来确定市场的规模、客户的喜好、目标产品及服务的价格；二是企业扩展所能提供的产品和服务以及潜在的机会和市场。企业的创新能力也决定了企业未来的生存和发展能力。

产品的设计和开发在创新中占有重要地位。现代理念认为，创新过程比良好的日常经营表现更为重要，因为在研究和开发阶段就已确定了大部分必须发生的生产成本，而在下一个阶段不大可能大幅度削减成本。这一阶段可供选择的评价指标有：新产品在销售额中所占比例、专利产品在销售额中所占比例、在产品设计交付生产前需要被修改的次数、能否在竞争对手之前推出新产品、能否比原计划提前推出新产品、开发下一代新产品所需的时间等。

2. 经营阶段

经营阶段指的是从收到客户订单到向客户出售产品和提供服务的过程。这一阶段强调向客户及时、有效、连续地提供产品和服务。平衡计分卡对经营阶段进行考核所采取的衡量指标一般有三个：时间、质量、成本。时间主要指的是对客户需求的反应时间，也就是经营阶段的长短，企业应尽量缩短这段时间。提高经营阶段的质量一般意味着提高经营阶段的安全性、降低一定数量产品中的次品率、减少浪费情况、减少返工产品的数量等。通常，完成一个经营阶段需要多个职能部门的合作。因此，企业应该使用以经营活动为中心的成本衡量体制，这样才有利于经理人员对经营阶段成本的把握。企业可采用作业成本分析法，尽量减少无附加值的作业。

3. 售后服务阶段

售后服务阶段是企业内部经营过程的最后一个阶段。售后服务阶段包括提供担保、对产品进行修理和帮助客户完成结算过程等服务。在此阶段，也可以采用时间（即接到客户请求到最终解决问题的时间）、质量（一般用售后服务一次成功的比率来衡量）、成本（指用于售后服务过程的人力和物力成本）等方面指标进行评价。

通过对内部经营过程指标的说明，我们可以看出，平衡计分卡与传统的业绩计量系统有两个显著的差别：一是传统方法是监督和改进现在的经营过程，而平衡计分卡则着眼于为了达到企业财务目标、满足客户要求而对企业整个业务流程进行改造；二是平衡计分卡重点考虑了创新的过程，将其结合到内部经营过程中。因为对于许多公司来讲，创新过程是未来企业财务结果的重要动因。也正因为综合考虑了创新、质量等因素，所以平衡计分卡比传统的业绩计量方法更加注重企业的长期业绩。

（四）学习与成长方面

学习与成长方面应关注三个方面的内容：（1）员工能力管理方面。即是否注重员工能力的提高，激发员工的主观能动性和创造性。可用的指标有员工满意度、员工保持率、员工的劳动生产率等。（2）信息系统方面。即是否做到信息流通，使员工获得足够信息，以便及时、准确、全面了解客户的需求以及企业产品和服务的反馈信息，从而可以不断改进生产和服务过程。评价信息系统灵敏度的标准有：成本信息及时传递给一线员工所用的时间以及一线员工掌握信息的途径是否多样化等。（3）调动员工积极性和员工参与程度方面。企业的内部环境是否有利于激励员工发挥积极性，或者企业是否授权给员工，这可通过多种指标来衡量，如员工建议数量、员工建议质量、被采纳或执行建议的数量等。

财务、客户、内部经营过程、学习与成长四个方面构成了平衡计分卡的基本内容，可以说这四个方面是制定平衡计分卡时至少应该考虑的。但针对具体企业，根据其行业状况和自身目标，结合内外环境，也许会增加一些其他方面的内容。其原则是：凡是有利于企业建立长期优势、稳定发展、实现长期目标的方面，都可以考虑并制定衡量指标。平衡计分卡不是一个控制系统，不是用来使个人和部门都服从于一个事先制定好的计划，而是一个用来交流、通知和学习的系统，从而使从上到下不同层次的业绩评价主体明确评价目标，知道自己该如何去为实现企业整体目标做出自己的贡献。

四、平衡计分卡的编制

（一）平衡计分卡与企业战略管理

战略管理是企业管理发展的高级阶段，它立足于企业的长远发展，根据外界环境及自身特点，围绕战略目标，采取独特的竞争策略，树立竞争优势，以取得经营上的成功。企业战略具有多元结构特征，不仅包括企业整体意义上的战略，也包括事业部层次和职能层次上的战略。平衡计分卡是把企业的战略与一整套财务和非财务指标联系在一起的手段，是进行战略管理的基石。建立平衡计分卡，明确了企业的远景目标，能协助管理人员建立一个得到大家认同的远景和战略，并将这些远景和战略转化为一系列相互联系的衡量指标，确保组织各个层面了解长期战略，驱动各级部门采取有利于实现远景和战略的行动，将部门和个人目标与长期战略相结合。

为了使平衡计分卡更好地与企业战略结合，必须做到以下几点。

（1）平衡计分卡的四个方面应互为因果关系，最终结果是实现战略。一个能发挥有效作用的平衡计分卡，不应仅仅是业绩衡量指标的结合，而应该使各个衡量指标之间相互联系、相互补充，围绕企业战略建立完整的因果关系链，并贯穿于平衡计分卡的四个方面。这条因果关系链的最终目标和结果就是实现企业战略。

（2）平衡计分卡中不能只有具体业绩衡量指标，还要包括具体衡量指标的驱动因素，即如何实现这些指标。否则无法说明怎样行动才能实现目标，也不能及时显示战略是否得到顺利实施。一份出色的平衡计分卡应该把企业的战略结果（滞后指标）和驱动因素（先行因素）适当地结合起来，既界定战略目标，又界定实现目标的方法。

（3）平衡计分卡应该最终和财务指标联系起来，因为企业的最终目标是实现良好的经济利润。平衡计分卡必须强调经营成果，特别是同财务目标联系在一起的经营成果，如资本报酬率等，这关系到企业未来的生存和发展。

我们可以用图 5－5 来直观地说明平衡计分卡与战略管理之间的关系。一方面，战略规划所制定的目标是平衡计分卡考核的一个基准；另一方面，平衡计分卡又是一个有效的战略执行系统，它通过引入四个程序，使得管理者能够把长期战略与短期行为联系在一起。

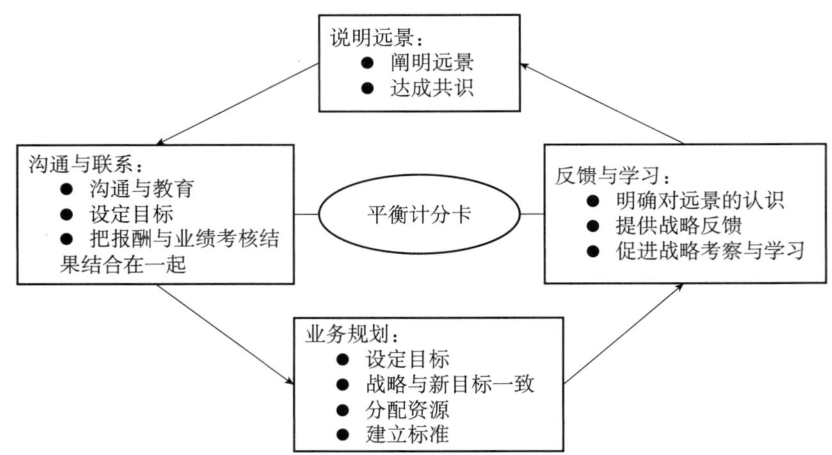

图 5－5　平衡计分卡与战略管理之间的关系

第一个程序是说明远景。所谓远景，我们可以把它简单地理解为企业所需要达到的远期目标。有效地说明远景，可使其成为组织中所有行为的共同愿望和目标，从而有助于管理者就组织的使命和战略达成共识，这样才能成为描述推动成功的长期因素。

第二个程序是沟通与联系，它使得组织中各级管理者能够对企业的战略进行沟通，从而能够把战略与各部门及个人的目标联系起来。

第三个程序是业务规划，它使得公司能实现业务计划与财务计划的一体化。

第四个程序是反馈与学习，它使得整个公司获得战略型学习与改进的能力。

（二）如何编制有效的平衡计分卡

从以上的介绍中我们应该明确平衡计分卡对企业来说不只是一套业绩指标，更重要的是一个战略管理的系统，它的制定与实施是一个复杂的过程，需要综合考虑诸多因素，并获得从企业最高层管理人员到实际操作员工的全面支持。

要编制一套有效的平衡计分卡，关键在于将公司的使命、战略、长期与短期目标、策略、计划、预算、奖励制度等相结合。为了做到这一点，平衡计分卡的编制应遵循以下七个步骤。

（1）确定公司的使命、蓝图与战略。公司的使命、蓝图与战略应简单明了，并对每个部门均有实际意义，使每个部门可以采用一些绩效衡量指标去达成公司的使命、蓝图与战略。

（2）建立平衡计分卡小组或委员会，解释公司的使命、蓝图和战略，并建立财务、客户、内部营运、学习与成长四类具体的目标。

（3）为四类具体目标找到最贴切的绩效衡量指标。

（4）公司内部沟通与教育。利用各种不同的沟通渠道，如定期或不定期的刊物、信件、公告、标语和会议等，让各阶层管理人员了解公司的使命、蓝图、战略和绩效衡量指标。

（5）确定每年、每季、每月的绩效衡量指标的具体数字，并与公司的计划和预算相结合，注意各类指标间的关联性。

（6）将每年的报酬奖励制度与平衡计分卡相挂钩。如对应各类别指标，设计不同的权数，最后求出加权分数，并作为奖励考核的基础。

（7）采用员工意见，修正平衡计分卡指标并改进公司策略。

一般来说，上述七个步骤中，难度最大的是建立公司战略、找到最贴切的评价指标和进行内部沟通。

公司战略的制定已成为企业管理中的一个重要组成部分，战略咨询也成为现代咨询服务业的一个重要组成部分。制定公司的战略需要经过一系列的分析过程，在综合考虑了企业所面对的外部环境和自身的内部能力后得出。关于公司战略的制定，各企业、专业的咨询公司和学者在长期的研究和探索中已经总结出了不少可行的模型。目前，最常用的仍然是美国学者迈克尔·波特所提出的竞争优势模型。它通过对潜在的竞争者、供应商、客户、企业所提供的产品或服务的替代品、产业内对手竞争强度五个方面，应用SWOT分析来寻找适合自己的战略，分析自己的长处和短处，发现成长的机会、目前的处境、可能的威胁，进而确定关键的成功因素和评测方法。

在SWOT分析中，“S”代表优势（strength），“W”代表劣势（weakness），“O”代表机会（opportunity），“T”代表威胁（threat）。从字面上的意思直观地说，就是对企业本身所具有的优势和劣势，以及它所面对的机会和威胁进行打分，并将记分结果列一张优势对比表，根据对比表显示的结果，为公司制定合适的战略。

这一模型可用图5－6予以说明。

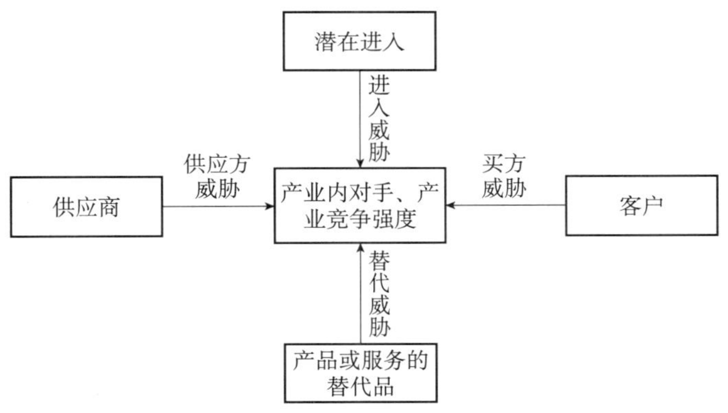

图5－6　SWOT分析

综合起来说，制约成功的因素主要是公司在竞争中所具有的优势、同行业的其他企业相比有哪些不足，以及企业发展面临的主要机遇和挑战。我们尤其需要关注企业在竞争时面对的威胁。威胁是来自多方面的，例如现有竞争者和行业中新进入的竞争者的威胁、供应商供货是否正常、顾客或者经销商是否继续保持良好关系等。一般情况下，一个企业要取得成功，首先应该拥有物美价廉、具有个性化的产品；其次，拥有良好的顾客关系，产品市场具有发展潜力，顾客群能够不断增加；最后，企业所拥有的技术水平在同行业处于领先地位。

一旦战略目标确定，具体到各个部门、各个工作小组和个人时，选择指标就非常关键。

但有时这也是一项相当困难的工作。它之所以困难，是因为所选择的指标一要贴切、二要可行，既能充分体现战略意图并能有效地衡量工作成果，又要具有可行性，即数据是可以采集到的、可以拿来分析的。例如，美国一家半导体公司在确定“客户”类具体目标和指标时确定了四个目标：（1）推出新产品；（2）应顾客要求交货；（3）选择优良供应商；（4）顾客参与。对应的绩效衡量指标有：（1）新产品销售占总销售额的比例；（2）及时送达产品的交货次数或比例；（3）主要供应商金额占总购货额的比例；（4）顾客参与本公司产品改进工作程度。这些指标是否都十分贴切呢？并不尽然。譬如，对于第四个目标的衡量指标，“顾客参与本公司产品改进工作程度”，就是一个无法具体量化或者说主观性很强的指标。另外，“新产品销售占总销售额的比例”反映的是新产品的销售状况，与“推出新产品”之间似乎没有完全对应。如果推出新产品这一目标是指新产品不断被创造，既有时间要求又有种类要求，那么销售比就不能完全做到这一点，因为有可能出现10种新产品的销售总和与总销售的比例都不及某一种新产品的销售比例。

平衡计分卡的另一个困难是在内部理解和沟通上。一般来说，平衡计分卡正是因为它可以将战略和具体指标挂钩，才使得其除了作为业绩评价工具、战略管理工具外，还可以作为企业内部的沟通工具。通过平衡计分卡，各个层次的员工可以了解自己所做的工作的意义，以及自己在企业这个“棋盘”中所处的位置。但在实践中，由于存在前面所说的那些问题，如果企业战略、策略和目标不是很明确，如果业绩评价指标无法恰当地反映企业战略，或者说在战略到指标之间不存在连续的“因果链”时，战略与具体指标就可能“脱节”，从而使企业内部的相互理解和沟通出现问题。一些来自企业和咨询机构的经验告诉我们，在大多数情况下，平衡计分卡的实施会伴随其他各个方面的变化，从而带来内部理解和沟通上的困难。如人员的调整（包括工作性质和权限）、引入新的业务过程、提出以前从未有过的要求，甚至改变或制定许多新的规章制度，即要破除一些原有的习惯和框架。破旧立新需要每个人去调整、去适应，需要每个人花费“成本”去“学习”。很自然，它会遇到来自各方面的阻力。因此，在平衡计分卡的实施过程中，理解和沟通方面出现一些问题是常见的。

五、平衡计分卡的评价

（一）平衡计分卡的优点

（1）通过非财务指标的三个维度反映了企业技术和竞争优势变化的实质，如客户关系、创新能力这些无形的资源。

（2）为战略的有效执行提供保障。平衡计分卡在一个评价系统中通过因果关系链整合了财务指标和非财务战略指标，因而既包括结果指标也包括驱动指标，使其自身成为一个前向反馈的管理控制系统。

（3）平衡计分卡强调评价指标的战略相关性。要求部门和个人业绩指标要与组织的整体战略密切关联，从而超越了一般业绩评价系统而成为一个综合的战略实施系统。人们对战略的关注点已从战略规划逐步转向了战略实施。

（4）利于组织和员工的学习成长和核心能力培养，使企业的战略成为一个持续的流程。

（二）平衡计分卡的缺陷

平衡计分卡暗含这样一个基本假设：从底层的学习与成长、流程改进到上层的满足客户、财务业绩之间存在着因果联系。所谓 X 事件和 Y 事件间存在因果关系，是指 X 事件先于 Y 事件发生。观察到 X 事件意味着 Y 事件的发生也将发生，且两者存在时间和空间上的相关关系。西方学者对平衡计分卡的批评也主要集中在对因果关系链成立的逻辑假设方面。

我们可以进一步思考，这样的逻辑假设是否合理？怎样理解？

（1）平衡计分卡并没有考虑到时间维度

平衡计分卡中，各维度的指标都是在同一个时间截面上选取，这种因果关系如何得以证实？

在战略地图当中，不同的行动方案被简略列示在同一张图上，不同的行动方案通过重重因果关系最终指向财务结果。但是，这种图示上的箭头关系并不等于这些行动方案之间存在因果关系。例如：新产品研发进展、现有产品线质量改善、增大促销力度，尽管在战略地图中可能都指向财务结果，但作用时效明显不同。笼统地将这些指标放到一张静态战略地图当中，我们如何厘清何种因素何时对财务结果发生作用，作用效果又如何呢？

（2）很难进行指标的取舍

平衡计分卡的思路是基于竞争战略分析，认为学习、流程、客户等维度指标的改善一定会对财务业绩有正面作用。但是，在确定其他维度行动方案时还是需要先通过财务可行性的旁证。到底孰先孰后？孰因孰果？思路也有些不通。

正如迈克尔·詹森（Michael Jensen）对平衡计分卡的批评："多重目标即是没有目标。"我们要求管理者同时在多个指标上进行最大化，却没有明确指出如何在不同的指标之间进行权衡。

（3）逻辑关系并不严密

有些人认为，平衡计分卡四维度之间确实存在相辅相成的依存关系，但不是因果关系。在现实经营当中，不能简单地认为组织学习是流程改善的驱动因素，进而驱动客户满意，进而驱动财务结果。

事实上，任何一个维度指标的改善、任何一项行动方案的开展，都受到财务因素的制约。例如，研发部门的现金支出是需要良好财务业绩支持的新投资所需的资本支出，可能由于上期低效的现金流转而被巨幅压缩。在财务维度内，收入增长、财务杠杆应用，甚至净利润增加也并不一定最终创造价值，同样存在循环逻辑、相互制约等问题。

总之，平衡计分卡作为一种战略性业绩计量方法，还存在着不完善的地方，在设计和运用时还有需要注意的问题：其一，平衡计分卡是一种主观评价的方法，尤其是在权重和业绩标准的选择上，所以只具有相对的准确性；其二，平衡计分卡只是提供了一种思路，构建了一种计量框架，而不是一种普遍适用的指标体系，各企业应该根据企业的战略管理要求和外部环境特点来选取不同的角度和指标进行平衡计分卡的设计。

总而言之，平衡计分卡为进行战略平衡管理的探索提供了基本思路和方法，企业应用过程中要集合具体情况因事、因时、因地灵活运用，以实现企业战略目标为最终目标。

第三节　经济增加值

一、经济增加值的发展历程

经济增加值（economic value added，EVA），又称经济附加值，是美国思腾思特（Stern Stewart）咨询公司于1982年提出并实施的一套以经济增加值理念为基础的财务管理系统、决策机制以及激励报酬制度。

EVA概念的历史根源可以追溯到古典经济学家提出的“剩余收益（residual income，RI）”这一概念。其基本思想在1776年亚当·斯密（Adam Smith）的《国富论》和1777年罗伯特·汉密尔顿（Robert W. Hamilton）的《商品导论》中已经出现。1890年，英国著名经济学家阿尔弗雷德·马歇尔（Alfred Marshall）在《经济学原理》中提出了“经济利润”的概念，认为从利润中减去其资本按照当前利率计算的利息之后所剩余的部分，才是实际意义上的利润。很明显，经济学家对利润的定义不同于会计利润指标。其关键的区别在于，古典经济学家认为，一家公司要真正地盈利，除补偿该公司的经营成本外，还必须补偿其资本成本。

1906年，欧文·费雪（Irving Fisher）在其专著《利息理论》中指出：在确定的情况下，一个企业或投资项目的价值就是预期现金流量按照一定风险利率折现后的现值。他认为，资本的价值实际就是未来收入的折现值，企业是可以产生确定收益流量的资本，企业资本的机会成本是市场的无风险利率，企业价值就是按照该利率折现的未来收益的现值。费雪为企业净现值和企业期望现金流的折现之间建立了基础性的联系，从而奠定了西方主流企业价值分析学派——企业价值贴现说的理论基础。

1958~1960年，佛朗哥·莫迪利安尼（Franco Modigliani）和默顿·米勒（Merton Miller）先后发表了《资本成长、公司融资和投资理论》《股利政策、增长以及股票价值评估》《公司收入所得税和资本成本》三篇论文，创建了著名的MM（Modigliani-Miller models）理论。MM理论讨论了在没有所得税、考虑所得税和考虑个人所得税的情况下资本结构对企业价值的影响；认为企业负债和权益构成的资本结构与公司价值无关，企业的价值和股票价格的主要驱动力是公司投资决策。企业的价值就在于其增值能力，企业只有创造出高于社会平均回报的收益即剩余收益，才有可能使当期的企业价值增加。

MM理论的问世标志着企业价值评估进入了一个更为精确严谨的时代，各种理论如雨后春笋般冒了出来。企业价值贴现说在MM理论之后，又出现较有影响的两个模型，EVA模型就是其中之一，其核心思想是从企业税后净营业利润中扣除股权和债权使用成本，衡量剩余能为股东所享有的收益。在某种程度上，可以说EVA是剩余收益的一个新版本。

EVA真正作为一种系统的管理工具应用于企业实践，得益于思腾思特咨询公司的贡献。公司创始人思腾恩（Joel Stern）深感会计准则及其会计准则下的会计利润、每股收益等指标对衡量公司价值有着严重的缺陷，以其作为激励变量，会使激励偏离股东财富最大化的方向。

真正导致 EVA 在观念和实践层面产生突破的，是可口可乐公司从灌装生产商中购回的罐装厂的业务重组。可口可乐公司采纳了思腾思特公司另一创始人斯图尔特（G. Bennett Stewart）的意见，对灌装厂实施了 EVA 管理体系，取得了很好的效果，并在可口可乐公司全面推广。

思腾恩和斯图尔特预见了 EVA 的巨大潜力，1982 年他们合伙成立了思腾思特公司，专门研究 EVA 和财务系统的应用咨询，并将 EVA 在 20 多个国家注册了商标。EVA 系统创立后，重点在世界知名大企业中应用推广。美国可口可乐公司、德国西门子公司、日本索尼公司等都成功应用了 EVA，将 EVA 基本原理与企业的具体实践相结合，进一步丰富了 EVA 的理论和实践经验。EVA 的普遍应用使之成为评估公司绩效的重要标准。

二、相关概念与基本原理

（一）相关概念

1. 经济增加值

经济增加值是指税后净营业利润扣除全部投入资本的成本后的剩余收益。经济增加值是全面评价经营者有效使用资本和为企业创造价值的重要指标。经济增加值为正，表明经营者在为企业创造价值；经济增加值为负，表明经营者在损毁企业价值。

2. 经济增加值法

经济增加值法是指以经济增加值为核心，建立绩效指标体系，引导企业注重价值创造，并据此进行绩效管理的方法。经济增加值法较少单独使用，一般与关键绩效指标法、平衡计分卡等方法结合使用。

企业应用经济增加值法进行绩效管理的对象，可以是企业、企业中的部门，也可以是企业的高级管理人员。

（二）基本原理

经济增加值建立在经济利润之上，要求公司不但要将所有的运营费用计入成本，而且要将所有的资本成本计入成本。资本成本是使用资金的机会成本，是投资项目要求的最低投资收益率。任何性质的长期资金都有其成本，因此在计算某个投资项目时，必须将资本成本考虑在内。

会计学中的会计利润是按照一定的方法和程序，将企业在一定时期所实现的收入和为实现这些收入所发生的实际耗费相比较计算所得的。忽略了权益资本的隐含成本，没有反映企业为使用这些资源而付出的总代价。而经济学中的经济利润则考虑了所有者自己提供资本、自然资源和劳动的机会成本，具体表现为收入超过实际成本和隐含成本的剩余。经济利润由于考虑了资源应用的机会成本，能够指引人们把资源运用于最大增值获利的地方，实现真正意义上的利润最大化。

EVA 指标的核心理念反映了股东价值最大化的西方企业的经营哲学和财务目标。EVA

比任何传统的指标都更能体现投资者的利益和企业的运作状况，能将股东利益与经营绩效紧密联系在一起，有助于管理者作出符合股东利益的决策。资本成本是使用资金的机会成本，是投资项目要求的最低收益率。任何性质的长期资金都有它的使用成本，因此在计算某个投资项目时，必须将资本成本考虑在内。EVA 指标可以作为资本市场评价企业是否创造价值、资本是否保值增值的指标，有利于企业正确评估内部正在经营的业务单元资本经营绩效，为业务、资产重组、追加投资等提供决策依据。

EVA 的重要贡献不仅仅在于它是一套指标，更重要的是建立了一套价值驱动的激励机制和监督机制，从而使企业全面贯彻以价值管理为导向的管理体系。EVA 可以提供一种可靠的尺度，用来反映管理行为是否增加了股东财富，以及增加股东财富的数量。EVA 是超过资本成本的那部分价值，突出反映了股东价值的增值，也就是说，EVA 的改善是同企业价值的提高相联系的。为了增加公司的市场价值，经营者只有表现得比竞争对手更好，他们必然要求在资本上获得的收益超过同风险的资本需求者提供的报酬率。如果完成了这个目标，企业投资者投入的资本就会获得增值，投资者就会加大投资，其他的潜在投资者也会把资金转向公司，从而导致股票价格的上升，企业的市场价值提高。因此，EVA 克服了传统指标绩效评价的缺陷，使得管理者的薪酬不仅与当期的经营绩效挂钩，而且与市场的长期评价一致，管理者和股东达到利益上的协同，有利于促使企业克服短期行为，更加注重企业的可持续发展。

三、经济增加值指标体系

（一）经济增加值指标体系构建

1. 制定企业级经济增加值指标体系

制定企业级经济增加值指标体系，应结合行业竞争优势、组织结构、业务特点、会计政策等情况，确定企业级经济增加值指标的计算公式、调整项目、资本成本等，并围绕经济增加值的关键驱动因素，制定企业的经济增加值指标体系。

2. 制定所属单位（部门）级经济增加值指标体系

根据企业级经济增加值指标体系，结合所属单位（部门）所处行业、业务特点、资产规模等因素，在充分沟通的基础上，设定所属单位（部门）级经济增加值指标的计算公式、调整项目、资本成本等，并围绕所属单位（部门）级经济增加值的关键驱动因素，细化制定所属单位（部门）的经济增加值指标体系。

3. 制定高级管理人员的经济增加值指标体系

根据企业级、所属单位（部门）级经济增加值指标体系，结合高级管理人员的岗位职责，制定高级管理人员的经济增加值指标体系。

（二）经济增加值法指标体系的具体指标

经济增加值法指标体系通常包括经济增加值、经济增加值改善值、经济增加值回报率、资本周转率、产量、销量、单位生产成本等。

经济增加值目标值根据经济增加值基准值（简称 EVA 基准值）和期望的经济增加值改善值（简称期望的 ΔEVA）确定。

（1）EVA 基准值可参照上年实际完成值、上年实际完成值与目标值的平均值、近几年（如前 3 年）实际完成值的平均值等确定。

（2）期望的 ΔEVA 值，根据企业战略目标、年度生产经营计划、年度预算安排、投资者期望等因素，结合价值创造能力改善等要求综合确定。

四、经济增加值的计算方法

经济增加值用公式表示为：

$$\begin{aligned} EVA &= \text{税后净营业利润} - \text{资金成本} \\ &= \text{税后净营业利润} - \text{平均资本占用} \times \text{加权平均资本成本率} \end{aligned} \quad (5-1)$$

其中，税后净营业利润衡量的是企业的经营盈利情况；平均资本占用反映的是企业持续投入的各种债务资本和股权资本；加权平均资本成本率反映的是企业各种资本的平均成本率。

（一）税后净营业利润的计算

税后净营业利润可以通过财务账簿和报表得出，但是它不等同于报表中的税后净利润，而是需要以按会计准则计算的会计利润为基础，对一些项目进行调整，增加或扣除某些项目，以消除根据会计准则编制的财务报表中不能准确反映企业价值创造的部分。会计调整项目的选择应遵循价值导向性、重要性、可控性、可操作性与行业可比性等原则，根据企业实际情况确定。常用的调整项目包括以下方面。

（1）研究开发费、大型广告费等一次性支出但收益期较长的费用，应予以资本化处理，不计入当期费用。

（2）反映付息债务成本的利息支出，不作为期间费用扣除，计算税后净营业利润时扣除所得税影响后予以加回。

（3）营业外收入、营业外支出具有偶发性，将当期发生的营业外收支从税后净营业利润中扣除。

（4）将当期减值损失扣除所得税影响后予以加回，并在计算资本占用时相应调整资产减值准备发生额。

（5）递延税金不反映实际支付的税款情况，将递延所得税资产及递延所得税负债变动影响的企业所得税从税后净营业利润中扣除，相应调整资本占用。

（6）其他非经常性损益调整项目，如股权转让收益等。

（二）平均资本占用的计算

平均资本占用是所有投资者投入企业经营的全部资本，包括债务资本和股权资本。

（1）债务资本包括长短期借款、应付债券等有息负债，不包括应付账款、应付票据、其他应付款等不产生利息的无息流动负债。

（2）股权资本中包含少数股东权益。

资本占用除根据经济业务实质相应调整资产减值损失、递延所得税等，还可根据管理需要调整研发支出、在建工程等项目，引导企业注重长期价值创造。

（三）加权平均资本成本率的计算

加权平均资本成本率是债务资本和股权资本的加权平均资本成本率，反映了投资者对投入资本的最低回报要求。加权平均资本成本率的计算公式为：

$$K_{WACC}=K_D\frac{DC}{TC}(1-T)+K_S\frac{EC}{TC} \tag{5-2}$$

其中，TC 代表资本占用，EC 代表股权资本，DC 代表债务资本；T 代表所得税税率；K_{WACC} 代表加权平均资本成本率，K_D 代表债务资本成本率，K_S 代表股权资本成本率。

债务资本成本是企业实际支付给债权人的税前利率，反映的是企业在资本市场中债务融资的成本率。如果企业存在不同利率的融资来源，债务资本成本应使用加权平均值。

股权资本成本是在不同风险下，所有者对投资者要求的最低回报率。通常根据资本资产定价模型确定，计算公式为：

$$K_S=R_f+\beta(R_m-R_f) \tag{5-3}$$

其中，R_f 为无风险收益率，R_m 为市场预期回报率，R_m-R_f 为市场风险溢价，β 是企业股票相对于整个市场的风险指数。上市企业的 β 值，可采用回归分析法或单独使用最小二乘法等方法测算确定，也可以直接采用证券机构等提供或发布的 β 值；非上市企业的 β 值，可采用类比法，参考同类上市企业的 β 值确定。

五、经济增加值的价值管理体系

自从 1988 年 EVA 作为绩效衡量方法引起广泛关注后，随之逐渐形成较为全面的价值管理体系：绩效评价、管理体系、激励制度和理念体系。这样，以 EVA 作为考核评价体系的目的就是使经营者像所有者一样思考，使所有者和经营者的利益趋于一致。该体系很好地归纳了 EVA 的内涵实质。

1. 绩效评价

绩效评价是以 EVA 为核心的价值管理体系的基础和关键环节。EVA 是衡量绩效的准确尺度，强调根据各企业的战略定位、行业特点、企业规模、发展阶段以及工作计划的具体情况来设计绩效评价方案，并需对利润表和资产负债表的部分内容进行调整，从而消除会计准则对企业经营运作的扭曲反映。EVA 管理体系科学的会计调整可以鼓励企业经营者进行能给企业带来长远利益的投资，有利于企业在战略目标和工作重点的制定中贯彻长期价值创造原则，从而与股东的要求相一致，使绩效评价更准确、更合理。

2. 管理体系

EVA 是全部生产力的度量指标体系，是评价企业所有决策的统一指标，因此 EVA 能够取代其他财务和经营指标体系，用以涵盖所有指导营运、制定战略的政策方针、方法过程。企业可以通过 EVA 指标对其整体绩效状况和下属各业务单元的价值创造情况进行详细分析；基于价值进行战略的规划管理和资源配置；将编制的业务和财务计划预算与基于价值的战略规划和战略目标挂钩，使业务和财务预算支持价值创造的目标；以价值创造作为决策指标，保证投资行为真正实现价值增值，并对企业现有资产和未来投资设计不同的 EVA 提升策略；根据业务经营单位所处的行业以及业务和资本规模等，找出最敏感的关键价值驱动因素提升 EVA。所以，EVA 指标的作用是将其运用到企业管理中，建立在 EVA 基础上的管理体系密切关注股东财富的创造，并指导公司决策的制定和营运管理，从而始终做到有效地提升企业价值、实现企业价值的长期健康增长。

3. 激励制度

一个有效的激励机制能支持企业战略的实施，实现企业发展的目标，正确引导企业管理层和员工的行为，并能合理地协调管理层和股东之间的利益。EVA 的激励制度具有以下特征：管理层收入直接与股东盈利挂钩，引导经营者同股东一样思考和做事，与股东的利益保持一致；只对 EVA 的增量提供奖励；不设临界值和上下限，有利于鼓励股东为提高个人财富而努力提升公司绩效；设立“奖金库”，关注长期绩效的改善和人才留用。

综合而言，以 EVA 为基础的激励制度，使得经营者的利益与所有者的利益挂钩，有利于经营者采取符合企业最大利益的行动，缓解因为委托—代理关系而产生的道德风险和逆向选择，有利于企业长期发展的决策，避免短期行为。

4. 理念体系

实施以 EVA 为核心的价值管理体系，有利于促进公司治理机制的完善。通过实施 EVA 价值管理体制，以价值创造为使命，把 EVA 作为绩效评价指标，实施 EVA 激励体制，在股东、管理层和员工之间有效形成价值创造的机制。EVA 的引入给企业带来了一个新的理念，在 EVA 的引导下，企业所有营运部门都会从价值创造这一基点和共同目标出发加强合作，企业管理层和员工都会从股东的利益出发来制定和执行经营决策。

综合而言，EVA 从分析公司的绩效入手，从绩效评价、管理体系、激励制度和理念体系四个方面提出如何建立使公司内部各级管理层的管理理念、管理方法和管理行为都致力于股东价值最大化的管理机制，最终目标就是提升公司的价值创造能力。

第四节　关键绩效指标

一、关键绩效指标的理论基础

1897 年，意大利经济学者帕累托（Pareto）偶然注意到，英国人的财富分配呈现一种不平衡的模式，大部分的财富流向了少数人手里；而早期的资料也发现，在其他国家这种微妙关系也一再出现。这种不平衡在数学上呈现一种稳定的关系，并且这种不平衡在经济、社会和生活中无处不在。帕累托认为，在任何一组东西中，最重要的只占其中一小部分，约占20%，而剩余的80%尽管是多数，却是次要的。这一规则被称为“二八法则”或“二八定律”。

“二八法则”运用在企业的经营实践中，企业应该明确自己企业中20%的经营要务是什么，应该采取什么措施，以保证20%的重点经营要务取得突破。

关键绩效指标法起源于对英国建筑业的绩效评价体系的改革，改革绩效评价体系目的在于鼓励业主、承包商、供应商等工程项目方准确地评价自己的绩效表现，以采取积极措施建立持续改进的氛围。这一方法是管理学理论中的关键成果领域理论和目标管理理论相结合的产物，“二八法则”就是其理论基础，它为绩效评价指明了方向—绩效评价的主要核心应该放在关键的结果和关键的过程上，绩效评价应该围绕着关键绩效指标进行。

二、关键绩效指标法的定义及特点

（一）关键绩效指标定义

关键绩效指标是对企业绩效产生关键影响力的指标，是通过对企业战略规划、关键成果领域，关键绩效特征分析、识别和提炼出的最能有效驱动企业价值创造的指标。

（二）关键绩效指标法定义

根据《管理会计应用指引第600号——绩效管理》，关键绩效指标法是指基于企业战略规划，通过建立关键绩效指标（key performance indicator，KPI）体系，将价值创造活动与战略规划目标有效联系，并据此进行绩效管理的方法。

完整描述关键绩效指标（KPI）的十三要素如表5－2所示。

表5－2　完整描述关键绩效指标（KPI）的十三要素

序号	1	2	3	4	5	6	7	8	9	10	11	12	13
要素	指标名称	考核目的	指标定义	计量单位	指标极性	被考核单位	考核单位	考核周期	指标权重	指标刻度值与计分方法	数据来源与稽核	相关表单	管理制度

（三）关键绩效指标的特点

1. 目标明确

关键绩效指标体现为对组织战略目标有增值作用的绩效指标，是连接个体绩效与组织战略目标的一个桥梁。关键绩效指标作为衡量各职位工作绩效的指标，其所体现的衡量内容取决于公司的战略目标，是驱动公司战略目标实现的具体因素的发掘，构成公司战略目标的有效组成部分和支持体系，并且随着公司战略目标的发展演变而调整。

2. 价值导向

关键绩效指标反映和衡量的是公司战略价值的主要驱动因素，能够驱使组织朝着正确的方向前进以实现预定的战略目标，因此它们应体现出组织内部管理流程的价值链服务质量。

某一部门或职位的绩效结果最终体现了对其所服务的内部客户与外部客户的价值贡献。

3. 高度参与

关键绩效指标通过对组织战略目标的层层分解产生，体现出了目标管理的思想。指标分解过程由上级和员工共同参与完成，要求上下级人员对职位的工作绩效要求达成一致。在这个过程中，下级不是被动的执行者，而是主动的参与者，这有利于员工对绩效目标的理解和执行，也有利于鼓励员工工作的积极性。

4. 关键可控

关键绩效指标是最能有效影响企业价值创造的关键驱动因素，通过只对战略目标和组织绩效起到不可或缺作用的工作进行衡量，其目的是引导经营者和管理者将精力集中在能对绩效产生最大驱动力的经营行为上。同时，关键绩效指标在制定时必须达到可量化和可控制的要求，即指标有明确的定义和计算方法，尽量反映员工工作的直接可控结果，剔除他人或环境造成的其他方面的影响。

5. 反馈改进

管理者应定期对部门或个人的关键绩效指标进行评估，及时了解工作进度和完成情况，并进行总结和反馈，及时发现潜在的问题并进行改进，并通过监测与绩效目标有关的工作，适时调整关键绩效指标，使关键绩效指标始终关注组织战略目标的核心内容。

三、关键成果领域

（一）关键成果领域定义

关键成果领域（key result area，KRA）是一组确保达成战略目标的、不可或缺的、必须取得满意结果的领域。一个公司的关键成果领域一般不会超过 8 项，一个部门的关键成果领域一般不会超过 5 项。

关键成果领域具体包括：市场地位、产品创新、生产率、实物及金融资源、利润与成长、人员与文化、公共责任感、成本控制、资源整合、信息化水平、财务融资、优秀制造、客户服务、品牌等。

关键成果领域与关键绩效指标的关系如图 5 - 7 所示。

（二）关键成果领域的作用

关键成果领域最有价值的用途是促使管理人员把有限的资源如时间、资本、人力以及工厂和设备等，用于最重要的事务，并通过自己的努力，从这些事务中取得最高的效率和效益。有了关键成果领域，管理者可以避免陷入“事务”或“忙乱”的圈子，就不会终日忙忙碌碌而不确定首先应该忙碌什么。

（三）从关键成果领域到关键绩效指标

关键业务板块（key business area，KBA）是指构成某一个关键成果领域需要达成的几项

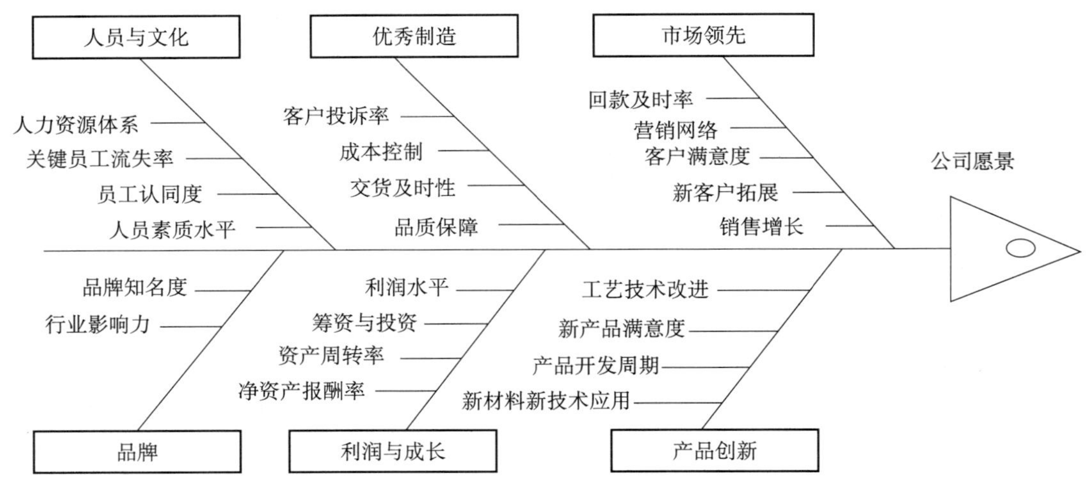

图 5－7　制造类企业关键成果领域与关键绩效指标关系

工作，即我们实现和达成关键成果领域的工作环节，它是单一的业务单元或模块。几个关键业务板块共同组成关键成果领域。有时一个关键成果领域只有一个关键业务板块，多数情况下一个关键成果领域的达成需要多个关键业务板块。

每个关键业务板块的一个或多个输出结果或产出结果即关键业务成果（key business fruit，KBF）。关键业务成果可能是一个文件的形成，一种状态的发生，一个结果的产生。关键业务流程（key business procedure，KBP）指从关键成果领域到关键业务板块、关键业务成果的整个作业流程。一般来讲，一个关键成果领域对应一个或多个关键业务流程，但通常对应的关键业务流程不会超过 3 个。

关键绩效指标是对关键业务流程中每个步骤的产出结果的评估，每个关键成果领域都涵盖了几个关键绩效指标。关键成果领域和关键绩效指标是把企业的战略目标分解为可操作的工作目标的工具，是企业绩效管理的基础，建立明确的切实可行的关键绩效体系是做好绩效管理的关键。

四、实施关键绩效指标法的程序

关键绩效指标法应用的一般程序包括制订以关键绩效指标为核心的绩效计划、制订激励计划、执行绩效计划与激励计划、实施绩效评价与激励、编制绩效评价与激励管理报告。

（一）制订绩效计划

绩效计划是企业开展绩效评价工作的行动方案，包括构建指标体系、分配指标权重、确定绩效目标值、选择计分方法和评价周期、签订绩效合同等一系列管理活动，

1. 构建关键绩效指标体系

（1）构建关键绩效指标体系的程序：①制定企业级关键绩效指标。企业应根据战略目

标，结合价值创造模式，综合考虑内外部环境等因素，设定企业级关键绩效指标。②制定所属单位（部门）级关键绩效指标。根据企业级关键绩效指标，结合所属单位（部门）关键业务流程，按照上下结合、分级编制、逐级分解的程序，在沟通反馈的基础上，设定所属单位（部门）关键绩效指标。③制定岗位（员工）级关键绩效指标。根据所属单位（部门）级关键绩效指标，结合员工岗位职责和关键工作价值贡献，设定岗位（员工）级关键绩效指标。

（2）关键绩效指标分类：①结果类指标是反映企业绩效的价值指标，主要包括投资回报率、净资产收益率、经济增加值、息税前利润、自由现金流等综合指标。②动因类指标是反映企业价值关键驱动因素的指标，主要包括资本性支出、单位生产成本、产量、销量、客户满意度、员工满意度等。

（3）关键绩效指标应含义明确、可度量、与战略目标高度相关。指标的数量不宜过多，每一层级的关键绩效指标一般不超过 10 个。

（4）关键绩效指标选取方法：①关键成果领域分析法。是基于对企业价值创造模式的分析，确定企业的关键成果领域，并在此基础上进一步识别关键成功因素、确定关键绩效指标的方法。②组织功能分解法。是基于组织功能定位，按照各所属单位（部门）对企业总目标所承担的职责，逐级分解和确定关键绩效指标的方法。③工作流程分解法。是按照工作流程各环节对企业价值贡献程度，识别出关键业务流程，将企业总目标层层分解至关键业务流程相关所属单位（部门）或岗位（员工），确定关键绩效指标的方法。

2. 分配指标权重

关键绩效指标的权重分配应以企业战略目标为导向，反映被评价对象对企业价值贡献或支持的程度，以及各指标之间的重要性水平。

（1）单项关键绩效指标权重一般设定在 5% ~30% 之间，对特别重要的指标可适当提高权重。

（2）对特别关键、影响企业整体价值的指标可设立“一票否决”制度，即如果某项关键绩效指标未完成，无论其他指标是否完成，均视为未完成绩效目标。

3. 确定绩效目标值

（1）依据国家有关部门或权威机构发布的行业标准或参考竞争对手标准。

（2）参照企业内部标准包括企业战略目标、年度生产经营计划目标，年度预算目标、历年指标水平等。

（3）不能按前两项方法确定的，可根据企业历史经验值确定。

4. 选择计分方法

绩效评价计分方法可分为定量法和定性法。定量法主要有功效系数法和综合指数法等；定性法主要有素质法和行为法等。

5. 绩效评价周期

绩效评价周期一般可分为月度、季度、半年度、年度、任期。月度、季度绩效评价一般适用于企业基层员工和管理人员，半年度绩效评价一般适用于企业中高层管理人员，年度绩效评价适用于企业所有被评价对象，任期绩效评价主要适用于企业负责人。

6. 签订绩效责任书

绩效计划制订后，评价主体与被评价对象一般应签订绩效责任书，明确各自的权利和义务，并作为绩效评价与激励管理的依据。绩效责任书的主要内容包括绩效指标、目标值及权重、评价计分方法、特别约定事项、有效期限、签订日期等。绩效责任书一般按年度或任期签订。

（二）制订激励计划

企业应以绩效计划为基础，制订激励计划。激励计划应采用多元化的激励手段，兼顾内在激励与外在激励、短期激励与长期激励、现金激励与非现金激励、个人激励与团队激励、正向激励与负向激励，充分发挥各种激励形式的综合作用。

（三）执行绩效计划与激励计划

企业应根据计划的执行情况定期实施绩效评价与激励，按照绩效计划与激励计划的约定，对被评价对象的绩效表现进行系统、全面、公正、客观的评价，并根据评价结果实施相应的激励。

绩效计划与激励计划执行过程中，企业应持续深入地开展流程管理，及时识别存在问题的关键流程，根据需要对流程进行优化完善，必要时进行流程再造，将流程改进计划与战略规划目标相协同。

（四）实施绩效评价与激励

绩效管理工作机构应根据计划的执行情况定期实施绩效评价与激励，按照绩效计划与激励计划的约定，对被评价对象的绩效表现进行系统、全面、公正、客观的评价，并根据评价结果实施相应的激励。

（五）编制绩效评价与激励管理报告

绩效管理工作机构应定期或根据需要编制绩效评价与激励管理报告，对绩效评价和激励管理的结果进行反映。应确保内容真实、数据可靠、分析客观、结论清楚，为报告使用者提供满足决策需要的信息。

第五节　责任会计

一、责任会计制度

（一）分权管理与责任会计

现代典型的大型企业，包括许多不同的经济实体和部门，各自从事着不同的生产经营活动，如产品研发、产品的生产和销售、原材料采购、资金筹集、信息系统等。这些烦琐复杂的活动，相互影响又可能分别进行，没有一个中央管理层能对组织中的各种活动悉数了解。如果采用管理层次众多的集中管理制度，企业高层不得不浪费大量的宝贵时间在日常经营决策上，而无暇顾及关系到企业生死存亡的中长期战略决策；企业中下层管理人员则因没有自主权只能执行上级指令，无法施展其聪明才智而对工作丧失兴趣与积极性，具有垂直分层关系的组织机构可能无法达到有效的信息传递、控制和协调。随着企业的发展，越来越多的企业选择分权管理制度以替代传统的集权管理制度。

分权管理，是指企业把生产经营决策权在不同层次的管理人员之间进行适当的划分，将决策权随同相应的责任下放给不同层次的管理人员，使其能对日常的经营活动及时作出有效的决策，以迅速适应市场变化的需求。

在分权管理模式下，基层管理人员有较多的决策权；上级对下级的控制较少，下级在权责范围内自行决策；各分权单位在统一规划下可独立经营，实行独立核算。因此，与集权管理相比，分权管理具有以下优点。

1. 及时决策

分权管理，使得基层管理人员能在授权范围内，不需要层层汇报，而根据不断变化的市场环境迅速作出应变决策，避免由于延误决策而造成的损失。

2. 提升战略管理

分权管理，使得高层管理人员能将有限的时间和精力放在企业最重要的中长期战略决策上，以保证企业始终有明确的、正确的发展目标。

3. 激励管理人员

分权管理，把更多的决策权力移交给基层管理人员，一方面增加其竞争压力，另一方面也使他们有充分发挥才能的机会，使其工作更有成就感和积极性。

企业实施分权管理，各分权单位在统一规划下可独立经营。但是，分权管理并不允许各分权单位在任何环节都像一个独立的组织那样经营，各分权单位之间具有某种程度的相互依存性，主要表现为各分权单位之间的产品或劳务的相互提供。换言之，分权单位的部门行为不仅会影响其自身的经营绩效，而且还会影响其他分权单位的经营绩效乃至企业整体。而各分权单位为了提高其自身的经营绩效，使其自身利益最大化，可能牺牲企业整体利益或长远利益，导致各分权单位之间为了各自的利益而相互冲突、摩擦和竞争。此外，分权管理也可能导致最高管理层的控制权在一定程度上被削弱，而一些公共管理活动需要分别为各个部门提供，可能增加管理成本。

因此，企业实施分权管理的同时，必须建立健全一种内部控制制度，以协调各分权单位之间的关系，使各分权单位之间及企业与分权单位之间在经营方式和利益目标上达成一致，并对分权单位的权力、责任及其经营绩效进行有效的计量、评价和管理。

责任会计制度就是顺应上述要求而产生的一种企业内部控制系统，它以划分责任中心、确定责任指标、实施绩效评价与考核为基本内容。具体而言，责任会计是在分权管理的条件下，将企业所属各级、各部门按其权力和责任的大小，划分成各种特定的分权单位（责任中心)，并建立起以各个责任中心为主体，以责、权、利相统一的机制为基础，对各责任中心负责的经济活动进行规划、控制、考核和绩效评价的一整套制度。

(二) 责任会计制度的基本实施原则

1. 责权利相结合原则

责任会计的实施，需要明确各个责任中心应承担的责任，同时赋予它们相应的管理权力，并根据其责任的履行情况给予适当的奖惩。拥有与责任相当的权力和相应的经济利益是责任落实及其目标完成的保证。责、权、利三者关系中，“责”是核心，“权”是落实完成责任的前提条件，“利”是激励因素。

2. 目标一致原则

责任会计制度，必须保证各责任中心的目标与企业总目标一致，责任中心是一个企业的各个局部，为了保证企业整体目标的实现，在为各责任中心确定责任目标、进行责任预算、实施责任控制时，应始终注意各责任中心的绩效目标与企业的整体目标保持一致，以避免因片面追求局部利益而影响整体利益。

3. 责任主体原则

责任会计核算应该以企业内部的各责任单位为对象，责任会计资料的收集、记录、整理、计算、分析，都必须按责任单位进行，以保证责任考核的正确进行。

4. 激励原则

责任会计应调动企业全体职工的积极性和创造性，因此应确定合理的责任目标或预算。目标过高，会挫伤责任中心管理者和员工的积极性；目标太低，则不利于企业整体目标的实现。责任目标的实现还应匹配合适的奖励，既要奖惩分明，又要给人以希望。

5. 可控原则

责任会计制度下，各责任中心只对其权力可以控制的成本、利润和投资负责，对于其权力不及的、无法控制的经济活动，不承担经济责任，做到责任分明，奖惩合理。切忌对超出责任中心能控制范围的经济活动进行评价与考核，以免打击责任者的积极性。

6. 反馈原则

各责任中心对各项经济活动的信息，要及时、可靠地进行计量、记录、计算和反馈，以便发现问题，迅速采取有效措施加以控制，达到强化管理的目的。责任预算执行情况的信息反馈，既是一个经济信息的运用过程，也是责任会计真正发挥其管理作用的重要步骤，通过层层控制而形成的一个反馈控制网络，保证整个企业的生产经营活动正常而有序地进行。

(三) 责任会计的基本程序

1. 设置责任中心

实施责任会计，首先应该根据企业组织结构的特点，按照“分工明确、责权分明、绩效易辨”的原则，将所属各级部门或单位划分为不同层次的责任中心，并明确其职责范围，授予其相应的经营管理权和决策权。

2. 编制责任预算

责任预算是企业总体目标和任务层层分解后，按责任中心来落实的企业总体目标和任务，作为其开展经营活动的具体目标，也是对各责任中心的经营活动进行反映、监督以及绩效评价的基本标准和主要依据。

3. 实施责任监控

责任监控是对责任预算执行情况进行跟踪反馈和监督控制。在预算的实施过程中，每个责任中心应建立一套预算执行情况的跟踪反馈系统，定期编制绩效报告，将实际数与预算数加以对比，据以找出差距，分析原因，并通过信息反馈，控制和调节经营活动，促使其更好地执行责任预算，以确保企业经营目标的实现。

4. 评价责任绩效

通过定期编制绩效报告，对各个责任中心的工作绩效进行全面的分析与评价，充分肯定各责任中心的工作绩效，同时指出其存在的问题，并分析原因，提出改进意见，不断提高工作水平；在此基础上，将工作绩效与经济利益联系，根据绩效评价结果加以奖惩。这是责、权、利三者相结合的具体贯彻和最终落实。

（四）责任中心及其划分

建立责任中心是责任会计体系的首要问题。责任中心是指具有一定管理权限，并承担相应经济责任的企业内部责任单位。这些内部单位被要求完成特定的职责，其责任人则被赋予一定的权力，以便对该责任区域进行有效控制。凡是管理上可以分离、责任可以辨认、绩效可以单独考核的部门，都可以划分为责任中心，小到一个班组、一个车间、一个部门，大到分公司、事业部、地区工厂。

根据责任中心责任者权限范围及其生产经营活动特点，责任中心通常可以分为成本中心、利润中心和投资中心三种类型。

1. 成本中心

成本中心是指对成本或费用负责的责任中心。成本中心通常没有收入来源，或仅有无规则的少量收入，因此成本中心只需对成本负责，而无须对利润和投资效益承担责任。一个成本中心可以由若干更小的成本中心所组成。例如，一个分厂是成本中心，它由几个车间所组成，每个车间也可以是成本中心；而每个车间还可以划分为若干工段，这些工段是更小的成本中心。成本中心可以分成两类：标准成本中心和费用中心。

标准成本中心是指那些有明确、稳定的产品，且对生产所需各种要素的投入量能够合理预计的成本中心。通常，标准成本中心的典型代表是制造业的工厂、车间、工段、班组等，其产出数量可以明确计量，对所生产的产品可以判定原材料、直接人工、间接制造费用等相应数量标准和价格标准。

费用中心是那些产出物无法有效计量，或者投入与产出之间没有密切联系的成本中心。行政管理、广告宣传等服务性部门应列为费用中心。费用中心难以根据其投入与产出的数量来判定其支出是否有效，工作成绩是优是劣，因此只能衡量实际费用开支来进行控制。

2. 利润中心

利润中心是对其利润负责的责任中心。利润中心能同时控制生产和销售，因此既要对成本负责，又要对收入负责，即根据其利润多少来评价该中心的绩效。但利润中心没有责任或者没有权力决定资产投资的水平，所以不需要对投资收益负责。利润中心往往属于企业中的较高层次，如分厂、分公司、有独立经营权的事业部，兼具生产和销售职能，比成本中心具有更大的自主经营权。利润中心可以分成两类：自然利润中心和人为利润中心。

（1）自然利润中心是指可以直接向市场销售产品和劳务获取收入的利润中心。自然利润中心具有产品销售权，能根据市场需求决定销售什么产品、销售多少产品、在哪个地区销售、用什么方式销售等。自然利润中心又有完全的自然利润中心和不完全的自然利润中心之分。完全的自然利润中心兼有产品定价权、材料采购权和生产决策权。一般来说，只有独立核算的企业才能具备作为完全的自然利润中心的条件，企业内部的自然利润中心属于不完全的自然利润中心。例如，企业内部的销售部门具有产品销售权，可以直接对外销售产品，是自然利润中心；但是，销售部门所销售的产品是生产部门提供，其销售收入的取得受制于生产部门所提供的产品的品种、数量、质量及生产进度安排等因素，因此它是一个不完全的自然利润中心。

（2）人为利润中心是指产品和劳务不能对外销售，只能按照确认的内部转移价格提供给企业内部其他责任单位以获取收入、实现利润的利润中心。例如，企业的供水、供电部门按企业内部转移价格向其他部门供水、供电，可以作为人为利润中心。一个成本中心只要通过对其产品或劳务确定一个合理的内部转移价格，就可以转化为人为利润中心。例如，某车间生产出的中间产品以厂内价格转移到后序车间继续加工，则该车间可以作为人为利润中心。但是，并不是所有的成本中心都可以转化为人为利润中心，利润中心应该拥有独立经营权。即，人为利润中心的责任人应当具有决定本部门的产品品种、产品产量、作业方法、人员调动、资金运用、与其他责任中心签订内部供销合同，以及向上级部门提出建议或正当要求等权利。这样才可以保证利润中心自身利润计划的完成，同时也是为整个企业的利润计划的完成提供保证。如果某成本中心完全根据企业安排的生产计划进行生产，并无决策权，核算内部利润也就没有实际意义，不宜视作人为利润中心。

3. 投资中心

投资中心是对其投资收益负责的责任中心。投资中心是处于企业最高层次的责任中心，不仅具有充分的经营决策权，而且具有一定的投资决策权，其经理所拥有的自主权不仅包括制定价格、确定产品和生产方法等短期经营决策权，还包括投资规模和投资类型等投资决策权。投资中心的经理不仅能控制除公司分摊管理费用外的全部成本和收入，而且能扩展占用的资产，因此，它既要对成本和利润负责，又要对资金的合理运用负责。

由于投资的目的是获取利润，因此投资中心实质上也是利润中心，但它们并不等同。利润中心没有投资决策权，只有在企业确定投资方向后才开展具体的经营活动，而投资中心则拥有投资决策权，当企业总部将一定数量的资本交给投资中心后，应投资什么项目、生产什么产品等都是投资中心的职责，企业总部一般不予干涉，但投资中心必须对其投资的收益负责。因此，投资中心虽然包括了利润中心的特征，但它比利润中心的控制区域更广泛、责权范围更大，特别是它的经营活动更加注重于考虑长远的效益。

二、责任中心绩效管理

（一）成本中心绩效管理

1. 可控成本与责任成本

对成本中心而言，最重要的是成本的管理和控制。然而，在成本中心负责的区域内，成本包括可控成本和不可控成本。可控成本是指在特定时期内，能为特定责任中心所控制，并受其工作好坏影响的成本。可控成本特征为：（1）责任中心能够通过一定的方式了解将要发生的成本。（2）责任中心能对该成本进行计量。（3）责任中心能通过自己的行为对成本加以调节和控制。（4）责任中心可以将这项成本的责任分解落实。

当然，成本中心的成本可控与否是相对的，一个成本中心的不可控成本往往是另一个成本中心的可控成本；下一层次的不可控成本对上一层次而言可能是可控成本；现在的不可控成本，在未来条件发生变化的情况下可能是可控成本。

责任会计以责任中心为对象归集和计算成本，这一成本即该责任中心的责任成本。按照责任会计的可控性原则，成本中心无法对其不可控的成本负责任，因此成本中心发生的责任成本一般是其所有可控成本的总和。

2. 标准成本中心的绩效管理

标准成本中心有明确、稳定的产品，可以为企业带来收入，但标准成本中心并不需要作出价格决策、产量决策或产品结构决策，同样，标准成本中心也不需要作出设备和技术决策。因此，标准成本中心既不对产品销售收入负责，也不对生产能力的利用程度负责，而只对既定产量的投入量承担责任。

标准成本中心的绩效管理，首先必须重视按规定的质量、时间标准和计划产量来完成生产，避免因没有达到规定质量和数量影响其他责任中心或者企业整体的生产，或者因提前产出而导致产品积压给企业带来损失。

在此基础上，标准成本中心的绩效管理主要目标为责任成本。责任中心根据对未来的科学预测，确定责任成本预算，以此作为标准成本中心开展经营活动的具体目标，据以对各标准成本中心的经营活动进行反映和监督，也作为标准成本中心的绩效评价标准和依据，并据以计算责任成本节约额和责任成本节约率来评价其责任绩效。

$$\text{责任成本节约额} = \text{预算责任成本} - \text{实际责任成本} \tag{5-4}$$

$$\text{责任成本节约率} = \frac{\text{责任成本节约额}}{\text{预算责任成本}} \times 100\% \tag{5-5}$$

【例5-1】某企业内部有一生产车间为标准成本中心，生产单一产品A，2021年3月的预计产量为2 000件，单位责任成本预算为80元；实际产量2 200件，实际单位成本82元。

根据上述资料，可以计算该成本中心的责任成本节约额和责任成本节约率分别为：

$$责任成本节约额 = 2\ 200 \times 80 - 2\ 200 \times 82 = -4\ 400（元）$$

$$责任成本节约率 = \frac{-4\ 400}{2\ 200 \times 80} \times 100\% = -2.5\%$$

应当注意的是，如果预算产量与实际产量不一致时，应按弹性预算的方法调整预算责任成本指标，在此基础上，计算责任成本节约额和责任成本节约率。

标准成本中心的绩效报告，通常需要列示标准成本中心的各可控成本项目的预算值、实际值和差异额，据以进行差异分析，并针对各差异原因和责任提出改进措施。实务中，为全面反映成本中心的消耗情况，也可以列示中心的不可控成本；为全面评价中心的经营绩效，也可以列示有关产量、质量、人员定额等非财务指标。

3. 费用中心的绩效管理

费用中心主要是行政管理、后勤服务等职能部门，这些部门的效率和效益缺少度量产出的标准，并且其投入和产出之间的关系不密切，因此难以运用传统的财务技术评估这些中心的绩效。现阶段，费用中心绩效评价和考核的重点是以预算为基础对酌量性成本进行费用控制，但是费用中心工作质量和服务水平很难量化，且其费用预算编制难以客观。因此，一个费用中心的实际支出低于预算只能说明比预算少花了钱，既不能说明达到了应有的节约程度，也不能说明成本控制取得了应有的效果，更不能说明它的工作质量和服务水平实现了计划的要求。

从根本上说，费用中心预算编制水平和绩效管理有赖于了解情况的专业人员的判断。上级主管人员应信任费用中心的责任者，并与其密切配合，通过协商确定适当的预算水平。在考核预算完成情况时，要依赖有经验的专业人员对该费用中心的工作质量和服务水平作出有根据的判断，才能对费用中心的控制绩效作出客观评价。

（二）利润中心绩效管理

利润中心既发生成本又取得收入，因此中心不仅需要对收入和成本负责，还需要对收入和成本差额（利润）负责。因此，利润中心的绩效管理，首先需要为利润中心制定合理的绩效目标，常见的绩效指标包括边际贡献、可控边际贡献、部门边际贡献和税前部门利润四种。

1. 边际贡献

$$边际贡献 = 销售收入总额 - 变动成本总额 \tag{5-6}$$

采用传统的边际贡献作为利润中心的绩效指标，实际上假设中心无法控制固定成本。但事实上，利润中心管理者可以控制部分固定成本，并非全部不可控。此外，以边际贡献作为责任中心绩效指标，可能导致中心责任者会尽量多地支出固定成本以减少变动成本的支出，这样做并不能降低总成本，但却可以达到提高边际贡献的目的。因此，评价利润中心责任人的经营绩效，必须就责任者的可控成本进行评价和考核。为此，应该将各利润中心可追溯固定成本区分为责任中心负责人可控成本和不可控成本，并就责任中心负责人可控成本部分进行评价与考核。

2. 可控边际贡献

$$可控边际贡献 = 边际贡献 - 可控固定成本 \quad (5-7)$$

可控边际贡献反映了利润中心责任者在其权限和控制范围内有效使用资源的能力。由于责任中心管理者可以控制收入、变动成本以及部分固定成本，按权责对等原则，就应该对可控边际贡献承担责任。

但是，可控边际贡献作为责任中心绩效管理与评价的核心指标，首先必须将各责任中心可归属固定成本区分为责任中心管理者可控固定成本和不可控固定成本，这种区分往往困难并且有一定的主观性。

3. 部门边际贡献

$$部门边际贡献 = 可控边际贡献 - 不可控固定成本 \quad (5-8)$$

以部门边际贡献作为利润中心绩效管理的目标，更适合评价该利润中心对企业利润和管理费用的贡献，但并不适合于对责任中心管理者的评价。因为部门边际贡献中有一部分固定成本是高层管理者决策的结果，利润中心责任者很难改变，所以部门边际贡献超出了利润中心责任者的控制范围。但如果要确定某一利润中心的取舍，部门边际贡献指标就具有重要的指导意义。

4. 税前部门利润

$$税前部门利润 = 部门边际贡献 - 公司管理费用 \quad (5-9)$$

以税前部门利润作为利润中心绩效管理的依据一般是不合适的。因为公司管理费用是利润中心责任者无法控制的成本，并且其分配方法往往较为随意，与利润中心的活动和绩效没有因果关系。许多企业习惯于把所有总部的管理费用分配给下属各责任中心，其目的是提醒各个责任中心责任者注意各部门提供的边际贡献必须抵补总部的管理费用，否则企业作为一个整体就不会盈利。其实，通过给每个部门建立一个期望能达到的可控边际贡献标准，可以更好地达到上述目的。

对利润中心的绩效管理，事先应制定相应的责任预算确定绩效指标，作为利润中心的绩效评价标准和依据，并据以计算差异，分析差异的原因来评价其责任绩效。自然的利润中心有外部市场，中心可以向外部市场销售其产品，也可以向企业内部提供产品或劳务；人为的利润中心不存在外部市场，其经营成果主要用于满足企业内部需求，并将市场竞争机制引入企业内部，通过市场模拟达到调动员工增收节支的积极性。人为利润中心一般以合理的内部转移价格来确定中心为其他部门提供产品或劳务取得的收入。

利润中心的绩效报告，通常需要列出利润中心收入、成本、利润等绩效指标的实际数、预算数和差异数，据以进行差异的调查，分析差异的原因。

（三）投资中心绩效管理

作为自主权最大的责任中心，投资中心责任者不但拥有日常经营权，而且可以相对独立地决定资本的投向，有权作出资本投资决策。因此，投资中心的绩效管理目标不仅是合理运用资源创造满意的利润，还应考核其为获取利润而占用的资源。通常情况下，以投资利润率和剩余收益来作为绩效管理与评价的主要指标。

1. 投资利润率

$$投资利润率=\frac{责任中心经营利润}{责任中心经营资产平均占用额}\times100\% \tag{5-10}$$

公式（5－10）中，责任中心经营利润是指投资中心经营所取得的息税前利润；经营资产是指投资中心占用的、用以产生经营利润的现金、应收账款、存款、固定资产、无形资产等各种资产。

投资利润率是能全面评价投资中心各项经营活动的综合性质量，反映了投资中心运用资产并使资产增值的能力，有助于促使责任者关注销售收入、费用和投资之间的关系，关注成本效益与投资效率，促使各投资中心盘活闲置资产，减少不合理资产使用。同时，投资利润率根据现有会计资料计算，剔除了因投资额不同而导致的利润差异，比较客观，有利于不同投资中心之间的横向比较。

但是，投资报酬率可能鼓励责任中心管理者关注短期经营，而不顾长期利益。例如，投资中心在增收受限的情况下，管理者为实现预期的投资收益率，可能会选择削减广告和研发费用、放弃必要的设备和技术更新、超负荷使用固定资产等措施来提高投资利润率。同时，投资利润率也鼓励责任中心管理者放弃高于资本成本但低于目前中心投资利润率的投资机会，或者减少现有的投资利润率较低但高于资金成本的某些资产，以此来增加部门投资利润率，却损害了企业的整体利益。

2. 剩余收益

$$剩余收益=责任中心经营利润-经营资产\times资金成本率 \tag{5-11}$$

剩余收益克服了投资利润率指标导致的投资中心选择次优化的问题，引导投资中心管理者作出与企业总体利益一致的决策。那些投资利润率高于企业资金成本但低于投资中心利润率的项目，如采用投资利润率作为投资中心的绩效目标，会被投资中心拒绝。剩余收益指标可以弥补这一缺陷，引导部门经理正确采纳高于企业资本成本的决策，促使投资中心既考虑中心的利益，又兼顾企业的整体利益。

在采用剩余收益指标时，不同的投资中心及其不同的投资，可以使用不同的风险调整资本成本。从现代财务理论来看，不同的投资有不同的风险，因此不同部门的资本成本不同，甚至同一部门的资产也属于不同的风险类型。在使用剩余收益指标时，可以对不同部门或者不同资产规定不同的资本成本，使剩余收益这个指标更加灵活。而投资报酬率评价方法并不区别不同资产，无法处理风险不同资产。

但是，剩余收益作为一个绝对数指标，存在着不便于不同部门间比较的缺陷。规模大的部门容易获得较大的剩余收益，而它们的投资报酬率并不一定很高。在使用这一方法时，应该事先建立与每个部门资产结构相适应的剩余收益预算，然后通过实际与预算的对比来评价部门绩效。

因此，投资中心的绩效目标，投资利润率和剩余收益两个指标不可偏废，应相互配合应用。值得注意的是，投资利润率和剩余收益都只能评价短期绩效，为抑制短期行为，投资中心的绩效管理目标可以辅助以市场地位、产品开发能力、生产效率、客户满意度、员工发展等多种指标，保障投资中心的长期健康发展。

对投资中心的绩效管理，应事先制定相应的责任预算确定相应的绩效指标，据以对各投资中心的经营活动和投资活动进行反映和监督，也作为投资中心的绩效评价标准和依据，并据以计算差异，分析差异的原因来评价其责任绩效。

投资中心的绩效报告，通常需要列出投资中心经营资产、经营利润、投资利润率、剩余收益等有关绩效指标的实际数、预算数和差异数，据以进行差异的调查，分析差异的原因。

三、内部转移价格

在责任会计体系下，企业内部各责任单位在生产经营活动中既相互联系，又相互独立地开展各自的活动，各责任中心之间经常相互提供产品或劳务。为了明确区分各自的经营责任，使各个责任中心的绩效管理与考核具有客观性和可比性，从而有利于调动各责任中心的工作积极性，必须根据各责任中心业务活动的具体特点，制定具有充分经济依据的内部转移价格。

（一）内部转移价格的作用

内部转移价格也称为内部结算价格，是指企业内部各责任中心之间提供产品（或半成品）和劳务而发生内部结算所使用的计价标准。采用内部转移价格进行内部结算，可以使企业内部的两个责任中心处于类似市场交易的买卖双方，起到与外部市场价格相似的作用。具体而言，它在责任会计体系中发挥着以下几个方面的作用。

1. 保障经济责任的落实

正确制定内部转移价格，可以合理地调节各责任中心之间的收入和支出，明确各责任中心应承担的经济责任，从而保障这些经济责任的落实。责任中心作为卖方即产品或劳务的提供方必须不断改善经营管理，利用各种途径来降低成本费用，以其收入抵偿支出，取得更多的内部利润；而作为买方的责任中心即产品或劳务的接受方，也必须在以内部转移价格为计价标准所形成的一定买入成本的前提下，千方百计降低物料消耗、减少人工和机器工时等方面的支出，提高产品或劳务的质量，争取在补偿支出后获得更多的利润。

2. 为客观公正地评价各责任中心的经营绩效提供依据

企业以内部转移价格作为计量手段，便于对各责任中心的具体利润的计算和分配，使各责任中心的经营绩效得到正确的反映，让企业能客观、公正、合理地评价各责任中心的经营绩效。

3. 使各责任中心在经营中与企业整体目标保持一致

利用内部转移价格，使企业能根据各责任中心提供的相关信息，结合最优化生产计划，使企业的资源得到最佳利用，从而保证各责任中心的经营活动始终与企业的整体目标保持一致。

（二）内部转移价格的制定原则

基于内部转移价格对企业和各责任中心的影响，企业应根据各类责任中心自身的特点，制定相应的内部转移价格。制定内部转移价格时一般应遵循以下原则。

1. 全局性原则

由于内部转移价格直接关系到各责任中心的经济利益大小，每个责任中心必然会为本责任中心争取最有利的内部转移价格，因此，在制定内部转移价格时，必须强调企业整体利益高于各责任中心的利益。在利益彼此冲突的情况下，企业和各责任中心应以企业利益最大化为前提，合理制定内部转移价格。

2. 公平性原则

内部转移价格的制定应能够使“买卖双方”均感到公平合理。换言之，内部转移价格应充分体现各责任中心的经营绩效，防止某些责任中心因价格优势而获得额外的利益，某些责任中心因价格劣势而遭受额外的损失，力求使参与结算的双方均有利可图。这关系到各方可否在公平、合理、对等的条件下努力工作，直接关系到责任会计制度是否可以真正建立。

3. 自主性原则

在确保企业利益的前提下，应该承认各责任中心的相对独立的经济利益，给予其自主选择确定内部转移价格的权力，最终制定的内部转移价格必须为结算双方自愿接受。在条件允许的情况下，应由有关责任中心自主定价。

（三）内部转移价格的制定方法

1. 市场价格法

若所转移的产品或劳务存在外部市场，有市价可循，那么公开市场上的产品或劳务价格可以作为内部转移价格的定价依据。以市场价格作为内部转移价格的方法，是假定企业内部各责任中心都处于独立自主的状态，它们可以自主决定从外部或内部进行购销。

市场价格比较客观公正，采用它作为内部转移价格，可以将市场竞争机制引入企业内部，对买卖双方都无所偏袒。买方责任中心可以同外部市场价格相比较，如果内部价格高于现行市场价格，它完全可以舍内而求外，不必为此而支付更多的代价；卖方责任中心也是如此，市场价格迫使它不可能获得高于市场价格的收入。因此，以市场价格作为内部转移价格，可以促使双方在市场竞争的压力下努力改善经营管理，不断降低成本。

需要注意的是，为了保证企业的整体利益，各责任中心的竞争必须建立在与企业的总体目标相一致的基础之上，企业内部的买卖双方应尽可能进行内部转让，除非责任中心有充分的理由说明对外交易比内部转让更为有利。因为在同等条件下，内部交易具有保障质量、按时交货、节约谈判成本、利用闲置生产能力等优势。采用市场价格作为内部转移价格的定价依据，在实际使用中可能存在一定的缺陷或困难。

（1）市场价格法要求所转移的产品或劳务有完全的竞争市场，但现实中，企业内部各责任中心交易的往往是中间产品，这种中间产品几乎没有完全竞争市场，交易价格无法确定。

（2）市场价格往往会波动，甚至短时间内有巨大波动，不利于各责任中心的绩效评价。

（3）外部的市场价格往往包含了管理费、广告费、运输费和各种税金，而企业内部各责任中心之间的相互转让产品或提供劳务，可以省去许多费用和税金，直接以市场价格作为内部转移价格可能并不合理。

2. 协商价格法

现实生活中，中间产品的市场是不完全竞争的，因此企业可以以正常的市场价格为基础，由责任中心双方协商确定内部转移价格，既解决中间产品没有市场价格的问题，又可以弥补直接采用市场价格作为内部转移价格的缺陷。

协商价格法是指企业内部买卖双方责任中心以正常的市场价格为基础，定期协商，确定一个双方都愿意接受的价格作为中间产品或劳务的内部转移价格。

一般而言，协商价格比市场价格稍低，介于市场价格和成本价格之间，因为企业内部产品或劳务的结转，不需要外部销售过程中所发生的管理、广告、运输、税金等费用。采用稍低于市场的价格，“供应方”因销售价格高于成本其利益仍可以得到保障，而“需求方”因购买价格较市场价格低更倾向于从企业内部购买。在大多数情况下，协商价格有利于企业整体利益最大化。协商价格法也存在以下缺陷。

（1）双方进行价格协商时不可避免需要一定的时间、人力、物力。

（2）当双方协商不成时，往往需要企业高层人员的裁决，这不仅伤害各责任中心之间的合作感情，也与分权管理的初衷相违背，其产生的内部转移价格并不一定利于责任中心的绩效评价。

（3）协商价格在一定程度上会受到谈判双方责任中心所掌握的内部信息以及谈判技巧的影响，从而导致内部转移价格的不公平。

3. 成本定价法

如果责任中心的产出没有现成的外部市场，或者因为产品含有秘方、专利等无市价存在，可以考虑以成本为基础确定内部转移价格。

成本加成法就是以中间产品或劳务的成本为基础确定内部转移价格。根据成本定价法所采用的成本基础以及定价方法，基于成本的内部转移价格制定主要包括以下具体方法。

（1）实际成本法，即直接按产品或劳务的实际成本作为内部转移价格。用实际成本作为内部转移价格容易确定，并且具有一定的客观性。但实际成本法会使得“供应方”得不到任何利润，因此对降低成本缺乏动力；而对“需求方”而言，所购入产品或劳务的成本无论高低均全额转入，需要承担不受其控制的其他责任单位的低效责任。因此，完全以实际成本作为内部转移价格可能与责任会计的要求不符。

（2）实际成本加成法，即在中间产品或劳务的实际成本基础上加上按合理利润率计算的利润作为内部转移价格的方法。实际成本加成法可以保证卖方责任中心有利可图，充分调动其工作积极性。但实际成本加成法把卖方的功过全部转嫁给了买方，会削弱双方降低成本的责任感；而用于加成的利润率的确定，往往带有很大程度的主观随意性，其偏高或偏低都会影响对双方绩效的正确评价。

（3）标准成本法，即以事先制定的中间产品或劳务的标准成本作为内部转移价格。采用标准成本作为内部转移价格，简单易行，在制定时已经排除了低效率的耗费，所以以标准成本作为内部转移价格能够促使企业内部供需双方改善经营，降低成本，并容易划分供需双方的经济责任，避免了实际成本法的缺陷。

（4）标准成本加成法，即在中间产品或劳务标准成本的基础上加上按合理利润率计算的利润作为内部转移价格的方法。标准成本加成法同样有利于区分企业内部供需双方的经营责任；但合理的加成利润率往往难以确定，带有主观性。

（5）双重价格法，即针对企业内部各责任中心，分别采用不同的转移价格。因为企业采用内部转移价格的目的是对企业内部各责任中心进行绩效评价和考核，只要能保证企业的整体利益最大化，买卖双方所采用的内部转移价格并不需要完全一致，可分别选用对各责任中心有利的价格作为计价依据。如对“供应方”，可按协商的市场价格作为内部转移价格；而对“需求方”，则按卖方产品的标准成本计价，其差额最终由会计调整。

利用双重价格法这种区别对待的方法，可以避免“讨价还价”可能导致的抵销；有利于买方责任中心能正确地进行经营决策，避免因内部定价高于外部市场价格，买方放弃内部购买而向外部进货，从而造成企业内部卖方责任中心的部分生产能力闲置；有助于调动卖方责任中心的积极性。

总体而言，双重价格法可以使企业内部各责任中心的利益得到协调，激励它们在经营上充分发挥其主动性和积极性。但是，实行双重价格法后，会使买卖双方都有较大的边际贡献，各责任中心的边际贡献之和大于企业整体实际获得的边际贡献，从而产生实际上并不存在的虚增的边际贡献。这种虚增的边际贡献，可能在一定程度上掩盖和纵容各责任中心的抵消行为，不利于从根本上调动各责任中心的积极性，使得各责任中心容易放松严格的成本管理，最终造成企业的利益损失。一般情况下，如果内部转移的产品或劳务有外部市场，卖方责任中心有剩余生产能力，而且其单位变动成本要低于市场价格；特别当采用单一的内部转移价格不能达到激励各责任中心的有效经营和保证责任中心与企业整体的经营目标一致时，应当采用双重价格法。

思考与讨论

（1）平衡计分卡系统的主要思想是什么？其中体现的平衡观点是什么？

（2）平衡计分卡主要包括哪些方面的考核指标？这几个方面相互之间的关系是怎样的？

（3）平衡计分卡和战略管理之间的关系是什么？你认为平衡计分卡是一个单纯的业绩计量工具吗？试解释你的观点。

（4）什么叫剩余收益？如何用它计量责任中心的业绩？其优缺点是什么？

（5）阐述经济附加值计算的基本理论，并说明其计算方法与结果和传统的会计利润的差别。

（6）你认为一个有效的业绩计量系统应该具有什么特点？

（7）如何评价企业的业绩计量系统？在你看来，一个有效的业绩计量系统在企业运作和管理中能起到哪些作用？

（8）以会计指标为主的传统业绩计量系统有何优缺点？为什么说单一指标的业绩考核

越来越不适应企业竞争的需要?

案例与讨论

平衡计分卡在企业管理实践中的应用*
——基于美农生物科技公司的案例研究

一、案例介绍

（一）公司介绍

美农生物科技股份有限公司（简称美农公司）成立于1997年，是一家致力于利用科技改善动物健康、保障动物食品安全并提高畜牧生产效率的动物营养技术公司。公司应用动物营养学、食品化学、生物工程学等知识和技术，专业从事饲料添加剂的研究、开发、生产和销售。

（二）战略构想

饲料添加剂行业是饲料行业中的一个细分市场，大公司不太愿意涉足这个规模过小的行业，因此美农公司虽然整体规模不大，但在业界还是具有较高影响力。在美农公司的价值网络中，大部分企业属于小规模生产企业，管理模式较为原始，很多企业的经营者学历不高。该行业在产品层面的竞争日趋激烈，企业如果仍然聚焦于产品和成本，无法建立很好的“护城河”，无法为客户提供更高的价值。为了提升组织的竞争力，公司决定在原有的管理模式基础上，引入平衡计分卡。这一方面迫使公司上下破除短期财务思维缺陷，从更长远的战略视角评估和审视公司发展模式与竞争力；另一方面，试图通过强化自身，能够将平衡计分卡理念和能力进行输出，提升其他利益相关者的管理能力和水平。

二、实施过程与方式

（一）平衡计分卡实施原则

通过研究讨论，美农公司管理层决定在全公司层面开展平衡计分卡实践，利用平衡计分卡的战略管理工具职能，帮助公司重新梳理组织架构，提高战略管理能力和企业的核心竞争力。公司首先确定了实施平衡计分卡的五项基本原则，如图1所示。

1. 高层领导推动变革

因为平衡计分卡的成功实施需要将高层管理团队、业务单元、人力资源以及信息技术、财务资源等方面整合起来，所以中国企业应用平衡计分卡执行企业战略必须作为“一把手工程”来抓。很幸运，美农公司创始人对管理会计有浓厚的兴趣，早年在公司内部推进过平衡计分卡体系，由于经验不足，实践效果不理想。随着公司战略目标的改变，公司发展到一定阶段，已经拥有了一个强有力的执行团队，于是，在2014年重新启动了平衡计分卡的变革计划，取得了良好的反馈效果。

---

* 资料来源：中国专业学位案例中心会计专业学位案例库。作者：刘凤委、朱治平，作者单位：上海国家会计学院，案例入库号：201812530259。

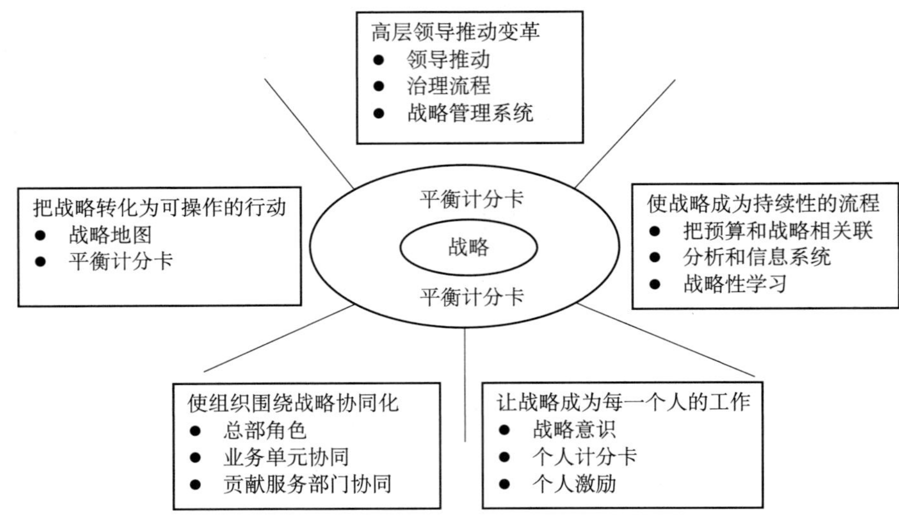

图1　平衡计分卡五项原则

2. 把战略转化为可操作的行动

美农公司注重平衡计分卡和战略地图对公司战略描述的重大作用，它们从公司整体战略入手，以平衡计分卡四个维度为切入点，详细展开了各组织之间协调统一的战略行动。

3. 使组织围绕战略协同化

组织是由许多不同的业务单元构成的，包括专业的产品开发部门、生产制造部门以及各种辅助类的职能部门等，运用平衡计分卡时需要使这些不同的组织围绕战略产生协同作用。为此，美农公司主动求变，将公司整体组织架构进行改革，将原有的职能制组织架构调整为矩阵式组织架构，促进了组织之间的协同。

4. 让战略成为每一个人的日常工作

成功推行平衡计分卡要求组织内的所有员工都深入了解企业战略，将自身的工作融入到战略中去，主动发挥自己的能力，不断找出改进工作的方法，帮助公司达成战略目标。

美农公司调整组织架构之后，极大地缩短了管理层与普通员工之间的距离，且由于公司规模相对较小，员工相对集中。在公司高层的带动之下，很快在全公司范围内开展对平衡计分卡理论知识的学习，形成了全员参与的氛围。

5. 使战略成为持续的流程

平衡计分卡并不是一项能够在短期就取得立竿见影效果的工具，要使其能够持续地为企业提供前进的动力，必须做好战略管理流程。

（二）公司战略地图设计

首先需要确定美农公司的财务主题。公司管理层经过反复商讨，就公司未来发展目标达成共识，即公司要确保在未来五年内，不断增强盈利能力，扩大市场规模，争取成为一家上市公司。为实现这一目标，在财务方面，公司按照实现效益的周期，制定了三个方面的战略主题：(1) 提高生产力实现收入的快速增长；(2) 提高生产效率；(3) 通过创新促进增长。这三个主题既强调实现快速增长，同时要求实现质的增长，增强公司核心竞争力，是公司整体战略在财务方面的准确描述。在确定以上三个战略主题后，针对性地提炼出次级财务目标：（1）销售额增长30%；（2）提高公司的经营效率；（3）提高资产的使用效率；（4）提高人均劳动效率；（5）提高新产品销售额。

财务目标的实现有赖于客户目标的成功实施，客户层面的战略主题也应当与财务目标相适应，共同为公司整体战略服务。美农公司通过对自身在所处市场上的定位进行了仔细分析，提出了产品领先、价值服务、伙伴成长的战略主题。具体来说，在客户层面确定的目标主要包括拓展新客户和提升客户满意度两个目标。

在确定了公司的财务层面和客户层面的目标之后，需要重新审视企业内部的关键业务流程，对于效率不高的内部流程进行全面优化改革。公司为了更好地使内部流程契合企业总体战略，从创新流程、客户流程和运营流程以及法规与社会流程四个方面确定关键流程以及相应的战略主题。其中，客户流程方面又依据企业实际市场开拓情况分为国内客户流程和国际客户流程。在创新流程方面，提出了两个战略主题，通过培育明星产品和推动新产品上市提升产品竞争力。在国内客户流程方面，确定的主题为通过实施共生伙伴建设项目提高客户信任度。在运营流程方面，提出了采用全面质量管理体系和推动精益生产模式两大行动方案，用来提高生产效率以呼应企业战略的要求。在法规与社会流程层面，针对产品生产过程中可能出现的环境污染问题，以及综合考虑了国家相关法律法规的规定之后，提出了促进环境友好的战略主题。

在学习与成长层面，美农公司没有采用传统的人力资本、组织资本以及信息资本的分类方法制定战略主题，而是由董事长及相关高层管理人员，根据过往管理经验，以及对公司内部情况的了解，提出了建设三个系统的战略主题：建设“责任”系统，建设“人才管理”系统；建设“协作”系统。

（三）平衡计分卡内容

战略地图和战略主题的主要作用就是用来帮助管理层之间沟通战略，它详细阐明了一整套的战略逻辑。

开发平衡计分卡需要对每一个子战略目标确定相应的指标和目标值，美农公司依据SMART原则确定这些指标，由此开发出公司级别的平衡计分卡指标如表1所示。

表1　　公司层平衡计分卡指标

层面	主题	目标	指标	指标值
财务层面	增加公司营收	达成公司年度销售目标	公司销售额增幅	30%
	通过创新促进增长	扩大多元化产品线	提高新产品销售额	30%
	提升生产效率	提高公司经营效率、资产使用效率	总资产周转率增幅	10%
客户层面	产品领先，价值服务，伙伴成长	达成国内市场客户开发目标	客户开发目标达成率提升	10%
		达成国际市场开发目标	新市场拓展（个数）	5
		提高客户满意度	客户投诉次数减少	25%

续表

层面	主题	目标	指标	指标值
流程层面	提升产品竞争力	培育金牛和明星产品	金牛产品、明星产品销售额增加	30%
	提升技术服务能力，为客户提供问题解决方案	开发产品应用研究方案	项目完成率	100%
	实施共生伙伴建设项目	培养核心客户	共生伙伴客户目标达成率	100%
	提高国际市场产品竞争力	达成金牛类产品推广目标	金牛产品国际销售额增长	30%
	开展质量管理项目	开展产品质量管理项目	质量管理项目目标达成率	100%
	实施环境改善项目	实施环保项目	环境改善项目目标达成率	100%
学习与成长层面	开展目标执行过程管理活动	开展月度经营检讨会	月度目标管理活动开展	全年 6 次
	提升关键岗位人才胜任力	提升营销中心、研发中心人员胜任力	开展培训考核项目次数	全年 10 次
	运行信息化管理项目	运行 ERP、CRM 系统等	项目目标达成率	100%

（四）具体行动方案的制定

在制定了公司层面的平衡计分卡以后，对重点工作进行了分析梳理，并且在此基础上，商讨制定针对性的战略行动方案。

战略行动方案在制定以后，项目组必须选择适当的责任人对战略执行的效果进行跟踪反馈，定期回顾总结经验教训。美农公司的战略行动方案制定如表 2 所示。

表 2　具体行动方案

层面	指标	指标值	行动方案	责任部门和人
财务层面	公司销售额增幅	30%	完成目标企业的并购整合，扩大传统市场的渗透率	总经理
	提高新产品销售额	30%	引进高新技术人才，扩大多元化产品线	产品线经理
	总资产周转率增幅	10%	加强各项成本结构分析，并拟定有针对性的改善计划	财务经理

续表

层面	指标	指标值	行动方案	责任部门和人
客户层面	客户开发目标达成率提升	10%	加大品牌宣传、广告策划和市场公关力度	销管部经理 + 大区经理
	新市场拓展（个数）	5	加强对国际市场的开发投入，设立外部分支机构	国际业务部 + 区域经理
	客户投诉次数减少	25%	优化客户服务流程，检讨总结服务经验	质量管理部
流程层面	金牛产品、明星产品销售额增加	30%	引进高新技术人才，扩大多元化产品线	产品线经理
	项目完成率	100%	组织产品研讨会，分享难题解决方案	产品线经理
	共生伙伴客户目标达成率	100%	实施共生伙伴建设项目	销管部经理 + 大区经理
	金牛产品国际销售额增长	30%	扩大国际营销团队，加大激励措施，开拓新的营销渠道	国际业务部区域经理 + 产品线经理
	质量管理项目目标达成率	100%	进行精益生产工作专项分析，并拟定改进计划	质量管理部 + 产品线经理 + 工艺技术部
	环境改善项目目标达成率	100%	采购环保设备装置，减少污染物排放	生产中心副总 + 产品经理 + ……
学习与成长层面	月度目标管理活动开展	全年 6 次	开展月度经营检讨会	人力资源部
	开展培训考核项目次数	全年 10 次	建立岗位胜任力模型，开展员工培训项目	销管部 + 人力资源部
	项目目标达成率	100%	采购相关信息化系统	IT 管理部

三、业务与职能部门自身平衡计分卡的设计

在实践中，当把战略地图传导到不同的业务单位和职能部门时，由于公司整体战略是从总体上宏观把控全局，往往还是会出现业务与职能部门对战略地图理解的不一致。仔细分析原因发现，主要是因为在美农公司已经采用矩阵式组织的情况下，公司很明确地按照产品类别分成了不同的业务单元。因此，其战略或指标在应用到具体的业务单元时应该进行针对性的微调，以便适应各业务单元的实际情况。

因此，针对不同业务单元和职能部门的各自平衡计分卡的制定，能够更好地实现公司具体职能服务和业务服务的战略转型愿景。限于篇幅，案例中只列出业务部门中的财务职能分析以及人力资源职能部门自身的平衡计分卡。

1. 业务部门平衡计分卡设计——以财务层面为例

美农公司的组织结构转为矩阵型以后，按产品线分为酸化剂产品线、调味剂产品线、肠道保健产品线和反刍动物产品线。在将公司层面的平衡计分卡分解到不同的产品线时，肠道保健产品线和反刍动物产品线发现自己在面对“提高生产效率”这一指标时存在困难，而酸化剂产品线和调味剂产品线则在面对“提高新产品开发带来的销售收入增长”这一指标时存在困难。

原因是公司的酸化剂产品线和调味剂产品线是公司的老牌产品，目前技术工艺已经相对成熟，市场占有率较高，现在公司对这两条产品线采用的是保持战略，主要战略行动方案是通过压缩成本、提高生产率带来销售额的提升。而对肠道保健产品线和反刍动物产品线而言，这两条产品线是公司新尝试进入的领域，工艺开发还不够完善，目前大量的研发投入都集中在这两条产品线，而如果要实施降低成本、提高生产率的战略，则必然会压缩研发投入，对公司新产品的开发战略带来不利影响。本案例简单以各业务单位财务层面的平衡计分卡为例，展示如何针对性地设计不同业务单位指标，如表3所示。

表3　　业务单位财务指标分解

业务单位	主题	目标	指标	指标值
酸味剂和甜味剂产品线	增加业务单位营收	达成年度销售目标	业务单位销售额增幅	40%
	提升生产效率	提高经营效率、资产使用效率	总资产周转率增幅	10%
肠道保健产品线和反刍技能产品线	增加业务单位营收	达成年度销售目标	业务单位销售额增幅	15%
	通过创新促进增长	扩大多元化产品线	提高新产品销售额	30%

在财务层面指标按照实际情况进行相应调整之后，其他层面指标也应该相应进行调整以符合实际情况，更好地服务于企业总体战略。

2. 职能部门平衡计分卡设计——人力资源部为例

人力资源部门对公司战略的理解是，自己应该承担起成为公司各部门同事业务伙伴的作用，为组织创造价值和成果。值得一提的是，人力资源部门创新性地变更了各层面的目标和指标。在客户层面，人力资源部门认为自己服务的客户应该是公司内部各部门以及员工，因此制定指标时主要考虑将内部业务流程层面作为自己的服务对象，以努力达到公司内部业务流程要求为目标。制定其客户层面的目标时，便紧紧围绕公司战略地图中创新流程、客户流程、运营流程的目标。制定相关指标时，主要考虑人力资源部是否为公司的创新流程提供了足够的研发人才、是否举办足够的经验交流分享活动、是否为公司的客户流程提供了足够的营销推广人才等。人力资源部的内部流程，则以公司的学习与成长层面流程为目标。

四、关键保障

企业战略规划始终只是一个纸上蓝图，战略能否实现，最终还是依靠基层员工的实践执行，因此在执行平衡计分卡体系时，关键保障就是员工的协同，员工协同包括以下几个步骤。

1. 在公司内部沟通战略

员工是执行战略的实际操作者，但是往往也是距离公司战略最远的人。虽然战略地图和平衡计分卡已经能够清晰地对公司整体战略进行描述，但是持续地通过内部沟通强化员工的整体战略意识仍然是非常必要的。我们可以采取如表4所示的办法。

表4　　内部沟通方式

沟通渠道	战略沟通方式
公司内部小组会议	通过简单学习之后，小组开始讨论学习收获并探讨自身与企业战略的关系
海报	开展相关活动讲座宣传
主题沟通会	项目实施前后，组织管理层参加主题沟通会

2. 将员工的个人目标与战略连接起来

要使员工真正将执行企业战略与本职工作密切联系起来，需要开发针对性的绩效考核指标。美农公司实行三级平衡计分卡体系，不仅针对公司以及业务单位开发平衡计分卡，还要求个人开发个人平衡计分卡。

3. 持续改进与评估

定期开展目标客户开发专题检讨会和产品管理与创新检讨会。前者主要针对新客户开发情况，分区域进行，针对不同区域开发新客户过程中遇到的困难和问题进行交流，同时也方便不同区域营销人员沟通学习经验，从公司整体层面推进客户开发。后者主要针对新产品研发情况，由董事长邀请外部专家，或者是内部研发主管主动发起，提出问题，通过沟通，寻求解决问题的办法；及时反馈新产品研发过程中的困难，针对资金、人员等问题进行及时反馈。

此外，公司定期召开月度经营检讨会，季度、半年度、年度目标管理会等。不同的检讨会议参与人员以及会议目标均有不同。月度经营检讨会主要由公司各区域销售主管汇报营销进展情况，实时了解企业发展状况。半年度、年度目标管理会则侧重于公司战略层面相关目标，重点回答公司战略目标达成情况如何，战略实施过程有何困难等宏观问题。

五、实施结果评价

在学习与成长层面，企业已经初步建立了“责任”系统、“人才管理”系统和“协作”系统。2016年员工提出的合理化建议人均被采纳1~3条，说明每一名员工都参与到了公司的运营管理中来，提高了基层员工的主人翁意识。体现在结果上，便是连续两年的员工满意度提升都超过了7个百分点。

在内部流程层面，公司提高研发支出的预算，研发队伍不断扩大，逐步有了研发成果，已经有两项新产品上市，其中“优美甜”系列产品在市场上取得了良好的反响。同时，随着公司全面预算管理和精益管理项目的开展，也得益于销售市场的不断拓宽，人均销售收入年增幅在20%以上，在员工总数增长不到10%的情况下，连续两年取得了销售收入增长超过30%的佳绩。质量体系运行方面，2016年公司全面推动质量管理体系，严格把控产品质量，废品率降低了15%。

在客户层面，国内市场上，完善了客户分类评价，超额完成A类客户指标，销售额增长率达到50%以上，严格控制C类客户的应收账款增长规模，同时注重新客户的开发，卓有成效。在共生伙伴的培养方面，由董事长亲自参与的业务交流培训会每年超过两次，与上下游供应商之间建立了良好的伙伴关系，从每年对客户的回访来看，取得了客户的高度评价。

在财务层面，我们对公司盈利能力、营运能力方面的指标作了简单分析。对公司2014～2016年的财务数据进行计算，得到部分财务指标如表5所示。

表5　　2014～2016年美农公司财务指标

财务指标	2014年	2015年	2016年
资产负债率	31.95%	28.10%	27.90%
流动比率	48.34%	39.47%	38.08%
净资产收益率	10.33%	19.39%	20.17%
总资产收益率	7.03%	13.94%	14.54%
应收账款周转率	6.07	4.70	5.06
存货周转率	4.71	6.37	7.52

从偿债能力来看，2014～2016年美农公司资产负债率和流动比率都呈下降趋势，并且由于企业规模一般，多采用自有资金运营，借贷规模较小。从盈利能力来看，在实施了平衡计分卡后的第一年，美农公司产生了强有力的增长，净资产收益率从10%上升至接近20%，而后在2016年整体维持在了较高的水平。表明平衡计分卡确实给公司财务方面带来了可观的成果。从营运能力来看，美农公司实施了平衡计分卡之后，2014～2015年，由于营收方面增长迅速，相应地产生了较多的应收账款，应收账款回收期有增长的趋势，但是存货周转率依然保持增长的趋势。公司在2015年注意到这一现象以后，在2016年的平衡计分卡指标中针对性地增加了对应收账款回收的考核力度，2016年的应收账款周转率相比2015年有所上升。美农公司2015年和2016年战略目标达成率如表6和表7所示。

表6　　美农公司2015年战略目标达成率

层面	目标	指标	三年指标值	权重	2015年			
					目标值	实际	完成率	得分
财务层面	达成公司年度销售目标	公司销售额增幅	30%	10%	30%	36.50%	121.67%	12.17
	扩大多元化产品线	提高新产品销售额	30%	10%	25%	31.60%	126.40%	12.64
	提高公司经营效率、资产使用效率	总资产周转率增幅	0.1	8%	0.1	0.11	110.00%	8.80

续表

层面	目标	指标	三年指标值	权重	2015 年			
					目标值	实际	完成率	得分
客户层面	达成国内市场客户开发目标	客户开发目标达成率提升	10%	5%	10%	15%	150.00%	7.5
	达成国际市场开发目标	新市场拓展（个数）	2	5%	2	1	50.00%	2.50
	提高客户满意度	客户投诉次数减少	25%	10%	25%	15%	60.00%	6.00
流程层面	培育金牛和明星产品	金牛产品、明星产品销售额增加	30%	10%	30%	22%	73.33%	7.33
	开发产品应用研究方案	项目完成率	100%	5%	100%	50%	50.00%	2.50
	培养核心客户	共生伙伴客户目标达成率	100%	5%	100%	75%	75.00%	3.75
	达成金牛类产品推广目标	金牛产品国际销售额增长	30%	10%	30%	25%	83.33%	8.33
	开展产品质量管理项目	质量管理项目目标达成率	100%	5%	100%	50%	50.00%	2.50
	实施环保项目	环境改善项目目标达成率	100%	3%	100%	100%	100.00%	3.00
学习与成长层面	开展月度经营检讨会	月度目标管理活动开展	全年 6 次	5%	6	8	133.33%	6.67
	提升营销中心、研发中心人员胜任力	开展培训考核项目次数	全年 10 次	5%	10	12	120.00%	6.00
	运行 ERP、CRM 系统等	项目目标达成率	100%	4%	100%	75%	75.00%	3.00
合计								92.69

表 7 美农公司 2016 年战略目标达成率

层面	目标	指标	三年指标值	权重	2016 年			
					目标值	实际	完成率	得分
财务层面	达成公司年度销售目标	公司销售额增幅	30%	10%	30.00%	33.80%	112.67%	11.27
	扩大多元化产品线	提高新产品销售额	30%	10%	35.00%	30.00%	85.71%	8.57
	提高公司经营效率、资产使用效率	总资产周转率增幅	0.1	8%	0.1	0.12	120.00%	9.60
客户层面	达成国内市场客户开发目标	客户开发目标达成率提升	10%	5%	10.00%	16.00%	160.00%	8.00
	达成国际市场开发目标	新市场拓展（个数）	2	5%	2.00	2.00	100.00%	5.00
	提高客户满意度	客户投诉次数减少	25%	10%	25.00%	20.00%	80.00%	8.00
流程层面	培育金牛和明星产品	金牛产品、明星产品销售额增加	30%	10%	35.00%	28.00%	80.00%	8.00
	开发产品应用研究方案	项目完成率	100%	5%	100.00%	100.00%	100.00%	5.00
	培养核心客户	共生伙伴客户目标达成率	100%	5%	100.00%	75.00%	75.00%	3.75
	达成金牛类产品推广目标	金牛产品国际销售额增长	30%	10%	30.00%	25.00%	83.33%	8.33
	开展产品质量管理项目	质量管理项目目标达成率	100%	5%	100.00%	75.00%	75.00%	3.75
	实施环保项目	环境改善项目目标达成率	100%	3%	100.00%	100.00%	100.00%	3.00
学习与成长层面	开展月度经营检讨会	月度目标管理活动开展	全年 6 次	5%	6	8	133.33%	6.67
	提升营销中心、研发中心人员胜任力	开展培训考核项目次数	全年 10 次	5%	10	12	120.00%	6.00
	运行 ERP、CRM 系统等	项目目标达成率	100%	4%	100.00%	75.00%	75.00%	3.00
合计								97.94

回顾美农公司实施平衡计分卡的实践，主要得益于其充分发挥了平衡计分卡的战略管理职能。

（1）严格按照理论要求设计基于平衡计分卡的战略管理体系，美农公司严格按照要求规划其行动方案，步步为营，持续推进。

（2）战略规划过程要全面分析企业内外部环境，针对性地选择合适的战略方案。对外部市场情况进行完善了解，收集数据，总结未来发展趋势。同时，更要对内部环境进行总结分析，知己知彼，深入了解企业面临的困境和机遇。战略分析过程使公司管理人员理解战略形成的原因，减轻了战略沟通的难度。

（3）充分利用战略地图描绘规划战略，分四个层次全面地将公司总体战略进行分解，强调关注重点内部流程，使每一个岗位的员工明确自身岗位职责所在，并将员工自身的工作与企业战略联系在一起。

（4）根据实际情况将公司总体战略分解到不同业务单位和组织部门，根据不同部门所处的生命周期不同，制定不同的平衡计分卡目标和指标。在部门之间形成协同作用。同时，强调将平衡计分卡与个人激励相联系，协同员工。

（5）制定了切实可行的战略行动方案。战略行动方案的可行主要来源于公司管理层对企业业务流程的深刻理解。

六、案例讨论

请你结合美农公司的实际以及平衡计分卡理论发展，尝试回答以下问题。

（1）与财务绩效评价不同，平衡计分卡引入了哪些维度的评价指标？这些指标之间存在怎样的关系？

（2）你认为平衡计分卡是一项绩效评价工具还是一项战略管理工具，并说明理由。

（3）美农公司为何选择采用平衡计分卡工具？你认为美农公司的做法给你有什么启示？

（4）你对美农公司有什么更好的建议？

第六章　战略预算管理

第一节　概述

提起预算管理，理论与实务工作者都比较熟悉。它起于预算的编制，止于预算的考核与评价，是管理会计的重要组成部分，也是企业管理中重要的控制工具之一。将预算管理冠以战略之名，则是在吸收了战略管理和管理会计的思想，并结合了预算管理在企业财务管理实践中的功能以后提出的概念。之所以称为战略预算管理，是为了区别于传统的预算管理。从本质上讲，预算管理的过程就是将企业战略目标进行分解，对企业资源进行战略配置，对企业完成阶段性战略目标进行分析、评价与考核的过程。所以，将预算管理纳入战略执行阶段的战略管理会计也就顺理成章了。

一、传统预算管理的局限

20 世纪 20 年代开始，预算管理在欧美国家的大型企业（如通用汽车、杜邦、西门子等公司）运用，50 年代风靡企业界，成为许多公司管理控制的利器。多位学者所做调查发现，全面预算管理对我国企业的发展产生了深远影响，分析预算与实际结果之间的差异是控制管理的一项十分必要的任务，且在实际结果与弹性预算的标准成本之间进行比较分析是经营控制中最重要的部分。但同时，全面预算管理也因企业个体差异、企业文化的不同产生了截然不同的效果。有的企业把管理控制系统作为不可或缺的工具，不仅运行良好，而且效益明显；也有一些企业遭遇内部的巨大压力，最后只能无奈放弃。

对于预算管理中存在的问题，国内外文献进行了大量的理论研究和实证分析，特别是主张摆脱预算的学者，更是提出了尖锐但不失为事实的批评。夏宽云（2006）把预算的主要缺点总结为六个方面：（1）预算失败时有发生；（2）预算松弛大量存在；（3）预算与考核挂钩导致错误激励；（4）预算管理的成本效益严重失衡；（5）预算管理阻碍了公司变革；（6）预算捆住了经理的手脚，使其不能灵活地面对市场的变化。

克兰菲尔德企业绩效研究中心（Cranfield's Centre for Business Performance）在一项研究中，采访了 15 家被认为在绩效管理方面做得最出色的公司的 100 多位员工，总结出了 12 种传统预算管理的局限，并将它们分为以下三类。

1. 竞争战略的局限

（1）预算管理很少有战略重点而且经常自相矛盾；

（2）预算管理侧重于成本缩减而不是价值创造；

（3）预算管理制约了企业的反应和灵活性，经常成为改革的障碍；

（4）预算管理很少有价值附加——这种管理手段死板生硬而且不鼓励创造性思维。

2. 经营过程的局限

（1）预算管理耗费大量时间而且整合各部分预算的成本很高；

（2）预算管理的更新速度太慢，经常一年才更新一次；

（3）预算管理建立在非持续经营的假设上；

（4）预算管理鼓励不正当、非功能性的行为。

3. 组织能力的局限

（1）预算管理强化了自上而下的命令的有效性和管理；

（2）预算管理并没有反映组织正在适应的新型网络结构；

（3）预算管理强化了部门间的壁垒，而不是鼓励知识的共享；

（4）预算管理使员工觉得自己的价值被低估了。

此外，奥迪格斯（Oldiges，2003）指出，绝大多数欧洲企业认为它们的计划与预算过程是无效率和无效果的。78%的受访企业计划对它们的预算过程进行改良，12%的企业甚至试图放弃预算管理。罗伯特·理查德斯（Robert C. Rickards）则把预算的缺点总结为缺乏战略引导、忽视市场变化和导致不道德的管理行为三个方面。

在讨论了传统预算管理的一系列局限之后，会计学术界试图为改良预算管理提供新的思路，让预算管理成为在实务上与战略管理的要求相适应的管理方法，战略预算管理便是其中的一种。

二、预算、计划与战略之间的基本关系

企业计划产生于科学管理时期，20世纪60年代以后，随着外部环境对企业的影响越来越深远，企业计划体系逐渐以战略规划为核心。完整的企业计划通常包括战略规划、经营计划和预算三部分，如图6－1所示。

从图6－1可以看出，完整的企业计划结构有三个主要组成部分：（1）顶端是企业战略规划，它大体上概括出企业的特征和未来发展的目标。（2）源于战略规划的是企业的长期经营计划，它属于研发计划，涉及新产品和新市场的研发（在这里，研发是一个广义的概念，不限于传统意义上的技术研发等）；经营计划的指标比较粗略，以实物类指标而非价值指标为主导，其行为约束力也低于预算。（3）源于战略规划、受制于长期经营计划的是年度预算，它主要是指年度经营指标，以落实战略规划、经营计划以及关注现有产品和现有市场为重点。

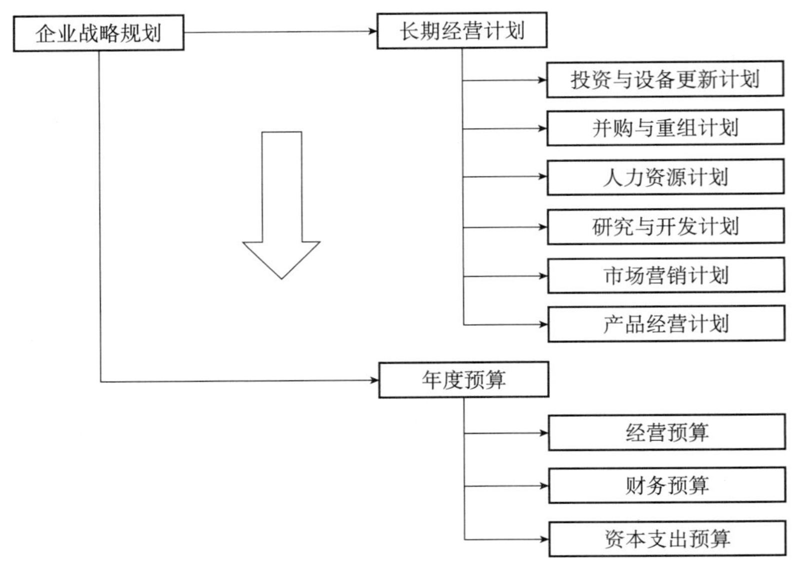

图 6－1　企业战略计划系统

第一个层次——战略规划是战略管理的起点，也是企业计划体系的最高层级，它大体上概括出企业的特征和未来发展目标，其目的是制定公司的指导原则和政策，作为战略执行和评价的基础。战略规划以企业所处竞争环境中可能发生的所有可预见、可控制的变化结果为依据，关注企业面临的需求、风险和机会，决定企业发展的方向与目标，包括经营范围、组织结构、资源配置方式、运行机制等。

战略规划一般包括：（1）对公司基本目的的声明，如保持现有的市场份额、保持不低于当前水平的财务绩效等；（2）用来完成这些基本目的的战略和方案，应包括某些具体的行动，如取消某分部或退出某市场、收购某公司以实现多元化等；（3）说明依照战略应达到的具体目标和衡量进展程度的方法，如应实现的财务绩效目标等；（4）对达到目标所用或所需的假设或条件的声明，这些假设或条件可能包括 GDP 的增长率、通货膨胀率以及外部融资的持续保障等。

第二个层次——经营计划，它源于企业战略规划，是对战略的具体执行计划，即关注如何依据战略优先顺序在组织内部各经营单位、各职能部门之间更有效地配置资源，内容通常包括具体的投资与设备更新计划、并购与重组计划、研究与开发计划、人力资源计划、市场营销计划、产品经营计划等。经营计划的指标比较粗略，以实物类指标或定性指标为主导，权威性和约束力较低。

第三个层次——（年度）预算，它基于战略规划和长期经营计划，主要包括年度经营预算、财务预算和资本支出预算，以落实战略规划、经营计划以及关注现有产品和市场为重点。预算一般应涵盖企业下个年度的所有经营活动，并延伸到企业的每项职能。经营预算以生产预算、销售预算、采购预算、利润预算为重点，财务预算包括预计资产负债表、预计利润表、预计现金流量表以及相应的下年度融资计划等。就计划方面而言，年度预算的益处在于：（1）对行动给出战略导向；（2）用一个协调平衡后统一的方案指引人力和物力的配置；（3）明确阶段性的行动目标。让战略目标更加清晰，具有可操作性。

从企业计划系统的构成可以看出，预算与战略关系密切。预算是企业计划体系中不可或缺的一部分，它必须以长期战略计划为前提和指导，是对当前经营活动细节的描述，是战略规划、第一年度经营计划的支持和补充计划。通常，战略计划强调企业使命、战略和重要比率关系，一般只包括一份非常概括的预算费用和收入数额，并不涉及各部门、各单位的具体费用。年度预算是对战略计划（财务方面）的具体化和准确化，具体、准确的计划有助于企业决策的有效性，同时也具有控制的可操作性。从动态的视角看，预算还会对战略规划起到强化或修正的作用，年度预算编制过程中对内外部约束条件的反馈信息是不断修正、调整战略的重要信息来源。

公司战略计划与年度预算的互动关系是：（1）公司战略计划决定年度预算的起点；（2）公司战略计划决定年度预算目标；（3）公司战略计划决定预算控制边界；（4）公司战略计划决定组织结构和组织权力划分，从而决定预算权和预算模式；（5）年度预算是对战略计划的具体落实；（6）年度预算是对战略计划的反馈与修正。

三、战略预算管理的实质

对于预算管理的内容基本不存疑义，但对于预算管理的实质却见仁见智。有人认为，预算是一种控制手段，通过预算达到对企业经营活动进行控制的目的；也有人认为，预算是一种管理工具，借助预算企业管理者可以监控企业的各个部门、各项业务，继而掌握企业资金、损益和财务状况。这些理解各有偏重，也不无道理。本书认为，从以下三个方面理解预算管理的实质，对于正确发挥预算管理在战略管理中的作用具有十分重要的意义。

（一）用数字指导管理

预算管理是通过整个预算的编制、执行、分析、考评等过程，根据组织战略发展的需要，对组织的资源进行统筹分配，从而使组织的经营活动控制在管理层既定的方向之下的一种综合性的管理活动。

制定和执行全面预算的过程，是要求企业不断用量化的工具，使外部的经营环境、自身拥有的经济资源和企业的发展目标保持动态平衡的过程。因此，从本质上讲，全面预算管理就是用数字指导管理。以预算确定的数字，定出年度战略目标；以战略执行的数据，发现与目标的距离，调整管理的方向；以预算的数字决定年终的考核。在管理过程中，唯有时刻以预算数字指导管理、控制经营活动，才是全面预算管理的真谛。

制定和执行全面预算的过程，并非仅仅为了编制、执行既定的预算，还必须借助这一过程，培养企业内部的预算意识、管理意识，培育用数字指导管理的精细化管理的企业文化。

（二）微观资源配置的制度安排

从政府的层面来看，一级政府的预算就是配置其所控制的资源的一种制度安排。预算管理被引入企业，是对政府预算的一种借鉴。从其功能来讲，就是利用预算来配置企业可以控制的微观资源。它量入为出，根据企业发展的需要和未来会计期间可以获得的资源，合理地安排实现年度目标所需的各种资源。由于企业的生产经营活动十分复杂，对资源的需求是多方面的，因此资源在各种业务、各个区域、各个部门、各项活动之间的配置，都需要这种制度的安排。

（三）预算是体现企业战略适配性的手段

在企业的战略确定以后，如何贯彻执行，不仅体现在各种经营活动中，也体现在具体执行的手段上。(1) 在预算目标上的战略适配性。企业在确定年度预算的目标时，需要对照企业的战略，对企业的市场份额、业务发展、经营收入、资金积累等财务与非财务指标提出要求，在市场分析的基础上，考虑自身的资源约束，从而确定预算目标。(2) 在资源配置上的战略适配性。经济学的基本假设是资源是稀缺的，这一点在微观领域也表现得十分明显。企业的人力、物力和财力资源相对于企业发展对资源的需求总是稀缺的，因此预算也需要将微观资源配置于企业的战略方向上。例如，在产品的发展上，对于在战略上需要重点发展的产品，自然需要配置更多的资源。又如，在影响企业竞争力的环节，也需要配置更多的资源。(3) 在绩效考评上的战略适配性。在进行绩效考评时，对于战略的重点，也需要预算予以重点考虑。

综上所述，预算管理的战略属性体现了战略预算管理的实质。

第二节　战略预算循环

预算循环是由全面预算管理各个部分组成的前后相连、周而复始的环节。通常，年度预算循环起始于预算的目标预测和预算的编制，继而是预算的执行、调整、控制、分析，终结于预算的评价与激励。往往在一个循环尚未结束之际，下一个循环又开始了。如上一轮的预算评价与激励尚未结束，下一轮预算的目标预测已经开始。而且，大的循环中往往穿插着小的循环。如月度和季度中，虽然不涉及预算的布置与编制，但预算的执行、调整、控制和分析仍在循环。

预算循环的中间环节（如预算的执行、调整、控制和分析环节）主要由财务部门负责，前期及后期的管理则以企业相关部门为主。例如，预算目标预测的市场分析、技术分析、制造生产能力分析等经营预算的部分主要由企业市场、计划、生产、技术等相关部门负责，而且这些活动是影响财务预算准确度的前提。又如，预算评价与激励环节主要由企业人力资源等考评职能部门负责。财务部门应该主导预算循环，而不能包揽预算循环的所有环节，这样既有利于发挥部门之间的协同作用，起到调动全员参与预算的积极性，又能增加责任主体，减轻财务部门的压力。

战略预算管理循环的流程如图 6－2 所示。

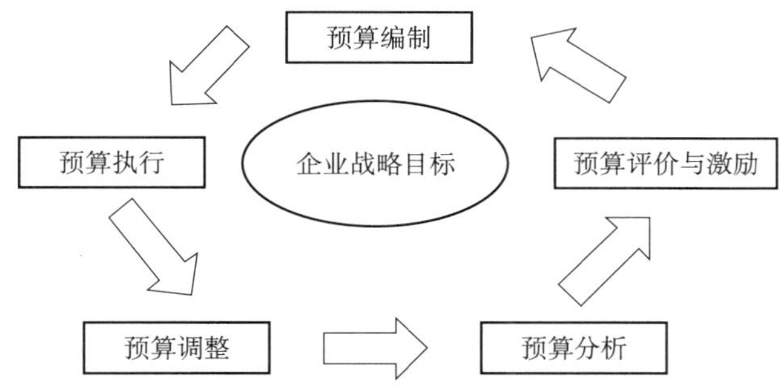

图 6－2　战略预算管理循环

在战略预算管理循环中，预算编制时预算指标设计要体现战略目标，并根据企业组织结构分层分级设计指标体系，每个部门、每个员工都要承担一定的预算指标。在预算执行过程中，由于企业的战略目标已被量化为财务指标，因此通过将财务会计系统及时提供的预算执行信息与预算指标进行比较，可将财务控制节点前移，即由事后控制前移至事中和事前控制，发挥财务监督和预警的作用。通过定期开展预算分析，及时发现并纠正预算过程中出现的偏差；根据内外部环境的变化定期调整预算；期末对预算执行结果进行分析评价，并将评价结果与员工激励挂钩。

关于战略预算管理循环的另一种说法与内部控制有关。有效的内部控制制度框架应该包括五个不可分割的部分：控制环境、风险评估、控制活动、信息与沟通、监督，其中，控制活动是内部控制制度的核心。控制活动的主要方式包括目标控制、程序控制和制度控制等。预算控制作为企业内部控制的主要控制手段，为实施公司内部的目标控制、程序控制和制度控制提供了全方位管理的平台。

作为一种目标控制，预算管理通过战略规划和经营分析，来确定年度可实现的经营计划与目标，通过目标分解来强化内部各责任预算单位的目标责任，并以此为依据强化内部预算监控与考核，以达到全面控制的目的。

作为一种程序和制度控制，预算不等于预测，预算一经确定，在企业内部便具有法律效力。作为一种控制制度，预算本身不是目的，预算的目的就是加强控制。而预算无论作为目标控制还是程序控制，都是以规范、严格的制度方式实现的。预算管理制度体系主要包括相互贯穿的五个分制度系统即5S，如图6－3所示。

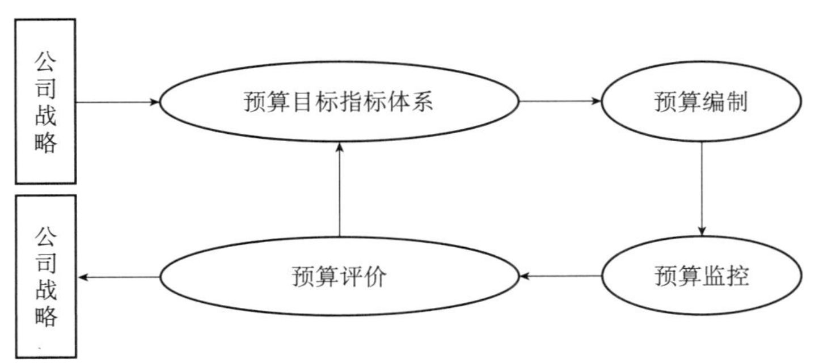

图 6－3　预算管理制度体系

1. 预算组织系统

预算组织系统由预算决策机构、预算组织机构、预算编制执行机构和预算监控机构构成，是全面预算管理实施的组织保证。

2. 预算目标指标体系

预算目标规划和指标体系相互依托，年度预算目标根据发展战略，结合各成员企业的发展态势确定，通过综合指标体系的设计体现效益与规模的兼顾、短期利益与长期发展能力的均衡、内部效率与外部市场开拓的并重，以及过程与结果的结合。

3. 预算编制系统

预算编制系统按各责任中心的不同管理层级进行划分，通过预算编制过程，明确“应该完成什么，应该完成多少”的问题和预算编制方法，与预算目标相对接，按部门、业务、人员层层分解，是对目标的具体落实。

4. 预算监控系统

预算监控系统包括预算的执行控制、预算反馈报告、预算的调整控制和预算审计控制等内容，是预算得以有效执行的保障机制。

5. 预算评价系统

这是对预算完成情况的总结制度。预算关键指标的完成情况作为绩效考核的重要依据。

需要特别强调的是，计划与预算为考核评价各部门及员工工作业绩提供了依据。定期或不定期检查并考评各职能部门所承担的经济责任和工作任务的完成情况、确保企业总目标的实现，是企业管理工作的重要组成部分。所以，预算是考核评价各责任层次与单位的工作成绩和经营成果的重要标杆。

在计划与预算管理循环中，绩效评价是承上启下的关键环节，在预算管理制度中发挥着重要作用。与预算相关的绩效评价是对预算完成情况的考核评价，所以其内容必须与预算编制的内容相适应，以预算执行主体为评价主体，以预算目标为核心，通过比较预算执行结果与预算目标，确定其差异，并分析差异形成的原因，据以评价各责任主体的工作业绩，按照奖惩制度将其与各责任人的利益挂钩，并在此基础上调整下期预算。

预算考评是对企业内部各级责任部门或责任中心预算执行结果进行的考核和评价，由于在预算管理过程中天然地包含了指标确定和分解、目标值确定、实际业绩计量等绩效评价的关键要素，因此预算评价构成了企业绩效评价的重要组成部分。人们常认为，预算值体现了企业的战略需要以及企业内部各责任单位的年度绩效目标，这一方式相对来说更能体现企业的经营目标和战略要求，并且通过与预算管理相结合更有助于绩效的管理与改进。另外，在发生预算之外的不可控因素影响实际绩效时，预算系统内的调整审批制度既保障绩效的客观反映，又使调整有章可循，减少了绩效评价中产生分歧的可能性。基于预算考评的诸多优势，尽管它也存在过多强调财务指标、目标设定有一定的“游戏”成分等不足，但它在企业绩效评价系统中的作用依然不可忽视。对于管理者来说，更为重要的应该是将预算评价与其他新的绩效评价方法更好地结合起来，有机整合在一个绩效评价系统中。

第三节　基于战略的预算编制

一、战略预算编制的特点

在编制战略预算时，应注意以下几个方面的问题。

1. 理念的整合：整合战略计划与预算制度的“理性设计”和“突发过程”两种理念

在企业的计划与预算制度设计上有两大理念：一是“理性设计”理念，认为战略计划与年度预算是一个自上而下管理体制的产物。假定公司高管“有水平、有能力”果断地预测未来、制定理性的战略计划及有效的全面预算，各部门下属业务单位能不折不扣地落实并执行计划与预算，计划与预算的刚性特征明显。二是“突发过程”理念，认为战略是对环境变化即时反应的结果。由于外部环境的变化、战略目标的不确定性和内部信息不对称等原因，企业计划与预算指标很难果断、理性和准确，强调企业计划与预算确定不可能是“一年一次”，只能反复沟通，并强调自上而下的计划与预算过程。

2. 概念的变化：“大计划”与“小预算”的融合

从概念层面，计划属于规划范畴，其制度刚性较弱；预算则更偏重于人格化的计划，与责任相关，刚性很强。“大计划”与“小预算”配合的制度体系，使得公司中的很多“小预算”就像一个个小齿轮，在公司“大计划”的牵引下有机地契合在一起。而在中国企业中，往往存在以下问题：（1）重预算，轻计划。中国企业一般比较关注年度预算，中长期计划比较空泛，或者主要用于对外宣传，这样的计划对预算的约束力很弱。（2）不少企业的战略、计划与预算缺乏有效衔接。战略与计划工作是企业战略规划部门的责任，预算往往由财务部门全权负责，二者彼此割裂，其结果是企业计划缺乏高质量的财务信息支撑，年度预算又缺乏长期计划的引导。

所以，企业高层需要统筹规划部门和财务部门的责任，使计划与预算能够有效衔接。在战略问题上统揽全局，通过总公司的“大计划”指导预算的编制；在具体执行和反馈上，强调各单位的独立自主，提高计划执行的灵活性，并在绩效考核上突出财务目标的达成，也就确保了战略目标的刚性。

3. 内容的充实：通过多情景分析把不确定性纳入计划与预算

面对动荡的环境和不确定的未来，如何制定企业计划与预算的战略？建立多情景计划是一个良策。多情景计划放弃了单一、固化的计划情景，设想出未来可能出现的多种情景，分析各种情景下企业经营所面临的新机遇和威胁、战略计划选择的范围、企业理应采取的不同策略，以及在不同情景下各项计划的财务结果，并相应地采取备选的预算与业绩目标。正如壳牌公司战略计划的前负责人所说：“有效的多情景计划的目的并不是改变计划本身，而是克服以简单、主观臆断的态度应对不确定性，并改变计划制定者固有的、僵化的思维定式。”多情景计划作为一种改进了的计划手段，提高了计划的科学性和有效性。

4. 流程的分权化：计划与预算编制的权力下放与非正式化过程

在诸如美孚、埃克森、壳牌等石油巨头的战略计划演进当中，战略计划的形成路径发生了变化。在具体的战略制定中，先由各个子公司对其利润、增长以及战略进行评估，编制预算，然后汇总至总公司；总公司将它们与宏观经济环境相结合，把这些信息整合成公司的"大计划"。"大计划"制定后，依托强大的计划跟进系统，将计划和预算的制定、执行黏合在一起，而各个子公司按月制定预算，并定期将子公司的运营报告汇总至总部，描述近期的前景，并对以后几个季度和整个财年的预算进行及时更新。在这个过程中，战略计划与预算的执行监控越来越非正式化和分权化，这成为应对不确定性环境最为有效的计划流程制度安排。

二、以作业为基础的战略预算模型

作业基础预算（activity-based budget，ABB）是在传统预算方法的基础上，结合经实践证明行之有效的全面质量管理、作业成本法和作业管理的理念设计的一种新的预算管理方法。

（一）作业基础预算的基本概念

（1）消耗率（consumption rate）。即在某一生产过程中被消耗的投入的数量和产出的比率。

ABB 中使用两个不同的消耗率的概念：作业消耗比率（activity consumption rate），衡量单位成本标的（产品或劳务）消耗的作业数量；资源消耗比率（resource consumption rate），衡量单位作业消耗的资源数量。

（2）资源需求量。即下一经营期间的产出数量所决定的资源数量。

（3）资源供应量。即目前经营期间组织所拥有的资源数量，也称可供利用的资源。

（4）资源使用量。即下一经营期间结束后，产出实际使用的资源数量。

资源需求量、资源供应量、资源使用量这三个概念建立在下列基础之上：一个组织所使用的资源可以分为弹性资源和约束性资源。如果一种资源是需要时才购买，则这种资源的供应和使用是相等的，称为弹性资源（flexible resources）。企业根据其需要量来购买和使用原材料、辅助材料、动力费、计件劳动等弹性资源。弹性资源没有容量限制，产品的实际产量决定着弹性资源的使用和供应，企业仅仅为其需要和使用的弹性资源付款，即为变动成本。如果一种资源是按照"防止意外发生"的目的提供的，则这种资源的供应和使用一般是不相等的，这种资源称为约束性资源（committed resources）。约束性资源为企业提供生产能力，在实际生产之前就取得或签订了合同，如大部分的人力资源、固定资产的折旧等。

生产能力决定约束性成本的大小，无论企业使用了多少约束性资源，约束性成本是不受影响的，资源的供应将保持不变，直至生产能力发生变化。因此，短期来看，资源的使用量、资源的需求量和资源的供应量是三个不同的概念。三者之间的区别可以用一简单的例子予以说明。假设某企业的一个检验员每月可以实施 500 次检验，则检验资源的供应量就是

500 次检验消耗的资源数量。企业预算下一经营期间的产出需要消耗 450 次检验，则检验资源的需求量就是 450 次检验消耗的资源数量。而实际这个检验员这个月只实施了 400 次检验，则检验资源的使用量就是 400 次检验消耗的资源数量。剩余 100 次的未使用检验资源就被浪费了，虽然没有任何作业来承担这部分未使用资源的成本，但是在计算产品成本时必须由产品来承担这部分未使用资源的成本。

（5）财务平衡。即一个组织所拥有的资源数量和组合可以满足下一经营期间计划产出所需要的资源数量和组合，在产出销售价格一定的条件下，预算的财务指标达到或超过了组织设定的财务目标（如利润总额、利润率、投资回报率等）。

（6）经营平衡。即一个组织的资源供应量和满足下一经营期间产出所需的资源需求量之间达到平衡。也就是说，资源供应量等于资源需求量，或者两者之间的差额在一个可接受的范围内。管理者认为，无论是调整资源需求量还是资源的供应量，都是不经济的。

（二）作业基础预算流程

ABB 的目的在于预测未来期间组织对资源的需求量，而这些需求是由未来期间生产的产品或劳务的数量决定的，因此 ABB 编制预算的起点是下一经营期间产品或劳务的需求量水平。由于 ABB 追踪组织的流程是如何生产产品或劳务的，因此它建立在资源消耗观的基础上，根据“作业消耗资源，产品消耗作业”的原理，先预测产出量，再预测产出消耗的作业量，最后预测作业消耗的资源量。与传统预算相比，作业预算的一个特色是在战略与预算之间增加了作业和流程分析及可能的改进措施，在改进的基础之上预测作业的工作量以及相应的资源需求，并通过预算来满足。作业基础预算基本模型如图 6－4 所示。

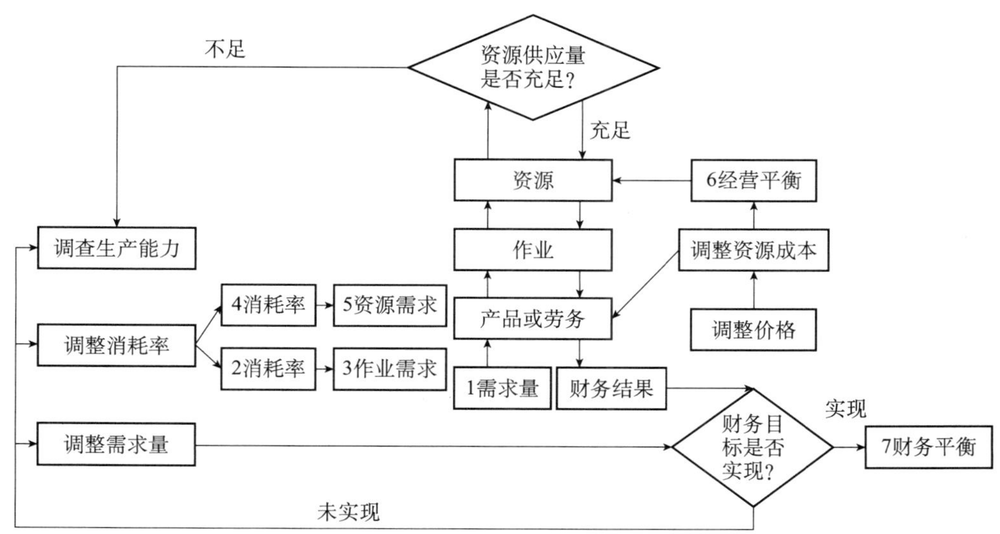

图 6－4 作业基础预算基本模型

由图 6－4 可见，ABB 是一个寻求组织资源供应量和资源需求量之间的经营平衡以及满足财务目标的财务平衡的不断循环的过程。其中的资源平衡如表 6－1 所示。

表 6-1　　作业基础预算中的资源平衡

时间	比较的项目	采取的措施	结果
预算年度	资源需求量与目前的资源供应量	增加或减少资源供应量	达到经营平衡的资源供应量（用于下一经营期间）
下一个经营期间	资源供应量（预算年度的结果）与实际的资源使用量	选择一个合理分配资源的成本动因	计算出产品或劳务成本（包含未使用生产能力，即资源供应量与资源使用量之间的差异）

下面以某银行贷款部为例说明作业基础预算流程。假设某银行的贷款部预测下一年度的业务量为 1 000 个贷款申请（1 需求量），为了完成这些产出，贷款部必须实施四个作业：答复电话查询、发放贷款申请、评价贷款申请、投放抵押贷款。以“答复电话查询”作业为例，首先确定平均每接听 3 个电话才能完成一个贷款申请（2 消耗率，即作业消耗比率为 3 个电话/贷款申请），可以计算出下一年度答复电话查询所需的作业数量为 1 000 个贷款申请 ×3 个电话/贷款申请 =3 000（个电话）的作业要求。假设每个查询电话需要 15 分钟去答复（4 消耗率，即资源消耗比率为 15 分钟/电话），可以计算出下一年度人工资源的需求量为 3 000 个电话 ×15 分钟/电话 =750（小时）（5 资源需求）。按照同样的方法，可以计算出其他三个作业的人工资源需求量分别为 2 000 小时、2 200 小时和 1 800 小时，贷款部的人工资源需求量为 750 +2 000 +2 200 +1 800 =6 750（小时）。

假设贷款部有 3 个员工，每个员工每年可以提供 2 000 小时的人力资源，则贷款部的人力资源供应量为 6 000 小时。资源供应量小于资源需求量，银行可以采取从其他部门调任人员或雇用临时人员的方式解决资源供应不足的问题，使预算达到经营平衡。假设每个员工的小时工资率为 20 元，则人工资源需求成本为 6 750 ×20 =135 000（元）（6 经营平衡）。

用同样的方法可以计算出贷款部对电话费、房屋租金、设备折旧、差旅费等资源的需求情况。假设贷款部四项作业的资源需求成本总额为 9 000 000 元，则每个贷款申请的成本为 9 000 000/1 000 =9 000（元/贷款申请）（7 财务平衡）。如果银行所确定的目标成本为 9 000 元，则预算达到了财务平衡。

（三）作业基础预算的战略特性

作业基础预算的创新表现在以下几个方面。

（1）以作业、流程、价值链为预算组织基础，强调整体业绩，增强了预算系统处理跨部门事项（across-organizational issues）的能力。作为一种控制工具，传统预算致力于使差异最小化、单位的责任业绩最大化。而在作业基础预算中，控制的主要目标是协调整个企业的活动，并为顾客服务。传统预算将其活动局限在组织内部，很少考虑公司之外的问题，将供应商或顾客的行为看作编制预算的给定条件，成功的作业基础预算则需要与供应商协调，同时也需要去分析和满足顾客的需求。

（2）加强了预算与战略规划的联系。企业的战略目标往往是一套存在内在一致性的多重目标，它既包括诸如营业利润这样的财务指标，也包括衡量企业关键绩效的非财务指标，如市场占有率、增长率、产品质量及与客户的关系等。传统预算只能按照组织结构分析财务指标，作业基础预算则可以按照作业的性质将非财务指标分解到每个作业人，并要求他对指标负责。

（3）能够更准确、更有效地分配稀缺资源。传统预算的构建依据主要是对资源投入（如工资、奖金、费用、设备等）正当性的评价，即“要花哪些钱”；作业基础预算则更进一步依据对资源投入的产出（如处理订单数、增加的销售量、回访客户数等）或动因的评价，即“要完成多少事”，然后根据作业本身的增值能力确定资源分配的优先顺序。作业基础预算的编制过程有利于降低成本、消除无效的作业。

（4）致力于业绩的持续改进。作业基础预算的前提是作业分析后的作业管理，即通过识别增值作业和非增值作业，实现作业和流程的不断改进。

强化作业层面的作业分析，在区分增值作业与非增值作业的前提下，对增值作业进行资源配置与预算控制，减少非增值作业的资源消耗，有利于价值增值目标的实现。因此，将作业成本管理引入预算管理系统，并区分日常性经营预算和战略投资性预算，是未来战略预算和价值管理的核心。上述核心体系可用图 6 – 5 来表示。

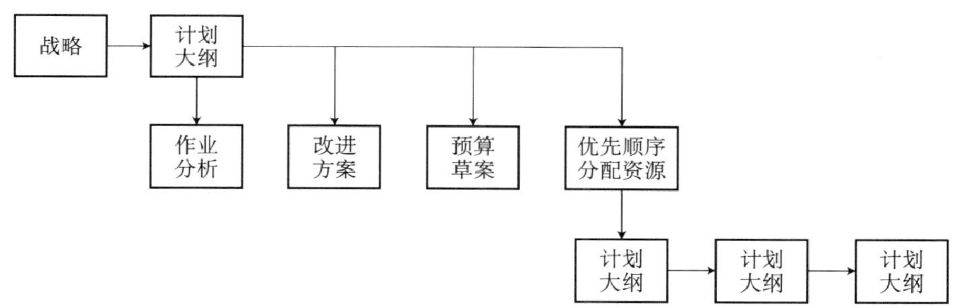

图 6 – 5 作业成本分析与作业基础预算

三、平衡计分卡预算模型

卡普兰和诺顿于 1992 年提出的平衡计分卡已被许多企业用于战略实施过程。但是他们发现，在大多数企业中，预算与战略之间没有太大关系，管理者的注意力和行动集中于短期运作，而不是长期战略的实施。在传统预算时代，企业面临的主要问题是扩大生产能力和通过运营管理来控制成本，因此预算在这些战术实施过程中为管理者提供了很大的帮助。目前，战略已成为企业成功的重要因素。作为一种战略管理工具，平衡计分卡在实施战术管理时也必须与传统的预算管理相联系，但是这种联系在大多数战略实施过程中还不存在。卡普兰和诺顿用飞机“逐渐下降”的过程来比喻从高层战略到局部运营预算的过渡。当在三万英尺的高空飞行时，飞行员只是用几个指标来引导飞行，飞机大多数时间都是由自动驾驶仪来控制，在这种情况下，驾驶舱里的气氛是比较轻松的。在某个时候，飞行员必须由高空飞行状态转换到机场着陆状态。当飞机靠近机场的时候，对操作细则和操作手段的处理就变得非常重要了：飞行员不断地检测地面和天气情况，地面控制人员给出需要严格执行的特别指示，飞行员按照一个“逐渐下降”的程序将飞机从三万英尺高空的战略飞翔状态过渡到着陆所需要并注重精确性的飞行操作状态。

（一）将战略引入预算

企业遵循类似于“逐渐下降”的过程来实现从高层战略到具有运营预算性质的过渡，具体过程如图 6-6 所示。

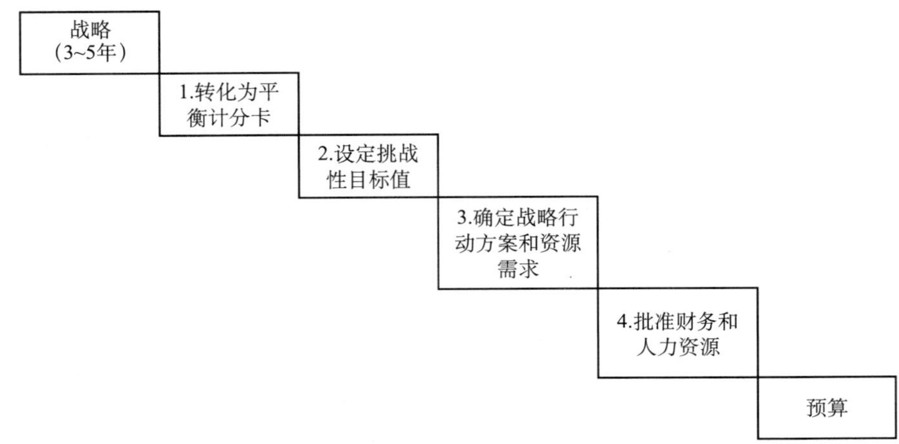

图 6-6　将战略引入预算的逐渐下降过程

图 6-6 所示的将战略引入预算的逐渐下降过程可以表述为以下四个步骤。

（1）将战略用平衡计分卡的形式表现出来，确定战略目标和衡量指标。

（2）为每个指标在未来的时期设置弹性目标，确定目标缺口，用以鼓励和刺激创新。

（3）确定战略计划和用来补足规划缺口所需的资源，从而促使达到弹性目标。

（4）为战略计划确定财务和其他人员的人事设置，将这些需求纳入每年的预算。每年的预算包括两方面的内容：管理人选项目的战略预算和管理部门职能与生产线效率的运营预算。

第二个和第三个步骤构成了这个逐渐下降程序的核心部分，通常，这个部分被改建成一个三年期的计划。该计划允许组织致力于长期的战略主题并且提供了一个体制，该体制允许发展滚动预测并使其与每年的预算相结合。事实上，战略预算在第一年就将组织推入了预定轨道，朝着三年计划中建立的弹性目标前进，下面通过瑞士 A 公司的案例来说明上述流程。

（二）基于平衡计分卡的计划——预算衔接

卡普兰和诺顿在《战略中心型组织》一书中，通过瑞士 A 公司的案例来说明如何使用平衡计分卡将计划和预算结合在一起，如图 6-7 所示。

图 6-7 的上半部分展示了传统的计划制定过程。它强调了各部门的任务和市场定位；建立未来 4 年财务绩效的挑战性目标值；研究市场空间——客户、竞争对手、技术、法规、经济预测；进行 SWOT 分析；制定业务部门战略。

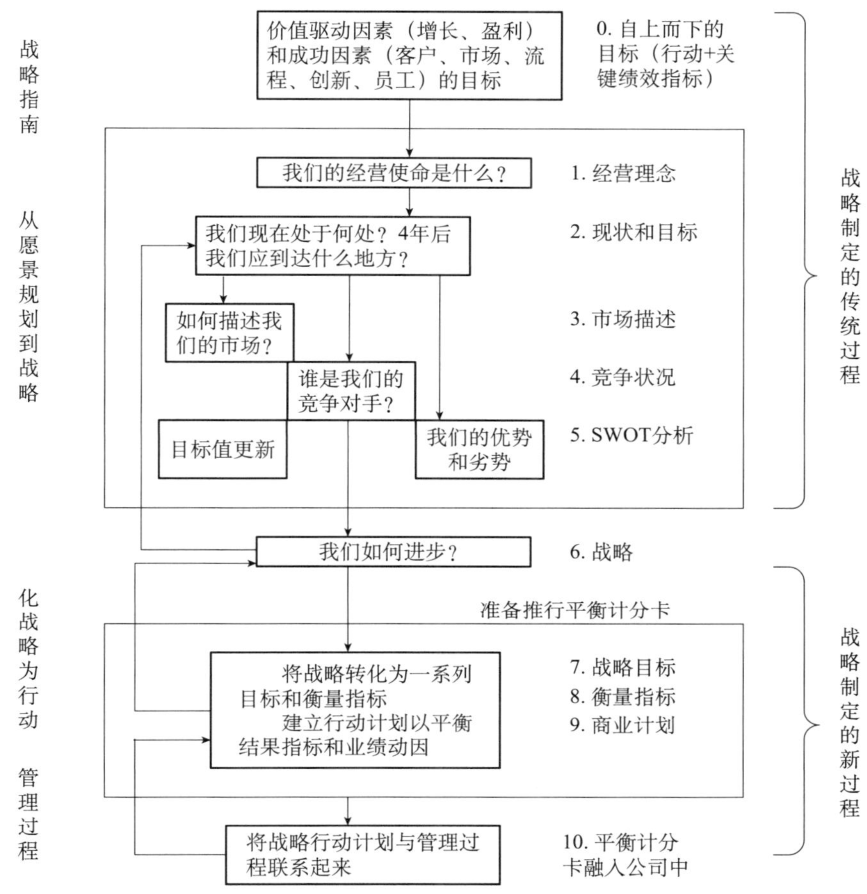

图 6－7　将平衡计分卡融入瑞士 A 公司的战略计划过程

上述战略制定程序在 A 公司已存在多年，该公司缺乏的是一个战略实施程序。公司的战略缺乏一个能直接影响员工行为和工作的机制，导致战略不能影响预算过程，即使定期审查报告也无法改善战略。因此，员工、经理和高级管理人员的日常工作与战略的发展没有直接的联系。

图 6－7 的下半部分展示了公司通过平衡计分卡弥补了战略制定与实施之间的脱节。经理们通过战略地图来描述平衡计分卡四个层面目标和衡量指标之间的关系。其实施过程包括建立能够使业务部门实现战略目标的战略计划和行动方案。

图 6－8 展示了 A 公司接下来如何使用“逐渐下降”程序将平衡计分卡引入其管理过程。

（1）将战略转化为平衡计分卡目标和衡量指标。

（2）建立一个为期两年的业务计划：为每个战略目标建立挑战性目标，并标识出各期间的里程碑。

（3）确定实施业务计划的战略行动方案。每个行动方案由专人或专门的部门负责实施

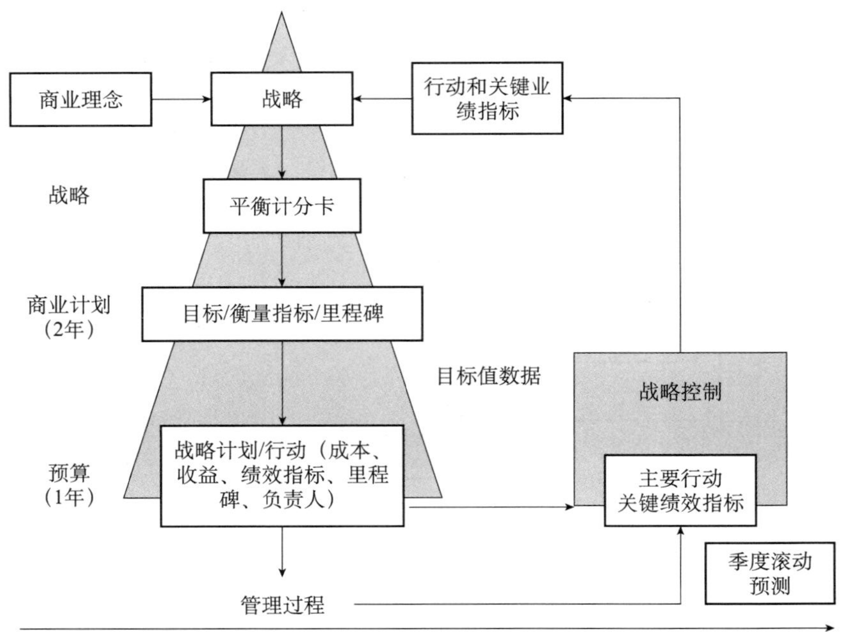

图6－8　瑞士A公司的战略控制流程

并建立时间表。此外，这些行动方案都会在一个因果图上表示出来，用以说明在平衡计分卡四个层面的联系。

（4）针对每个行动方案进行培训，并且以此针对其他行动计划也进行培训。这些方案包含在运营预算中。A公司通过微软的项目软件监控行动计划，这也是定期审查管理的一个组成部分。

（三）基于平衡计分卡的动态预算

卡普兰和诺顿将预算和资源分配区分为运营预算和战略预算两个流程，如图6－9所示。

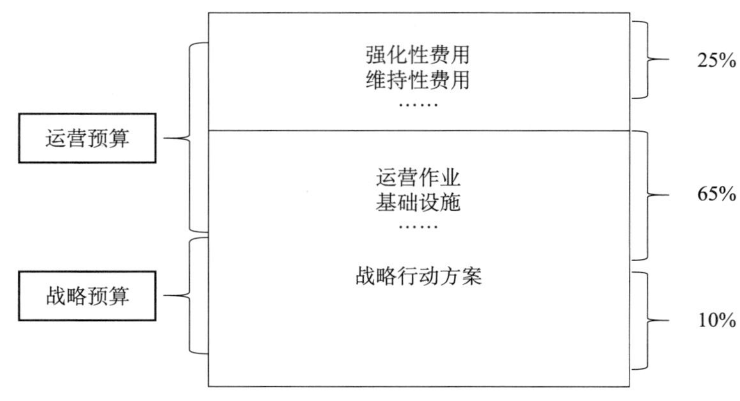

图6－9　运营和战略预算

作业预算反映了维持日常运营所需的费用。其中，维持性费用是用来维持现有产品及客户所需的持续性费用；强化性费用是为维持正常的销售增长而推出新产品与吸引新客户所必须投入的费用。作业预算的支出和费用仅有极少部分是无法准确估计的，大多数费用取决于产品、服务、客户及其组合。因此，这些费用预算反映了为达到预期营业收入必须在产品、服务与客户组合上的支出。由于大部分现有产品、服务与客户需要维持，因此企业的资源支出有相当大的比重都是由其运营预算决定的。由于平衡计分卡与现有业务的成长模式具有密切联系，因此平衡计分卡可以提供运营预算所需的信息。

战略预算是用来支持战略行动方案的费用支出，目的是使企业能够开发新产品或新服务、新能力、新客户关系以及扩大生产能力，以创造未来的成长。为了实现企业战略目标，通常需要制订多种战略行动方案。从短期来看，这些方案很难对财务指标有直接改善，有些甚至会引起财务状况恶化。传统的预算体制由于无法清晰描述这些行动方案的战略意义，导致管理者的决策失误，例如员工培训预算往往被短视的管理者否决。

许多企业的战略执行失败，就是由于预算中没有调配足够的人力、资本与财务资源，而这些项目是完全远离传统的规划流程的。结果，战略行动方案常常是由原已十分忙碌的人员抽出零星时间在执行，并由运营预算中挪出的点滴资源勉强凑合，缺乏适当的人力与财力支持，难怪许多战略执行会失败。平衡计分卡可以帮助我们把战略行动方案中所需人力与财务资源纳入企业的计划与预算，并清晰地将这些预算与传统例行的预算费用分开管理，因而战略目标实现的可能性大为增加。图 6－10 展示了某企业基于平衡计分卡的资源配置与预算过程。

图 6－10 还传达了一个重要信息：战略行动方案是方法而非目标。许多企业在建立平衡计分卡时，常于此处犯错误。它们惯于采用的规划流程是：战略→目标衡量指标→各指标的目标值→战略行动方案。在这个战略规划流程中，行动方案是用以协助战略目标的，其本身并非目的。

（四）运用战略地图，化战略为预算目标

企业实施战略预算管理是为了实现企业的战略目标。战略目标可以分解为长期目标、中期目标和年度目标。实现年度目标最有力的工具就是战略预算管理，年度目标要转化为不同部门和员工的具体行动。也就是说，各个部门要编制出业务预算，然后通过汇总形成战略预算。在预算的编制过程中，各个部门和员工将目标转化为预算指标和预算目标值。预算的执行与控制很大程度上依赖于会计信息系统提供的信息。将会计信息系统提供的实际执行结果与预算目标值进行比较，从而形成评价结论。评价结论不但为管理者提供了改进管理的信息，而且成为实施激励的依据。综上所述，我们可以构建出这样一个管理流程：战略目标制定与分解→全面预算管理→会计信息系统→绩效评价→激励机制，如图 6－11 所示。

战略地图		平衡计分卡		行动计划	
流程：运营管理 驻地：地面周转	目标	指标	目标值	行动方案	预算
利润和ROA 收入增长　减少飞机	营利性 收入增长 减少飞机	市场价值 座位收入 飞机租赁成本	30%CAGR* 20%CAGR 5%CAGR		
吸引和保持更多的客户 准时服务　最低票价	吸引和保持更多客户 航班准时 最低票价	回头客数量 客户数量 准时到达率 客户排序	70% 每年提高12% 第1名 第1名	实施CRM系统 质量管理 客户忠诚项目	××× ××× ×××
快速地面周转	快速地面周转	降落时间 准时起飞	30 分钟 90%	周转期最优化	×××
战略工作舵梯管理 战略系统员工安排 地面员工协调一致	开发必要的技能 开发支持系统 地面员工与战略协调一致	战略工作准备度 信息系统的可行性 战略意识 地面员工持股比率	第1年70% 第3年90% 第5年100% 100% 100% 100%	地面员工培训 完成员工安排系统 沟通项目 员工持股	××× ××× ××× ×××

图 6－10　某企业基于平衡计分卡的资源分配与预算过程

注：CAGR（compound annual growth rate）：年复合增长率。

许多企业将“战略导向”作为预算目标制定或预算编制的原则。但是，如何将战略与预算连接起来，做法可谓五花八门。对更多的企业来讲，两者甚至是脱节的，也就是说，存在如图 6－11 所示的预算编制黑箱。预算编制黑箱使战略与预算编制脱节，最终会影响到战略的执行和战略目标的达成。卡普兰和诺顿通过战略地图描述了战略的逻辑性，清晰地显示了企业创造价值的关键内部流程目标。

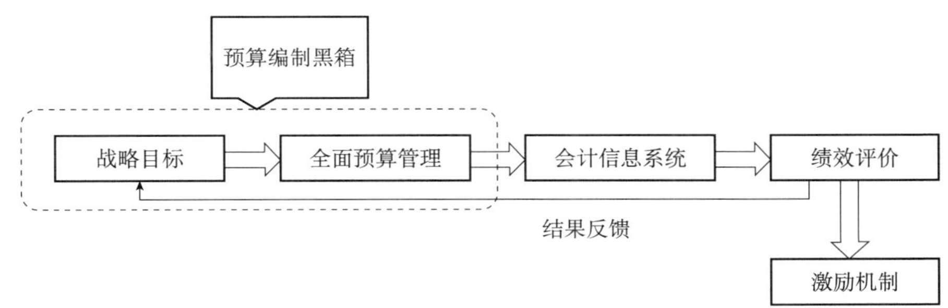

图 6－11　企业管理流程

预算目标的确定以战略为出发点。预算编制的程序大致有三种：自上而下、自下而上以及上下结合。目前，多数企业采用第三种方式。上下结合的预算编制程序包括以下几个步骤：下达目标、编制上报、审查平衡、审议批准和下达执行。可见，下达目标是预算编制的首要环节。一般来讲，预算管理委员会根据企业发展战略和对预算期经济形势的初步预测，在决策的基础上，于每年 9 月底以前提出下一年度的企业预算目标、成本费用目标、利润目标和现金流量目标。

如何根据企业战略制定科学合理的预算目标是预算编制的一个难点。预算目标是企业战略的具体体现，目标既可以是财务指标，如净资产收益率、经济增加值，也可以是财务指标和非财务指标的结合，如平衡计分卡的指标体系。不同的预算目标反映了企业不同的价值取向。对于许多企业来讲，需要思考的一个问题是：企业有没有明确的目标？战略地图为企业明确目标提供了很好的方法。

战略地图是从平衡计分卡简单的四个层面模型发展而来的（如图 6－12 所示）。平衡计分卡四个层面的战略指标并不是孤立的，而是四个层面的目标之间的一系列因果联系，这些因果关系通用的表示方法叫作战略地图。战略地图是对企业战略要素之间因果关系的可视化表示方法，同时又像平衡计分卡一样具有深刻的洞察力。战略地图增加了细节层，用以说明战略的时间动态性；增加了颗粒层，用以改善清晰性和突出重点。目前，无数的方法被用于制定战略的实践。但是，不管用什么方法，战略地图提供了一个描述战略的统一方法，以使目标和指标得以建立和管理。

如图 6－12 所示，战略地图提供了一个战略的可视化表示方法。它提供了一个只有一页的视图，说明了四个层面的目标如何被集成在一起描述战略。每个企业都为其特殊的战略目标制定战略地图。一般来讲，战略地图的四个层面涉及 20～30 个相互关联的平衡计分卡指标。一些人批评平衡战略地图无法同时关注不同的指标。如果平衡计分卡被看作 25 个独立的指标，那么对企业和员工来讲，它确实太复杂以至于无法被消化吸收。战略地图显示了结构适当的平衡计分卡中的多个指标如何为单个战略提供使用工具。企业能够在一个有二三十个指标的集成系统中制定并沟通它的战略，这些指标确定了关键变量之间的因果关系，关键变量包括领先变量、滞后变量和反馈循环，即描述战略的轨迹。

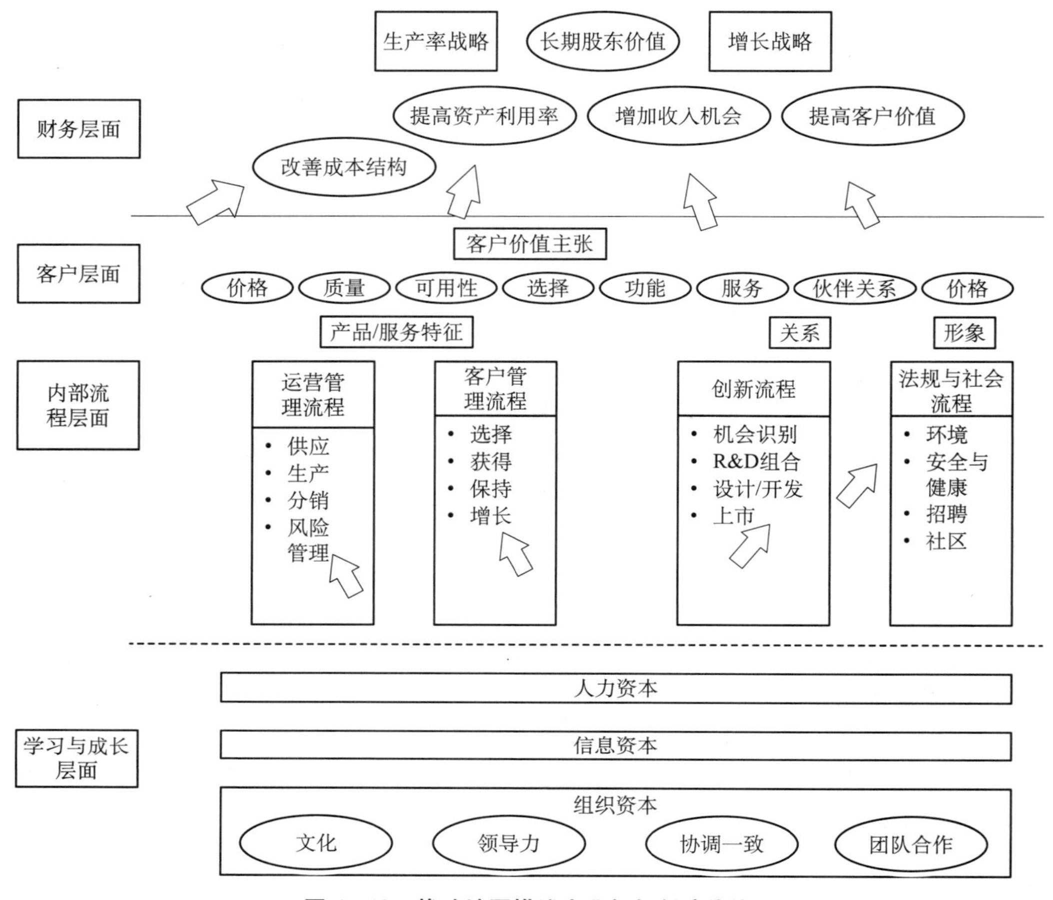

图 6－12　战略地图描述企业如何创造价值

第四节　基于战略的预算考评与薪酬设计

预算考评是对企业内部各级责任单位和个人的预算执行情况的考核和评价。在企业诊断预算控制体系中，预算考评既可以检查、督促各级责任单位和个人积极落实预算任务，及时提供预算执行情况的相关信息，以便纠正实际与预算的偏差，进而实现企业总体目标，又使得企业对相关部门和人员实施有效激励有了合理、可靠的依据，还有助于管理者了解企业生产经营情况。没有预算考评，企业预算无法执行，预算管理变得毫无意义。严格考评不仅是为了将预算目标值与预算的结果进行比较，肯定成绩，找出问题，分析原因，改进以后的工作，也是为了对员工实施公正的奖罚，以便奖勤罚懒，调动员工的积极性。

预算考评应该以企业各级预算执行主体为考评对象，以预算目标为考评标准，以预算完成状况的考察为评价核心，通过预算实际执行情况与预算目标的比较，确定差异并查明产生差异的原因，进而据以评价各级责任单位和个人的工作业绩。

为了实现公司整体战略与预算目标，预算考评必须遵循五个原则：（1）以预算指标为核心，构建预算考评体系。（2）以责任中心为考核对象，将自评与他评相结合。（3）强调预算标杆的作用，预算考评基准以预算目标为依据，并考虑预算调整因素。（4）预算考评以各预算责任单位的统一会计政策为基础。对于采用不同会计政策而产生的差异，要作出相应调整。年终预算考评必须以审计确认后的财务数据为准。（5）正确区分经营业绩与管理业绩。

在预算考核中，应剔除管理者不可控因素（如价格波动、利率调整、税收政策影响、补贴收入项目等非可控因素）对企业业绩产生的积极或消极影响，从而公正、公平、公开地评价管理者业绩。

在以预算为目标值的绩效评价模式中，经营者的薪酬设计通常如图 6－13 所示。

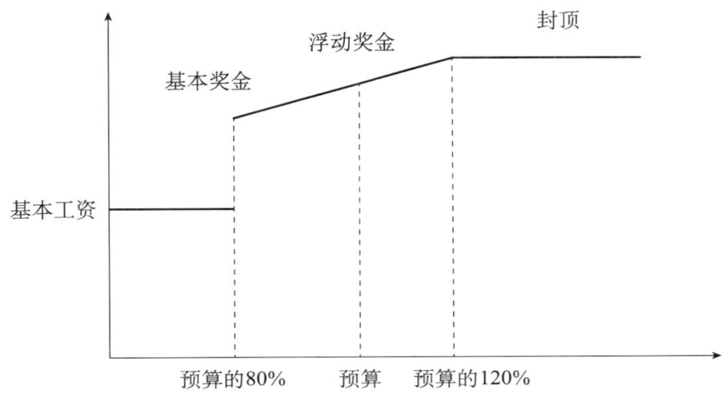

图 6－13 传统薪酬的设计

在国外经营者薪酬计划的典型模式中，经营者的收入在其业绩没有达到最低要求时通常都是固定的（称为底薪），一般最低要求为预算目标的 80%，预算目标可以是利润、销售收入、产量或其他诸如增长率之类的指标。在达到了最低业绩要求之后，经营者会得到额外的收入（称为奖金），随着预算完成程度的增加，奖金相应增加，直到达到最高标准（通常是预算目标的 120%）。人们认为，这种薪酬方案具有明显的激励作用，能促使管理者及一般员工努力工作，力争达到企业的预算标准，从而得到物质上的奖励。

但是，这种传统的薪酬设计模型往往会在预算管理行为中导致预算松弛和业绩松弛两种问题。预算松弛是指下级在参与制定预算时，隐匿真实信息，提供保守性的、能使其将来的经营业绩看起来更好的预算数据，即下级在制定预算中留有余地的行为。业绩松弛则是指当预算责任人发现自己无法达到奖励的下限或已经超过奖励的上限后，就会放弃进一步提高业绩的努力，导致预算契约的激励功能失效。

为了解决传统薪酬模型带来的问题，会计学界提出了数种修正的薪酬模型，其中以新苏维埃奖励模型和联合确定基数法最为成熟。

一、新苏维埃奖励模型

该模型是美国学者 M. L. 韦茨曼（M. L. Weitzman）以苏联中央计划人员在实施计划经

济时对下级部门设计并实施的薪酬体系为基础，设计的用于公司预算系统的薪酬计划。该计划用公式表示如下：

$$B = B' + b \times Y' + a\ (Y - Y'),\ Y > Y' \tag{6-1}$$

$$B = B' + b \times Y' + c\ (Y - Y'),\ Y < Y' \tag{6-2}$$

其中，B 是下级的奖金收入；Y 是其实际业绩；B'是由上级决定的奖金；Y'是经下级参与确定的预算目标（也可以视为预算责任人自报数）；a、b、c 都是奖罚系数，其中 $0 < a < b < c$。$0 < a < b < c$ 是保证该模型能顺利发挥其优越性的关键。预算使用者在使用该模型时为了更好地产生激励作用，甚至作出如下规定：b 至少要比 a 大 30%，同时，c 至少要比 b 大 30%。

表 6－2 展示了当 $B' = 100$，$a = 0.2$，$b = 0.4$，$c = 0.6$ 时奖金 B 的变动情况。由表 6－2 可见，当预算目标与实际业绩相同时，下级的奖金收入可达到最大值。这样可以防止下级为了获取超额完成预算的奖励而产生的预算松弛现象。

表 6－2　　新苏维埃奖励模型示例

X，Y'	50	60	70	80	90	100	110	120
50	120	118	116	114	112	110	108	106
60	122	124	122	120	118	116	114	112
70	124	126	128	126	124	122	120	118
80	126	128	130	132	130	128	126	124
90	128	130	132	134	136	134	132	130
100	130	132	134	136	138	140	138	136
110	132	134	136	138	140	142	144	142
120	134	136	138	140	142	144	146	148

二、联合确定基数法

我国学者胡祖光就委托人与代理人之间、母子公司之间针对利润（承包）基数的讨价还价、上下博弈过程漫长、上下信息不对称的现实，提出了一个与预算行为问题相关的解决办法，即联合确定基数法。其基本原理是设计一个充分利用代理人信息的利益机制，使代理人为了追求最大利益能够自动地提出一个与实际能力相符的目标利润，并主要根据代理人自报的目标来确定合同的利润数（合同基数是委托人要求数与代理人自报数的加权平均）。联合确定基数法的核心内容是：各报基数、平均、少报罚五、多报不奖、歉收补七。如表 6－3 所示，只有在代理人报出最真实的目标，自报数与期末实际完成数完全一致时，他才能得到最高的净收益。

表 6-3　　联合确定基数法的核心内容

代理人自报数的五种情况	一	二	三	四	五
（1）代理人自报数	60	70	80	90	100
（2）委托人要求数	60	60	60	60	60
（3）合同基数 =[（1）+（2）]/2	60	65	70	75	80
（4）期末实际完成数	80	80	80	80	80
（5）超基数奖励：[（4）-（3）]×70%	14	10.5	7	3.5	0
（6）少报罚金：[（1）-（4）]×50%	-10	-5	0	0	0
（7）代理人净收益：（5）+（6）	4	5.5	7	3.5	0

第五节　交互预算

一、交互预算控制的提出与界定

交互控制（interactive control）的概念是西蒙斯（Simons，1995）在其管理控制框架中首先提出的，该框架着眼于实现组织在战略实施过程中两种不可或缺而又相互冲突的目的，即“创新”（适应变化环境、组织学习与管理变革）和“约束”（强调达成既定业绩目标），一个组织完全可以通过管理控制系统的综合利用来协同这两种目标。该理论将组织的管理控制分为具有不同目的但又相互关联的信念控制、边界控制、诊断控制和交互控制四个子系统。框架内前三个系统执行“传统的”控制功能，包括明确组织的目标和理念、确立行为边界、依据个人业绩进行奖励或惩罚等，而第四个交互控制系统“用于追踪战略的不确定性并触发新的学习活动以对不断变化的环境作出适应性调整”。交互控制的提出颠覆了有关控制的传统观念，认为控制不再仅仅表现为对某一目标或规则的遵守、合规或固定的控制等，它可以是行为驱动过程（Langfield-Smith，2007），成为组织学习的重要手段。同时，该理论还指明企业的预算、反馈和评价等工具既可以用于诊断控制，也可以用于交互控制，对同一控制工具不同的运用方式会显著影响到控制效果和组织绩效（Simons，2000）。诊断预算控制与交互预算控制在控制目的、高管参与程度、评价与激励等多个方面的作用都有显著区别，如表 6-4 所示。

表 6-4　　交互预算控制与诊断预算控制的特征差异

项目	交互预算控制	诊断预算控制
控制目的	适应战略上的不确定性，鼓励创新、对话与学习	提供必要的激励、资源，确保战略与预算目标的实现
高管参与程度	持续、频繁关注	例外管理原则

续表

项目	交互预算控制	诊断预算控制
目标设定与预算编制	自上而下，经咨询和修正后确定；运营部门参与	更多是自上而下；财务部门为主
预算沟通与调整	经常性的闭环式沟通；年内可视预算前提的变化而重新调整预算目标；把学习融入预算调整过程	有限的对话，根据例外管理原则关注重大不利差异；一般不可调整既定预算目标
评价与激励	预算完成情况与评价及各种形式的奖励基本没有关系，评价以主观评价及其他非财务指标为主	预算完成情况与评价、奖励关系密切
信息目标	预算部门的状态描述	预算部门及责任人业绩的描述
时间范围	过去和未来导向	过去导向
行为问题风险	很小	很大

二、案例讨论

天津一汽丰田（TFTM）是商务部批准成立的大型中外合资企业，出资方为中国第一汽车集团公司、天津一汽夏利汽车股份有限公司、丰田汽车公司和丰田汽车（中国）投资有限公司，公司注册资本为33亿元人民币，中方和外方的持股比例50%∶50%，合资时间为30年。公司成立于2000年6月，2017年生产能力达到年产53万辆。

预算是TFTM计划系统的重要组成部分。公司每年首先根据合资双方股东的目标做3～5年的中长期滚动经营计划，经营计划从产品战略计划出发，内容涉及计划期间新产品（车型）的投放、技术的选择和更新、生产规模的扩张等，并制订与产品战略计划相对应的产品生命周期核算计划；其次根据产品战略计划编制生产产品的资源需求计划，包括人员、设备计划和资金筹措计划等；最后依据中长期经营计划对经营计划中的第一年做详细的年度预算，通常在每年的9月。年度预算包括经营预算和财务预算两部分，在公司内部人们习惯上又把经营预算分为“大预算”和“小预算”两个流程。“大预算”主要是指预算目标的确定，基本流程是：(1)由合资企业上报下年度利润预测；(2)双方股东讨论协商利润目标；(3)确认利润额，并按照经营单位细分下达；(4)确定产销量。“小预算”是指预算目标确定后在合资企业内部进行的分解，主要流程是：根据销售预测和利润目标制定利润计划，即对利润的构成项目进行分解。在编制具体的预算前，公司的首要任务是改善成本，并确定每个车型的基准成本。TFTM的成本改善公式是：收入－利润＝成本（料、工、费）。其中，“料”分为国内采购和国外采购，前者和供应商共同改善，后者由股东在事前谈好；“工”的成本体现在内制品上，又可按成本构成分料工费或价工费，项目包括辅助材料、消耗性材料、易耗品和水电等；“费”则是指制造费用，由每个车间运用零基预算法对可控费用编制费用预算，由预算科汇总审批。“工”和“费”的改善主要依靠企业内部，通过成本改善法来完成。公司每个月开经管会，出席者包括主管公司财务工作的副总经理、各部门正副主任、预算担当者及财务部的预算管理成员，会议内容包括对预算执行情况的分析总结、各部门预算执行结果的反馈、公司预算工作重要信息的传达以及基准成本的改善情况等。会议的重点是对预算执行情况的跟踪和降低成本的经验介绍，核心是分析存在的问题和没有实现目标的原因，进一步提出改善的方向和手段。经管会分析预算执行情况的目的不是业绩考核，没有完成计划并不表明业绩不好，更不会因此而受到批评。相对而言，对预算的讨论和分析更关注外部不确定因素和未预测到的事项对现行计划所蕴含的假设带来的挑战和对未来经营活动的影响。

每年6月，公司一般会根据环境条件的变化和预算的实际完成情况来分析目标能否完成，如果有必要就对利润目标做一次大的调整，合资双方的母公司一般不会怀疑调整的必要性。

由于公司的成本改善法是一种强调持续改善、实时改善的方法，故以此为基础编制的预算也没有被当作固定的业绩标杆，在公司的预算管理中没有期末的预算考核及其奖惩这一环节。公司认为预算的最终结果包含着很多管理者和员工不可控的因素，因此更强调预算过程中的沟通、知识分享、学习、创新和努力程度，对管理者和一般员工的评价基本上都是通过上级对下级的主观评价确定的，方式是面谈。

TFTM在实施交互预算方面是一个很成功的案例，它的成功经验可以总结为以下三点。

1. 交互预算控制的运用与对组织的影响

通过分析案例公司的预算管理可以发现，尽管案例公司在预算回顾中也将期初制定的成本改善指标作为标准来考察实际完成情况，从而具有诊断控制的特征，但总体来看，依据前面对交互预算控制的界定，案例公司的预算制度具有明显的交互控制特征。理由是：（1）预算的编制、执行和反馈是连续不断的，要求各层级的管理者定期、频繁地关注预算；（2）公司通过每月、每季度的经管会，讨论预算执行情况（主要内容是成本改善的完成情况），关心的问题是是否实现了改善目标，如果没有实现目标，问题是什么、如何解决等；（3）每年年中都会根据预算前提的变化对预算目标进行必要的调整，认为这是适应环境的合理、积极行为；（4）最为重要的一点就是，预算执行结果与业绩评价及奖惩没有关系，预算回顾的主要目的是发现问题进而解决问题，而非评价业绩、奖惩或者末位淘汰。

与前期阿伯内西和布劳内尔（Abernethy and Brownell，1999），毕斯贝街和奥特利（Bisbe and Otley，2004）及亨利（Henri，2006）等的研究结论相一致，TFTM的交互预算控制取得了良好的控制效果，具体包括：（1）促进了组织内的学习。交互预算控制所涉及的对问题的彻底探究成本改善的跨部门参与和高管的积极介入等讨论方式为组织内部尤其是中方人员学习工艺流程、成本改善、预算管理方法和理念等提供了平台，从而使很多隐性的技术和管理知识显性化。学习不仅对于组织至关重要，持续的学习机会和能力的提升对员工个人也是一种强有力的激励，可以增强员工的组织承诺，进而提升个人和组织绩效。（2）减少了“预算游戏”行为，促进了业绩的持续改进。不同于诊断预算控制，交互预算控制中的预算并不是绩效评价的业绩标杆，切断了预算与业绩及奖惩之间的联系，整个预算的编制和控制过程都以业绩的持续改善为核心，回顾也是为了找出问题，即将“问题”和“人”

分离开来，从而有效地抑制了其他预算管理中常见预算“说谎”和“相互推诿”等行为，员工能够认识到“预算回顾和讨论时找出问题并不是要指责某个人，而是想了解事实以改善公司所面临的不理想的境况”。这样的控制能够诱导员工说真话，增强了组织内部相互间的信任度。

交互预算控制通过促进组织学习和持续改进，有效地增进了TFTM组织绩效的提高。在整个轿车行业增产不增收的情况下，TFTM以成本控制的绝对优势确保了自身利润率，其中成本控制方面的持续改进对公司财务绩效的贡献毋庸置疑。另外，作为合资企业，TFTM战略绩效主要体现为母公司战略目标的实现程度。对TFTM近15名中方和日方管理者的调查表明，合资双方对战略目标的实现程度都比较满意，都给出了5分以上的评价（要求在1～7之间打分）。

2. 战略不确定性与交互预算控制

就TFTM而言，在成立之初，受内外部环境因素的影响，公司战略存在一定的不确定性。首先，合资双方战略取向的分歧导致合资公司自身目标迟迟难以确定，“中方股东偏重财务收益，而外方更看重市场”；其次，合资企业内部在员工行为、制度等方面的跨文化差异使组织的发展前景存在较大的不确定性，战略目标的达成似乎无从谈起；最后，国内汽车市场发展和变化更加迅速，竞争对手的行动、TFTM自身的优势都尚未明确显现，正如TFTM某高管所言：“公司的战略目标一开始不是很明确。刚开始时，只是想着顺利投产，产品下线，然后是成本和价格的竞争。”直到2005年底，随着车型布局以及产能扩张与储备的逐步完成，双方股东谈判实力的变化及相应的目标的调整，TFTM才提出明确的战略目标，即2010年实现产销50万辆、销售收入800亿元的发展目标。战略的不确定性导致组织无法确定明确的经营目标和判断关键成功因素，在这样的背景下，进行交互预算控制更为合适。不强调对预算目标的完成，能够降低管理人员和员工的“业绩数字”压力，有利于公司专心摸索和适应外部环境及战略的不确定性。

3. 交互预算控制与其他控制机制的契合

尊重和改善是TFTM信念控制的核心，它鼓励员工淡化定量（预算或业绩）目标，在工作中发现问题并积极解决问题。另外，公司主张尊重员工，鼓励团队合作，倡导集体价值观，不强调权责的清晰界定，倡导团队的集体负责制，在小组或员工个人层面的奖励非常少（创意贡献奖除外），但是如果整个工厂或公司业绩好，那么每个人都会有获得重大奖励的机会，增强了员工团队意识。信仰系统所营造的这种组织氛围与实施交互预算控制所需要的积极沟通、无保留地在查找问题和相互配合地解决问题等条件相互契合，为其提供了良好的运行基础，在一定程度上保障了运行效果。可以想象，在一个人人追求个人利益最大化、强调“人人肩上有指标”的组织中，个人之间、部门之间缺乏沟通，同时恪守既定标准、对变化反应迟缓，预算控制是很难交互起来的。

通过分析还发现，TFTM的交互预算控制与边界、诊断控制相互补充，在确保短期绩效的同时鼓励创新和改进。公司对于品质、安全、效率等关键成功因素及其实现方式的明确界定为预算的交互对话提供了重点和依据，而以“标准作业制度”为代表的诊断控制则有效地从作业这一绩效形成的最根本元素上实施控制，从而保证了组织的短期绩效。另外，面谈制度通过上级基于过程、努力和贡献的主观评价方式激励员工在预算执行和回顾中想方设法地去表达、尝试各种可能的改善，同时，通过交互预算控制频繁而深入的沟通方式，管理者获得了用以评价下属员工的有关经营环境、决策情景、各种备选方案以及员工所做的努力等更加完备有效的信息，在沟通与主观评价之间形成了良性循环。因此，TFTM 的交互预算控制并不是自成一体、独立运行的，相反，它与公司的其他控制子系统交织在一起，相互补充和支持，对组织实施共同控制。

思考与讨论

（1）请根据下图归纳出作业成本法与作业基础预算之间的差异。

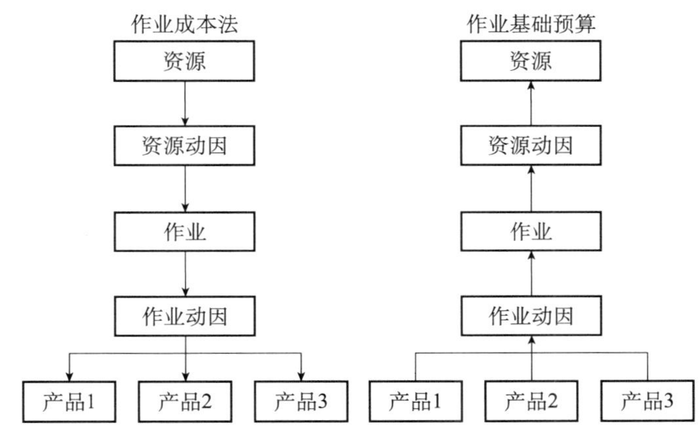

图 1　作业成本法与作业基础预算

（2）表 1 详细描述了预算与平衡计分卡在设计上的差异。正是这些差异，导致一些企业同时应用这两种管理工具时产生矛盾。请根据本章学到的知识，归纳出缓解这些矛盾的方法。

表 1　预算与平衡计分卡在设计原则上的差异

项目	预算	平衡计分卡
会计领域	责任会计	战略管理会计
目的	公司治理/财务控制	战略适应/战略实施
时间范围	年度的/短期的	战略的/长期的
使用范围	单维度的，财务指标导向	多维度的，包括财务指标和非财务指标导向
用途	个体可控性和个体问责	战略更新时的组织决策和沟通
对经理的影响	强制的	授权的

（3）请根据交互预算的特点说明交互预算在组织战略发生变化时所具有的较强的适应能力。

案例与讨论

中化集团全面预算管理研究*

一、中化集团简介

中国中化集团公司（以下简称“中化集团”）成立于1950年，前身为中国化工进出口总公司，历史上曾为中国最大的外贸企业。现为国务院国有资产监督管理委员会监管的国有重要骨干企业，总部设在北京。

中化集团从成立之初历经各个发展阶段，到目前转型再造为具有较强竞争力和行业影响力的新国企，其发展离不开经营管理的变革与转型创新。中化集团启动的以提高企业管理水平为目的的管理改善工程，主要从创新管理体制、增加总部控制力和量化经营模式，做大做强主业两个方面展开。形成了具有面向市场的核心竞争能力，成为全球资源和市场的组织者，围绕主营业务进行上下游和国内外延伸，形成了资源控制、技术研发、营销及金融服务相互支撑的经验格局。发展出以石油、化肥和化工为三大核心业务的产业价值链，构造了有限多元化、协同发展的产业布局。

二、中化集团预算管理发展概况

1998年的亚洲金融危机让中化集团认识到预算管理的重要性，于1999年启动了以提高企业管理水平为目的的管理改善工程，这是其发展史上的一个重要里程碑。从此开始建立一套较为成熟、具有中化特色的、以全面预算管理为核心、以风险控制为关键、以资金管理为对象，辐射到公司管理方方面面的“点、线、面”相结合的内部控制体系，有效防范与规避风险。从这里开始，一改以往简单盈亏预算的初级管理模式，向全面预算管理转型，到2002年逐步完善，迈向战略导向型的全面预算管理新阶段。预算管理开始以战略目标为导向，从预算目标的建立、预算编制、预算分析与执行控制、绩效评价与考核都围绕集团战略目标的实现开展预算管理工作循环，以配合集团战略目标的实现。

三、中化集团全面预算管理的具体实践

中化集团的全面预算管理以战略规划为指导、以市场需求为起点、以经营计划为基础、以追求高绩效为目标，强调资源的优化配置，涵盖事前、事中、事后的全员参与、全流程、全方位的预算管理体系，建立了从预算制定、质询对话、执行监控、评价考核的预算管理循环，如图1所示。

（一）预算目标的制定

中化集团的预算管理以战略为导向，通过将集团战略目标层层分解，细化并落实到各经营单位，各经营单位的经营目标服从并服务于集团整体战略目标，并据此进行预算管理，追求集团整体的高绩效目标，强调经营过程的安全及健康，强调资源的优化配置。下属经营单

---

* 资料来源：中国专业学位案例中心会计专业学位案例库。作者：陈菡、陈爱华，作者单位：厦门国家会计学院，案例入库号：201812530385。

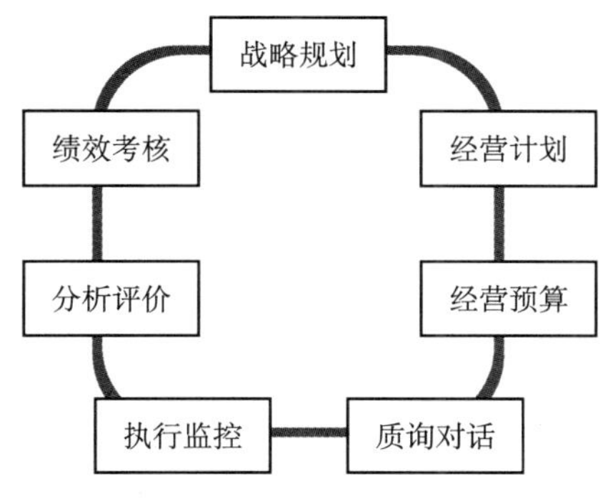

图 1　中化集团预算管理循环

位应按照集团总部梳理的全面预算逻辑框架的要求进行年度预算的编制工作，以体现预算的全面性与逻辑性。

中化集团的预算管理从市场需求出发，建立符合市场原则的投入、产出模型，按市场原则进行资源配置；以业务活动为起点，细化经营计划，有机衔接经营预算，形成完整的全员、全过程、全方位的全面预算管理体系，如图 2 所示。

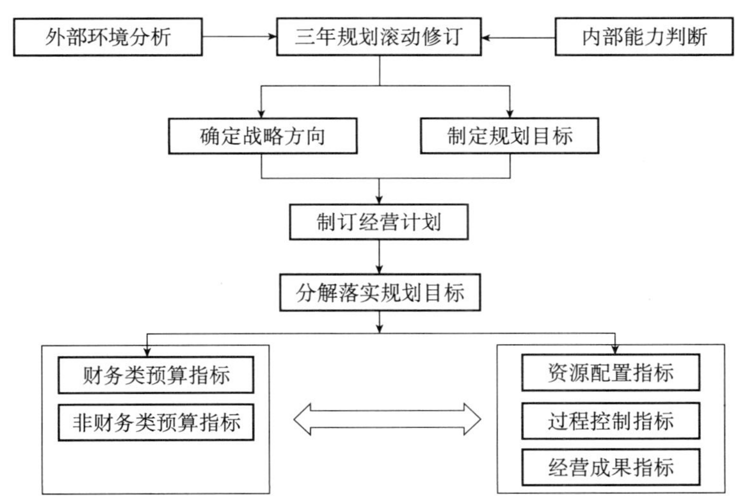

图 2　中化集团从战略到预算指标的逻辑框架

预算目标的设定，建立起总部和经营单元之间的管理契约关系，因此在预算的执行过程中必须保证预算的严肃性。预算编制和执行时必须保证诚信，预算批复后不得擅自调整，预算外事项严格审批。

下属经营单位以中化集团的战略要求为导向，结合自身企业的发展战略，细化和落实规划期的各项重点战略议题，确保集团战略真正落地。

1. 通过战略地图分解战略目标

战略地图通过将平衡计分卡上的不同项目纳入一条因果链内，从而使企业的战略目标与达成目标的驱动因素联系起来，展示战略规划与资源转化之间的关系，使员工可以更好地理解企业战略。

下属经营单位运用战略地图，在兼顾战略要素和运营关键环节的基础上，搭建了涵盖财务目标、战略发展、运营管理、组织基础四个层面的绩效管理体系。下属经营单位基于战略地图的绩效指标体系以集团公司的整体战略为起点，结合财务指标和非财务指标，突出强调指标体系的战略相关性，将部门和个人业绩指标与公司整体战略密切关联，从而使得绩效管理体系超越一般的业绩体系成为一个综合的战略实施系统。

2. 具体指标的分解与构建

中化集团全面预算指标体系不仅包括经营成果指标，还包括经营过程指标和资源配置指标，关注经营过程与经营质量，并通过资源配置与经营成果相匹配，鼓励经营者追求高绩效，具有强调价值创造、风险可控、资源优化配置、全方位内部控制等特点，如图3所示。

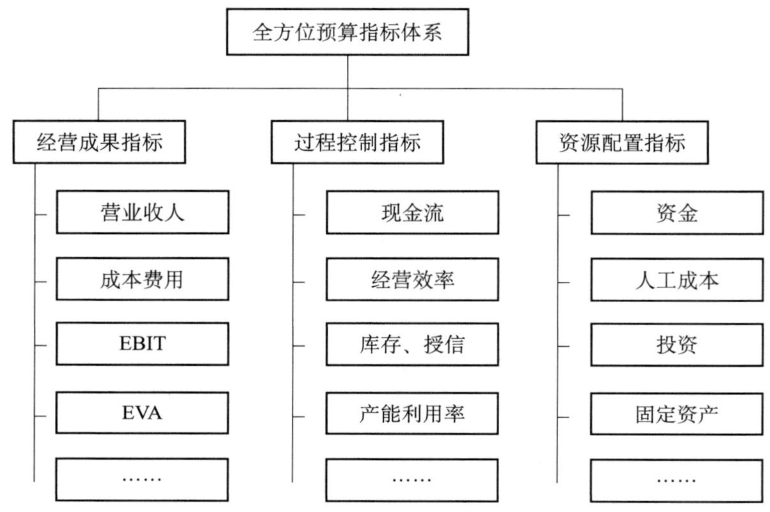

图3　中化集团全面预算指标体系

中化集团围绕集团的战略关键点和运营管理环节，设置KPI指标进行系统化管理；通过建立若干绩效透视表，从各个维度透视关键经营指标。在指标设置的过程中体现以下原则：(1) 业绩目标制定引导原则，即反映公司总体预算目标要求和考核引导要求。(2) 薪酬资源配置原则，即在薪酬资源的配置上秉承高绩效理念。薪酬包括固定部分和浮动部分，固定部分的薪酬资源配置既考虑上年业绩达成，也考虑当年业绩追求。根据上年考核分类、当年经营预算情况和公司当年整体薪酬总额的实际状况确定固定部分增长幅度。(3) 风险资源配置原则，包括授信预算和存货预算。加速周转，提高风险资源使用效率；控制规模，降低业务风险暴露程度；合理配置，向为公司带来价值的业务倾斜。(4) 资金资源配置原则，包括资本性资金和营运资金。资金配置优先支持公司重点战略，向经营内涵持续优化、盈利能力及运营效率好的业务倾斜，内部资金使用，除免息额度外，将严格考核资金成本。

3. 预算质询

中化集团各经营单位的预算目标必须经过与集团公司的质询对话后确定。通过预算的对话质询，明确集团公司和经营单位之间的经营契约关系，明确各经营单位的权限空间和职责范围，有助于集团公司围绕战略目标进行资源优化配置，同时保持下属经营单位的经营灵活性和主动性，如图4所示。

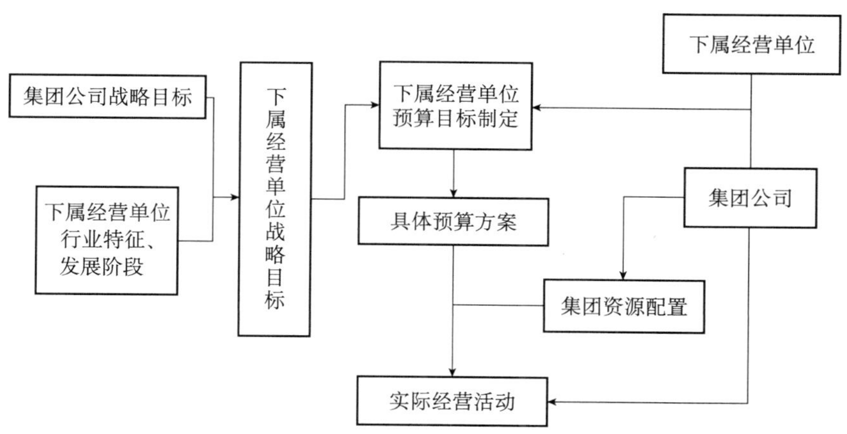

图4　中化集团预算目标的基本逻辑

（二）预算编制

中化集团的预算编制以战略规划为导向，制订经营计划和经营预算，子公司根据集团整体战略目标以及自身的经营目标制定相应的预算指导原则，并层层向下分解，下达年度预算编制的具体要求。子公司的业务支持部门和职能部门按照公司的预算编制原则及本部门的职责分工，编制相应的预算项目，向事业部汇总后报送子公司。子公司将汇总后的本经营单位预算上报至集团公司，并提出相应的资源配置要求，经过与集团公司质询对话后，确定本经营单位的年度经营预算，并经集团公司以批复形式正式下达。

1. 预算编制指导原则

下属经营单位根据中化集团的整体预算目标，对下属经营单位所属子公司的预算编制提出相应的指导原则：(1) 战略导向原则。以中化集团和下属经营单位战略要求为导向，细化和落实规划期第一年的各项重点战略议题，确保战略真正落地。(2) 全面预算管理原则。以业务活动为起点，细化经营计划，有机衔接经营预算，形成完整的全员、全过程、全方位的全面预算管理体系。(3) 精细化管理原则。细化经营计划编制内容，明确编制标准，设置关键指标，夯实经营预算基础；满足对价值链条的精细化管理要求，加强基础工作，细化预算颗粒度。(4) 市场自适应原则。从市场需求出发，建立符合市场原则的投入、产出模型。

2. 预算编制组织

中化集团的预算管理强调全员参与，通过“金字塔”式的管理责任链使得预算管理工作在系统内逐级延伸、逐级落实，各经营单位在集团总部的统一协调下，各司其职，协作配合（如图5所示）。在预算编制组织上，下属经营单位完善全面预算管理组织机构，各单位“一把手”亲自负责组织并参与预算管理。

在预算的编制过程中，按照从经营计划到经营成果细化全过程编制逻辑，使经营预算与经营计划有机衔接，确保预算的全面性和刚性约束，严控预算外项目。

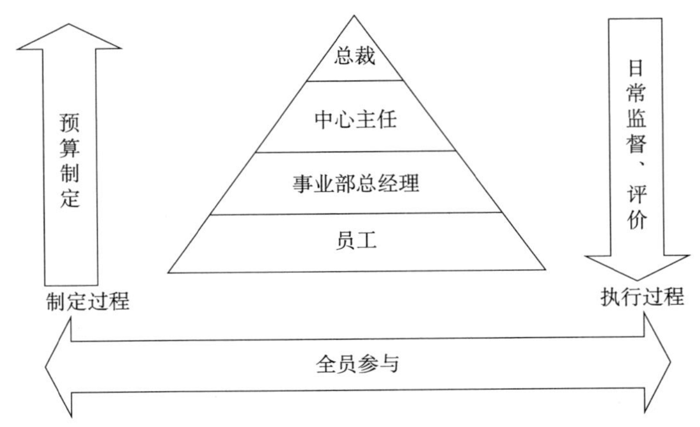

图5　中化集团“金字塔”式的管理责任链

3. 预算编制时间安排

按照集团公司的要求，下属经营单位每年9月开始进行下一年度的经营计划及预算编制的布置工作，10月上报经营计划，在经过预算质询会后，正式向集团公司上报预算，集团公司经过综合平衡后在下一年度2月之前下发经营单位重要战略议题及经营预算指标批复。

在具体预算编制上，各业务支持中心及职能部门首先编制各部门相应的预算表格，经利润中心财务部进行汇总初审后，由下属经营单位总经理办公室审核上报集团审批。下属经营单位按照预算流程对所涉及的所有预算内容进行分工，明确各个部门的预算编制责任。

（三）预算的执行与监控

预算目标实现与否需要借助一定措施对预算执行过程进行分析与监控，以及时跟踪预算执行效果，对预算与实际的差异进行分析，建立相应的预警机制，并及时调整公司的资源配置，保证集团整体预算目标的实现。

1. 集团公司对经营单位的预算执行与监控机制

中化集团重点对经营计划推进、经营成果、经营质量及内部管控进行预算执行的过程监控。过程监控的主要内容框架如图6所示。

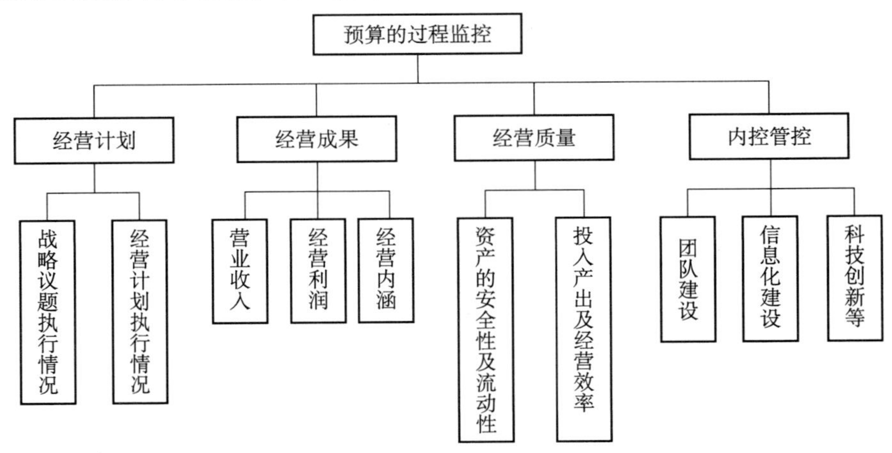

图6　过程监控的内容框架

中化集团对于企业预算的执行实施全方位监控，其监控手段包括资金集中、会计信息监督、风险管控、战略实施、HSE管理、审计稽核等，并通过定期绩效报告制度对经营计划和经营预算实施过程进行分析质询及纠正偏差，以保障经营计划和预算实施，如图7所示。

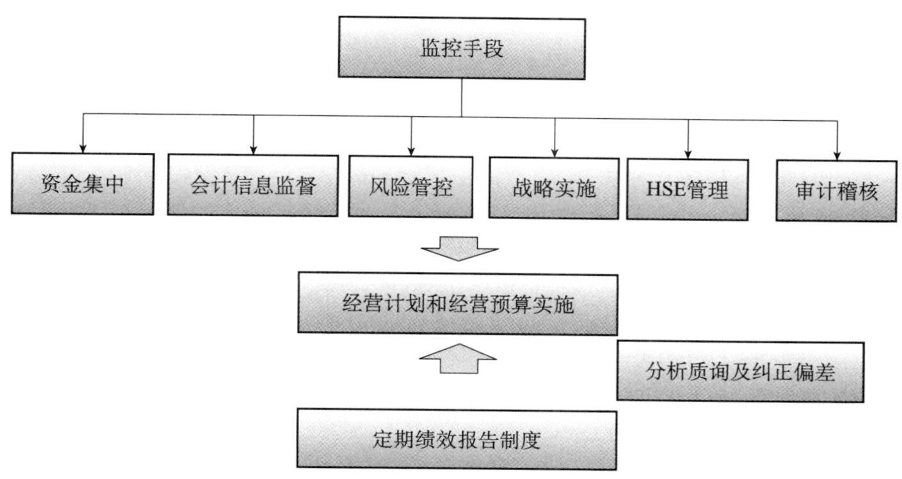

图7 全面预算管理的过程监控

在预算执行监控中，中化集团采用总部监控管理与预算责任单位自我监控相结合，实施全方位的监控流程，具体如图8所示。

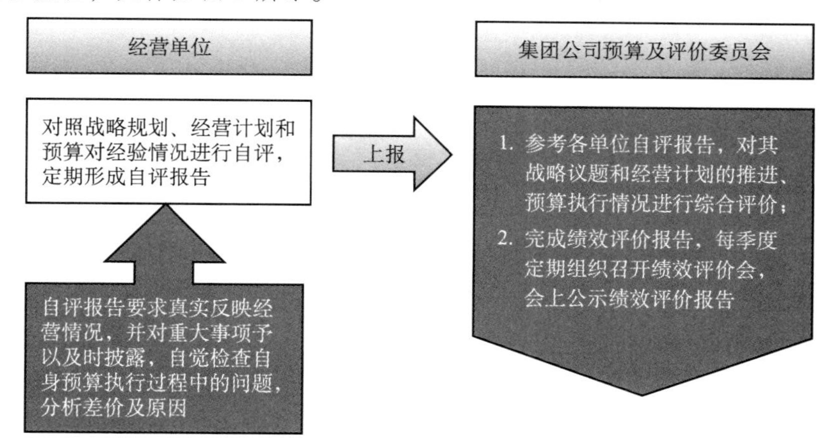

图8 集团公司和经营单位相互结合的监控方法

2. 预算“信号灯”预警机制

为保证预算目标的完成，在集团内部营造主动查找差距的良性竞争氛围，中化集团每月在集团办公系统中发布业绩看板。业绩看板列示集团所有二级单位主要指标的完成情况，并以红灯、黄灯、绿灯三种颜色直观列示。其中，红灯表示与预算进度差距较大，进入严重警示区；黄灯表示与预算略有差距，进入警示区；绿灯表示预算执行正常。

3. 预算分析与评价

传统财务分析是预算分析与评价的基础，其作用在于收集与决策有关的各种财务信息，并加以分析与解释，这种分析目的在于评估企业现在或过去的财务状况及经营成果，对其变动进行系统分析和评价，对企业未来的状况及经营业绩进行最佳预测。然而，传统财务分析存在分析范围限制、财务分析和业务结合度较低、对决策支持力度不足等原因，只能发现业务运作的结果，不能发现业务经营变动的原因，分析的深度和广度都受到制约，预测可靠性不足。因此，中化集团的预算分析评价体系以传统的财务分析为基础，同时深入业务层面，通过经营分析与评价，发现业务中存在的问题，并不断提出目标改进要求，促进企业不断提升内部运营管理水平，如图9所示。

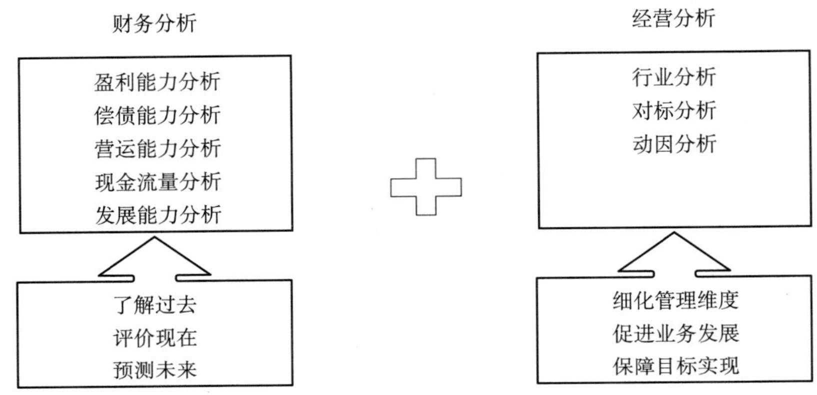

图9　中化集团预算分析与评价内容体系

中化集团以经营分析与评价机制作为财务分析的有效补充，通过内部运营管理支持经营分析与评价，而经营分析与评价的结果又反过来指引企业的内部运营管理。这种经营分析与评价机制有效加强集团公司对业务层面的管控，使得管控更加精细化，有助于及时发现问题、改进问题，促进业务发展，最终保障企业目标的实现。

经营分析与评价分成以下六个步骤，如图10所示。

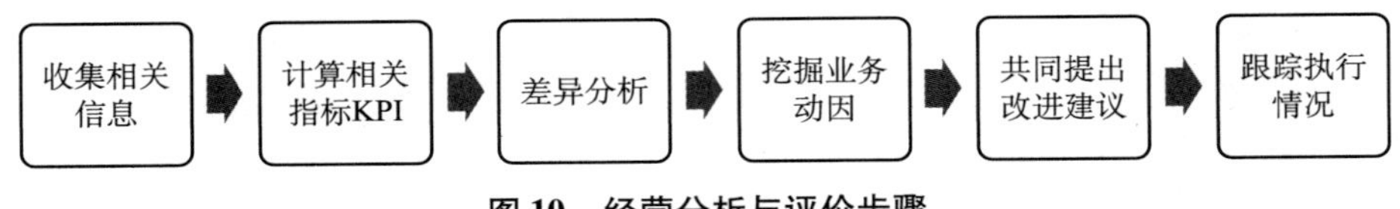

图10　经营分析与评价步骤

下属经营单位根据中化集团整体的预算管理要求，建立预算自我评价和监控机制。在预算的执行过程中，将年度预算细分为月份和季度预算，以分期预算控制确保年度财务预算目标的实现；将经营预算分解为各业务部门、职能部门预算，明确执行个体的预算目标；在预算的执行过程中，以部门经理为第一责任人；将预算指标层层分解，从横向和纵向将责任利润落实到个人，做到责权利的有效统一，并和个人绩效并轨，形成全方位的预算执行责任体系，保证预算目标的实现。同时，建立反馈稽查制度和评估体系，按月进行预算分析和跟踪，并逐层向下反馈到个人。通过对KPI指标的定期回顾，进行有效的过程控制。根据下属经营单位的生产经营特点，对于不同的KPI指标，公司分别安排不同的指标回顾时间和回顾频率。

（四）预算考核

传统基于预算的业绩考核不可避免会带来如“预算博弈”“预算抵触”“预算短视”等预算副作用，为此，必须搭建预算与绩效之间的桥梁，建立明确的绩效考核制度和恰当的绩效指标体系，使得绩效与预算都围绕企业的战略目标实现形成合力。

1. 设置预算及评价委员会，从组织层面推动预算与绩效的整合

中化集团在集团层面设立预算及评价委员会，每季度对各经营单位经营计划执行情况进行分析评价，分析预算执行进度、差距及原因，及时纠正偏差。在绩效管理工作中，集团的预算及评价委员会具有独立性和权威性。各经营单位按照既定的绩效评分卡进行自评，并将结果上报集团预算及评价委员会；集团预算及评价委员会按照分工分别对绩效评分卡相关项目进行评定和打分，最后结果再行开会讨论最终审定；对于绩效评价结果按不同业务类型进行分类评价比较，并在全年绩效评价会上予以公开列示。预算及评价委员会的职责涵括预算与绩效两部分，有助于从组织层面推动预算与绩效的整合。

2. 建立绩效评分卡，将绩效指标与预算目标相联系

中化集团的综合绩效评分卡是在平衡计分卡的基础上，结合各经营单元实际确定的综合评分体系。绩效评分卡作为对各经营责任单位的绩效评价工具，是对各经营类预算责任单位的最终考核形式。绩效评分卡采用百分制，根据质询通过的战略规划和影响经营管理的关键驱动因素，分别设定各指标的权重，每年年初由绩效委员会确定并和各单位沟通一致；每年年度由各经营单位根据全年工作完成情况进行评分卡的自评，绩效委员会审核和终评；全年工作会议公布评分结果，并将评分结果反馈到各经营单位。

（1）绩效评分卡的总体设计。中化集团在绩效评分卡总体设计上综合考虑内外部要求，结合国家有关上级部门对集团公司的考核要求以及公司管理实际进行设计；在指标设计上体现财务指标与非财务指标相结合。

在财务类指标层面，主要包括经营成果类（营业收入、成本费用、EBIT、利润和EVA）；财务状况类（资产、负债、所有者权益）；经营效率类（毛利率、资产周转率、人均收入、人均利润）；投入产出类（ROA、ROE等）；资源需求类（资金、人工成本、科技投入、HSE投入）；经营质量类（现金流、预期应收、高龄存货、敞口浮盈（亏））。

在非财务类指标层面，主要包括生产经营类（产销量、合同规模、合同履约率、单位能耗、产能利用率、客户结构、市场占有率）；经营质量类（期货持仓规模、期货保值率、节能减排、授信占用）；资源能力类（仓储罐容、资源储量、分销网络、产能、运力）等方面。

（2）绩效评分卡的基本结构。中化集团绩效评分卡的基本结构设计，围绕战略目标，践行发展理念（积极、稳妥、持续、健康），坚持价值引导，突出管理的提升保障作用，通过实行对标管理和短板管理，深化对战略执行情况以及投入回报的考核，如表1所示。

表 1　　绩效评分卡的基本结构

考核指标	发展理念的体现
1. 投入回报水平（EVA、ROIC、成本费用控制等）	积极
2. 成长性	
3. 安全流动性（评级指标等）	健康
4. 核心战略经营 其中包括：战略议题、运营项目、建设项目、科技创新、其他专业	稳妥 持续
5. 管理提升与保障（共 11 项管理事项） 其中包括：人力资源管理、风险管理、HSE 管理、信息化管理	健康
6. 倒扣分	

3. 通过绩效分析评价机制，优化资源配置，保障预算目标实现

中化集团建立定期的预算分析评价机制（如表 2 所示），集团公司预算及评价委员会定期完成各经营单位的绩效评价报告，每季度定期组织召开绩效评价会，在会上公示绩效评价报告。

表 2　　绩效分析评价机制

评价机制	周期	会议重点
绩效评价会	年度	评价各经营单位上年度业绩，总结经验教训、公布评分结果，并在分析环境的基础上，提出下一年度工作目标
	半年度	对比经营计划和预算实施进度，查找差距，提出下半年工作重点
	季度（4 月、10 月）	针对重点单位，质询差距，改进不足
绩效分析报告	月度	经营单位自评，反映经营情况，对重大事项予以及时披露，检查问题，分析差距及原因

中化集团的绩效评价结果主要用于资源调整，包括机构调整（清理、调整绩效不佳的企业或业务单元）；人员配置（能者上、庸者下，根据业绩好坏调整经营者）；根据业绩配置人工成本。

预算关键指标已经体现了集团总部对下属企业的控制要求，以预算关键指标为依据的考核就是激励下属企业的管理层将集团总部的战略贯彻到下属企业的具体经营活动中，以达到集团总部控制下属企业战略的目的。

四、预算管理的实施保障

集团公司实施全面预算管理，并建立以全面预算管理为基础的内控体现，其成功的关键在于以下几个方面的保障。

（一）组织保障

全面预算管理是一个系统工程，非一朝一夕或几个人可以完成。预算管理的有效实施需要公司全员的积极参与。中化集团建立以预算及评价委员会牵头、全员参与的全面预算管理

体系。

1. 建立“金字塔”式的管理责任链

中化集团内部建立“金字塔”式的管理责任链，在预算制定、监督和评价等过程中，各单位“一把手”要亲自负责并参与，各层级负责人、员工全员参与，按照“金字塔”式的预算管理责任链，逐级延伸，层层落实。

2. 横向分工协作，纵向逐级把关

中化集团在公司层面建立了预算及评价委员会，在各经营单位均建立了预算及评价管理机构，横向分工协作，纵向逐级把关、审核；公司下属经营单位各业务支持中心及职能部门编制相应的经营预算项目，由经营单位进行汇总审核后，决策上报集团公司；预算及评价委员会严格履行专业审核职责，在预算管理工作中具有独立性和权威性，确保预算编制的全面、科学。

3. 财务管理转型

在财务管理体制上，集团公司借鉴跨国公司先进经验，改革财务管理体制，将财务部门分拆为会计管理部门、资金管理部门、分析评价部和财务综合部，由过去集团公司总部财会处单纯管理总部核算、资金事项以及简单汇总分析全系统经营成果的财务管理模式向“三统一、一体系”的财务管理模式转变，即实现资金管理统一、会计核算统一和财务人员管理统一，并建立科学的预算管理和绩效评价体系。

（二）制度保障——健全和强化执行各项内部管理制度

随着内控体系建设的深入，公司对所有的规章制度进行了修订，健全客户资信管理、预期应收账款管理、期货套期保值管理、资金集中管理、财务预算管理、绩效评价管理、审计等多项内部控制制度，实现管理约束机制的规范化。同时，公司还通过审计稽核等手段加强对制度执行的监控。目前，内部审计已经由推行风险导向与内部控制，进一步发展为广泛参与公司治理与风险控制，为管理层提供有效建议，利用内审成果为集团决策提供支持的审计。

（三）信息保障——推进会计信息统一，搭建先进的信息化平台

公司在全集团范围内统一会计科目体系和会计核算标准，执行统一的财务会计管理规范，保障会计信息的真实、完整和及时，为集团公司决策提供准确的基础信息。同时，集团公司在国内外贸公司率先引入ERP，使得企业的物流、资金流和信息流三流合一，为公司全面监控业务流程、加强财务管理和控制、支持高层决策和提高整体运营效率提供一个功能强大的技术平台。目前，集团公司已经完成ERP系统对主要经营单位的覆盖。另外，公司还大力建设遍布全集团的企业网，实现远程财务信息监控，增加业务操作的透明度，极大地改善了信息不对称的情况。

总而言之，中化集团建立以全面预算管理为基础、以风险控制为关键、以资金管理为对象，辐射到公司管理的各个方面的内控体系，有效地整合了集团公司和子公司的资源，是一个可运行、可操作的计划与控制体系。不仅保障业务国际化和庞大组织机构的有效运行，使得集团公司风险可知、可控、可承受，更为大型国有企业建立内控体系、有效防范与规避风险提供了有价值的借鉴。

五、案例讨论

在全面预算管理实践中，我们需要重点思考以下问题。

(1) 中化集团预算管理特点与创新?

(2) 中化集团有效实施预算管理的保障机制?

(3) 全面预算管理成功应用的关键因素?

第七章 环境管理会计

第一节 环境问题的产生及其原因

一、环境问题的产生背景

人类对物质的追求导致自然资源的短缺和枯竭，造成大气污染、臭氧层破坏、温室效应、酸雨区的扩展、生物多样性锐减等一系列生态环境问题。因此，合理有效地利用有限的自然资源，保护环境质量，树立全面、协调、可持续的发展观，已经被列为全世界紧迫而艰巨的任务，可持续发展成为未来世界经济发展的主旋律。

可持续发展理论起源于1962年，自美国海洋生物学家莱切尔·卡逊（Rachel Carson）提出这一观念以来，环境保护问题被提上各国政府的议事日程，环境问题由一个边缘问题逐渐走向全球性的经济议程的中心。1972年，联合国人类环境会议首次提出可持续发展的概念。1987年，联合国世界与环境发展委员会发表了报告《我们共同的未来》，该报告正式以可持续发展为主题，对人类共同关心单独环境与发展问题进行了全面论述。该报告指出，可持续发展是指“既满足当代人的需求，又不对后代人满足其需求的能力构成危害的发展”。

可持续发展是人类对工业文明进程进行反思的结果，是人类为了解决一系列环境、经济和社会问题，特别是全球性的环境污染和广泛的生态破坏，以及它们之间的关系失衡所作出的理性选择。该理论的提出让人们认识到：环境问题既是社会问题，也是经济问题，环境问题的解决需要与经济决策、经营战略相结合。

事实上，经济学家们很早就对经济福利和自然资源储备之间的关系进行了分析。马尔萨斯（1820年）、李嘉图（1817年）和穆勒伽（1900年）阐述了经济活动中存在生态边界的观点；1932年阿瑟·庇古首次将环境污染作为外部性问题进行了分析；卡普（1950年）和科斯（1960年）也分析了这个问题。经济学与环境问题的结合最终促成了环境经济学于20世纪50~60年代诞生，为环境管理会计的萌生奠定了思想和理论基础。

二、环境问题的经济本质及成因

（一）环境的本质

1. 环境是公共物品

在经济学上，将大家共同享用的东西称为公共物品（public goods），纯粹的公共物品具有无排他性和非竞争性。

无排他性指的是任何人即使不愿意为某物品付费，也不可能将其排除在该物品的消费之外，或者将其排除在外的费用极其高昂。例如清新的空气，人们无法阻止别人对其消费。非竞争性指的是一个人对某物品的消费并不减少别人对同一物品的消费。例如某人对秀丽景观的享受并不影响他人对同一景观的享受。环境这种公共物品的属性使得任何个人和组织都可以无偿耗用环境资源。

2. 环境资源是稀缺的

当工业发展水平低下、人口压力不大时，环境作为公共物品所带来的问题尚不明显。但是，随着人类对资源的过度开发利用和向环境过度排放废弃物，自然资源锐减，环境的自净能力急剧下降，人们发现：环境资源是稀缺的。在一定程度上，环境可以将部分废弃物通过生物降解或风化作用对其进行转化。但是，随着人类社会的发展和人口的增加，排放到环境中的残余物的总量增加，含量复杂，超过了环境的自净能力，使得环境资源越来越稀缺。

（二）环境问题的成因源于外部不经济性

当环境成为一种稀缺的公共物品而存在，人们可以自由获取的时候，就不可避免地发生“公地悲剧”。“公地的自由毁掉了一切”，即由于未对利用公共资源收取租金而导致了资源配置的严重不当和滥用。由于公共产品的使用具有非竞争性和非排他性，往往使得它在使用过程中落入低效甚至无效的资源配置状态。

外部经济性是指经济主体在经济活动中由于市场失效或者技术等原因把一部分额外效益免费或无价转移给其他经济主体的现象。它是一个经济主体的行为对另一个经济主体的福利所产生的影响效果，而这种影响效果并没有从货币上或市场交易中反映出来。

外部不经济性是指在实际经济活动中，生产者或消费者的活动对其他消费者或生产者的超越主体活动范围的利害影响。它是市场失效、经济活动主体不甚清楚或不负他们应负责补偿外部费用责任的表现。

环境的外部不经济性表现在许多环境资源没有被市场所涵盖，这些资源既没有所有权，也没有价格，市场对于这些资源的配置是缺乏效率的。由于环境资源没有被当作生产要素并界定其产权，在环境资源稀缺、又没有产品和价格的情况下，一些企业在追求利润最大化的过程中，不是通过更有效地利用资源或通过技术革新来增加盈利，而是通过过度使用不属于自己的环境资源，把本应由自己支付的环境成本转嫁到别人身上来增加自己的盈利，并且未就其对周围环境造成的不良影响付出任何补偿费用。此时就产生了外部成本，即企业转嫁给别人的成本，这使私人成本与社会成本产生差异，环境外部不经济性的问题就产生了。

（三）环境问题的解决

一般来说，环境问题可以通过以下三种方法予以解决。

1. 根据科斯的产权理论进行谈判

流行于西方的产权理论提出了解决外部性的影响的市场化思路。科斯定理认为，在产权界定、不存在交易成本的条件下，不论资源的所有权最初是如何分配的，协商都将带来有效率的结果。具体到环境问题上，如果外部不经济性带来的生产活动高于社会最优水平，受不利影响的一方将贿赂外部性的生产者，使其减少外部不经济性，从而使双方都增加福利。

例如，同宿舍李四同学喜欢听音乐，张三同学喜欢安静，他们如何和谐相处呢？显然，同住一宿舍喜欢音乐的李四的行为对喜欢安静的张三会造成外部不经济。假定张三忍受，或者李四不听音乐，他们双方都不能取得符合自己意愿的效果。假如学校规定张三有权享受安静，他可以向学校有关部门的报告，要求李四不干扰他，这时，根据科斯定理，李四为了能继续听音乐，只好花 10 元购买耳机。进一步，如果学校规定李四有权听音乐，那么张三在不堪忍受噪音的情况下，要么忍受，要么与李四谈判，如果张三是理性的，他会选择花费 10 元钱给李四买一个耳机。

2. 政府出面进行控制

政府可以通过各种法律、法规、标准和经济手段，对产生外部性的行为进行干预，使外部性产生的外部成本和外部效益转移到产生外部性行为的经济主体的成本和效益中，从而解决市场在资源配置方面的失灵问题，包括直接控制和间接控制。

直接控制：即命令和控制手段。指由中央政府制定环境标准，并设计和实施环境资源法律法规，包括环境预防法律制度、环境管制法律制度和环境侵权救济法律制度等。

间接控制：即基于市场的刺激手段。指利用经济手段，按资源的有偿使用和污染者付费的原则（PPP 原则），通过市场机制，使开发、利用、污染和破坏环境资源的生产者和消费者负担相应的经济代价，从而使生产者和消费者从自身经济利益出发，选择有利于环境的生产和消费方式。

3. 社会公众直接参与

社会公众作为消费者，在许多方面也会对环境产生影响。

消费者通过改变其消费行为可以对环境保护发挥作用，如节约水资源、节约燃料等，同时，还可以通过社会舆论发挥作用，也可以通过购买生态产品来影响生产者的行为。随着政府环保法规、环境管理力度的加强，环境保护观念的深入人心，社会公众的参与度和影响都将扩大。

第二节　环境管理会计的产生与发展

一、环境会计的产生与发展

（一）环境会计的产生

1. 社会责任会计概念的提出

1968 年，美国会计学家戴维 · F. 林诺维斯发表《社会经济会计》一文，指出“社会责任会计意味着会计在社会学、政治学和经济学等社会科学中的应用”，提出了社会责任会计的初步概念，揭开了社会责任会计研究的序幕。

20 世纪 70 年代，美国会计学教授莫布利（Mobley）在其论文中明确指出：社会责任会计是衡量和分析政府及企业行为所引起的社会和经济结果。这样的定义反映出社会责任会计实际上被视为包括并超出了现代会计的范围。

传统会计不论是在财政、管理还是在国民收入领域，因只选择经济影响而限制了其关注范围；而社会责任会计不仅关注经济影响，并且关注当前未被考虑的社会影响，从而扩展了其研究的范围。

2. 社会责任会计的发展

20 世纪 80 ~ 90 年代，国外有些学者开始将社会会计扩展为社会环境会计。英国著名会计学者格林（R. H. Gray）将其定义为：“社会环境会计是向社会内外的特殊利益群体自由地传达组织的经济行为对社会和环境的影响的过程。”这样，它扩展了组织特别是公司所负有的责任，超越了向资产所有者特别是股东提供财务会计的传统角色。

这样的扩展是基于以下假设作出的，即公司确实负有更广泛的责任而不仅仅是为其股东创造财富。而其中，环境的影响是一个主要的方面。

3. 环境会计的产生

20 世纪 70 年代比蒙斯（Beams）的《控制污染的社会成本转换研究》和马林（Marlin）的《污染的会计问题》两篇文章的发表揭开了环境会计研究的序幕；80 年代英美等经济发达国家的会计学家对环境会计作了一些初步理论框架研究。概括来讲，环境会计是会计学、环境科学以及经济学的交叉学科，它以货币计量为主、环境报告为辅，以相关环境法规为主要依据，以可持续发展为原则，确认、计量以及记录企业的财务活动与环境污染及治理等方面之间的相互影响，进而为企业信息使用者提供全面、真实、有效的企业信息。

（二）环境会计的发展

1992 年，联合国提出建立综合环境与经济会计系统的问题，并于第二年正式发布同名文件《综合环境与经济核算体系》（*System of Integrated Environmental and Economic Accounting*）。该文件的发布标志着环境会计方面的一个里程碑式的发展，并对国民环境会计系统的设计产生了重大影响。当时的环境会计指的主要是国民环境会计，即核算的对象是国民经济，是宏观层面的环境会计。

然而，联合国的文件中也有用环境会计来代表公司环境会计的，这就是微观层面的环境会计。《环境会计——当前问题、文摘和参考文献》一文针对企业环境提出了环境会计的指南，使企业的对外财务报告得以改进，从而更确切地反映企业与环境的相互影响。此外，该文还指出环境会计可以用货币计量，也可以用实物计量。

按美国环保署（Environmental Protection Agency）的观点，“环境会计”这一术语可以在三种不同的背景中使用，分别是国民收入会计、财务会计和管理会计。国民收入会计是对宏观经济的计量，在此背景下，环境会计表示用实物或货币单位来反映国家自然资源的消耗量，也称“自然资源会计”。财务会计旨在按公认的会计准则为企业的利益相关者提供财务报告，在此背景下，环境会计指对环境负债和重大的环境成本进行估计和报告。管理会计主要为企业内部管理进行经营管理决策提供科学的依据，在此背景下，环境会计指在企业的经营和决策中使用环境成本与环境业绩的信息，在经营活动中考虑环境成本与效益。美国环保署的观点与前面提到的联合国的说法相似，两者并无本质区别。

无论是理论还是实践，加拿大的环境会计都在国际上处于领先地位，这与其各行各业对环境问题的普遍重视分不开。加拿大特许会计师协会（Canadian Institute of Chartered Accountants，CICA）完成并正式出版的《环境成本与负债：会计与财务报告问题》解决了在现有的财务报告框架内环境影响的效果应该如何被记录和报告的问题，以及在当期确认环境成本时应该采取何种处理方式，未来的环境支出应该在何时确认为负债等问题。该协会1994年出版的《环境绩效报告》为企业在决定对外报告环境绩效时应该考虑哪些因素、单独的环境报告和年度报告中的环境部分应该如何列示和披露提供了参考的指南。《加拿大的环境报告：对1993年度的调查》一文介绍了加拿大公司如何报告它们的环境业绩，在环境成本、负债、风险的会计与报告中如何进行实际操作等。

在欧洲地区，德国对环境会计的研究起步较早，早在20世纪80年代初就提出了环境成本计算的问题，90年代得到应用和发展。德国将环境成本从原来的传统成本核算体系中分离出来，采用环境成本与通常成本并行核算的模式。德国环境部1996年发布的《环境成本核算手册》极大地推动了德国环境会计的发展。

日本对环境会计的研究是从20世纪90年代开始的，1993年3月，日本环境省发布了《关于环境保护成本的把握及公开的原则》的规定。从此，企业对环境会计日益重视，陆续公布《环境报告书》。环境省为了建立环境会计体系、发挥环境会计的作用，进行了大量的调查、研究和讨论，于2000年3月发布了《关于环境会计体系的建立》，该文件对环境费用及环境效果的计量进行了详细的说明。2001年2月，环境省发布了《环境报告书准则》，其主要内容包括：关于准则的发布；制作环境报告书的原因；环境报告书的模式；环境报告书的内容；准则的不断完善及资料汇编。2002年3月，日本环境省编写并出版了《环境会计指南手册》，该手册对环境会计要素的核算作了大量细节性的规定，主要包括四个方面的内容：（1）环境会计的定义、功能和作用、基本特征及环境会计的结构要素（即环境保护成本、环境保护效益和与环境保护活动相关的经济收益）；（2）基本环境成本要素；（3）环境会计三结构要素（即环境保护成本、环境保护效益和与环境保护活动相关的经济收益）的定义、分类及其核算；（4）环境会计信息的披露。手册中还规定，当企业发生的环境修复成本超过它的保险索赔款时，超过部分应确认为环境保护成本。

综合世界各国、各学者的观点来看，环境会计包括宏观层面的国民环境会计和微观层面的企业环境会计。国民环境会计包括对国民收入会计的部分和利用宏观会计信息进行宏观决策的部分。而企业环境会计根据主要的计量手段及反映内容的不同，分为狭义的环境会计和生态会计。按照传统会计的分类模式，根据使用者的不同，企业环境会计包括两个分支：一是满足企业的外部利益相关者需要的环境会计系统，主要涉及对环境负债和重大环境成本进行对外报告的问题，即环境报告；二是主要用于满足企业内部管理层进行环境管理的需求，即环境管理会计。

国民环境会计框架可以加以改进以适应企业环境会计的需求，而企业环境会计的完善会为国民环境会计提供基础数据。在宏观上对环境问题的重视，迫使提交环境报告的要求增加，加大了违反法律法规的成本，从而促进了环境管理会计的发展；环境管理会计的发展反过来又能为环境报告提供支持。由此可见，几个环境会计体系彼此之间并不是互相独立的，而是相互联系的。

二、环境管理会计的发展概况

环境会计的研究最早是作为社会责任会计的一部分而开展起来的。早期主要的研究重点是在财务报表披露上，即财务会计的问题。随着环境问题的严重，对环境会计的研究逐渐从社会责任会计的研究中分离出来，并由财务报表披露而扩展到环境审计。

到了20世纪90年代以后，人们逐渐意识到，最终作出环境决策的是管理当局而不是会计人员，必须从管理与决策的角度出发，建立环境管理系统来解决环境问题，从而把环境会计的研究推进到环境管理会计的研究阶段。

在该阶段，各国政府环境管理的策略发生了改变，开始推行预防性的综合环境管理手段，强调与企业之间的合作。企业界也表现出积极的配合。在这种情况下，对企业决策中如何考虑环境因素、如何实施与环境有关的企业管理等问题逐渐为人们所重视，对环境管理会计的研究得到进一步发展。

1. 美国的环境管理会计

有关美国对环境管理会计的研究，美国环保局（USEPA）做出了突出贡献。在它主持下，与多个研究机构、职业协会合作，开展了环境会计、环境管理系统、污染预防、可持续发展等方面的研究，提出了许多环境管理会计方面的报告。1995年的《作为企业管理工具的环境会计入门》中，提出基本的环境会计概念，并对其内涵进行了界定。该报告还对环境成本进行了定义和分类，其分类方式为许多学者的研究所引用，同时也对如何将环境会计用于成本分配、资本预算、过程/产品设计等决策中作了分析。在资本预算方面，USEPA还设计了全部成本评价法（TCM），对投资项目进行财务评价。2000年，EPA公布了其对环境业绩和财务业绩关系进行研究的结果，在《绿色股利——企业环境业绩与财务业绩的关系》中，对如何通过环境战略改进企业的财务业绩进行了探讨，并提出了推行环境战略以增加企业价值的建议。

2. 加拿大的环境管理会计

1997年，加拿大特许会计师协会（CICA）在《环境角度的全部成本会计》中，对全部成本会计法的本质、范围及应用加以确定，特别是提出了内部成本和外部成本的计量和信息的取得方法，为环境成本会计的发展提供了指南。CICA还与加拿大标准委员会、可持续发展国际机构（IlSD）合作，提出了《环境业绩报告》，将企业对股东的财务托管责任扩展到社会责任和环境责任，提出了环境报告框架，其中包括了环境管理系统和环境业绩分析。

3. 环境管理会计的集成研究

环境管理会计在方法上，从现代环境管理的综合观点出发，借鉴吸收了其他相关学科的研究方法和手段，对环境管理会计进行了集成融合研究：（1）将可持续发展概念引入对企业目标的研究，提出将财务目标扩展到环境和社会目标；（2）利用环境经济学关于社会成本和私人成本的分类，以及外部成本内部化的观点，提出了全部成本计算法；（3）借鉴了现代管理和现代管理会计的方法，研究了如何利用作业成本计算与作业成本管理、质量成本计算和质量成本管理对环境成本进行分析和控制；（4）利用了环境影响评价的寿命周期评价方法，提出了寿命周期成本计算法用于环境成本的分析与控制；（5）工业生态学、循环经济、资源经济等都是研究环境管理会计的支撑学科。

4. 环境管理会计的主要研究成果和趋势

21世纪以来，各国对环境管理会计的研究蓬勃发展，推出了众多研究成果。2002年，日本经济产业省出版了《EMA程序工作手册》；2003年，美国环保署设立了环境管理会计研究与信息中心（EMARIC）；2003年，德国联邦环境部发布《环境成本管理指南》；2004年，日本经济产业省启动了一个项目，鼓励使用材料流转成本会计（MFCA）。

环境管理会计发展并完善的作业成本法、生命周期成本、环境成本等方法和理论，都是考虑环境因素评价企业成本和收益的环境管理会计方法，但研究内容各有侧重，没有形成统一的框架。2005年，国际会计师联合会（IFAC）发布《环境管理会计国际指南》，开始了各国环境管理会计的协调与统一。

2007年，日本结合德国材料流转成本会计（MFCA）的研究成果，发布了《物质流成本会计指南》，为环境管理会计的研究提供了一种新的方法和工具——资源价值流转会计。2011年9月15日，国际标准化组织环境管理标准技术委员会发布ISO 14051号文件《环境管理：物质流成本会计——一般框架》，介绍了物质流成本会计的计算方法和实施程序，确立了其一般框架，意味着该环境会计管理方法已被国际规范化。2017年，ISO 14052号文件《环境管理：物质流成本会计——供应链实际应用指南》发布，将物质流成本会计进一步应用于供应链的上下游企业，研究范围和内容得到进一步发展。

第三节　环境管理会计的主要内容

一、环境管理会计的定义与作用

（一）环境管理会计的定义

环境管理会计的定义有以下几种代表性的观点。

联合国在2002年发布的报告《环境管理会计——政策与联系》中将环境管理会计定义为：为满足组织内部进行传统和环境决策的需要，而对实物流信息（如材料、水和能源流量等）环境成本信息和其他货币信息进行确认、收集、估计，从而编制可供利用的内部报告。

根据国际会计师联合会（International Federation of Accountants）的定义，环境管理会计是“通过设计和实施适当的与环境相关的会计系统和管理对环境业绩和经济业绩进行的管理”。

加拿大管理会计师协会在《管理会计指南40号》中指出，环境管理会计是“对环境成本进行辨认、计量和分配，将环境成本融入企业的经营决策，并将有关信息传递给公司的利益相关者的过程”。

尽管这些提法各有不同，但是环境管理会计要为企业的管理者决策提供信息这一特征是共同的。

环境管理会计与管理会计在内涵上有相似之处，但环境管理会计更强调适应组织经济目标的转变，为环境管理服务。环境管理会计是管理会计的一个新领域，是在环境问题严重、环境管理成为企业管理的一个重要组成部分的背景下，为促进企业的可持续发展和改进企业的生态效益，由管理会计与环境管理相结合而发展起来的。环境管理会计通过对现有管理会计系统进行改进和拓展，为企业管理者进行相关决策，从而实现环境效益和经济效益的统一，最终使企业实现可持续发展的目标。

（二）环境管理会计的作用

环境管理会计的作用可以概括为以下几点。

（1）在传统会计领域中对环境相关成本和收入进行单独确认，借以提高传统会计系统与环境管理的相关性。

（2）通过计量，更好地理解环境成本和流程及产品的业绩，借以更准确地进行成本计算和产品的定价。

（3）提供财务和非财务信息系统和控制系统，促进对环境有利的管理决策。

（4）通过拓展和改进投资评价程序，以考虑潜在的环境影响。

（5）环境管理会计既是一种管理工具，又为企业进行环境经营管理提供了信息平台，结合大数据技术，提炼相关环境管理数据，可以为企业的环境政策制定提供支持。

二、环境成本会计的定义与分类

（一）环境成本的定义

要对环境成本进行合理的确认和计量，关键是恰当地界定环境成本的定义。在国内外学术界中，各机构和学者对环境成本理解的侧重点不同，对环境成本的定义也不尽相同。

联合国统计署在 1993 年发布的《环境与经济综合核算体系》中，把环境成本界定为“因自然资源数量的消耗和质量的减退而造成的经济损失以及为了防止环境污染，改善、恢复自然资源的数量或质量而发生的各种费用支出”。1998 年，联合国国际会计和报告标准政府间专家工作组第 15 次会议文件《环境会计和财务报告的立场公告》中指出，环境成本是“本着对环境负责的原则，为管理企业活动对环境造成的影响而被要求采取的措施的成本，以及因企业执行环境目标和要求所付出的其他成本”。2002 年，联合国发布的《环境管理会计——政策与联系》中，环境成本被广义地定义为“企业发生的，与破坏环境和环境保护有关的全部成本，包括外部成本和内部成本”。

美国环境管理委员会把环境成本分为环境损耗成本、环境保护成本、环境事务成本和环境污染消除成本。其中，环境损耗成本指环境污染本身导致的成本或支出，如因有毒废水排入河流造成的损失，或者有毒气体造成气管炎等疾病的治疗等。环境保护成本指为了将自己与污染源隔离开来而发生的费用，如为了防止噪声污染而发生的建设隔音设施的费用。环境事务成本指为了对环境进行管理而发生的收集环境污染情报、测算污染程度、执行污染防治政策等各种费用。环境污染消除成本是指为了消除现有的环境污染而发生的费用，如为了防止废气直接排放到空气中而建设的废气过滤设施的费用等。

国内专家学者也提出了众多观点，代表性的有：厉以宁（1995）认为，环境保护成本指环境治理费用、为预防环境破坏而投入的费用、给受害者的补偿费用、发展环保产业投入的费用、资源闲置的损失、按新的生产要素组合方式而可能导致的损失之和。陈毓圭（1998）指出，环境成本是指本着对环境负责的原则，为管理企业活动对环境造成的影响，而采取或被要求采取的措施的成本。乔世震（2001）从责任成本的角度出发，认为环境成本是指与企业环境责任活动相关的责任成本。浙江省教育厅课题组（2001）认为，环境成本是指为管理企业活动对环境造成的影响而被要求采取措施的成本，主要包括资源消耗成本、环境支出成本、环境破坏成本、环境机会成本。林万祥、肖序（2003）认为，企业环境成本是指在一定时期内，企业因履行环境保护责任，为降低生产经营的产品或服务在生命周期内的环境负荷，或执行国家环保政策法规，采取一系列环境保护活动所发生的、旨在取得环保效果和经济效益的、可货币化计量的各种消耗。

（二）环境成本的分类

某一成本项目是否是环境成本并不重要，重要的是相关的成本在决策中得到了考虑。因此，美国环保局并未对环境成本作出统一的定义。但是，为使管理决策更好地关注环境成本，美国环保局对环境成本进行了分类，包括传统成本、可能隐藏成本、或有成本和形象与关系成本等（如图 7－1 所示）。其中，传统成本，指生产使用的原料、设施、资本物的成本；可能隐藏成本，包括合法性环境成本、前期成本、后期成本和自愿性环境成本；或有成本，指在未来可能发生也可能不发生的成本，如因石油意外泄漏而带来的修复及赔偿费用，未来可能违反法规造成的罚款；形象与关系成本，也称无形成本，其发生将影响管理者、顾客、员工、社区和执法者的主观判断。

可能隐藏成本

合法性环境成本

- 通知
- 报告
- 监测、测试
- 研究/模型
- 修复
- 记录
- 计划
- 培训
- 检查
- 行文
- 标签
- 准备
- 保护性设备
- 医疗检查
- 环境保险
- 财务保证
- 污染控制
- 对泄露的反馈
- 暴雨的管理
- 废物的管理
- 税/费

前期成本

- 厂址研究
- 厂址准备
- 获取许可证
- 研究和开发
- 工程设计与采购
- 安装

传统成本

- 资本设备
- 材料
- 人工
- 物料
- 设施
- 结构
- 清理价值

后期成本

- 关闭与解散费用
- 存货处置费用
- 关闭后照料费用
- 厂址调查费用

自愿环境成本

（合法性要求以外的）

- 社区关系
- 监控/测试
- 培训
- 审计
- 确保供应商质量
- 报告（年度环境报告）
- 保险
- 计划
- 可行性研究
- 修复
- 回收
- 环境研究
- 研究开发
- 栖息地和湿地保护
- 土地规划
- 其他环境项目
- 对环境组织或研究者的财务支持

或有成本

未来合法性成本 罚金 对未来新法律的反应	修复 财产损害 个人损害赔偿	法律费用 自然资源损害 经济损失损害

形象与关系成本

• 公司形象 • 与顾客的关系 • 与投资者关系 • 与保险公司关系	• 与职业人员关系 • 与工人关系 • 与供应商关系	• 与贷款人关系 • 与所在地社区关系 • 与执法者关系

图 7－1　美国环保局对环境成本的分类

1993 年，加拿大特许会计师协会把环境成本分为环境对策成本和环境损失成本两大类。环境对策成本包括预防、去除和净化环境污染以及资源保护两个方面；环境损失成本是指由于造成环境污染，被受害者或第三方要求予以赔偿、恢复等支付的成本。

国际会计师联合会在其发布的《环境管理会计的国际指南——公开草案》（2005）中将环境成本划分为六大类：产品输出包含的资源成本、非产品输出包含的资源成本、废弃物和排放物控制成本、预防性环境管理成本、研发成本和不确定性成本。

国内对环境成本分类方面的研究也有很多，学者们从不同的视角进行了分类：根据环境成本的负担者与成本的产生者之间的关系，王立彦（1998）将环境成本分为外部环境成本（社会成本）和内部环境成本（私人成本）；根据成本的投入与产出的关系，肖序、毛洪涛（2000）把环境成本分为事前的环境保全预防成本、事后的环境保全成本、残余物发生成本和产品成本；根据环境成本的发生与时间的关系，郭晓梅（2001）把环境成本分为当前成本与未来成本。还有学者从时间角度对环境成本进行了分类（如表 7 - 1 所示），对于考虑环境成本具有启发意义。

表 7 - 1　从时间角度对环境成本的划分

成本	生产活动		
	过去	当前	未来
当前	对以前经营活动造成的污染进行清理的成本	在当前活动中有关的环境指出	为未来的活动而在当前支出的成本，如水处理设施的资本成本
未来	预计由于过去的经营活动而在未来将支出的成本，如人体在受污染的场所工作受到的损害的赔偿	在当前的生产或流程上，由于技术变革、法规等变化而预计对成本产生的影响	当前仍处于研究和开发阶段的产品在将来投产时可能产生的环境影响

总的来说，从环境管理会计的角度看，在不同的企业，管理者可以根据不同的决策目的以及环境管理的不同阶段对环境成本进行定义和分类。实际上，判定一个成本项目是否属于环境成本并不是最重要的，关键是在决策的过程中把相关成本都考虑在内。

三、环境成本的确定与计量

（一）环境成本的确认

关于环境成本的确认，主要存在两个方面的理论问题：一是环境成本的确认条件，即到底什么可以确认为环境成本；二是环境成本的资本化和费用化的区分，即确认为环境成本后，是该确认为环境资产还是该确认为环境费用。

现行的会计准则在时间和空间上都没有对环境成本的确认作出明确的规定，这给环境成本的确认带来一定的困难。对于企业环境成本的确认条件，我们可以根据传统会计对生产成本确认的相关规定来推定。一般而言，企业环境成本同时满足以下两个条件就应当予以确认：第一，导致企业环境成本的事项已经发生或很可能会发生；第二，企业环境相关的已发生或将发生的成本能够可靠地计量。

与环境成本的确认条件相比，学术界对环境成本是该资本化还是该费用化的争论更为激烈。

加拿大特许会计师协会分别从经济和环境的角度提出了判别环境成本是否资本化的方法，即增加的未来利益法（increased future benefits approach，简称 IFB 法）和未来利益额外的成本法（additional cost of future benefit approach，简称 ACOFB 法）。增加的未来利益法认为，从经济角度考虑，对导致未来经济利益增加的环境成本应予以资本化。但对于环境污染预防或清理成本，在被认为是企业生存绝对必要的条件时，即便它不能为企业创造额外的经济利益，也应予以资本化。未来利益额外的成本法则认为，从环境角度考虑，无论环境成本是否带来利益的增加，只要它们被认为是为未来利益支付的代价就应当资本化。

国际会计准则委员会（International Accounting Standards Committee，IASC）在处理环境成本资本化时采用的是 IFB 法，它提出资本化环境成本的范围包括：对现有机器设备进行环境改造和购置污染治理设备的支出，环境污染清理支出中能够提高资产的安全性和效率性的支出；费用化的环境成本包括：防止环境污染的支出，资产的环境检修支出，环境违规罚款支出。

美国财务会计准则委员会（Financial Accounting Standards Board，FASB）的紧急问题工作组（Emerging Issues Task Force，EITF）采纳 ACOFB 法，认为处理环境污染的成本通常应该费用化，但如果符合以下三个标准中的任何一个且其成本是可以收回的，那么环境成本可以资本化：（1）延长企业拥有资产的寿命，改善其安全性或提高其效率的成本；（2）减少或防止由以前经营活动引起但尚未出现的环境污染的成本以及由未来经营活动引起的环境污染的成本，包括稍后发生的改善资产购置时状况的成本；（3）该项成本发生在当前持有待售的资产的销售过程中。欧洲会计师联盟、联合国国际会计和报告标准政府间专家工作组等基本上采纳 ACOFB 法。

我国 2006 年会计准则中首次提出了“弃置费用”的概念。弃置费用通常是指根据国家法律和行政法规、国际公约等规定，企业承担的环境保护和生态恢复等义务所确定的支出，如核电站核设施等的弃置和恢复环境义务等。企业应当根据《企业会计准则第 13 号——或有事项》的规定，按照现值计算确定应计入固定资产成本的金额和相应的预计负债。油气资产的弃置费用，应当按照《企业会计准则第 27 号——石油天然气开采》及其应用指南的规定处理。

（二）环境成本的计量

在环境成本的计量方面，大多数学者认为，环境成本会计作为会计学的一个分支，其计量原则也应当遵循一般会计计量的原则，并且在一般成本计量原则的基础上提出了一些具体要求，为环境成本的计量提供了必要的依据。

成本的计量，关键要遵循配比原则，即某个会计期间或某个会计对象所取得的收入应与为取得该收入所发生的费用、成本相匹配，以正确计算在该会计期间，该会计主体所获得的净损益。运用配比原则，就是要合理处理成本与收益的关系，使得当期的成本与当期的收益相配比，若收益要等到未来期间才能实现，那么相应的成本也应当递延到未来的收益期间才能确认。

从世界各国制定的环境会计指南及实务手册来看，环境成本既包括当期已支出的环境成本，也包括预计未来期间要支出的环境成本。按照成本的配比原则，当期环境成本分成作为当期费用进行处理的环境成本和资本化的环境成本两类。资本化的环境成本在支付当期不作处理，在资产以后的使用期间逐步计提折旧或进行摊销。预计未来期间要支出的环境成本应根据其发生的可能性及合理的估算金额确认为预计负债，或者环境负债，或者环境损失来处理。

第四节　环境会计信息披露

企业的生产经营活动对环境的影响，既是企业管理层决策所关心的问题，也是与企业有直接或间接关系的利益相关群体所关注的问题，更是被社会管理规划机构和国家各相关的事业单位所关注的问题。因此，企业生产经营活动及其结果对环境的影响必须通过恰当的形式，向关心企业环境问题的社会各界进行披露。

一、企业环境信息的内容

企业环境信息涉及多个方面，学界尚未达成共识，不能一一列举。然而，各界对环境信息的主要内容和关注点具有较强的统一性，存在差异的只是对于相关信息的地位和作用的研究。

美国环境责任经济联盟（Coalition for Environmentally Responsible Economics，CERES）认为，环境信息应主要包括：企业状况、环境政策、环境组织和环境管理、工作场所的健康与安全保障、产品管理、自然资源的使用、供应商、公众参与责任、废物排放、环保法规的遵守、环境领先与挑战。

杰瑞·科罗热（Jerry G. Kreuze，1996）和盖尔·纽厄尔（Gale E. Newell，1996）把环境信息披露的内容归纳为：与公司有关的环境法规的简要介绍；公司现在和未来要承担的环境义务与责任；与环境事故有关的详尽信息；公司解决环境问题的计划或策略；履行环境义务或责任所发生的成本支出和结构；与环境事故有关的保险赔偿；环境责任对公司财务状况可能带来的影响；企业的生产工艺、产品、原材料等在各个环节对生态环境造成的影响；公司在废品收回、利用和能源节约方面的政策，以及它们在企业内部的执行情况；公司在环境方面得到的认可或受到的奖励。

阿里·费拉（M. Ali Fekrat，1996）、卡里德·因克兰（Carid Inclan，1996）和戴维·佩特罗尼（David Petroni，1996）则认为，环境会计信息的揭示内容包括：会计和财务方面的信息、环境诉讼方面的信息、环境污染方面的信息、其他方面的信息。

联合国国际会计和报告准则政府间专家工作组在1998年召开的第十五次会议上将环境会计信息披露归纳为：环境成本信息、环境负债信息、环境会计政策信息和其他环境会计信息。

我国国家环保总局（现为中华人民共和国生态环境部）于2003年发布了《关于企业环境信息公开的公告》，把企业环境信息分为必须公开的环境信息和自愿公开的环境信息。其中，必须公开的环境信息包括：企业环境保护方针、污染物排放总量、企业环境污染治理、环保守法、环境管理；自愿公开的环境信息包括：企业资源消耗，企业污染物排放强度，企业对环境的关注程度，下一年度的环境保护目标，当年致力于社区环境改善的主要活动，获得的环境保护荣誉，减少污染物排放并提高资源利用效率的自觉行动和实际效果，对全球气候变暖、臭氧层消耗、生物多样性减少、酸雨和富营养化等方面的潜在环境影响。2007 年 2 月，国家环保总局通过了《环境信息公开办法（试行）》，并于次年 5 月 1 日正式实施。该办法对企业环境公开信息作了进一步的修改，同时也给出了政府环境信息公开的规范。

企业的环境信息是多样的，环境会计信息则主要是指与企业的环境活动事项相关的，能以统一货币为主要计量单位，能采用专门方法对其进行确认、计量和核算，并以特定的方式向利益相关者披露的信息。

综上所述，企业的环境会计信息主要包括以下六个方面。

（一）环境保护设施建设投资

根据国家相关规定，新开工的建设项目必须落实“三同时”的要求，即建设项目中防治污染的设施，必须与主体工程同时设计、同时施工、同时投产使用。因此，凡是可能产生污染或废弃物的项目，都必须把环保设施的投资列入整体规划和预算。例如，在环保设施建设过程中发生的环保设备购置费、人工费、管理费等支出，都应核算在内。

（二）经常性环保支出

经常性环保支出是指伴随企业生产经营过程中不断发生的，具有稳定性、经常性的环保支出。例如，根据我国的相关规定，企业根据实际排放的污染物数量而缴纳的排污费、废弃物处理费、环境恢复费等。

（三）非经常性环保支出

非经常性环保支出主要指由于企业生产经营活动引起的、不属于前两项支出的不可预测的环保支出，如环境罚款、环境赔偿和由于环境问题的停产、搬迁等造成的经营损失。

（四）或有环境支出

或有环境支出是指企业活动引起的，可预见在未来一段时间内要支付一定金额，并能合理计算金额大小的环境支出。

（五）环境负债

环境负债是指企业开展环保工作而承担的现实债务责任和可预见的未来环境责任，主要包括购置环保设备、物料等发生的应付账款、应付环保建设工程款等确定性负债和根据可预期的未来环保责任承担而确定的或有环境负债。

（六）环境收益

环境收益是指因为开展环保工作而获取的收益或由此形成的低于未开展环保工作情况下可能发生支出的降低额，主要包括废弃物利用收入、环保副产品收入、政府及其他机构的环保奖励等。

环境会计信息与企业的财务信息紧密相关，对企业的经营决策起到重要作用，因此，我国企业常把环境信息的披露局限于环境会计信息。但从环境信息研究的内容来看，专门的环境披露远不止环境会计信息所提供的信息范围。

二、环境会计信息的披露方式

从可核算性来看，环境会计信息可分为货币信息、非货币（物量）信息和记述性信息三大类。传统的会计信息以货币信息为主，此外在财务报表的附注部分也有记述性信息作为对货币信息的补充说明。而在环境会计信息中，定量信息与定性信息并存、货币性信息与非货币信息并存，而且定性信息与非货币信息占了主要地位。因此，从环境会计信息披露的角度看来，货币信息、非货币信息和记述性信息同样重要。

选用科学合理的披露方式，能有效提高环境会计信息的可用性。综合国内外现有的环境会计信息披露形式来看，一般有三种方式：（1）将环境会计信息视为企业生产经营管理信息的组成部分，在企业传统的会计信息披露的基础上，将环境会计信息融入其中；（2）仍将环境会计信息视为生产经营管理信息的一部分，只是在企业对外的报告中采用独立的部分来报告环境信息；（3）编制独立的环境会计信息报告书，专门反映企业的环境活动事项及其对财务数据的影响。

由前述可知，企业的环境会计信息的特点是既包含定量信息也包含定性信息，既有货币信息也有非货币信息，而且定性信息与非货币信息占了主要地位。其中，只有属于货币信息的部分能够与传统的会计系统相融合，并在财务报表中进行披露，而非货币信息是难以通过财务报表来反映的。因此，西方企业大多采用全面、独立的环境报告书的形式来对企业的环境信息进行披露。

三、企业环境报告书

环境报告书是企业向外界公布其在生产经营活动中对环境所产生的影响，以及为了减轻环境污染所进行的努力及其成果的书面报告。自 20 世纪 90 年代起，以发达国家的一些知名企业为先导，许多跨国公司不仅在企业年报中增加了反映环境信息的内容，还编制了独立的年度环境报告书。

由于环境报告书产生的时间不长，各机构组织对环境报告书所必须具备的内容有着不同的意见及主张，但是其核心内容是一致的。一般来说，企业环境报告书的主要内容应当包括以下方面。

（一）企业的概况

这部分是报告企业对自身的企业情况、发展历程、所属行业特点及与生产经营活动相关的环境问题的介绍。通常，为了表明企业积极开展环境保护活动的决心，企业最高管理者会发表致辞来承诺企业的环保责任。

（二）企业的环境目标

这部分会明确地提出企业的环境保护方针和要实现的环境保护总目标，以及各个具体的目标。由于目标的制定关系到企业环境保护活动的具体内容，因此，企业必须对自身面临的环境问题的重要性和可行性进行分析和比较，以提出具有可操作性的措施来解决企业的环境问题。

（三）环境管理系统

这部分是对企业的环境管理体系的建立和运行情况进行详细说明，以表明企业在环境保护方面的实际行动。环境管理系统是指企业有效贯彻实施内部环境管理的组织保障，系统的基本运行模式是：制定方针、实施方案、发现问题并纠正、评价结果并改进四个环节的循环，以确保组织通过努力使环境得到持续性改善。

（四）环境业绩

环境业绩是企业对环境保护活动成果的说明，是环境报告书的核心内容。在实际操作中，由于缺乏统一的评价标准，企业在对环境业绩进行评价时采用了各种不同的方法和指标。最初的环境评价指标大多为定性指标，未能很好地满足信息使用者的需求，后来为了更好地进行对比分析，各种定量指标开始增加。有的环境报告书把环境保护目标和保护成果对应来进行业绩评价，能使信息使用者把企业当初的环保承诺与努力成效联系起来，更加直观。

（五）其他

这部分是环境报告书的附属部分，是对前面四项内容的补充。一般会有第三方对环境报告书的审查报告、环境保护书专用术语解析等内容。

由于缺乏统一的标准，企业在编制环境报告书的时候，在报告内容的选择及信息质量方面都具有较大的自由度，以致所披露的信息比较随意。由于信息使用者对环境信息的要求越来越高，对环境报告书的编制要求也日渐严格，因此环境报告书的编制指南开始产生。

1994 年，联合国环境规划署（United Nations Environment Program，UNEP）等机构联合制定了环境报告书编制指南，对环境报告的编制和环境信息的披露起到了重要的推动作用。环境报告的内容应当包括五大类 50 小项，具体如表 7－2 所示。

表 7－2　　联合国环境规划署等机构提出的环境报告书编制指南项目

类别	项目		
管理系统	1. 责任者的声明 2. 环境方针 3. 环境管理体系 4. 经营责任 5. 环境监察	6. 目的和目标 7. 法规遵守 8. 研究与开发 9. 程序和主动权	10. 表彰 11. 验证 12. 报告方针 13. 公司状况

续表

类别	项目		
投入、产出、存货	投入： 14. 原材料使用 15. 能源消耗 16. 水消耗 17. 健康安全 18. 环境影响评估和风险管理 19. 事故紧急对策 20. 土地污染复原 21. 恢复为可耕地费用	产出： 22. 废弃物 23. 大气中的排放 24. 水中的排放 25. 噪声和臭气 26. 输送	存货： 27. 生命周期设计 28. 包装 29. 产品影响 30. 产品责任
财务	31. 环境支出 32. 负债 33. 经济的手段	34. 环境成本会计 35. 利益与机会 36. 慈善捐款	
与信息利用者的关系	37. 员工 38. 管制当局 39. 债权人 40. 投资者	41. 供给方 42. 消费者 43. 业界团体	44. 环境组织 45. 科学教育 46. 报道机构
可持续发展	47. 地球环境 48. 地球开发	49. 技术合作 50. 全球标准	

从表 7 –2 可以看出，尽管该指南所列的环境信息项目很多属于非会计信息，但环境会计信息的内容还是占有很大比例。环境会计信息主要表现在投入、产出、存货和财务两个方面。在投入、产出、存货部分，既包括环境生产信息也包括由此产生的环境财务影响；在财务部分，则大多需要环境会计系统提供。

2011 年 6 月，我国环境保护部首次发布了《企业环境报告书编制导则》，该文件规定了企业环境报告书的框架结构、编制原则、工作程序、编制内容和方法。其提出的环境报告内容包括六大类，具体如表 7 –3 所示。

表 7 –3　《企业环境报告书编制导则》的编制项目

项目	内容
高层致辞	1. 对全球或地区环境问题、企业开展环境经营的必要性和企业可持续发展重要性的认识 2. 企业环境方针及发展战略 3. 结合行业特点阐述企业开展环境经营的主要途径及目标 4. 向社会作出关于实施环保行动及实现期限的承诺 5. 企业在经济、环境和社会责任方面面临的主要挑战及对企业未来发展的影响 6. 致辞人的签名
企业概况及编制说明	1. 企业概况 2. 编制说明

续表

项目	内容
环境管理状况	1. 环境管理体制及措施 2. 环境信息公开及交流情况 3. 相关法律法规执行情况
环保目标	1. 环保目标及完成情况 2. 企业的物质流分析 3. 环境会计
降低环境负荷的措施及绩效	1. 与产品或服务相关的降低环境负荷的措施 2. 废弃产品的回收和再生利用 3. 生产经营过程的能源消耗及节能情况 4. 温室气体排放量及削减措施 5. 废气排放量及削减措施 6. 物流过程的环境负荷及削减措施 7. 资源（除水资源）消耗量及削减措施 8. 水资源消耗量及节水措施 9. 废水产生量及削减措施 10. 固体废物产生及处理处置情况 11. 危险化学品管理 12. 噪声污染状况及控制措施 13. 绿色采购状况及相关对策
与社会及利益相关者关系	1. 与消费者的关系 2. 与员工的关系 3. 与公众的关系 4. 与社会的关系

综上所述，尽管各指南对企业环境报告书要求披露的内容不完全一致，但核心内容离不开前面所述的五大项。随着企业环境管理会计的发展，环境报告书必将进一步规范和完善。

第五节　环境管理会计新工具——物质流成本会计

物质流成本会计作为环境管理会计的一个有效的工具，它利用流量管理原理将企业的物质流量及存量视为一个物质流转系统，从数量和成本两个尺度对各个流程、环节及不同产品进行核算、管理、控制，使企业可以准确识别物质流的损失成本及其发生的根本原因，据此实施改善措施，达到同时降低成本和资源消耗的目的，实现经济效益和环境效益的双赢。这一工具在企业的推广对促进资源节约型和环境友好型社会的建设具有重要意义。

一、产生背景

随着可持续发展观念的深入，越来越多的管理者对环境管理会计（environmental management accounting，EMA）信息表现出日益浓厚的兴趣。这一方面缘于环境法规在公司的强制实施所产生的环境成本给企业管理者带来的压力，另一方面更得益于企业管理者环境意识的深层次提高。在此背景下，国际、国家和地方政府机构以及一些教育机构等众多团队积极推进 EMA 活动，积极参与 EMA 活动的企业通过使用包含环境成本核算在内的环境管理工具，获得了潜在的社会和环境收益。与此同时，学术界通过分布于欧洲、亚太和美国等地的 EMA 网站对 EMA 的实践活动展开调查，发现了 EMA 实践中隐含的经济效益和环境效益双赢的逻辑。

因此，自 1992 年美国环保署发起“环境会计项目”以来，环境管理会计在全球范围内获得了持续发展，开发出了一系列工具和方法，如生命周期成本、材料流转成本会计等。EMA 不仅成为发达国家的企业于系统层面上在组织管理的框架内将环境和经济结合起来的有力工具，也成为发展中国家的企业在享受经济利益的同时推动环境保护的一种重要方法。然而，直到 2005 年国际会计师联合会（IFAC）发布《环境管理会计国际指南》，国际上一直没有形成一个统一的 EMA 标准，人们对 EMA 的认识也时有偏差或误解。例如，环境管理会计有时被误解为计算环境保护成本的方法，这种理解的偏差有时会造成组织环境管理的失效。事实上，EMA 需要一个更广泛的成本类别，包括材料成本、生命周期成本和社会成本等。因此，环境管理会计国际标准化委员会和日本工业标准委员会（JISC）于 2007 年召开会议，建议制定基于物质流的环境管理会计国际标准框架和实施方法。该框架以物质流为基础，确立了物质流成本会计在 EMA 各项方法工具中的地位，标志着物质流成本会计进入国际范围的规范化研究时代。

二、基本思想与核算原理

物质流成本会计属于管理会计的范畴，它将企业视为一个物质流转系统，通过跟踪计算该系统各个环节的物质（包括材料和能源、其他物质）流量和存量，量化所有成本要素，为企业提供成本分析和控制所需的信息，以利于企业管理者作出正确决策。

（一）基本思想

物质流成本会计的基本思想是根据企业经济目标与环境目标相协调的要求，以资源节约和减少环境污染为目标导向，量化资源流转系统中的各个因素，寻找废弃物转变为资源的环节，优化整合企业所有的环境保护技术，以达到提高资源利用效率和减少企业污染物排放的目的。

（二）核算原理

物质流成本会计核算的基本原理如图 7 - 2 所示。

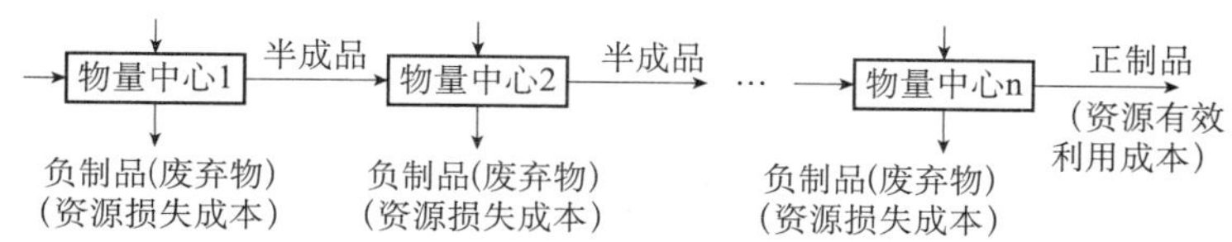

图7－2　物质流成本会计核算基本原理

如图7－2所示，物质流成本会计基于企业制造过程中材料、能源的投入、消耗及转化，跟踪资源流转的实物数量变化，进行物质全流程物量和价值信息的核算。它将企业的物质流转视为成本分析的中心，按照物质的输入输出平衡原理（原材料＋新投入＝输出端正制品＋输出端负制品），将一个企业划分为几个物量中心，根据物质流转在不同物量中心之间的顺次移动，对材料、能源流向进行分流计算，分别核算各物量中心输出端正制品（合格品）和负制品（废弃物）的数量和成本。在输出端，物质流成本会计核算将所生产的合格品称为"正制品"，其成本称为"正制品成本"或"资源有效利用成本"；将产生的废弃物称为"负制品"，其成本称为"负制品成本"或者"资源损失成本"。这种将企业生产流程中所有物质划分为正制品和负制品，并且将成本在正制品和负制品之间进行分配的核算方法，可以反映各个生产环节废弃物和合格产品的比例，由此可找出负制品比例过大的物量中心，然后深入分析负制品的成本构成，找到负制品产生的源头，以此作为挖掘潜力的重点对象。同时采取优化措施，提高正制品比例，这可达到节约资源、削减成本、减少污染的目的，从而实现经济效益与环境效益的双赢。

三、核算方法

传统成本核算方法中，出于对产品定价的需要，所有的生产费用均按"谁受益，谁负担"的原则全部归集于完工产品身上，并不单独计算资源损失成本。这样，资源利用效率与生产成本的相关关系不能反映出来。另外，传统成本分配标准往往采用人工工时、机器工时等数量标准，从而使得企业重点关注人工成本的降低，而对物质的消耗与废弃物的成本信息反映不够。物质流成本会计对此进行了改进，可以精确揭示出生产过程中的资源利用效率。核算方法如下。

1. 设置物量中心

在物质流转过程中确定成本计算单元，即物量中心。这源于作业成本法中设置"制造单元"的思想。所有的成本归集与分配均按该物量中心的流入与流出的路线划分，以物量中心为核算对象对各项成本进行核算和分配。

2. 按正、负制品成本分类核算

在整个生产流程中按正制品成本和负制品成本进行分类核算，这源于作业成本法中划分增值作业和非增值作业的思想。所谓正制品，就是指那些可以直接销售或者是能够进入下一流程继续加工的产品或半成品；而负制品正好与之相反，是指废弃物，它不仅不能为企业带来价值，而且会对环境产生负面影响，是企业在生产经营过程中需要减少的物质。正制品成本是指可销售产品的成本或流向下一工序的物质流成本及承担的间接费用；负制品成本是指该环节的废弃物成本及其承担的间接费用。

3. 实施全流程核算

物质流成本会计核算是一环扣一环，上一流程的正制品与新投入物质共同构成该流程的全部成本，该成本又将在正、负制品之间分摊，正制品又将进入下一流程的成本核算。这是基于流量管理的思想和物质流分析方法所作的设计。

4. 将全部成本分类汇总

按照企业物质消耗对环境影响的不同，将物质流成本项目划分为四大类八小类，四大类即材料成本、系统成本、能源成本和废弃物处理成本。具体划分如图 7 – 3 所示。

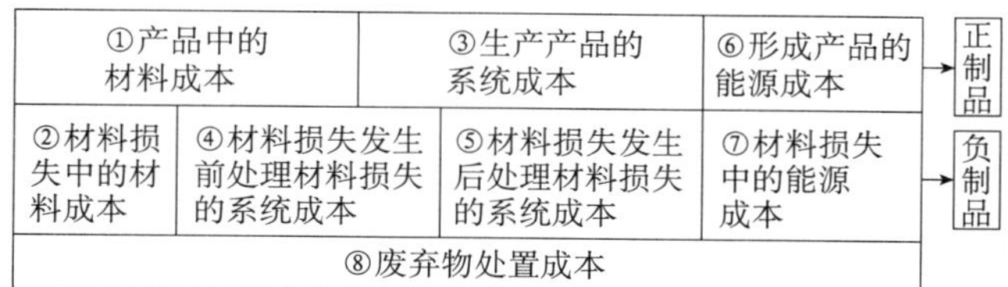

图 7 – 3　物质流成本会计核算的成本项目分类

图 7 – 3 中各类成本的具体内容如下。

第一大类：材料成本，包括从最初工序投入的主要材料的成本、从中间工序投入的副材料成本以及诸如洗涤剂、溶剂、催化剂等辅助材料的成本。材料成本按照材料在企业各物量中心流转的数值乘以各自的单价计算确定。这一大类又可按输出方向细分为两小类：(1) 最终成为产品（包括包装物）的材料成本；(2) 形成材料损失（残余废弃物）的材料成本。

第二大类：系统成本，包括所有发生在企业内部用以维持和支持生产的成本，主要是人工费、折旧费和其他相关制造费用。这一类成本被细分为三小类：(1) 生产产品过程中发生的系统成本；(2) 在材料损失发生前处理材料损失的系统成本；(3) 在材料损失发生后处理材料损失的成本，该部分成本通常又称作末端成本。

第三大类：能源成本，包括从资源开采、原材料投入、生产、消费直到废弃全流程所耗能源的成本，主要指电力、燃料、蒸汽、水、压缩空气等费用。具体分为两小类：(1) 形成产品的能源成本；(2) 进入负制品的能源成本。

第四大类：废弃物处理成本，是指向外部第三方支付，以使废弃物离开企业的成本，包括产品运输成本和处理废弃物的成本。综合上述核算方法，我们可概括出如图 7 – 4 所示的物质流成本会计核算的基本模型。

物质流成本会计核算将各环节的输出端费用划分为正制品成本和负制品成本两类成本，其意义在于可发现各物量中心的资源利用效率及废弃物成本比例，由此寻找重点改善环节，为各物量中心的成本决策提供重要的数据。使用这种核算方法，企业可以找出降低负制品成本的有效途径从而提高正制品的物质比率，这会促使企业积极致力于环境成本与资源利用效率的结合，实现经济效益和环境效益的协调统一。

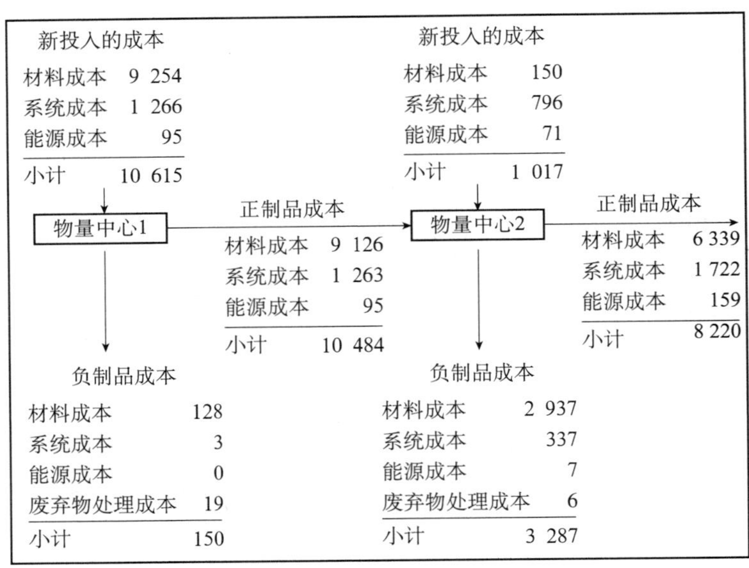

图 7－4　物质流成本会计核算的基本模型

四、与传统成本会计的比较

从物质流成本会计的核算原理可以看到，物质流成本会计将输出端的废弃物作为负制品核算其数量和成本，从而确认了废弃物的成本损失，这样就将生产过程中废弃物产生的数量、地点和原因与其成本联系了起来，可以从价值角度判断废弃物的成本损失。而在传统成本会计中，由于生产过程被视为经济价值的消耗过程，一般将投入物质的所有货币价值都计入相应生产过程输出端完工产品的生产成本中，这意味着一种产品需要负担所耗资源的全部成本，而对废弃物的成本不予确认，这样废弃物的成本就淹没在产品成本中，废弃物与其产生的地点及各种投入物质的实物数量和货币价值相分离，和价值链的关系被中断，企业管理者只能看到废弃物的数量而不能确定其成本损失，也不能识别其产生的节点和原因，因此不能向管理者提供决策支持。二者在核算中的区别如图 7－5 所示。

如图 7－5 所示，传统成本会计中确认了废弃物的数量 20 千克，但其成本没有单独确认，320 元的成本一并计入了输出产品的成本；而物质流成本会计则既确认了废弃物的数量 20 千克，又核算了其成本 320 元，可以使企业管理者认识到废弃物造成的成本损失，从而针对成本产生的节点和原因实施改善措施。

五、应用优势

（一）物质流成本会计可以执行多功能的核算目标

对于传统成本会计能否执行多功能目标的问题，国内外进行过广泛的讨论但未能达成共

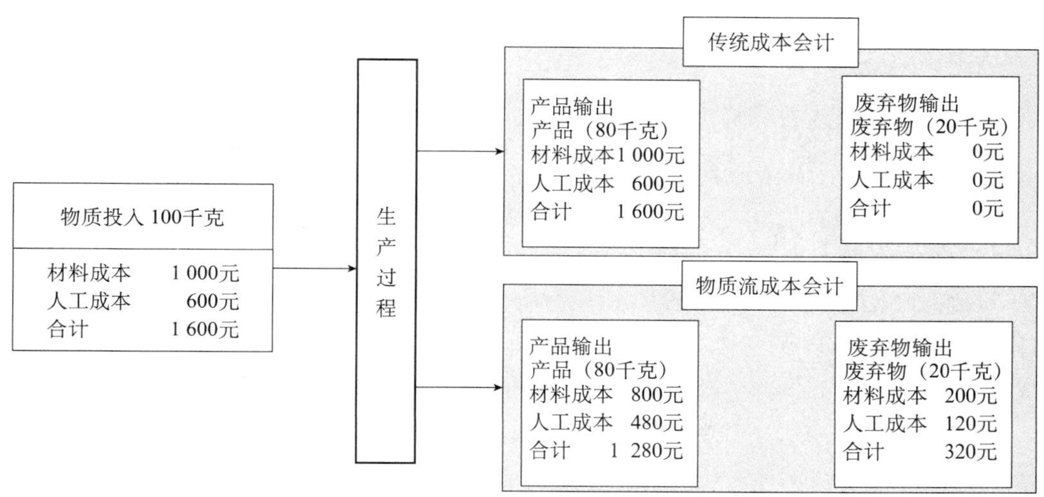

图 7－5　物质流成本会计和传统成本会计核算的差异

识。如俗语所说“不同的成本核算为了不同的目的”，则物质流成本会计只能执行一种功能目标。但是，由于 MFCA 被构建成为一种反映详细的实物信息和货币信息的物质流转系统，事实上，物质流成本会计不仅是一种简单的成本会计方法，更是一个比较完善的环境管理会计系统。鉴于这个系统核算范围的拓展和核算内容的全面细致，它可以实现多种目标。

首先，作为其构建的初衷，物质流成本会计可以提高资源生产率。物质流成本会计通过将废弃物成本分离出来，可以清晰地揭示正、负制品的比例关系，帮助企业制定减少废弃物成本损失的改进计划，预计成本的降低空间并规划实施，由此可增加正制品比率，减少资源消耗和废弃物的产生，提高资源效率，降低成本，减轻环境影响。

其次，物质流成本会计还可以执行传统成本会计用于定价决策的目的以及编制报表和利润管理的目的。当然，由于物质流成本会计将输出端产品分为正制品和负制品两部分，正制品成本相对于传统成本会计被低估了，直接用于产品定价决策和编制报表是不合适的。但是，由于物质流成本会计和传统成本会计的基础数据是一致的，物质流成本会计中的数据信息可以使用计算机系统对分配到废弃物中的成本进行调整，如此则可同样适用于定价决策和编制财务报表的目的。而且，由于物质流成本会计中对各个环节各项成本的科学分类和细致核算，可以向企业管理者提供更为有效的合格产品和废弃物的实物信息。从这个意义上说，物质流成本会计可以执行多功能的核算目标。

（二）控制物质流，实现透明化

传统成本会计中存在的一个问题是根据传统产量管理和标准成本管理提供的信息不能准确地反映实际情况，其中一个主要原因就是未形成合格产品的材料损失被隐藏在合格产品之中，因而被管理者误认为已经掌握了这些信息，导致制定决策时作出错误的判断。物质流成本会计通过输出端正、负制品的划分将废弃物的损失揭示出来，并在各个物量中心根据流转过程计算其成本，由此将生产过程各个环节的物质流清晰透明地揭示出来并加以控制。企业管理者可以清晰地了解企业各个环节物质的流转情况，据此可作出减少资源消耗、降低成本的正确决策。

（三）实现经济效益和环境效益的协调发展

物质流成本会计将废弃物成本揭示出来，企业管理者可以据此采取措施减少废弃物的产生。事实上，废弃物的减少一方面是资源消耗减少的直接结果；另一方面也提升了正制品在企业全部成本中的比例，减轻了环境影响。因此，可以说，物质流成本会计在企业的应用既节约了资源、降低了成本，又减轻了环境负荷，可以实现经济效益和环境效益的协调发展，促进生产流程的生态创新。

思考与讨论

（1）你认为环境成本应如何分类？其内容包括哪些？

（2）环境会计信息包括哪些内容？

（3）目前环境会计信息的披露方式有哪几种？你认为应采用什么样的披露方式？

（4）环境报告编制应包括哪些内容？结合企业的环境报告予以说明。

（5）如何理解物质流成本会计的基本原理？其核算方法有什么特点？应用于环境管理有哪些优势？

（6）如何评价企业实施环境管理的经济效益和环境效益？实施环境管理的企业是否都能实现环境效益和经济效益的双赢？

案例与讨论

绿色电力陷“泥潭”：环境效益还是经济效益？*

一、G 电厂环保改造的背景介绍

G 生物质发电有限责任公司（以下简称“G 电厂”）是以燃煤为主的发电企业，于 2008 年开始向绿色生态环保转型，对燃煤锅炉进行燃烧生物质发电技术改造，于 2010 年更名为 G 生物质发电有限责任公司，与杭州锅炉集团合作开发拥有“超高温高压再热发电技术”，与合肥水泥研究院合作开发拥有锅炉脱硫、脱硝、除尘一体化技术，与中科院南京土壤研究所合作开发拥有生态肥料技术，形成一个拥有核心技术、拥有一批高端人才，集投资运营、设备制造、工程建设为一体的农林固体废弃物循环利用绿色生态环保公司。

但是，G 电厂在发电过程中产生了运输、排放等环境污染问题，遭到周边居民投诉，因

---

* 资料来源：中国专业学位案例中心会计专业学位案例库。作者：胡俊南、储智伟，作者单位：华东交通大学，案例入库号：202012530125。

此环保局签署了《关于建议G发电有限责任公司实施搬迁的意见》，要求G电厂搬迁并整改。同时，由于项目机组老化，省能源局批复了机组关停的请示，同时在开发区新建生物质综合利用热电联产项目（以下简称“环保改造项目”），以加强污染防治和生态建设、大力推动绿色发展、协同推动高质量发展与生态环境保护。

生物质发电有着良好前景。全国可作为能源利用的农作物秸秆及农产品加工剩余物、生活垃圾与有机废弃物等生物质资源总量每年可替代约4.6亿吨标准煤，而生物质发电是目前总体技术最成熟、发展规模最大的现代化生物质利用技术，因此前景广阔。

二、环保改造项目概况

（一）燃料来源情况

G电厂在进行生物质发电技术改造之初就着手开发周边生物质资源市场，目前形成成熟的收购体系，并培养了大批的农业经纪人及散户，保障了电厂燃料供应。环保改造项目建成后，G电厂将用2台130吨/每小时高温高压生物质锅炉代替原有3台65吨/每小时燃煤锅炉，每年燃料消耗量约43.11万吨。同时，G电厂以玉米秸秆、小麦秸秆及林业废弃物等为燃料，燃料由燃料供应公司组织人员在农作物集中区收购，且及时组织车辆按要求送至附近的集中收购点，秸秆在收购点进行水量的测定，在收购点设置一定数量的秸秆破碎设备，在规定的范围内时进行破碎、打包贮存于秸秆库，然后将秸秆运至电厂厂区干料棚。

（二）新项目建成后电厂的生产工艺流程

新项目建成后电厂的生产工艺流程如下：采购部在各地收集生物质燃料，将其运入电厂燃料间，经燃料输送系统送入锅炉中燃烧，锅炉将经过预处理、除盐、除氧预热的水加热成蒸汽，送入汽轮机作功，带动发电机转动发电，发电机发出的电流经配电装置用线路将电送往用户。在汽轮机作功后的蒸汽进入凝汽器，经循环水冷却冷凝成水，经除氧、预热后再进入锅炉循环使用。燃料燃烧产生的烟气进入除尘器除尘后排入大气，飞灰经输送系统，输入灰库，供综合利用。锅炉产生的烟气在引风机的动力作用下，经过过热器以及空预器逐级换热，经循环流化床炉内喷钙脱硫（脱硫效率72.5%）、SNCR脱硝工艺（脱硝效率45%）后，采用除尘效率为99.9%的布袋除尘器除尘，最后通过100米高、出口内径为3.2米烟囱排入大气。

三、环保改造项目面临的环境效益核算问题

持续高温的天气，拆迁及建设工程的大面积停工、供应商供货积极性减退等因素都影响着模板燃料及相关粉料的收购计划。同时，由于生物质发电的原材料供应存在明显的季节性特征，相对传统燃煤发电经济成本较高。因此，环保改造项目亟待解决的是环境效益核算问题。

G电厂现有的环境会计核算体系不健全，尚未建立起完整的环境成本与环境收入的信息系统，导致相关的信息采集与披露严重不足，企业环境成本和收入与一般成本费用和收入混同，缺乏可比性以及可靠性。另外，管理层重视度不高，因此尽管生物质发电与燃煤发电相比有着明显的环境效益，但是在现有会计核算方法下成本较高，经济效益显得不尽如人意，具体问题如下。

（一）缺少环境成本和环境收入的单独计量与核算

G电厂改造项目中与环境相关的支出和收入数额较大，但是财务人员对于环境成本与环境收入的关注度较低，没有明确提出环境成本和收入的概念。项目建设总投资36 510万元，其中

环保投资2 816万元（如表1所示），环保投资占总投资比例7.71%。而基于环保因素从政府获得的补贴约为6 000万元，获得的税收优惠收入约为2 000万元，合计约8 000万元。

表1　G电厂环保相关投资额　单位：万元

序号	项目	投资
1	喷钙脱硫、SNCR脱硝、除尘排烟系统	1 726
2	除灰除渣系统	676
3	烟囱	203
4	废水处理系统（生产废水、生活污水、初期雨水收集池、事故水池）	57
5	降噪隔音	40
6	绿化费用	30
7	烟气连续监测	44
8	环境监测站建设	10
9	环评及或工环保验收费用	30
10	合计	2 816

目前G电厂对于成本的核算主要包括制造成本、人工成本、材料成本等（如表2和表3所示），环境相关的支出主要列支在管理费用及传统的成本中，而与环境相关的收入，如财政补贴、税收优惠等也是列支在其他收益、营业外收入等项目中，没有单独的归类与计量。

表2　G电厂7月管理费用（节选部分）　单位：万元

项目名称	预算	实绩	差额
环保部职工薪酬	26.55	22.30	-4.25
环保设备折旧费	1.67	1.96	0.30
环保设备修理费	0.30	0.00	-0.30
绿化费	0.20	0.14	-0.06
无形资产摊销	6.93	6.93	0.00
…	…	…	…
合计	42.04	39.15	-2.89

表3　G电厂现有会计核算体系（节选部分）

指标名称	年度预算数（万元）	本月完成数（万元）	累计完成数（万元）	累计完成年度预算比（%）
营业收入	12 600.71	1 188.95	7 838.66	62.21
营业成本	11 756.17	1 067.16	7 214.72	61.37
营业费用	198.67	9.11	88.25	44.42
管理费用	516.42	39.15	261.18	50.57
财务费用	170.85	28.52	90.00	52.68
利润总额	996.71	64.14	451.41	45.29
经营现金净流量	2 151.71	160.39	1 028.91	47.82

（二）未能区别计算投入资源的有效利用价值与废弃物损害价值。

首先，废品损失被全部计入电力成本，现行的成本核算以车间的半成品（或产成品）为对象，按照发电工艺流程逐步计算结转，直至最终得出电力热力的成本。其次，不单独划分和计算各流程点上废弃物损害价值，导致企业无法具体分析废弃物成本形成的原因和节点。一方面，不能正确反映电力成本；另一方面，会使企业决策出现严重偏差。

（三）未能将生物质发电的外部环境收益内部化。

据统计，新项目投入运行后，每年可消耗生物质燃料近40万吨，年发电量1.68亿度，供热能力35万吨，折合标煤约13万吨，年替代化石燃料21万吨，年减少CO_2排放量25万吨。此外，如表7所示，SO_2等污染物减排量也非常可观。而G电厂对于改造项目显著的环境效益大多为定性评价，没有将外部环境收入货币化，无法计算废弃物的外部环境损害价值和环保效果价值，从而导致此次环保改造项目本身的可行性大大降低。

1. 废气

根据本工程燃料配比经加权计算的锅炉烟气中SO_2、烟尘、NOx及氨气等污染物产生及排放情况如表4所示，其中除尘效率为99.9%。

表4　　工程锅炉烟气主要污染物产生、削减及排放情况

污染物	产生量（吨/每年）	自身削减量（吨/每年）	排放量（吨/每年）
废气量（万立方米/每年）	194 035	0	194 035
SO_2	679.41	492.57	186.84
烟尘	42 800	42 757.2	42.8
NOx	329.6	148.3	181.3

2. 废水

根据工程污染源和治理措施分析，本项目生产过程中产生的废水部分外排。本项目废水中主要污染物产生、排放、削减情况如表5所示。

表5　　项目建成后废水主要污染物排放情况

污染物	产生量（吨/每年）	自身削减量（吨/每年）	排放量（吨/每年）
废水量（万立方米/年）	65.47	55.51	9.96
COD	50.65	45.67	4.98
NH_3-N	0.91	0.11	0.8

3. 固体废物

本项目产生的固体废物主要是锅炉灰渣和生活垃圾，其产生、消减和排放情况如表6所示。

表6　　项目建成后固体废物排放变化情况

固废名称	产生量（吨/每年）	综合利用量（吨/每年）	排放量（吨/每年）
锅炉灰渣（万吨/每年）	7.1	7.1	0
生活垃圾（吨/每年）	42.34	0	42.34

4. 工程建成后主要污染物变化情况

本工程建成后，将关闭原电厂三台65吨/小时锅炉配两台1.2万千瓦/小时抽凝式汽轮机发电机组，并关闭区域内小锅炉，其中燃煤锅炉14台。项目建成后主要污染物变化情况如表7所示。

表7　　项目建成后主要污染物变化情况　　单位：吨/每年

污染物	区域小锅炉替代量	区域排放变化量	本工程				
			原电厂	产生量	预测排放量	以新带老削减量	变化量
SO_2	158.6	-145.5	173.74	679.41	186.84	173.74	+13.1
NOx	38.1	-22.37	165.57	329.6	181.3	165.57	+15.73
烟尘	162	-271.11	151.91	42 800	42.8	151.91	-109.11
COD	—	-1.54	1.54	50.65	4.98	1.54	+3.44
NH_3-N	—	-0.8	0.16	0.91	0.8	—	+0.8

由表7可以看出，本工程建成之后，区域总体污染物SO_2减少145.5吨/每年，NOx减少22.37吨/每年，烟尘减少271.11吨/每年。

四、环保改造项目对策及效果评价

针对环保项目改造存在的问题，G电厂引入环境管理会计的新工具——物质流成本会计进行经济效益与环境效益的核算与评价。同时，运用“热—电—土壤修复剂”三联产的经营模式，运用烟气超净排放等新技术着手解决环保改造项目存在的问题。

物质流成本会计实施后，找出了废弃物产生的主要节点，继而采取针对性措施改进生产流程和工艺，减少了废弃物的排放，减轻了环境污染，同时利用外部成本内部化方法衡量其经济效益和环境效益，让G电厂看到了实施环境保护措施的巨大成效，更加有信心在发展生产的同时在环境保护的阳光大道上阔步前进。

五、案例讨论

纵观G电厂从燃煤发电到生物质发电险陷“泥潭”的环保转型之路，看似难以兼顾的经济效益和环境效益，是否能够通过环境管理会计方法的引入还原其本身的效益？本案例需重点思考的问题如下。

(1) 综合考虑G电厂情况，你认为本案例适合采用的环境成本和收入分类各是什么？列出分类依据并说明理由。

(2) 什么是环境效益？它与环境成本和环境收入的关系是什么？

(3) 有哪些科学合理的会计方法可以用于计量G电厂环保改造项目的环境成本和环境收入？

(4) 什么是物质流成本会计？应用该方法的关键点是什么？如何运用该方法计量G电厂的环境成本和环境效益？

(5) 在运用物质流成本会计计量G电厂的环保改造项目的环境效益后，你认为对项目的可行性有何影响？请从定性和定量两个角度加以分析。

第八章　公司治理、激励机制与高管薪酬

第一节　公司治理与管理会计

一、公司治理的定义

“治理”（governance）是广泛应用于政治学、经济学和管理学领域的一个术语。“公司治理”（corporate governance）作为一个概念，其基本功能由企业的本质所决定。“治理”应服务于企业的生存和发展。所以，企业制度演进的过程也就是治理产生、发展的过程。因此，从企业制度演进的角度入手，可以深入理解公司治理的本质。

（一）企业制度的演进与公司治理的发展

企业制度的类型主要包括个人独资、合伙制和公司制三种，业主制、合伙制是最早的企业制度，现代企业制度是在业主制、合伙制的基础上发展演进而来的。企业制度的演进可大致分为三个阶段。

第一阶段，16 世纪末 17 世纪初，英国和荷兰成立的“特许贸易公司”是公司制的最早雏形，该组织由政府特许成立，具有法人地位，资本募集而来，初步具备了董事会、股东会、经理等组织框架。

第二阶段，18 世纪，一种更接近于现代公司制企业的“合股公司”出现了，这种企业组织虽然不拥有法人地位，但已具有可以筹集、转移资本、所有者权益易于转让、持续经营和由所有者代理人而不是所有者本人来管理等优点。

在这两个阶段中，促使企业制度公司化的主要因素是：远洋航海贸易、殖民扩张以及地理大发现等为企业创造了众多的盈利机会，而业务的巨大风险以及大规模的资本需求远远超过了血缘家庭所能承受的范围，因此企业的投资主体开始多元化。在这一阶段，尽管出现了经理人，但大多由兼职人员担任，只是起到了资产代管人的作用，其经营职能并不突出。

第三阶段，19 世纪以后，随着工业革命的发展，新技术不断涌现，市场范围空前扩大，社会分工和专业化日益加深，市场竞争更加激烈，在这一历史背景下，美国出现了典型的现代企业制度。随着企业规模的扩张以及与之伴随的技术管理过程复杂化，专职经理人员的作用有所增强，西部铁路成为美国第一家由专职经理人组成的正规管理系统运转的工商企业。以专职经理人的出现为主要标志的现代企业制度无疑是企业制度发展演进史上的里程碑。

与传统的业主制企业相比，现代公司制企业的一个显著特征就是个人财产所有权与企业所有权的分离。在古典式的业主企业中，个人财产所有权就等同于企业所有权，企业主投入个人的资金、设备等形成企业的全部资产，进而拥有企业的全部所有权，即剩余控制权和索取权。对于现代公司制企业而言，公司作为一个独立的法人实体存在，出资人的有限责任制度使个人财产所有权不同于企业所有权。个人财产所有权是企业存在的前提，企业所有权是个人之间产权交易的结果，公司制企业成为不同生产要素所有者之间契约的结合，企业利益相关者开始多元化。

此时，企业的剩余控制权和剩余索取权的承担者由单一的企业主转移到多元化的企业相关利益主体身上，多元化主体共同参与到企业的重大决策中，共同决定企业的战略规划和重大事项安排。多元化利益主体的参与，客观上需要一整套制度安排来协调不同主体间的利益关系，以提高企业决策的效率，保持企业长期持续的成长。这里所称的一整套制度安排就是我们所关注的公司治理。

（二）公司治理的主要理论依据

一般来说，公司治理的理论依据主要有以下三个。

第一个是管家理论。它建立在信托责任基础之上，公司（即股东大会）将责任和权力委托给董事，同时要求董事忠诚，并能及时对自己的行为给出合理的解释。这个理论的假设前提是：相信人人都是公正和诚实的。依照这个理论，公司治理被看作信托责任关系。

第二个是委托—代理理论。它把企业看作委托人和代理人之间的合同，股东是委托人，董事是代理人。代理人的行为是理性（或有限理性）的、自我利益导向的，因此，需要用制衡以及监督机制来对抗潜在的权力滥用，用激励机制来使董事和经理为股东出力和谋利。依照这个理论，公司治理被看作委托—代理关系。

第三个是产权理论。它认为所有权规定了公司的边界，是控制公司权力的基础，这些权力包括提名和选举为股东利益管理企业的董事的权力、要求董事就企业资源的配置作出决策并给予解释的权力、任命审计师检验公司账务的准确性及对董事的报告和账目提出质疑的权力等。公司资产运作和日常经营的控制权则分别由董事会和经理层掌握。依照这个理论，公司治理被看作产权或控制关系。

（三）不同角度的公司治理定义

迄今为止，公司治理还没有统一的定义，在此仅列出几种较有代表性的观点。

1. 根据公司治理的作用定义

伯力和米恩斯以及詹森和麦克林认为，公司治理应致力于解决所有者与经营者之间的关系。公司治理的焦点在于使所有者与经营者的利益相一致。法马和詹森进一步提出，公司治理研究的是所有权与经营权分离情况下的代理人问题，其中心问题是如何降低代理成本。米勒明确指出，公司治理需要解决以下委托—代理问题：（1）如何确知企业管理人员只取得为适当的、盈利的项目所需的资金，而不是比实际所需更多？（2）谁将裁决经理人员是否真正成功地使用公司的资源？（3）如果证明不是如此，谁负责以更好的经理人员替换他们？

施莱弗和卫诗尼认为，公司治理要处理的是公司的资本供给者如何确保自己可以得到投资回报的途径问题，公司治理的中心课题是保证资本供给者（包括股东和债权人）的利益。

2. 从制度安排的角度定义

主要代表人物钱颖一认为，在经济学家看来，公司治理结构是一套制度安排，用以支配若干与企业有重大利害关系的团体——投资者（股东和债权人）、经理人员、员工之间的关系，并从这种联盟中实现经济利益。公司治理结构包括：（1）如何配置和行使控制权；（2）如何监督和评价董事会、经理人员和员工；（3）如何设计和实施激励机制。

3. 从组织结构的角度定义

主要代表人物吴敬琏认为，所谓的公司治理结构，是指由所有者、董事会和高级执行人员（即高级经理）三者组成的一种组织结构。在这种结构中，上述三者之间形成一定的制衡关系。通过这一结构，所有者将自己的资产交由公司董事会托管；公司董事会是公司的决策机构，拥有对高级经理人员的聘用、奖惩和解雇权；高级经理人员受雇于董事会，组成在董事会领导下的执行机构，在董事会的授权范围内经营企业。要完善公司治理结构，就要明确划分股东、董事会和经理人员各自的权力、责任和利益，从而形成三者之间的关系。

4. 从广义治理的角度定义

布莱尔在其著作《所有权与控制：面向21世纪的公司治理探索》中提出，“公司治理是指有关公司控制权和剩余索取权分配的一整套法律、文化和制度性安排，这些安排决定公司的目标，谁拥有公司，如何控制公司，风险和收益如何在公司的一系列组成人员，包括股东、债权人、员工、用户、供应商以及公司所在的社区之间分配等一系列问题”。

李维安认为，狭义的公司治理，是指所有者（主要是股东）对经营者的一种监督与制衡机制，即通过一种制度安排来合理地配置所有者与经营者之间的权利与责任关系，其主要特点是通过股东大会、董事会、监事会及管理层所构成的公司治理结构的内部治理；广义的公司治理则是通过一套包括正式及非正式的制度来协调公司与所有利益相关者（股东、债权人、供应商、员工、政府和社区等）之间的利益关系，以保证公司决策的科学化，从而最终维护公司各方面的利益。

张维迎认为，狭义的公司治理是指有关公司董事会的功能、结构及股东的权利等方面的制度安排；广义的公司治理是指有关公司控制权和剩余索取权分配的一整套法律、文化和制度性安排，这些安排决定公司的目标，谁在什么状态下实施控制，如何控制，风险和收益如何在不同企业成员之间分配等问题。他同时认为，广义的公司治理是企业所有权安排的具体化。

5. 公司治理定义的归纳

从上述定义可以看出，学者们对公司治理概念的理解至少包括以下几层含义：（1）公司治理问题的产生，根源于现代公司中所有权与经营权的分离以及由此所导致的委托—代理问题；（2）公司治理结构是由股东大会、董事会、监事会及管理层等组织架构以及联结上述组织架构的权责利的划分、制衡关系和配套机制（决策、激励、约束机制等）等规则构成的有机整体；（3）公司治理的关键在于明确合理地配置公司股东、董事会、经理人员和其他利益相关者之间的权力、责任和利益，从而形成有效的制衡关系；（4）公司治理的本质是对公司控制权和剩余索取权分配的一整套法律、文化和制度性安排。

二、公司治理机制

从以上关于公司治理的概念可以看出，公司治理实质上关注的是公司的权力安排和利益分配问题，其核心是在法律、法规和惯例的框架下，保证以股东为主体的利益相关者的利益的整套公司权力安排、责任分工和约束机制。这种安排和约束即为治理机制。公司治理机制分为内部治理机制和外部治理机制。内部治理机制即通常所说的法人治理，其核心内容是公司内部的治理机构设置及其权力分布。公司外部治理一般指证券市场、经理市场、产品市场以及银行、机构投资者等外部力量对企业管理行为的监督。外部治理是对内部治理的补充，其作用在于使经营行为受到外界评价，迫使公司管理层自律和自我控制。这里主要关注公司的内部治理结构。

（一）公司内部治理机制

在现代公司中，公司权力机构配置是确保公司正常经营和科学决策的重要内容。根据权力制衡的思想，现代公司要设立相互制衡的组织机构，这就是公司治理结构，其目的是形成一套健全的激励约束机制以保证公司的健康运转。内部治理通过设计科学的公司治理结构，形成相互配合、协调制衡的机制，以保证企业的经营管理指挥协调顺利。常见的公司治理结构包括股东大会、董事会、执行机构、监事会等。

1. 股东大会

股东大会是公司治理机构之一，是公司的最高权力机构，掌握着公司的最终控制权。股东大会在公司治理中的制衡作用主要体现在股东权利和股东大会运行机制这两个方面。

（1）股东权利。广义的股东权利指股东得以向公司行使的各种权利，狭义的股东权利指股东基于股东资格而享有的获取经济利益并参与公司治理的权利。在法律理论中，股东的权利有三种：自益权、共益权和抱怨（voice）。自益权是股东仅为自己利益而行使的权利，如分红权、盈余分配权等；共益权是股东为自己利益的同时兼为公司利益而行使的权利，如选举董事的权利、参与公司决策的权利、知悉权等；第三种权利是大陆法中没有但英美法中有的，叫作抱怨，就是股东向公司发表意见，发出抱怨。

（2）股东大会运行机制。股东权利主要是通过股东大会来行使的。股东大会包括定期召开的普通股东会议与不定期召开的股东会议，因为它通常每年举行一次，所以也称股东年会。非常股东会议是指非定期的、应临时急需而召开的股东会议，也称特殊股东会议或临时股东会议。通过股东会议，股东们可以通过选举和更换董事来控制董事会，进而真正实施对公司的终极控制。

2. 董事会

董事会是股份公司的核心领导层和最高决策者，它受托于股东大会，执行股东大会的各项决议。股东们推选出能代表自己的、有能力的、值得信赖的少数代表组成一个小型机构来管理公司，这个机构就是董事会。董事会在公司治理中的作用是通过权力和责任的分配来实现的，主要体现在履行义务、结构设计和业绩考核这几个方面。

（1）董事会和董事应履行的义务。董事会的基本任务是：制定公司的经营目标、重大方针和管理原则；向公司的管理层提供意见和建议；通过制定目标和评价机制来监督管理层的业绩，聘用和解聘 CEO；确定有效的审计程序，以使董事会能够及时准确地了解公司的财务状况，这不仅包括对独立审计师的选择和解聘，而且包括建立运行良好的审计委员会，让非管理层人员也能接近公司的决策制定，也就是说，保证在董事会的讨论和决策中能够考虑到顾客、员工、供应商、社会团体和其他利益相关者的利益。

（2）董事会结构设计。董事会结构设计主要指董事会的成员设置和董事会下属委员会的设置。其中，董事会的成员设置主要涉及独立董事的引入。独立董事不在公司中担任除董事以外的其他职务，与公司没有直接和密切的商业利益关系。引入独立董事已成为有效解决公司治理问题的一种潮流。独立董事在公司治理中的作用主要体现在以下几个方面：首先，独立董事不拥有或只拥有很少的公司股份，不代表特定群体的利益，较少受内部董事的影响，公正性较强，可以确保董事会公正决策，防止合谋行为，保护中小股东利益；其次，独立董事不在公司任职，能够对经理层进行更有效的制衡，可制约控制股东做出不利于公司和其他股东的行为；最后，独立董事可以独立监督公司管理层，并客观评价经理层的业绩，减轻内部人控制带来的问题。此外，独立董事多为财务、市场方面的专家，具备决策所需的专业知识，有利于提高董事会决策的合理性。

在董事会成员责任与义务的分工问题上，通常采取合理设计内部委员会的办法，即在董事会下设立各个专职的委员会，以应对公司治理中不同层面的问题。各公司可以按自己的需要设置不同的专业委员会，如公司治理委员会、战略委员会、审计委员会、风险管理委员会、人力资源委员会、薪酬委员会和提名委员会等。设立专业委员会的优势在于：下设委员会处理专务，可以提高董事会的决策效率；下设委员会由在该领域具有丰富经验或专业知识的董事组成，可以提高决策的准确性。

在公司治理活动中，审计委员会是最重要的委员会之一，建立审计委员会可以保证公司财务的透明度，其基本职责一般包括协助公司董事会在内部控制、风险管理、财务报告、审计等方面履行相关职责，如审核财务及其他报告，确保财务报告、董事会报告、主席声明、管理意见书的完整性、准确性和公允性；帮助公司董事或其他成员更好地理解公司的财务政策、会计核算体系、财务报表等；参与内部控制制度和风险管理，保证公司的控制系统和程序与公司业务的变化相一致；检查和评价公司内部控制和风险管理程序的适当性和有效性，预防和发现舞弊，及时提供有效的财务信息。通过审计委员会职责的履行，可以在公司董事、独立的注册会计师、内部审计人员、公司财务经理之间建立通畅、透明的交流渠道和制衡机制，保证公司内部控制制度的有效运行。

（3）董事会的考核。考核是进行激励的基础，但如何对公司不同层次的员工进行考核，在理论和实践上难以达成共识。对董事会每年进行考核的目的在于明确董事作为个人以及董事会作为集体的作用和责任，更好地理解董事会的绩效，促使董事会更有效率地运行。另外，对董事会的考核还可以改善公司董事会和管理层之间的工作关系，保证董事会和 CEO 间的权力平衡。

3. 财务监督

按照李维安（2002）的观点，公司治理实际上就是公司中各个机构的权力安排。股东大会、董事会、经理层等分别在公司内部拥有相互联系又相互制约的责权利，财权则是这些权力的核心。股东作为出资者，为保证其利益目标的实现，要直接或间接地通过各种行为来参与公司的监督，形成在财务上以出资人为主体的所有者财务行为的第一层次；在公司法人内部，董事会行使法人财产权和直接经营权，全面直接地参与对公司重大财务事项的决策和管理，从而形成以经营者为财务管理主体的经营者财务管理的第二层次；最后，经营者财务决策和管理都会落实到经理和财务经理身上，他们行使的是财务决策事项的执行权和日常管理权，这样就形成了以经理为管理主体的经理财务管理的第三层次。

由于公司财务是分层的，其对应的职责、权力是不同的，因此公司财务已不再仅仅是传统的财务部门的财务的概念，而是包括决策权、执行权和监督权三权分立的有效管理模式，是一种有利于公司财务内部约束的有效形式。公司治理中多层次的财务管理主体形成了多层次的财务监督主体，也就是说，在公司治理的监督体系中，最根本的是财务监督的安排。

公司治理与公司内部财务监督的关系表现在以下三个方面：首先，公司治理模式影响财务监督方式的选择。如在股权集中、强调内部治理的日本、德国等国家的公司中，股东可以随时通过了解公司的经营业绩和经营水平，采取“用手投票”的方式对经营者实施包括财务监督在内的综合监督。而在股权分散的英国、美国等国家强调外部治理的公司中，股东对经营者的监督采取建立在严格信息披露基础之上的“用脚投票”的方式，这就使得以确保财务信息真实性为目的的注册会计师审计监督成为公司重要的外部财务监督方式。其次，公司治理处在公司内部和外部财务监督机制的结合部。董事会是公司治理的核心，它既是公司外部出资人实施产权监督的切入点（即出资人通过直接或间接影响来控制股东大会、董事会和监事会，从而达到对公司的监督和控制），又是公司内部各项生产经营活动和财务收支活动稳定有序开展的保证。没有董事会的健全功能，一切财务监督便是空中楼阁。最后，公司治理的健全程度决定着公司内部财务监督的强弱。健全的公司治理应确保公司会计信息的真实性。反过来，只有真实的会计信息才能保证股东和董事会对公司实施的财务监督。

一般认为，现代公司内部治理机制为解决公司治理问题提供了三个有效的机制：激励机制、监督机制与决策机制。通过这三种机制促使代理人努力工作，降低代理成本，避免偷懒、机会主义等道德风险行为。

（二）公司治理的一般模式

由于各国经济制度、历史传统、市场环境、法律观念及其他条件不同，公司治理模式也不相同。从当前世界各国经济发展历程来看，主要有三种治理模式：一是以英美为代表的外部治理模式——市场主导型模式；二是以日德为代表的内部控制模式——银行主导型模式；三是以韩国、东南亚为代表的家族控制模式。

1. 以英美为代表的外部治理模式

外部治理模式，又称市场主导型模式，是指公司主要依赖金融市场、职业经理人市场、产品市场等外部市场机制对各相关利益主体进行监控。英美的公司治理模式是典型代表。

（1）股权结构。公司的股权结构，尤其是股权结构中的大股东的构成状况是公司股东监控机制模式的基础。英美公司的股权高度分散，以个人持股为主，且单个股东持有股份的比例较低。小股东不具备控制或者影响董事会决策的能力，“搭便车”现象明显，使得股东不能够有效地监督管理者的行为，引发委托—代理问题。这一问题主要依靠外部市场机制予以解决。在英美公司治理模式中，发达的股票市场、控制权市场、经理人市场、劳动力市场和产品市场一起构成了对企业和CEO等高级管理人员的市场监控体系。到目前为止，英美公司治理效能的发挥主要还是依靠这种市场外部治理机制。

（2）公司治理框架。如图8-1所示，在以英美为代表的外部治理模式下，由董事会负责监督，并按照有关要求设立审计委员会等专业委员会。但英美董事会下设的提名委员会只负责候选董事提名，董事最终需由股东大会选举产生，由于股权分散，董事的选举实际上是被CEO操纵的。并且在英美模式下，由于会计师职业比较发达，财务报表的真实性主要通过职业会计师和市场来监督。另外，由于机构投资者持有大量的股票，为了履行对其委托人的责任、控制投资风险，机构投资者开始逐渐介入公司治理。

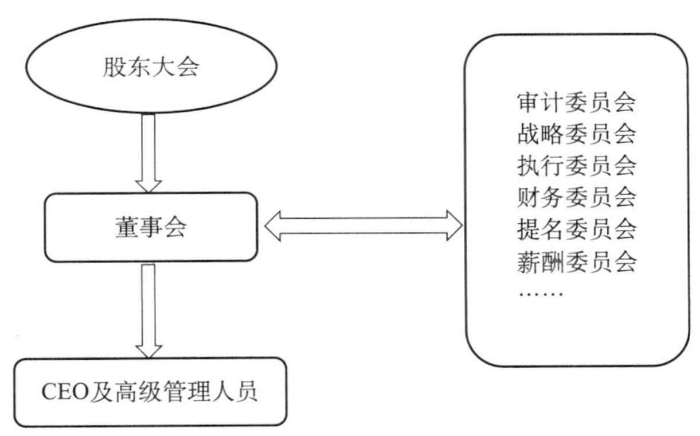

图8-1 美国公司治理结构基本框架

（3）对CEO等高级管理人员的激励。英美模式特别注重长期激励手段的运用，以减少经理人的短期行为，建立经理与企业之间的长期利益联系。英美公司对CEO的报酬除了基本的底薪之外，股票期权得到普遍应用。据统计，在美国，经理人员的总报酬的1/3左右是以股票期权为基础的。

2. 以日德为代表的内部治理模式

内部治理模式，又称银行主导型模式，是指主要依靠商业银行持股、法人之间相互持股而从内部（而非依靠外部市场机制）来监督公司运营的公司治理模式。日德的公司治理模式是典型代表。

（1）公司治理框架。在日德公司的治理模式中，银行集股东与债权人于一身，直接参与公司治理。同时，企业法人之间也相互持股，互派经理充当董事进入对方董事会参与决策。日本的公司治理框架由股东大会、董事会、经理层、独立监察人四者组成。由经理人员组成的常务委员会实际上控制了董事会的运行。

德国公司的治理机制表现为其独特的双层董事会制度，如图 8－2 所示。由股东大会选举产生监督董事会（监督董事会是公司最高权力机构，具有评价监督的职能）；再由监督董事会公开招聘成员组成管理董事会，负责企业日常运营。双层董事会制度的主要特征在于：它把管理者和监督者截然分开了，监督董事会不能包括任何管理董事会的成员，这种分离和透明性形成了一种制约平衡机制。

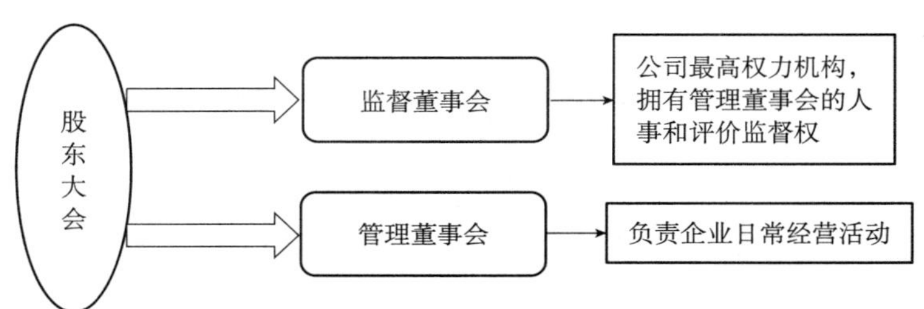

图 8－2　德国的双层董事会制度

（2）市场机制。日德两国对证券市场的发展实行了严格的限制政策。在德国，企业发行股票必须达到一定的条件，即发行企业的负债水平在一定的限度以下，并且发行企业的申请必须得到某一银行的支持。因此，虽然日本、德国都有自己的股票市场，但并不发达，起不到像英美等国家证券市场那样的外部治理作用。

（3）对经理人员的激励。日本对公司经理人员有比较健全的激励机制，主要原因是：首先，终身雇佣制使得劳动力市场的流动性受到削弱，在追求对企业忠诚的文化背景下，经常更换门庭会大大降低自身的忠诚信用度。其次，在年功序列制下，只有不断努力工作，才有可能得到提升。如果放弃在公司积累的知识和经验选择离开，付出的代价极高。

3. *以韩国、东南亚为代表的家族治理模式*

以韩国、东南亚为代表的家族治理模式是指企业所有权与控制权没有完全分离、企业的主要控制权在家族成员手中的一种治理模式。在这种治理模式下，企业由以血缘、亲缘为纽带组成的家族成员控制。

（1）公司治理框架。如图 8－3 所示，韩国、东南亚的公司治理框架从法律上与其他市场经济国家没有太大的区别，都是由股东大会选举董事会，再由董事会聘请总经理。韩国规定股东有权选举内部审计员，其功能类似于外部董事。

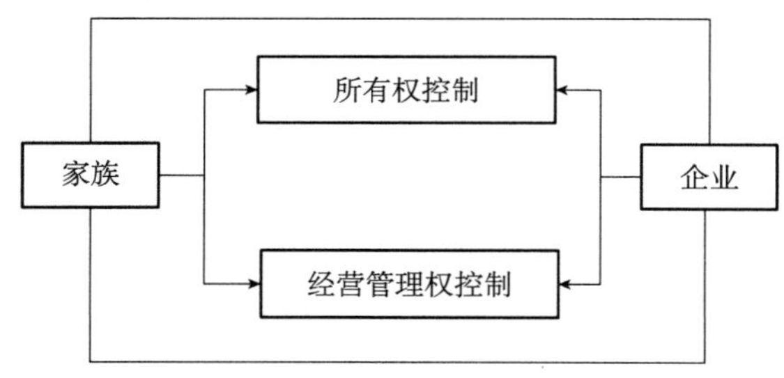

图 8－3　家族企业治理模式

（2）家族对企业的监控。在韩国、东南亚，家族企业的所有权和经营权基本上掌握在家族成员手中，尽管这些家族企业也搭建了公司治理框架，但只是形式上的。在韩国，家族资本的影响无处不在，不仅中小企业为家族或个人所拥有，许多大财团也通常由某一家族直接或间接控制。一般而言，家族及其控制的高级管理层全面主导了韩国企业的发展。东南亚家族集团则主要采取金字塔形的控股方式控制下属企业。

（3）中小股东及机构投资者。在韩国，中小股东无法起到决定性的作用，为此，韩国政府出台了一些保护中小股东的措施。如一家公司要想在韩国证券交易所排在主板，其全部小股东（以1%为限）至少要综合持有公司全部股票的40%，家族持股不得超过51%。

韩国的机构投资者持有很大份额的股权：信托投资公司持股最多的达20%，银行或保险公司达10%，证券公司达8%。但由于这些机构投资者都是由受家族控制的企业集团控股的，母公司的监控在很多情况下削弱了机构投资者行使股东权利的机会，因此韩国机构投资者的作用是比较被动的，对公司的管理层难以形成强有力的监督。

英美公司的外部治理模式充分运用了市场的力量，取得了较好的治理效果，但近年来，安然事件等丑闻的发生，暴露出以英美为代表的外部治理模式同样存在问题，如股权高度分散弱化了股东对公司的监控，诱发了管理层的短期行为，外部治理模式并没有完全解决公司管理层的诚信问题。日德公司的内部治理模式则造成日德公司资产负债率居高不下、证券市场疲软等弊端，但在保持公司股权结构稳定、促进公司管理层行为长期化方面又有一定的优势。韩国、东南亚的家族治理模式则带来了企业社会化程度不高、家族股东不受制衡等问题。三种公司治理模式各有优劣，未来公司治理模式的发展将呈现相互融合、优势互补的趋势。

三、公司治理与管理会计

如前所述，公司治理系统由内部监控机制和外部监控机制组成，前者是股东大会、董事会及监事会对企业经营者进行监控的机制，后者包括资本市场、产品市场和经理人市场等外部力量对企业管理行为的监督。不论是内部监控机制还是外部监控机制，其有效运行均需要一定的信息支持。会计是“当今公司治理结构的语言”（Joel Seligman，1993），公司治理结构的构建和完善离不开会计系统的支持。会计信息系统的建立与完善，很大程度上可以视为会计对现代企业治理的逐步完善作出的一种积极响应。根据当代企业理论和证券市场理论，完善的会计信息系统具有遏制“内部人控制”、完善高管激励机制的作用，并且有助于董事会有效性的增强和对股东责任的履行。

财务会计信息系统是一种强制性信息系统，信息披露的范围、数量和质量必须遵循一定的会计标准，且其披露内容以财务信息为主。由于受到成本效益原则、商业秘密的限制以及市场和文化背景的影响，单靠财务会计信息系统很难全面发挥会计信息在公司治理中的应有作用。而在“相关信息适时地提供给相关的人”的原则指引下的管理会计信息系统因其信息提供的灵活性，能较好地满足利益相关者对机会与风险、财务预测、人力资源等方面的信息需求。因此，要满足公司治理的信息需求，很大程度上依靠管理会计信息系统。美国会计学家卡普兰教授曾指出："1825～1925 年这 100 年间，管理会计的发展历程已为管理会计的未来提供了发展模式，即管理会计的发展应为企业在生产创新、市场创新及组织设计创新等方面提供信息支持。"换句话说，管理会计信息系统不仅能满足公司管理方面的信息需求，更以满足公司治理方面的信息需求作为其发展方向。

管理会计将在公司治理（特别是公司内部治理）中发挥越来越重要的作用。一方面，它可以通过提供各种强制性财务报告之外的财务和非财务信息，满足公司治理和公司管理中的特殊信息需求；另一方面，它还可以通过计划、控制、考核和激励责任会计，依托管理控制系统来提供制度性约束和控制的管理职能。因此，在构建以强调制度约束和内部治理为特征的新型公司治理结构的过程中，会计系统特别是管理会计系统，将起到至关重要的作用。

（一）管理会计在公司治理中的重要作用

公司治理和管理会计之间存在重要的联动关系。公司内部治理的加强导致了对管理会计信息的巨大需求。管理会计在公司治理中的重要作用主要体现在以下两个方面。

（1）为公司治理中的权责利统一提供理论与方法。与公司治理相适应的管理会计方法主要体现在责任会计系统上。责任会计是反映和控制责任中心履行责任的方法，而公司治理本身就是一种权责利相统一的制度安排，因此二者之间有着天然的联系。责任会计由责任中心、责任预算、业绩考核评价、账务处理系统组成。传统的责任中心按控制的权限分为成本中心（或费用中心）、利润中心、投资中心。在公司治理中可将责任中心扩展到公司经理层、董事会、股东，以反映经济责任、建立激励机制。将股东作为一个责任层次，主要是为了约束控股股东的行为，防止控股股东损害中小股东利益；董事会是公司内部的最高权力机构，作为决策中心；经理层是执行具体的经营管理的机构，是一种经营中心。划分责任中心后，还需编制责任预算，根据可控制性原则设计对各中心的绩效考核指标，并进行责任会计控制与核算，这些公司治理内容都需要应用管理会计方法。

具体过程如下：企业为了强化内部经营责任，激励和提高员工生产劳动的主动性和积极性，在编制出总预算后，还要把企业内部生产经营各单位确立为各个责任中心，责任会计就是在企业内部分权管理的条件下，在企业内部建立若干责任单位，并对它们分工负责的经济活动进行规划与控制，是把会计资料与各有关责任单位紧密联系起来的信息控制系统。责任中心将整个企业逐级划分为多个责任领域，让其责任负责人各尽其职、各负其责，根据成本、利润或投资的发生分清责任，并遵循权责利相统一的原则，确定各个责任中心的归属。

（2）为股东提供董事会责任履行和业绩考核等方面的信息。在管理会计的基础上，董事会评价指标应该以企业战略定位为核心，辅之以有效的内部运营机制和外部沟通机制。企业战略定位要求董事会进行企业定位时应该具有长远的眼光，关注企业可持续发展的能力而不仅仅是短期利益。有效的内部运营机制要求董事会拥有有效的决策机制，同时，应利用其公司治理和企业管理的双重权限建立有效的控制制度，使公司有序、有效运行。外部沟通机制要求其建立企业与外部治理机构、投资者、债权人、客户和社区等的联系与沟通体系。

（二）公司治理的演进与管理会计角色的转变

公司治理与管理会计存在紧密的联系。为了能够同时反映公司治理方面的特征，管理会计的定义可以表述为：管理会计是企业会计信息系统的一个分支，提供各种强制性财务报告之外的财务和非财务信息，目的是满足公司治理和公司管理中的特殊信息需求。因此，随着公司治理内涵的不断完善，管理会计在公司治理中扮演的角色也将发生变化。

管理型公司治理的对象是管理者个人，管理者个人在公司治理中处于核心地位，他不仅拥有公司的日常经营管理权，而且拥有事实上的战略决策权。因为决策所需信息的收集、分析以及决策方案的出台，都是由管理者个人操纵的。在管理型公司治理中，董事会只注重通过权力制衡来制约管理者，而不注重积极主动、认真负责地参与制定公司的发展战略。另外，由于管理者不是其他利益相关者的直接代理者，因此在公司的战略决策时对其他利益相关者利益的忽略就很有可能发生。也就是说，管理者在制定战略决策时对债权人、员工、政府、社会等利益相关者的相关信息关注不够。而有关企业的机会与风险、其他利益相关者信息、可能的兼并目标等信息在企业的财务报告中很难得知，要想得知只能求助于企业的管理会计信息系统。管理会计更多是经理层对具体经济业务进行管理提供信息支持，充当了“内部警察”的角色。

治理型公司治理围绕决策展开，其目的是建立一种开放式的决策体系。在这种决策体系中，股东及其他利益相关者、董事会、管理人员充分参与决策制定，形成网状治理形态。在公司治理中，董事会发生了角色变换——从事后的消极治理转向董事的积极治理，通过积极地参与企业的战略决策制定来防止其偏离科学化的轨道，而战略决策的制定离不开战略信息的支持。战略信息除了少部分来源于财务会计信息系统之外，大部分来源于管理会计信息系统的支持。与此同时，随着董事会工作重心的变化，如何更有效地激励董事会勤勉工作及如何更客观地对董事会进行业绩评价就是摆在企业面前的一项艰巨任务，而这一切都离不开管理会计信息系统。因此，董事会角色变换使得公司治理中产生了有效的管理会计信息需求。在治理型公司治理中，由于比较重视其他利益相关者的利益，因此有关其他利益相关者的信息应进入公司战略决策者的视野，而有关其他利益相关者的信息在正式的财务报告中无法得知，要想得知只能求助于管理会计信息系统。所以在治理型公司治理中，管理会计信息系统实现了其初衷——不仅满足公司管理方面的信息需求，而且以满足公司治理方面的信息需求为其发展方向，成为“决策的战略性伙伴”。

（三）公司治理的发展与管理会计创新

为了满足公司治理的需要，管理会计作为企业财务的一部分，需要结合现代公司制度中产权制度、组织制度、管理制度及相关制度的变革，进行相应的整合。同时，为谋求组织内部战略的有效实施，要将战略与管理会计融合，进行战略创新，丰富和发展管理会计的功能。

1. 传统的平衡计分卡向战略方向转变

为了适应治理型公司治理的信息需求，全面反映企业的战略地位与进展情况的信息，传统的平衡计分卡开始向战略计分卡（strategic scorecard）转变。战略计分卡不是详细的战略计划，而是董事会实施战略选择的过程描述。这种战略计分卡是由战略地位（strategic position）、战略选择（strategic option）、战略实施（strategic implementation）与战略风险（strategic risks）四个方面的内容构成的，较好地适应了战略管理的要求，如表 8－1 所示。

表 8－1　　战略计分卡

战略地位 微观环境（市场、竞争） 宏观环境（经济、政治、法律） 剧烈变化的威胁 企业状况（市场占有、价格、质量差异化） 能力（核心能力，SWOT 分析） 企业相关者（投资者、员工、供应商）	战略选择 范围的变化（地域、产品、市场区位） 经营方向的变化（成长速度、价格及质量）
战略实施 依据董事会的意图推出最新策略 特定方案选择及详细评价进程 可能实现的目标及时间、方向的设定 设定具有决定性的成功要素	战略风险 基于战略风险的彻底审查 隐藏在公司/业务部门计划中的战略风险 与主要风险相关的影响及可能性分析 重新检查风险的正当手续 面向主要风险的重要行动计划 兼并、收购计划中的风险管理

资料来源：PAIB. Enterprise governance：Getting the balance right. CMA and IFAC，2004.

2. 前馈机制应用于内部控制和公司治理

传统上，为价值创造的内部控制系统服务的是一套反馈体系，它与市场、竞争及风险密切相关，并能促进风险要素的交流，积极开展对策评价与监督等管理活动，但这些工作主要以事后的信息反馈为基础。从理论上讲，正因为该过程涉及公司的整体状况，所以当内部控制的价值创造与管理层的经营报告以及内部审计相结合时，公司治理的结构将得以优化，会计信息的真实性将有所保障。然而，在现实中，实际产生的结果与目标基本不一致，企业的战略失误及风险管理的失败使其处于难以自拔的窘境。安然、世通等事件表明，反馈式控制往往是无效的，或者说即便有效，在其反馈过程中也要投入很高的货币和时间成本。因此，应在反馈机制的基础上引入前馈机制，是内部控制与风险管理服务于公司治理的内在化。前馈是应用事前的信息，传递、监督、评价系统的控制计划，将接近目标的现实措施在事前通过各种手段得以贯彻的过程。前馈机制的引入，使得公司治理的目标由单纯的事后控制转向事前控制与事后控制的融合，促进了管理会计与财务会计的信息沟通，因为财务会计一般是事后会计，是“历史要求”，而管理会计是事前会计和事中会计，是“控制现状、规划未来”，是“未来要求”。

第二节　企业激励机制

一、道德风险与设计激励机制的必要性

现代企业制度所具有的所有权与经营权两权分离的特点，使得企业的经理人与所有者各

得其所，形成了一种比较明确的社会分工，促进了社会与经济的发展。公司法人治理结构为实现公司内部治理提供了相互制衡的组织结构，但公司治理问题的产生表明，由于代理问题的存在，合约不完备和信息不对称所引发的不确定性，使得委托人的代理成本与风险问题不可能通过合约解决。

科托维茨（Y. kotowitz）给道德风险下的定义是：从事经济活动的人最大限度地提升自身效用时做出不利于他人的行动。形成道德风险的最主要原因是委托人和代理人所掌握的信息不对称。一方面，代理人的某些行为是隐蔽的，很难被委托人所察觉和提防，在委托—代理契约中难以对未来事项面面俱到。代理人可能拥有独家信息，包括“隐蔽行动”和“隐蔽信息”。前者包括不能为他人准确观察和预测到的行动，因此对这类行动订立合同是不可能的；后者则包括代理人对事态的性质有不够全面的信息，但这些信息足以导致他们采取恰当的行动，而委托人不能完全察觉到。另一方面，委托人所掌握的某些信息只以自己占有的为限。由于委托人和代理人之间的信息不对称，有关当事人之间的风险分担会引致道德风险问题。

在委托—代理关系中，风险承担人是委托人，风险规避者是代理人。在公司治理结构中，代理人按照委托合同的要求从事经济活动，是公司经济活动的直接行为人。如何保证代理人的行为既在委托人的监督范围内，又不会因超出合同而损害委托人的利益，这就需要寻求缓解道德风险的有效方法。如何有效地设计代理人与委托人之间的契约关系，使得代理成本与风险达到最小？现代公司内部治理机制为解决公司治理问题提供了三种有效的机制：激励机制、监督机制与决策机制。即通过这三种机制促使代理人（经营者）努力工作，降低代理成本，避免偷懒、机会主义等道德风险行为，而激励机制正是降低公司代理成本的一种有效方法。

二、公司激励机制的主要内容

如果说监督或约束是事后纠正，那么激励则是事先预防。激励的核心是使经理人员将对个人效用最大化的追求转化为对公司利润最大化的追求。有效的激励机制应包括以下几个方面。

（一）薪酬激励机制

一般而言，对经营者的薪酬激励由固定薪金、股票与股票期权、退休金计划等构成。其中，固定薪金的优点在于它是稳定可靠的收入，没有风险，起到基本的保障作用，但缺乏足够的灵活性和高强度的刺激性。奖金与其经营业绩密切相关，对于经营者来说有一定的风险，也有较强的激励作用，但容易引发经理人员的短视行为。

股票期权激励允许经营者在一定时期内，以接受期权时的价格购买股票。如果股票价格上涨，经营者收益就会增加，这种激励机制在激励经营者的长期性行为时作用很大，但风险更大，因为时间越长，经营者面临的不确定因素就越多。退休金计划则有助于激励经营者的薪期行为，以解除其后顾之忧。经营者的薪酬结构确定的理论基础在于激励与风险分担的最优替代。短期薪酬激励与长期薪酬激励各有优缺点（如表 8－2 所示），最优薪酬激励机制的设计与选择应根据公司情况和行业特点进行最优组合。

表 8－2　短期薪酬激励与长期薪酬激励的优劣比较

	短期薪酬激励	长期薪酬激励
优点	1. 直观、可预见性强 2. 立即奖励 3. 易于控制、风险相对较小	1. 激励长期业绩 2. 与股东利益相连 3. 代理人可以获得较高收入
缺点	1. 个人目标与公司目标不挂钩 2. 短期行为严重 3. 不利于企业长远发展	1. 风险相对较高 2. 股票价格波动大，不可预测 3. 与相对业绩不挂钩

（二）剩余支配权与经营控制权激励机制

剩余支配权激励机制表现为向经营者大幅转让剩余支配权。对剩余支配权的分配，即如何在股东和经营者之间分配事后剩余或利润。如果一个契约能实现剩余最大化或效率最大化，那么这样的契约无疑是一种最优的选择。公司得到的剩余越接近于企业家开创性的努力，则激励效果越好。如果一个企业没有或只有很少的剩余权契约，这种最大化效率一般不会产生，因为它忽视了对产生和创造剩余的直接承担者的激励。

与此同时，经营控制权对经营者产生激励。经营控制权使得经营者具有职位特权，享受职位消费，给经营者带来正规报酬激励以外的物质利益满足。因为经营者的效用除了货币物品外，还有非货币物品。非货币物品是指那些通常不以货币进行买卖，但能与以货币买卖的物品一样可以给消费者带来效用的在职消费项目，如豪华的办公室、合意的员工、到风景胜地公务旅行等。

（三）声誉或荣誉激励机制

在公司治理中，除了物质激励以外，还有精神激励。公司的高层经营者一般非常注重自己长期职业生涯的声誉。一方面，良好的职业声誉是声誉或荣誉激励，使经营者获得社会的赞誉，从而产生成就感和心理满足。声誉、荣誉及地位是激励经营者努力工作的重要因素。另一方面，声誉、荣誉及地位意味着未来的货币收入。经营者追求货币收入最大化是一种长期的行为，现期货币收入和声誉之间有着替代关系，经理人员过去工作的良好声誉可能使他获得较高的现期或未来收入，差的声誉则可能使他获得较低的未来收入。

（四）聘用与解雇激励机制

虽然货币支付是资本拥有者用来对经营者行为进行激励的主要手段，但并非唯一手段。资本所有者还拥有一个重要手段，就是对经营者人选的决定权。聘用和解雇对经营者行为的激励是通过经理市场的竞争实现的。资本所有者可以比较自由地对经理人进行选择。已经被聘用的经理不仅要面对外部经理市场的竞争，而且要面对公司内部下级的竞争，这种竞争使已被聘用的经理面临被解雇的潜在威胁。聘用和解雇对经理人员行为的激励作用通过经理人员自身声誉而实现。声誉是经理被聘用或解雇的重要条件，经营者对声誉越重视，聘用和解雇作为激励手段的作用就越大。

第三节　企业高管薪酬

本章第二节主要介绍了企业的激励机制，而企业激励机制的核心就是如何确定高管薪酬，使得企业能够将两权分离带来的代理问题降到最低。薪酬制度设计得当，能够有效降低股东与管理层之间的委托—代理成本，激励管理层努力工作，提高公司价值，增加股东财富；反之，如果薪酬制度设计不当，可能导致对管理层激励失效，进而引发管理层为追求自身利益而牺牲股东利益，最终进一步激化股东与管理层之间的矛盾。

围绕高管薪酬有很多理论和观点，但是总体而言，对其影响最大也最深刻的当属委托—代理理论。它对高管薪酬的设计有三个最主要的启示：首先，高管人员的薪酬应与企业业绩挂钩；其次，这一联系应随着企业经营环境风险的增大而减弱；最后，在外界相关信息可利用的情况下应该引入相对业绩评估。

一、高管薪酬的绩效基础

激励机制、业绩评价与公司治理有着密切的联系，在不同的公司治理模式下，激励机制与业绩评价都受其牵动，表现出不同的特点。公司治理模式的演变主要体现在治理主体的演变上，其内涵变化也决定了激励机制主体与业绩评价主体的变化。

（一）股东至上模式下高管的业绩评价基础

股东至上模式的公司治理遵循的是“资本雇佣劳动”的逻辑，认为物质资本的提供者——股东完全拥有企业所有权，企业所有权在委托—代理关系中指的是对企业的剩余索取权和剩余控制权，是由于契约的不完备性产生的。剩余索取权是指对企业收入扣除固定的合同支付后的余额的要求权，剩余控制权则是指合同中没有特别规定的活动的决策权。“股东至上”这种观点在工业经济时代是比较合适的（杜胜利，2003），因为在工业经济时代，股东提供的物质资本具有相对稀缺性和专用性，人力资本对企业财富的创造、经济的发展及社会贡献的作用不太明显，专用性也相对较弱。这就使得物质资本所有者在企业权力博弈中处于有利的地位，而同为物质资本提供者的债权人让渡的又仅仅是财务资源有限时间的使用权，因此，股东便当仁不让地成为企业所有者。在股东至上的模式下，公司治理的中心是调整股东与经营者的关系，公司治理的主体是股东，客体是经营者，治理目标是股东财富最大化。相应地，激励机制的主体、客体及目标要与公司治理保持一致，激励方式早期以短期薪酬为主，随着资本市场的发展，已转变为短期薪酬与长期薪酬相结合的方式。以股东财富最大化为导向的业绩评价主要是衡量经营者是否为股东的财富增值，关系到经营者的奖惩、职位升降等问题。

能体现出股东财富增值程度的评价指标主要是经调整后的经济增加值（EVA）。采用EVA作为业绩评价的标准，有利于激励经营者在获得利润增长的同时注重投入资本的经济增加值，有利于促使经营者在发展业务时更注重实效，更注重投资者长远的利益。

（二）共同治理模式下的业绩评价

共同治理模式下的公司治理遵循的是“剩余索取权应由利益相关者掌握”的逻辑，认为公司是利益相关者相互之间缔约的“契约网”。在共同治理的模式下，企业不仅要重视股东的利益，而且要重视其他利益相关者对经营者的监控。具体来说，在董事会中要有股东以外的利益相关者代表（如债权人代表、员工代表等），以发挥利益相关者的作用，公司治理的主体是利益相关者，客体是经营者，治理目标是利益相关者价值最大化。

以利益相关者价值最大化为导向的业绩评价指标是在传统财务性指标的基础上进行补充的，即以非财务指标来补充财务评价指标的不足，典型代表是由美国哈佛大学卡普兰教授提出的平衡计分卡（在本书相关章节已作过介绍）。该业绩评价系统将财务指标与非财务指标相结合，弥补了传统财务指标的不足，通过引导企业除了关注财务方面，还要关注客户、内部经营过程，以及学习与成长等方面来创造未来的价值，成为企业长期战略的基础。

平衡计分卡清楚地表明了长期的公司价值和业绩驱动因素的关系，它所包含的业绩衡量指标兼顾了影响业绩的长期与短期的因素、财务与非财务的因素、外部与内部的因素等多个方面，能够多角度地为企业提供信息。当代表各部门的业绩评价指标好转时，可以理解为企业实际上就在实现利益相关者的利益。例如，客户满意度的提高就意味着客户得到的服务质量水平的提高，员工满意度的提高也就意味着员工的利益得到了相应的改善和保障。由此看来，可以这样来理解：平衡计分卡通过满足利益相关者的相关利益来实现企业价值最大化，在实现企业价值的同时不仅关注了股东财富，也考虑了部分利益相关者（客户、供应商、员工）的作用及财富。平衡计分卡是共同治理模式下一种有效的业绩衡量评价体系。

二、高管薪酬的类型

支付公司高管薪酬的方式有多种。首先，高管人员会领取基本年薪，包括养老金分担额和津贴；其次，高管人员还会领取一笔根据会计指标确定的奖金；最后，高管人员一般还会按照长期激励计划领取额外的奖励。

（一）基本年薪和奖金

公司CEO的基本年薪一般按标杆管理法（benchmarking method）确定，即比照其他公司CEO的薪酬水平确定。如果薪酬水平位于50%分位以下，被认为是低于市场标准；位于50%～75%分位，则被认为是竞争性的标准。由于CEO总是要求拿到有竞争力的薪酬，因此他们的基本年薪不断提升。有趣的是，相关学者的研究发现，高管基本年薪的多少，更多地取决于公司的特性（如公司所属的产业及规模），而非CEO本人的情况（如高管的年龄、经验等)。公司越大，工资越高。标杆管理法同样适用于津贴和期权计划。

高管还会在每年年终领取一笔现金奖励，数额多少取决于公司上一年度的经营业绩。公司业绩一般以每股收益（EPS）和息税前利润（EBIT）为标准。常用的指标还有经济增加值（EVA)，即利润与资本成本之差。这一概念可以用来衡量公司在使用不同成本的资本时，给公司带来的增加值。但是，不论是采用息税前利润标准还是经济增加值指标，高管只有满足了最低的业绩标准，才能领到奖金。公司的业绩越好，奖金也就越高。

然而，用会计利润来衡量公司业绩有若干潜在问题。首先，为了提高会计利润，高管会放弃能给公司带来未来而非当前利润的需要高投入的研发项目。其次，会计利润可被操纵。最后，奖金计划年年变。如果公司某一年的业绩未达标，高管就会把当年的利润延期。这样，在制定来年的奖金计划时，人们对公司业绩的期望值便会降低，高管拿奖金的机会反而会增多。总之，高管更关注的是如何操纵公司的短期利润，而非提高公司的长期利润和增加股东财富。

（二）股票期权

股票期权是一种重要的金融衍生证券，又称股票选择权，是指买卖双方按约定价格在特定时间买进或卖出一定数量的某种股票的权利。股票期权交易是一种权利的单方面有偿让渡。股票期权的买方以支付一定数量的期权费为代价，拥有这种权利，但并不承担买进或卖出股票的义务；期权的卖方则在收取了一定数量的期权费后，在一定期限内必须无条件服从买方的选择并履行约定的承诺。这种约定的价格被称作行权价（exercise price)。因此，如果公司股票市价高于行权价，这两者之差就是高管的收益。比如，公司授予高管股票当日的市价为 25 美元，行权价便为 25 美元。若干年后，如果股价涨到 50 美元，持有者便可获利 100%；相反，如果股价跌破 25 美元，期权也就失去了行权价值。

股票期权具有很明显的优势：第一，该制度与企业的利益更趋于一致，从而降低了企业的代理成本；第二，克服了经营者的短视心态，在这样的制度下，可以让经营者分享公司的预期收益，突破只分享当期利益的局限性，经营者的利益可以在企业今后的发展中逐步实现，从而有利于经理人及员工更加专注于提高企业的效益。因此，人们认为，股票期权可以将经营者的目标与股东的目标统一起来，并有助于克服因所有权和经营权分离而产生的一系列代理问题。

尽管股票期权形式的激励薪酬呈现迅猛增长之势，但几乎没有直接证据表明股票期权正在发挥积极的作用。也就是说，公司及股票市场的表现会在高管得到股票期权后更上一层楼吗？平均股价会上涨吗？对于这些问题，金融领域学者至少研究了 20 年，结论却不尽相同。一些研究表明，股权激励和公司业绩呈正相关关系。但也有研究发现，在控制了公司的其他监督机制之后，两者并无联系。几乎没有直接的证据表明，公司可以通过股票期权激励的方式获得更高的投资回报率。

股票期权的一个突出优点是既能激励经营者，又可以实现股东目标。但它还存在一个严重的问题：将股票期权与公司的股票价格联系起来虽然有助于协调经营者与股东的利益，但是经营者对股价仅有部分的影响力。股价一方面要受公司业绩水平的影响，同时也要受到其他许多不可控因素的影响，特别是经济状况的影响。经济繁荣时，股价普遍上扬，即使管理不善的公司也会获利丰厚；相反，当经济疲软或投资者信心不足时，股市会随之下跌，即使是组织管理水平出类拔萃的公司，也面临股价下挫的窘境。在这种情况下，经营者本应受到嘉奖，但由于股市低迷，股价低于行权价，他们实际上得不到这笔奖金。

（三）经理人持股

公司给予达到一定绩效标准的经理人一定的股份，使其成为投资者。通常情况下，公司会规定经理人所持股份的限售期，以避免经理人的短期行为。经理人持股的方式可以使经营者与投资者的利益一致，一定程度上解决了代理问题。

（四）在职消费

公司通常还会以其他方式向高管支付薪酬，如在职消费。公开透明的在职消费是一种薪酬激励方式，它激励高管努力工作从而维持或提高其在职消费水平。现在常用的方式包括：公司为经营人员支付理财费、专车（配司机）、私人旅游费、私人飞机等其他名目的费用等。

除了上述方式外，高管长期激励方式还有：合伙人计划（如阿里巴巴）、项目跟投计划（如万科）等。

三、高管薪酬的现实困境

近年来，高管薪酬制度的弊端及其引致的激励实效问题日益突出。一方面，制定高管薪酬的董事会薪酬委员会流于形式，高管薪酬失控的现象日益增多；另一方面，天价薪酬对高管形成的激励并不显著，公司机制没有得到应有的提升。薪酬制度甚至产生了许多扭曲激励，一些公司高管为了增进私利，做出伪造账目、虚报业绩、隐瞒信息、选择市场透明度较低的项目和战略等行为。这些都对传统的“薪酬制度可以有效降低代理成本”这一理论提出了挑战。

1. 高管的高薪酬不一定带来企业的高业绩

理论上讲，设计科学的与业绩挂钩的薪酬制度有利于激励高管努力工作，但在现实中，对高管提供的许多薪酬安排与企业的业绩并没有太大关系。如近年来，一些天价高管薪酬引发了社会各界的争议。美国国际保险集团在亏损高达 1 000 亿美元的同时，却用政府救助的资金向高管支付了 1.65 亿美元的奖金；2007 年中国平安董事长的年薪高达 6 600 万元；伊利股份 2007 年的股权激励在使高管获益的同时直接导致了公司亏损 2 100 万元。在研究高管薪酬与业绩之间的关系时，我们必须考虑到高管可能承担的不良业绩成本。薪酬和业绩的相关程度不仅取决于高管因良好业绩获得多少奖励，还取决于因不良业绩受到多少“惩罚”。但是，多数企业的薪酬合同都保证即使在经营失败的时候高管也能获得优厚的待遇。并且当高管因业绩不良而被辞退时，董事会通常会提供高额的奖赏性离职补偿，这大大降低了高管失败的成本，不利于高管薪酬激励效果的发挥。

2. 董事会与高管进行的薪酬谈判很难做到公平交易

首先，董事有各种各样的经济动机支持或接受有利于公司高管的薪酬安排。有证据显示，CEO 通过向董事个人提供特殊津贴或连任承诺可以有效地买通董事。已有的研究发现，在 CEO 薪酬较高的公司，其董事的薪酬也较高。其次，除了经济诱因和连任欲望以外，各种社会和文化因素（私人友谊、忠诚、和谐相处等）也促使董事批准有利于高管的薪酬安排。从同僚之情和团队精神来看，除非在发生危机等特殊情况下，董事会成员与 CEO 之间一般能做到和谐相处，避免直接冲突与对抗，因此对于高管薪酬的制定，董事们即使心存异议，也往往会投出赞成票。

3. 市场对高管薪酬的约束非常有限

尽管经理人市场、公司控制权市场、资本市场和商品市场等市场力量的存在会对高管薪酬具有一定的约束力，但这种约束依然不能防止高管薪酬偏离公平交易。以控制权市场为例，被收购的风险很难抑制高管提高自己的薪酬：假设公司市值 200 亿美元，高管们试图增加其薪酬，薪酬增加的现值为 2 亿美元。由于高管加薪，导致公司价值降低了 1%。显然，提高薪酬的代价是降低了公司价值，增加了公司被收购的风险。但是实际上，公司因为市值降低 1% 而被收购的可能性很小，高管加薪带来的直接收益远远超过预期成本，控制权市场对高管薪酬的约束是十分有限的。如何根据公司的具体情况设计合理、有效的高管薪酬体系，仍然是一个值得深入讨论的理论和实务问题。

思考与讨论

（1）你认为，公司治理的三种模式（英美模式，日德模式，韩国、东南亚家族治理模式）中，哪种模式更适合中国的情况？中国企业的某些制度设计又体现了哪种公司治理模式的特点？

（2）如何理解管理会计系统的实施能提升公司治理水平？

（3）请问高管薪酬的四种类型分别属于薪酬激励机制中的短期薪酬激励还是长期薪酬激励？

（4）如果让你为企业高管设计薪酬支付方式，你认为怎样的方式更能促进其与公司所有者的利益统一？

第九章　管理会计报告

第一节　管理会计报告概述

一、管理会计报告概念

会计是一个信息系统，由若干个子系统组成，其中最重要的两个子系统是财务会计和管理会计。财务会计与管理会计最主要的差别之一就是服务对象不同。财务会计主要是侧重于为外部投资者以及利益相关者的评价、决策和投资提供信息服务和支撑；管理会计则侧重于为内部经营管理者的经营策略、资源配置和管理决策提供信息支撑。与之相对应，会计报告包括财务会计报告与管理会计报告。其中，财务会计报告是指单位会计部门根据经过审核的会计账簿记录和有关资料，编制并对外提供的反映单位某一特定日期财务状况和某一会计期间经营成果、现金流量及所有者权益等会计信息的总结性书面文件，通常包括资产负债表、利润表和现金流量表等。

管理会计报告在财务报告的基础上，综合运用管理会计的多种方法，融合各种财务的、非财务的信息，对企业经济活动进行反映、预测、决策、规划与控制，协调和沟通企业董事会、管理者和相关人员，支撑企业资源的有效调整和配置，助推企业价值的创造。

二、管理会计报告特征

作为这两个信息系统信息载体的财务会计报告与管理会计报告，其主要区别如表 9－1 所示。

表 9－1　　财务会计报告与管理会计报告的区别

项目	财务会计报告	管理会计报告
报告基础	会计信息系统，包括财务信息	会计信息系统和其他信息系统，包括财务信息、非财务信息
报告目的	为外部和内部使用者提供信息	为内部经营管理者的经营策略、资源配置和管理决策提供信息支撑

续表

项目	财务会计报告	管理会计报告
报告内容	整个企业经营活动的全过程的信息	企业整体，或者企业内部生产经营、管理单元信息，甚至是个体信息
报告特征	着重数据的客观性、连贯性、准确性	更强调决策的相关性，允许主观信息存在

只有充分认识管理会计报告的特点，才能在此基础上搭建富有特色的管理会计报告体系。通过与财务报告的比较，我们发现管理会计报告具有以下特征。

（一）报告信息的相关性与多维性

相关性是指管理会计所提供的信息与管理当局的决策相联系、有助于提高使用者决策能力的特性。管理会计报告根据企业（或组织）内部需要解决的具体管理问题来组织、编制、审批、报送和使用。因此，管理会计报告所提供的内容、表现形式，应与企业组织结构和管理职能的设置相适应。管理会计报告虽然需要保证信息来源的可靠性，但重点要求所获取信息，不论是企业内部的财务和业务信息，还是来自外部的其他信息，只要与企业管理当局的经营决策相关，有助于各层级管理者作出规划、决策、控制和评价等活动的信息，均需要在管理会计报告中进行披露。

此外，管理会计报告信息的维度比财务报告更丰富，不仅包括财务信息，也包括非财务信息；不仅包括内部信息，也可能包括外部信息；不仅包括结果信息，也可以包括过程信息，更应包括剖析原因、提出改进意见和建议的信息。从分析维度，可以分区域、分产品、分项目、分人来提供分析结果；从时间维度，可以按年、按季度、按月、按天灵活编制。

（二）报告传递的及时性

管理会计是对未来营运活动进行前瞻性管理，这决定了管理会计报告传递信息的及时性。管理会计报告系统通过对企业过去的信息进行归集、挖掘、分析，对企业的现状进行分析，从而预见未来。例如，依据前三季度的产销情况预测下一季度的销售绩效，进而为投融资决策提供参考等。只有管理会计报告传递及时的相关信息，管理者才有可能作出正确的经营决策。

（三）报告形式的灵活性

管理会计报告没有统一的格式和规范，根据企业（或组织）内部的管理需要来提供。相对于报告形式，更注重报告实质内容。企业可根据自身的管理基础、管理需要，以及所处的行业、阶段，自行确定管理会计报告的格式、流程，以及所采用的方法。可以定期报告和不定期报告，可以依据企业管理者决策的特定需要而设定；管理会计报告没有固定统一的形式要求，报告主体可以采用文字、数据和图表相结合的方式，使报告的内容更客观，更易于理解，但应包括报告的名称、报告期间或时间、报告对象及报告人等；管理会计报告的内容既可以是专项部分，也可以是整体全面，具体由主体根据管理需要决定。

（四）报告内容的动态性

管理会计报告旨在提供有助于企业管理者进行预测、规划及决策等方面的信息，除了满足及时性的要求外，还特别需要注意报告内容的动态性调整。只有随时关注内外部环境中各种因素的动态变化，通过分析过去的经营状况，洞悉企业当前所处的环境，才能做好未来的规划及风险防控等工作，从而避免因未调整的信息所导致的决策失误。报告信息的动态性调整，要贯彻企业战略目标制定、实施及调整的全过程。

三、管理会计报告体系

1. 基于报告内容分类

按照报告内容不同，企业管理会计报告可分为综合企业管理会计报告和专项企业管理会计报告。

2. 基于管理会计功能分类

按照管理会计功能，企业管理会计报告可以分为管理规划报告、管理决策报告、管理控制报告和管理评价报告。

3. 基于报告对象分类

按照报告对象不同，企业管理会计报告可分为战略层管理会计报告、经营层管理会计报告、业务层管理会计报告。

4. 基于责任中心分类

按照责任中心，企业管理会计报告可以分为投资中心绩效报告、利润中心绩效报告和成本中心绩效报告。

5. 基于报告主体整体性分类

按照报告主体整体性程度，企业管理会计报告可以分为整体报告和分部报告。

6. 基于价值链分类

企业的价值链分为内部和外部两种，分别通过采购和销售环节来实现。外部价值链主要是指企业与供应商、客户之间的联系。因此，按照价值链，企业管理会计报告包括采购管理会计报告、生产管理会计报告、销售管理会计报告和其他相关企业分析报告。

四、企业管理会计报告的流程

（一）管理会计报告具体流程

（1）编制。对于企业管理会计报告的编制，应由企业管理会计信息归集、处理并报出的责任部门编制。

（2）审批。企业应根据报告的内容、重要性和报告对象等，确定不同的审批流程，经审批后的报告方可报出。

（3）报送。企业应合理设计报告报送路径，确保企业管理会计报告及时、有效地送达报告对象。企业管理会计报告可以根据报告性质、管理需要进行逐级报送或直接报送。

（4）使用。企业应建立企业管理会计报告使用的授权制度，报告使用人应在权限范围内使用企业管理会计报告。

（5）评价。企业应对企业管理会计报告的质量、传递的及时性、保密情况等进行评价，并将评价结果与绩效考核挂钩。

（二）与管理会计报告流程相关的工作

（1）充分利用信息技术，强化企业管理会计报告及相关信息集成和共享，将企业管理会计报告的编制、审批、报送和使用等纳入企业统一信息平台。

（2）定期根据企业管理会计报告使用效果以及内外部环境变化对企业管理会计报告体系、内容、编制、审批、报送、使用等进行优化。

（3）应在允许的范围内传递和使用，相关人员应遵守保密规定。

第二节　基于报告对象的管理会计报告体系

一、战略层管理会计报告

（一）战略层管理会计报告的定义

战略层管理会计报告是为满足战略层进行战略规划、战略制定、战略执行、战略评价以及其他方面的管理活动提供相关信息的对内报告。战略层管理会计报告的报告对象是企业的战略层，包括股东大会、董事会和监事会等。

高层管理者处于现代企业组织架构的最顶端，实现企业的价值创造，成为其最主要的目标之一，而战略管理也成为其最重要的职能。作为企业的战略层，需要从长远和全局出发，宏观上对内外部环境进行分析，设定企业的战略目标并加以控制评价，充分利用企业资源，以实现企业的整体优化管理，提高企业的经济效益。

（二）战略层管理会计报告的分类

鉴于战略层管理会计报告，主要是为满足战略层进行战略规划、制定、执行及评价等方面的活动提供相关信息。战略层管理会计报告可以细分为战略管理报告、综合绩效报告、价值创造报告、经营分析报告、风险分析报告、重大事项报告及例外事项报告等。战略管理报告是在分析内外部环境的基础上，选择更有利于企业实现价值最大化的战略目标，制定战略执行措施，对战略执行结果进行评价分析的报告。经营分析报告与风险分析报告，主要是回顾过去经营决策的执行情况，分析本期经营目标执行差异原因，重点识别和分析影响未来经营状况的风险，进一步制定下期经营目标和风险管理计划等。价值创造报告和综合绩效报告，应包括企业进行价值创造的目标及影响目标实现的各种因素，并综合评价关键绩效指标，分析各部门的绩效及对价值创造目标的贡献率。重大事项报告及例外事项报告，是针对企业发生的重大投融资事项、重大担保事项等，以及自然灾害、管理层变更等偶发性事项进行的报告。具体如表 9－2 所示。这些报告可以独立提交，也可以根据不同需要整合后提交。

表 9－2　战略层管理会计报告的细分类型

细分类型	报告的核心内容
战略管理报告	内外部环境分析、战略选择与目标设定、战略执行及其结果及战略评价等
综合绩效报告	关键绩效指标预算及其执行结果、差异分析以及其他重大绩效事项等
价值创造报告	价值创造目标、价值驱动的财务因素与非财务因素、内部各业务单元的资源占用与价值贡献，以及提升公司价值的措施等
经营分析报告	过去经营决策执行情况回顾、本期经营目标执行的差异及其原因、影响未来经营状况的内外部环境与主要风险分析、下一期的经营目标及管理措施等
风险分析报告	企业全面风险管理工作回顾、内外部风险因素分析、主要风险识别与评估、风险管理工作计划等
重大事项报告	对企业的重大投资项目、重大资本运营、重大融资、重大担保事项、关联交易等事项进行的报告
例外事项报告	对企业发生的自然灾害、管理层变更、股权变更、安全事故等偶发性事项进行的报告

二、经营层管理会计报告

（一）经营层管理会计报告的定义

经营层管理会计报告是为经营层进行规划、决策、控制和评价等管理活动提供相关信息的对内报告。经营层管理会计报告的报告对象是经营管理层。

企业的经营管理层在现代企业组织架构中处于中端位置，起着上传下达的作用，担负着协调的职责。经营层在遵从战略层所制定的总体战略目标下，对供应商及客户管理、公司的盈利状况、各部门的绩效评价考核等进行具体规划。

（二）经营层管理会计报告的分类

经营层管理会计报告为经营层进行规划、决策、控制和评价等活动及时提供相关的信息，大致由全面预算管理报告、投资分析报告、项目可行性报告、融资分析报告、盈利分析报告、成本管理报告、资金管理报告和绩效评价报告等组成。全面预算管理报告主要是提供采用某种预算管理工具方法编制预算、执行预算，并将实际执行结果与预算目标相比较，分析差异的原因。投资分析报告则提供投资额度、投资方式、投资风险及管理建议等信息。项目可行性报告应包括项目概况、市场预测、具体方案设计、风险评估及项目可行性研究结论等内容。融资分析报告提供融资需求测算、融资渠道与融资方式分析及选择等信息。盈利分析报告可基于企业集团、独立企业，也可基于责任中心、产品、区域、客户等进行，分析盈利目标的实现状况、影响差异的主要因素，制定出提高盈利能力的主要措施。成本管理报告比较预算成本与实际成本的差异，分析原因并提出改进方案。资金管理报告主要提供资金管理目标、主要资金项目管理情况及改进建议等相关信息。绩效评价报告是基于绩效管理所进行的，企业为员工制定绩效目标，并通过关键绩效指标进行考核评估，给出评价结果及相关建议。具体如表9－3所示。

表9－3　　经营层管理会计报告的细分类型

细分类型	报告的核心内容
全面预算管理报告	预算目标制定与分解、预算执行差异分析以及预算考评等内容
投资分析报告	投资对象、投资额度、投资结构、投资进度、投资效益、投资风险和投资管理建议等
项目可行性报告	项目概况、市场预测、产品方案与生产规模、厂址选择、工艺与组织方案设计、财务评价、项目风险分析，以及项目可行性研究结论与建议等
融资分析报告	融资需求测算、融资渠道与融资方式分析及选择、资本成本、融资程序、融资风险及其应对措施和融资管理建议等
盈利分析报告	盈利目标及其实现程度、利润的构成及其变动趋势、影响利润的主要因素及其变化情况，以及提高盈利能力的具体措施等
资金管理报告	资金管理目标、主要流动资金项目如现金、应收票据、应收账款、存货的管理状况、资金管理存在的问题以及解决措施等。企业集团资金管理报告的内容还应包括资金管理模式（集中管理还是分散管理）、资金集中方式、资金集中程度、内部资金往来等
成本管理报告	成本预算、实际成本及其差异分析，成本差异形成的原因以及改进措施等
绩效评价报告	绩效目标、关键绩效指标、实际执行结果、差异分析、考评结果，以及相关建议等

三、业务层管理会计报告

（一）业务层管理会计报告的定义

业务层管理会计报告是为企业日常业务或作业活动提供相关信息的对内报告。业务层管理会计报告的报告对象是企业的职能部门、业务部门以及车间、班组等。

（二）业务层管理会计报告的分类

业务层即企业的基层管理者，一般具体负责企业的各个业务部门和职能部门，按照上级的规划决策方案，逐步展开执行，而执行结果的好坏直接影响企业整体战略目标的实现与否。业务层管理会计报告是为企业日常业务活动提供相关信息，应根据内部价值链进行构造，主要包括研究开发报告、采购业务报告、生产业务报告、配送业务报告、销售业务报告、售后服务业务报告、人力资源报告等。这些管理会计报告主要围绕研、购、产、销业务展开，提供采购、生产、销售预算情况、预算执行结果及差异分析等信息，需要重点反映生产成本和销售利润情况，并针对具体问题给出相关建议。具体如表 9 -4 所示。

表 9 -4　　业务层管理会计报告的细分类型

细分类型	报告的核心内容
研究开发报告	研发背景、主要研发内容、技术方案、研发进度、项目预算等
采购业务报告	采购业务预算、采购业务执行结果以及差异分析等；重点反映采购质量、数量以及时间、价格等方面的内容
生产业务报告	生产业务预算、生产业务执行结果以及差异分析等；重点反映生产成本、生产数量以及产品质量、生产时间等方面的内容
配送业务报告	配送业务预算、配送业务执行结果以及差异分析等；重点反映配送的及时性、准确性以及配送损耗等方面的内容
销售业务报告	销售业务预算、销售业务执行结果以及差异分析等；重点反映销售的数量结构和质量结构等方面的内容
售后服务业务报告	售后服务业务预算、售后服务业务执行结果以及差异分析等；重点反映售后服务的客户满意度等方面的内容
人力资源报告	人力资源预算、人力资源执行结果以及差异分析等；重点反映人力资源使用及考核等方面的内容

第三节　基于责任中心的管理会计报告体系

企业内部责任中心可以划分为成本中心、利润中心和投资中心。责任中心的绩效评价和考核应该通过编制绩效报告来完成。绩效报告也称责任报告。它是反映责任预算实际执行情况，揭示责任预算与实际结果之间差异的内部管理会计报告。它着重于对责任中心管理者的绩效评价，其本质是要得到一个结论：与预期的目标相比较，责任中心管理者干得怎样。

责任中心绩效报告以主表和附注等形式将责任预算实际执行结果及其差异予以列示。绩效报告主要用于将责任中心的实际绩效与其在特定环境下本应取得的绩效进行比较，因此，实际绩效与预期绩效之间差异的原因应得到分析，并且应尽可能予以数量化。这样，绩效报告中应当传递出三种信息：（1）关于实际绩效的信息；（2）关于预期绩效的信息；（3）关于实际绩效与预期绩效之间差异的信息。这也意味着合格绩效报告的三个主要特征：（1）报告应当与个人责任相联系；（2）实际绩效应该与最佳标准相比较；（3）重要信息应当予以突出显示。

一、成本中心绩效报告

（一）成本中心绩效报告主表

成本中心的绩效考核指标通常为该成本中心的所有可控成本，即责任成本。成本中心的绩效报告主表，通常是按成本中心可控成本的各明细项目列示其预算数、实际数和成本差异数的三栏式表格。由于各成本中心是逐级设置的，所以其绩效报告也应自下而上，从最基层的成本中心逐级向上汇编，直至最高层次的成本中心。每一级的绩效报告，除最基层只有本身的可控成本外，都应包括本身的可控成本和下属部门转来的责任成本。例如，某企业制造部是一个成本中心，下属两个分厂，每个分厂设有三个车间。其成本中心绩效报告主表的编制及相互关系如表 9－5 所示。

表 9－5　　成本中心的绩效报告主表　　单位：元

制造部一分厂甲车间绩效报告			
项目	预算成本	实际可控成本	不利差异
工人工资	58 100	58 000	100（F）
原材料	32 500	34 225	1 725（U）
行政人员工资	6 400	6 400	
水电费	5 750	5 690	60（F）
折旧费用	4 000	4 000	
设备维修	2 000	1 990	10（F）
保险费	975	975	
合计	109 725	111 280	1 555（U）
制造部一分厂绩效报告			
项目	预算成本	实际可控成本	不利差异
管理费用	17 500	17 350	150（F）
甲车间	109 725	111 280	1 555（U）
乙车间	190 500	192 600	2 100（U）
丙车间	149 750	149 100	650（F）
合计	467 475	470 330	2 855（U）
制造部绩效报告			
项目	预算成本	实际可控成本	不利差异
管理费用	19 500	19 700	200（U）
一分厂	467 475	470 330	2 855（U）
二分厂	395 225	394 300	925（F）
合计	882 200	884 330	2 130（U）

注：U 表示不利差异，F 表示有利差异，下同。

从表9－5可以看出，总体上看，在制造部，一分厂产生了不利差异，还比较大；从一分厂内部看，其不利差异主要是乙车间和甲车间引起的；从甲车间看，引起不利差异的主要原因是原材料成本超支了。

（二）成本中心绩效报告附注

（1）成本可控性报告。反映划分可控与不可控成本的依据以及两者相互转换时所带来的影响。

（2）直接材料成本报告。反映成本中心可控成本中材料成本的具体构成、增减变化和影响因素。它按照各个成本中心材料的实际用量，结合采购价格差异，反映耗用材料成本的变化以及相关责任。

（3）直接人工成本报告。反映各个成本中心人工成本的构成、增减变化及影响因素，它按照各个成本中心工人的实际耗用工时，结合工资率的变化，反映人工成本的变化及相关责任。

（4）制造费用报告。反映成本中心各项制造费用的明细数据，以及制造费用在各产品之间的分配标准、比例和金额。

（5）成本差异分析报告。对成本中心绩效报告主表中实际数与预算数之间的差距进一步解释说明，应该着重找出差异产生的原因，以及所采取的对策，从而在今后的生产经营过程中予以规避，作为评价部门管理者绩效执行情况的依据。

（6）废品情况报告。主要提供生产过程中废品的数量以及产生废品的原因等方面的信息，同时，反映为可修复废品所发生的费用和不可修复废品给企业带来的损失。

（7）成本计算制度。包括成本计算期的计算，如按月、按周、按日计算成本；计算时采用何种成本制度。

（8）影响产品成本的其他因素。对于其他一些重大影响事项，也应该在成本中心绩效报告的附注中体现，如供应商的变化。

（9）成本中心管理人员绩效评价。对成本中心管理人员的工作效果进行分析，从而保证奖惩制度的顺利实施。

成本中心的各级经理人，就其权责范围编制绩效报告并对其负责部门的成本差异负责。级别越低的成本中心，从事的经营活动越具体，其绩效报告涉及的成本项目分类也越详细。根据成本绩效报告，责任中心的各级经理人可以针对成本差异，寻找原因对症下药，以便对成本费用实施有效的管理控制，从而提高绩效水平。

二、利润中心绩效报告

（一）利润中心绩效报告主表

利润中心的绩效考核指标通常为该利润中心的边际贡献、分部经理边际贡献和该利润中心部门边际贡献。利润中心绩效报告主表，分别列出其可控的销售收入、变动成本、边际贡献、经理人员可控的可追溯固定成本、分部经理边际贡献、分部经理不可控但高层管理部门可控的可追溯固定成本、部门边际贡献的预算数和实际数；并通过实际与预算的对比，分别计算差异，据此进行差异的调查、分析产生差异的原因。利润中心绩效报告主表也是自下而上逐级汇编的，直至整个企业的息税前利润。利润中心绩效报告主表的基本形式如表 9－6 所示。

表 9－6　　利润中心绩效报告主表

项目	预算	实际	差异
销售收入	245 000	248 000	300（F）
减：变动成本	111 000	112 000	1 000（U）
边际贡献	134 000	136 000	2 000（F）
经理人员可控的可追溯固定成本	24 000	24 500	500（U）
分部经理边际贡献	110 000	111 500	1 500（F）
分部经理不可控但高层管理部门可控的可追溯固定成本	18 000	18 900	900（U）
部门边际贡献	92 000	92 600	600（F）

从表 9－6 可以看出，无论从边际贡献，还是分部经理边际贡献，还是部门边际贡献，都是有利差异，都超额完成了预算指标。

（二）利润中心绩效报告附注

（1）营业收入报告。向管理者提供有关销售渠道、销售对象、销售数量、销售单价和销售收入等信息。

（2）商品销售价格报告。对价格的详细说明，它向管理者提供各类商品在不同客户和不同市场环境下销售时价格变化的信息，该报告为下一会计期间销售计划和价格的调整奠定基础。

（3）市场占有率报告。分析商品的实际市场占有率情况与预测市场占有率情况之间的差异，借以评价利润中心的市场开拓能力。

（4）采购价格报告。向管理者提供价格变化的信息及对生产决策和销售价格决策的影响。

（5）销售费用报告。销售费用项目详细说明。

（6）管理费用报告。管理费用项目详细说明。

（7）财务费用报告。财务费用项目详细说明。

（8）营业外收支报告。对营业外的收支情况进行报告，说明收支的缘由与金额，同时计算报告期间的营业外收支净额以及对利润总额的影响。

（9）影响销售净利润率实现的重要因素。销量、销售价格、销售成本、销售费用的变化。

（10）市场和客户指标。包括市场份额及其变动情况、销售额的增长情况、销售人员所联系的客户数量以及客户访问时间、客户订货量变化等。

（11）利润中心管理人员绩效。包括对利润中心管理人员的工作效果进行分析，从而保证奖惩制度的顺利实施。

三、投资中心绩效报告

（一）投资中心绩效报告主表

投资中心的主要考核指标是投资报酬率和剩余收益，补充指标是现金回收率和剩余现金流量。投资中心不仅要对成本、收入和利润负责，而且还要对所占的全部资产（包括固定资产和营运资金）的经营效益承担责任。投资中心的绩效评价指标除了成本收入和利润指标外，主要还是投资报酬率、剩余收益等指标。因此，对于投资中心而言，它的绩效报告主表通常包含上述评价指标。现举例说明如下：假定某公司 A 分公司为一投资中心，该公司规定的最低报酬率为 12%。现根据 A 分公司的有关原始凭证等资料，编制出该投资中心的绩效报告主表，如表 9－7 所示。

表 9－7　　投资中心绩效报告主表　　单位：元

项目	预算	实际	差异
销售收入	573 000	591 000	18 000（F）
变动成本	246 000	251 200	5 200（U）
边际贡献	327 000	339 800	12 800（F）
可控固定成本	140 000	141 400	1 400（U）
部门可控利润	187 000	198 400	11 400（F）
分配的共同成本	12 000	15 000	3 000（U）
经营净利润	175 000	183 400	8 400（F）
经营资产			
现金	15 500	17 000	1 500
应收账款	110 000	131 000	21 000
存货	90 000	92 500	2 500
固定资产（原值）	450 000	450 000	0
总计	665 500	690 500	25 000
投资报酬率	26.3%	26.6%	0.3%（F）
要求的最低报酬率	12%	12%	
要求的最低投资收益	79 860	82 680	
剩余收益	95 140	100 540	5 400（F）

从表 9－7 可知，A 分公司的实际投资报酬率与剩余收益均超过了预算数，说明该投资中心在本年度的经营绩效较好。

（二）投资中心绩效报告附注

（1）资金成本报告。该报告向管理者提供各类资金成本及其变动信息，特别是负债成本及变动的详细信息，同时提供总资产报酬率与负债利息率的比较信息。

（2）资本结构报告。该报告向管理者提供企业资本结构、财务结构、负债结构、所有者权益结构等方面的信息，以及资本结构优化状况及优化标准、资本结构优化所产生的效果等信息。

（3）所得税报告。反映所得税缴纳、返还及所得税政策变化引起的税收变化等信息。

（4）EVA 报告。反映资本增值的信息，它是进行投资决策和评价经营绩效水平的重要依据。

（5）资产结构报告。反映投资中心占用资产的分布情况，有利于分析资产结构的合理性、调整结构、优化配置、加强优质资产投资、处置闲置资产和不良资产。

（6）资产利用程度报告。反映各类资产的利用效果。

（7）资产损失及不良资产报告。提供资产损失及闲置情况的信息，详细报告各项资产损失的具体情况、补救措施、损失金额、损失原因、主要负责人及赔偿问题等，详细反映各项闲置资产的预定用途、闲置原因、变现价值、预期损失情况等。

（8）资产利用效果报告。反映资产周转速度及资产利用效率提高对收入和资金影响的信息。按照具体的资产项目进行详细报告，如资产在运营过程中的总资产、流动资产、存货、应收账款等的周转速度、周转率及其变动情况和原因，以及周转速度变化对财务状况和经营绩效的影响等。

（9）对外投资报告。反映对外投资结构与投资收益等信息，应该详细编制关于各类型投资项目的投资规模、比重、预期收益率等方面的信息。

（10）重大投资事项说明。反映一些无法在报表中呈报的对投资效率有重大影响的货币化信息，如投资时限、市场偿还计划等。

（11）投资中心管理人员绩效评价。对投资中心管理人员的工作效果进行分析，从而保证奖惩制度的顺利实施。

第四节　基于价值链的管理会计报告体系

基于价值链的管理会计报告体系将管理会计报告充分与价值链上各环节相结合，反映的信息更加真实、全面、客观，便于信息使用者作出适应企业真实情况的恰当决策。这种体系使各环节的联系更加密切，各环节间的信息传递更加顺畅，使决策者能够及时、准确地获得相关信息，并作出恰当的反应。该体系具体框架如图 9－1 所示。

一、采购管理会计报告体系

科学的采购管理要求采购人员系统地将价值链上各环节包含的管理会计信息进行整合和

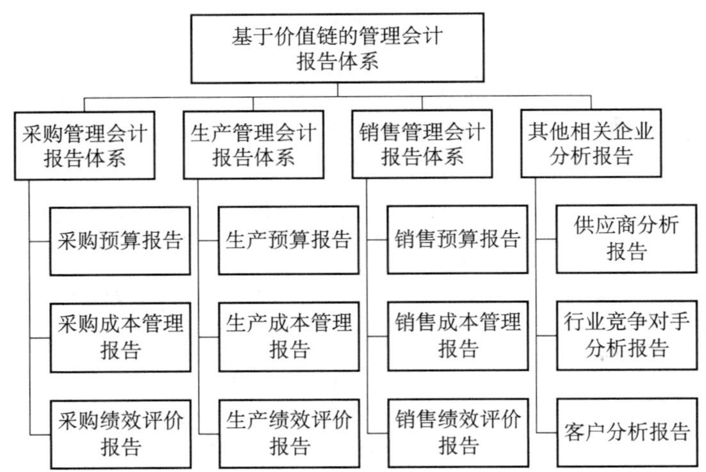

图9－1　基于价值链的管理会计报告体系具体框架

分析，更好地确定出所需物资的品种、型号、数量以及到货时间，使相关人员能够合理安排采购计划、确定合理的库存数量，以免出现物资不足或者资金占用的状况，从而保证生产正常运行。采购报告体系遵循其在事前、事中、事后的三大职能，形成一个完整的循环过程，具体包括采购预算报告、采购成本管理报告、采购绩效评价报告。

采购管理会计报告体系应遵循其在事前、事中、事后的三大职能物资采购前，应整合价值链上各环节所需物资的采购预算报告，再由物资管理部门汇总编制总的采购预算报告，交由财务部审批，审批通过后方可生效。物资验收入库后，根据实际发生的成本编制采购成本管理报告，报告应详细记录采购物资的单价、数量、产品型号、规格、供应商、付款条件、到货时间等信息。同时，需要对比实际和预计采购成本存在的差额，对差额进行分析，促使企业更好地进行成本分析和管控。采购活动结束后，对采购活动的绩效进行评价。评价指标除了可以采用采购成本指标，还应关注采购是否及时、是否保质保量、是否存在库存过剩或库存不足的现象、价格是否合理等。具体指标和事项包括：（1）采购满足度类指标，如采购纳期遵守率、顺序计划物料纳期遵守率等；（2）采购质量类指标，如入厂交验合格率等；（3）成本管控类指标，如可比采购成本降低率；（4）综合管理事项，如配套商日常监控、供应商分布及调整。采购绩效评价如表9－8所示。

表9－8　　采购绩效评价表

采购材料	采购满足度指标		采购质量指标	成本管控指标	综合管理事项	
	采购纳期遵守率	顺序计划物料纳期遵守率	入厂交验合格率	可比采购成本降低率	配套商日常监控	供应商分布及调整
材料1						
材料2						
材料3						
……						

二、生产管理会计报告体系

生产管理会计报告体系以生产成本管理为主，同时还要兼顾生产安全、生产效率和生产质量三方面的管理。生产过程会涉及多项作业，各作业之间应该相互配合，才能合理利用资源，提高生产效率，降低企业成本。同时，生产管理会计报告体系需要关注价值链上各环节中可能对成本、效率、安全和质量造成影响的信息。在构建生产管理会计报告体系时应注重各个部门之间信息的快速传递，及时作出调整；会给生产活动带来重大影响的其他部门相关信息也需要被重点关注，如采购环节出现物资价格上涨、生产技术管理部门研发了新的生产技术、规划发展部门有新的企业发展规划等。

在生产活动开始之前，各责任部门编制预算报告，如生产技术管理部门编制产量预算和物资消耗预算、机电技术部门编制修理费预算、工程部门编制工程预算等。生产活动中，及时编制成本管理报告，为之后的进一步分析提供依据。在报告中应将预算与实际的差异进行分析和调查，及时发现影响生产成本的因素，结合相关部门提出的改进措施和意见，确保企业的长期良性运转。生产结束后，进行绩效评价，评价内容包括交货是否及时、生产时间和生产率是否合理、资源是否有效利用、生产饱和度、各生产线状况、生产计划完成率、销售满足度、生产停工分析、员工满意度、员工技能培训等。价值链上的各个环节都存在着密切的联系，只有互相监督、制约，才能更好地发挥管理会计报告的作用，因此，在绩效评价时，物资管理部门和销售部门需要对生产部门产生的与其相关的信息分别进行监督、检查。生产绩效评价表和产品品质分析表如表9－9、表9－10所示。

表9－9　生产绩效评价表

生产车间	交货及时率	生产效率	资源利用率	生产饱和度	计划完成率	销售满足度	员工满意度	员工技能培训	各生产线状况	生产停工分析
车间1										
车间2										
车间3										
……										

表9－10　产品品质分析表

生产车间	一次装配合格率	一次下线合格率	后工序不良率	翻箱次数	市场开箱合格率	制造单元过程控制评价	三包索赔情况	质量损失分析
车间1								
车间2								
车间3								
……								

三、销售管理会计报告体系

销售部门应该敏锐地洞察市场的变化，收集与市场、客户直接相关的信息，真实、全面、及时地反映企业外部市场的变化和客户需求的变化，对产品进行完善、创新和改进，尽可能多地增加销售量。销售管理会计报告体系具体可分为销售前的预算、销售过程中的成本管理以及销售完成后的绩效评价三类报告。

销售前，由销售部门通过收集资料对各种产品的销售收入、价格、数量进行合理预算；物资管理部门要进行销售费用的预算，充分考虑各种可能发生的销售费用。销售过程中，将销售前估计的预算数与销售过程中的发生数进行对比，分析存在差额的原因。销售完成后，重点考察产品的产销率、市场需求情况变化（可结合行业形势分析）、竞争对手策略、产品价格对销售收入的影响、产品的销售效率、市场占有率、销售人员的综合素质和业务能力。完成销售管理会计报告后，需将报告的信息及时传递至采购和生产环节，为采购和生产部门编制下一经营周期相应的报告提供重要的信息依据。销售绩效评价如表 9－11 所示。

表 9－11　　销售绩效评价表

销售产品	销量及趋势	市场占有率及变动	销售库存变化	销售回款率	产品与市场契合度	客户投诉次数	客户回访率	客户满意率	退货率
产品 1									
产品 2									
产品 3									
……									

四、其他相关企业分析报告

其他相关企业分析报告主要包括供应商、行业竞争对手以及客户的分析报告。

（一）供应商分析报告

企业不仅要维护和现有供应商的良好关系，还应时刻关注整个供应商行业的变化，积极寻找其他有资格的潜在供应商。对这些供应商进行全方位的对比分析，综合考虑价格、发货时间、信誉等信息，以寻求最优的供应商。

（二）行业竞争对手分析报告

在对竞争对手进行分析时，主要关注其在价值链上各环节的自身优势，这是最为核心的企业竞争力。当对竞争对手进行了全面了解、明确其优劣势后制定出的战略目标才能更有利于企业发展。在分析竞争对手时，既要关注发展能力等财务指标，还要关注非财务指标，如竞争者的客户情况、供应商情况、核心竞争力、战略目标等。

（三）客户分析报告

在对客户进行分析时，主要关注如何保持与现有客户的密切关系，积极寻找新的客户，同时也可以将对手现有或潜在的客户纳入自己争取的范畴，进行充分发掘；关注客户资金状况、规模、行业的性质以及潜力，通过综合分析各客户的信息，明确适合本企业的客户群体，与其达成持久的伙伴关系，以提高市场占有率。

思考与讨论

（1）管理会计报告有哪些特征？你认为管理会计报告的主要特征应该是什么？

（2）在管理会计报告中如何披露非财务信息能够提高其帮助企业管理者进行决策的质量？

（3）目前基于报告对象的管理会计报告体系包括哪些内容？你认为可以在哪些方面进一步完善？

（4）谈谈如何完善基于责任中心的管理会计报告体系和基于价值链的管理会计报告体系。

第十章　管理会计与现代信息技术的发展

第一节　信息化时代管理会计应用现状

管理会计是信息支持系统与管理控制系统的集合体，主要服务于单位（包括企业和行政事业单位）内部管理需要，是通过利用相关信息，有机融合财务与业务活动，在单位规划、决策、控制和评价等方面发挥重要作用的管理活动。《管理会计基本指引》指出，管理会计应主要应用于单位的预算管理、成本管理、绩效管理等领域。信息化时代的到来，无疑为管理会计在上述领域发挥职能提供了新的契机。到目前为止，我国企业依靠信息技术在管理会计应用方面积累了较为丰富的成功实践经验，但也存在一定的问题。

一、预算管理：信息化水平参差不齐

预算管理作为管理会计的重要工具之一，在企业管理活动中有着举足轻重的地位。当今社会，经济环境瞬息万变，企业经营呈现多元化态势，传统的预算管理模式渐渐无法满足企业需求，信息技术在预算管理领域的应用已迫在眉睫。以大数据为依托的财务业务一体化趋势使得企业各部门协同作战，都参与到预算的编制、控制、分析过程，形成了完整的预算体系，使预算管理更为全面、科学合理。企业在预算管理领域不断尝试着运用信息技术，如ERP中的预算模块、专业的预算管理软件以及企业自行研发的预算软件等各类预算管理信息化工具。中国黄金、深圳航空、烟台万华、神东煤炭等多家企业已依靠用友、金蝶、东华厚盾、Oracle、浪潮通软等国内外专业软件建立起体系完整、内容全面的全面预算管理系统。我国企业在预算管理信息系统建设的成功案例值得国人欣喜，但总体来看，信息技术在我国企业预算管理领域的应用并不普遍。中国会计学会发布的《中国会计信息化应用调查（2015）》（以下简称《应用调查（2015）》）显示，仅有45.24%的企业在预算管理领域采用了信息技术，而这45.24%的企业中信息技术在预算管理领域的作用水平也参差不齐，这说明我国企业要想将信息技术与预算管理完美结合仍是任重而道远。

二、成本管理：粗放与精益并存

在当今国内外严峻的经济形势下，保持成本领先优势成为众多企业增强自身竞争力的一

大法宝。但是，随着生产自动化程度的不断提高以及产品种类的日益复杂，传统的成本管理模式往往难以满足企业实现全方位保持最优成本的需求。而基于计算机技术和现代网络技术的信息系统能够有效协调、计划、监控和管理企业全方位的各类成本，逐渐成为帮助我国企业由传统成本管理转变为精益成本管理的有力武器。例如，太阳纸业通过大数据、云计算等信息技术手段划小核算单元，进行精细核算，监控企业内部细微运作，助力管理效益提升；宝钢集团以信息技术为依托，在整个集团范围内实施生产和管理的“流程再造”，建立起包括整体产销管理系统及主要生产线控制系统在内的信息系统体系，有效落实了战略成本管理；深南电路则利用信息技术手段实施了控制流程成本“极限成本控制”、控制采购成本的“网上竞价采购平台”和控制质量成本的“精益六西格玛领航员项目”，有效强化了企业的成本控制。从上述成功案例不难看出，信息技术对成本管理有着重要的推动作用。然而，与这种巨大推动力形成鲜明对比的是，信息技术在我国企业成本管理领域的应用效果并不理想。据中国会计学会发布的《应用调查（2015）》显示，仅有61.74%的企业在成本管理领域采用了信息技术，且信息技术的实施主要集中在作业成本管理领域，在标准成本法、计划成本法等其他领域，信息化实践较少且大多以失败告终。失败的原因除企业自身条件限制外，信息技术手段的不成熟也是不容忽视的重要因素之一。

三、绩效管理：单维向多维转变

财政部在2017年颁布的《会计改革与发展“十三五”规划纲要》中指出，要以深入实施管理会计指引体系为抓手，进一步发挥会计工作在绩效管理等方面的职能作用。绩效管理是企业经营管理活动的重要组成部分，并随着管理思想的演进不断变革和完善。现如今，我国的绩效管理即将迈向全员参与、全程监督的新阶段，但若想成功完成这一转变并非易事。企业需面对信息量巨大、考核对象难以沟通以及不同部门考核方法不同等一系列挑战。采用传统的方式，无疑解决不了这些基本的问题，企业亟须一种灵活的、可配置的、可随时适应企业实际需要的考核工具，而各类信息技术手段无疑满足了企业的需求。信息技术的发展使得各种行为和活动信息都将得到精准的记录，管理者可以利用更多的数据信息多角度全方面地对员工进行客观公正的评判。目前，我国已有部分企业成功地在绩效管理领域采用了信息技术。例如，中国储备粮管理总公司依靠大数据技术建立了云中心数据库，并基于数据库构建了领导综合看板、业务运营支持、考评、测算、宏观分析等统一视图，有利于中国储备粮管理总公司更全面地进行绩效管理；中石化集团建设了数字绩效平台，通过信息技术突出对KPI、360度、MBO等考评技术的运用，形成了全方位、标准化、透明化的考核模式，实现了绩效管理信息化及系统化。除上述企业之外，我国还涌现出其他成功建立绩效管理信息化体系的企业，如海尔、华润、神华等大型企业集团。但总体来说，信息技术在绩效管理领域的应用多集中于大型企业，中小企业因成本等因素的限制，对绩效管理信息化的推行积极性相对较低。

第二节　信息技术对管理会计的影响

数字时代的到来，意味着能够更加高效、便捷、及时且低成本地进行数据搜集与处理，不仅为科学研究、卫生医疗、互联网应用等领域带来变革，同时也对管理会计信息化产生了多方面的影响。

一、5G 技术对管理会计信息化的影响

5G 技术的出现为新商业模式的开启奠定了基础。在 4G 时代，互联网只能覆盖到人群密集的地区，而 5G 可以做到全覆盖；在传输时延方面，4G 的传输时延在 70 米/秒左右，而 5G 的时延只有 1 米/秒。5G 时代的到来，带来了高速率、高容量、低时延、低能耗、低成本和大规模的数据互联。管理会计作为工具和手段，能对数据进行收集、加工、整理和分析，进而形成报告，为企业进行经营管理、战略决策提供决策依据，而 5G 的出现可以推动管理会计信息化的发展。一方面，高速率、高容量、数据互联的特点使会计人员能够更高效地传输业务、资金等各方面的信息，实现“数据互通，信息共享”，降低了信息获取成本，从而使企业避免“信息孤岛”问题；另一方面，低时延、低能耗、低成本可以实现对企业信息资源的高效整合与多维度利用，大大提高管理会计的工作效率，能够为企业决策层提供更加完善、准确的决策依据，同时还可以降低工作成本，进而提高企业利润。

二、区块链技术对管理会计信息化的影响

区块链是基于分布式数据存储、点对点传输、共识机制、加密算法等技术的新型应用模式，具有去中心化、去信任机制、不可篡改性、高安全性等特征。管理会计作为战略管理与决策工具，如何充分获取一手信息的问题一直未得到有效解决，区块链的出现，为管理会计提供了有力技术，使企业可以通过设置信息平台及时获取、掌握市场信息。另外，管理会计信息化还面临着数据真实性与安全性的问题，区块链的不可篡改性和高安全性也可以解决这一问题。在区块链中，修改半数以下的节点并不会得到其他节点的认可，会被系统自动舍弃，随着节点基数的逐渐增多，数据的篡改就成了不可能完成的操作，从而保证信息的真实可靠。

三、大数据对管理会计信息化的影响

大数据是指来源多样化、类型复杂化、规模巨大的数据集合，是需要经过专业化处理才能使其更具有价值的信息资产，具有 5V（volume 大量、velocity 高速、variety 多样、value

价值、veracity 真实）特性。管理会计在向信息化发展的过程中，信息的获取尤为重要，传统管理会计在获取信息的渠道方面较为单一，只能依靠企业内部在生产经营活动中所提供的数据。大数据的涌现，使得企业获取信息的渠道多样化，管理会计可以在日常工作中借助大数据平台，搜集处理相关数据信息提升办公效率。在预算模块，管理会计可以依靠大数据技术获取大量、多样、高价值的数据，使其在编制预算环节更加全面、合理。并且，通过大数据技术，能够实时掌握市场信息，管理会计可以迅速调整以后期间的预算，从而使预算动态化。在预测方面，借助于大数据技术，会计人员通过对行业、竞争者、利益相关方等信息进行分析，可以掌握最新的市场动态和发展趋势，进而为企业生产经营、市场部署等决策提供更为有效的依据。

四、智能化技术对管理会计信息化的影响

智能化是指事物在网络、大数据、物联网等信息技术的支持下，所具有的能够满足人们各种需求的属性。智能化能够基于计算机的算力对海量数据进行计算分析，为企业管理提供下一步行动的选择。人工智能是实现智能化的主要途径，同时人工智能也颠覆了管理会计的工作方式。在 2017 年，德勤的财务机器人已经可以完成数据的录入、汇总、稽查等工作，这仅是人工智能技术首次应用于会计领域。如今，随着智能财务的不断创新升级，除了可以完成信息的收集、分析、处理等工作，还可以协助管理会计人员进行预算和绩效管理。在预算管理环节，智能化技术能够使企业快速、准确地获取市场信息，帮助管理会计人员更加高效地编制预算报表，进而保障企业正常运转。在绩效管理环节，企业可以利用智能化技术的特点，建立一个智能化绩效管理系统，以人工评定为主、智能化平台为辅，对企业的绩效信息进行多维度、智能化分析，使企业的绩效管理更加真实、全面。

五、云计算对管理会计信息化的影响

云计算是指虚拟化的分布式资源，通过网络将海量数据分解成多个小程序，再对其进行分析和处理并将结果反馈给用户，云计算具有分散性、全面性、渗透性等特点。管理会计工作的首要任务就是对大量数据进行加工处理，而传统的技术手段对信息的存储和处理具有很大的局限性。云计算的快速发展为信息的存储与处理提供了新途径，企业可以通过云计算技术建立一个云管理平台，通过平台可以完成对数据的存储与处理等工作，提高工作效率并降低信息的生产成本。云管理平台可以实时为企业提供财务和非财务信息，避免了传统模式下获取信息滞后性的不足，管理会计通过对这些数据的分析和预测，能够更加准确地掌握市场趋势，为企业提出更加合理的战略规划。同时，企业通过云管理平台能够增强信息数据的传输与共享，充分发挥信息资源的价值，实现企业资源的有效整合。

第三节　管理会计信息化流程

一、管理会计信息化内涵

管理会计信息化是管理会计和信息技术结合的产物。财政部在《管理会计应用指引第802号——管理会计信息模块》中指出："管理会计信息化是指以财务和业务数据为基础，借助计算机、网络通信等现代信息技术手段，对信息进行获取、加工、整理、分析和报告等操作处理，为企业有效开展管理会计活动提供全面、及时、准确的信息支持。"

随着数字经济的到来，管理会计信息化正从人工与计算机处理向数字化处理发展。在数字经济时代，本书认为，管理会计信息化是以实现最佳经济效益为目的，以管理科学与管理会计理论为基础，以企业内外部信息为支撑，以现代信息技术为驱动，为企业预测、决策、规划和控制等活动提供信息支持，促使企业实现资源整合、全面管理的有效途径和手段。

二、管理会计信息化运行流程

管理会计信息化的主要流程是以计算机网络为主导，将内外部财务信息通过互联网平台进行分析处理，再将信息传递到核算中心进行会计处理，进而形成多维度财务报告，为管理者提供决策信息，具体如图10－1所示。

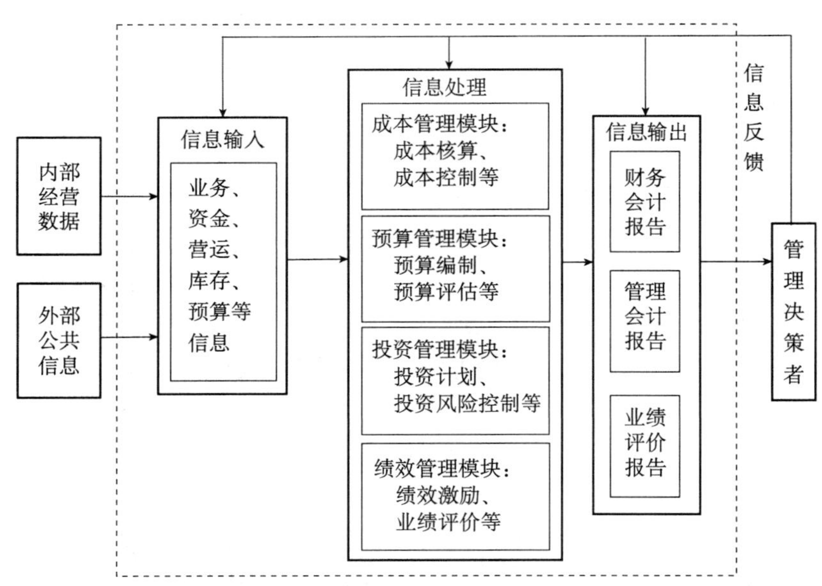

图10－1　管理会计信息化流程

管理会计信息化的运行流程包含信息输入、信息处理、信息输出和信息反馈四个阶段。

（一）信息输入环节

该环节主要是搜集和录入信息，将内部经营数据和外部公共信息录入信息存储平台，为各环节提供数据支撑。

（二）信息处理环节

该环节主要包含成本管理、预算管理、投资管理与绩效管理四个模块。

1. 成本管理模块

包括对各种成本要素和对象的参数设置、核算方法的配置选择以及对成本进行事前、事中、事后的分析与管理。在成本管理模块中，需要对成本数据进行测算，将标准成本和实际成本准确、合理地分摊到各生产环节，从而更为有效地进行成本管理。

2. 预算管理模块

包含对预算管理系统的参数设置、搭建预算管理模型、制定预算管理目标，并对预算执行过程作出反馈和调整等内容。主要负责财务、费用、采购、收入等方面的预算编制，构建月度、季度与年度预算体系，并对预算数据和预算使用情况进行评估与监督，实现全面、系统的预算管理。

3. 投资管理模块

包括对投资对象和相关投资数据进行分析处理，并制定投资计划管理投资过程中的风险。投资管理模块主要针对自身的资金和投资对象的经营成果拟定投资计划、监督投资过程、控制投资风险、评价投资结果，对投资事项的资金募集、运营管理、风险控制的活动进行全流程管理。

4. 绩效管理模块

主要实现业绩评价和激励管理过程中各要素的管理功能，包括制定短期绩效目标、长期绩效目标、统一的绩效评价标准等事项，运用平衡计分卡、经济增加值等理论工具设计与管理业绩计划、激励计划等活动，细化企业各部门的工作与管理，提升企业整体工作效率。

（三）信息输出环节

该环节主要是以信息处理环节产生的各项数据为基础，生成财务会计报告、管理会计报告与业绩评估报告，为企业的管理提供支持。

（四）信息反馈环节

该环节主要是将管理者的决策信息反馈到信息输入、信息处理和信息输出环节，各环节根据决策意见提供更具针对性的数据报告。

第四节　管理会计信息化建设路径

财务转型是财务整体的变革再造，财务共享服务是财务流程的重构与优化，财务机器人则是在业务流程节点上的技术应用和优化，因此财务转型、财务共享服务和财务机器人形成“面—线—点”的关系。在“大智移云物”背景下，应该以财务共享服务为起点，辅以财务机器人，从面、线、点三个维度逐步推进财务转型，如图10－2所示。

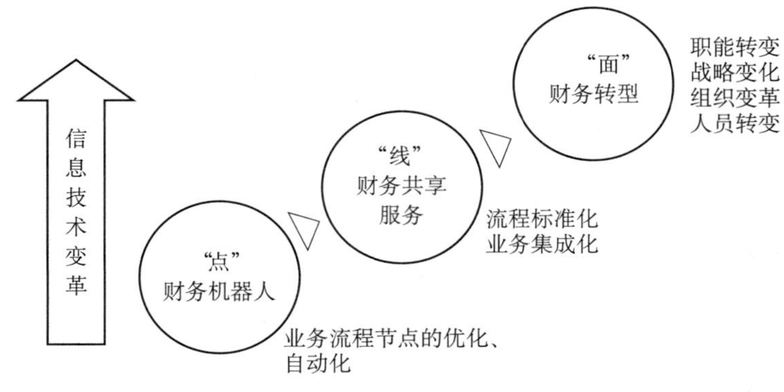

图10－2　管理会计信息化转型路径

一、财务转型——“面”的再造

财务转型是指一个企业的财务部门在财务战略、职能定位、组织结构、人力资源、操作流程和信息技术等方面的全方位转变，其是一个持续的动态优化过程，是企业转型的重要组成部分。财务转型的关键在于明晰财务职能，“大智移云物”背景下财务的基本职能纵向可分为六个模块，横向可分为三个层次，如图10－3所示。

纵向来看，财务的基本职能包括：（1）会计核算，即根据政策法规的要求确定企业会计政策和财务制度，完成会计处理、出具单体报表和合并报表；（2）资金管理，包括资金的统一收付、债权债务管理、融资管理、全球资金调度管理、汇率风险管理等；（3）税务管理，即在全球复杂多样的税务环境下，基于税务筹划、税务核算、税务申报、税务检查四个环节构建商务模式，将税务核算与会计核算体系相结合，应对税务稽查与检查；（4）预算管理，即制定资源的管理机制和目标平衡机制、设立预算目标、编制预算、执行预算及分析报表；（5）经营绩效管理，包括经营业绩评估与预测、考核评价、出具管理报告等；（6）成本管理，即采用全价值链成本管理理念，将成本转化为可对象化的费用，使成本的提取维度更加精准。其中，会计核算、资金管理、税务管理是财务会计的职能，预算管理、绩效管理、成本管理是管理会计的职能。除此之外，财务职能还应包括投资、融资、证券投资者关系和风险内控管理。

战略目标	会计核算		资金管理	税务管理	预算管理	经营绩效管理	成本管理
	财务运作	财务报告					
决策层	集团会计政策 集团会计流程 集团财务制度	合并报表管理 法定披露要求 外部审计要求 财务报表合规性管理	集团现金流筹划 集团资金调拨 集团外汇风险管理	集团税务筹划 税务合规性政策和流程 集团税务风险管理	预算制定流程及规则 战略规则及战略目标设定 预算模型设计 集团预算组织	管理报告体系 KPI考核流程/规则/指标定义 激励政策	成本战略 成本目标 成本激励
控制层	授权及权限管理 财务运营协调 分支机构财务制度	分支机构财务报表合规管理 财务报表检查	现金流平衡 汇率控制	国家商务模式 税务合规性管理	预算编制及申报 预算过程控制 预算分析考核	经营业绩预测 经营业绩分析及推动	预算制定流程及规则 战略规则及战略目标设定 预算模型设计 集团预算组织
执行层	销售和应收流程 采购及应付流程 固定资产流程 费用报销流程 总账	财务报表 会计调整	银行对账 统一支付 账户管理	税务数据 税务报表 税务核算	预算执行数据加工 预算执行标准报表 费用分析表	内部考核报表 业务考核数据 库存周转报表	成本核算 成本报表

图 10－3　财务的基本职能

横向来看，财务职能可以分为以下三个层次：（1）执行层，根据决策层、控制层制定的制度和规则，高效、可靠、低成本地完成基础财务处理流程，并提供财务数据。例如，财务核算中的应收及应付、固定资产、工资、费用核算，以及定期关账并出具财务报表、内部往来清理、自查报告等，都属于执行层的工作。（2）控制层，一方面，将公司战略决策向执行层推进、落实；另一方面，将执行层提供的财务数据转变为有效的财务信息，及时传递至相关的决策者，提供战略决策支持。例如，税务管理中的税务合规性管理既要满足决策层对税务合规性的要求，又要根据执行层完成的税务核算数据，检查是否出现了政策没有覆盖到的新情况，并提交决策层出具指导意见。（3）决策层，将公司的战略意图转化为更为详细的资源分配机制、绩效考核机制、内控管理机制等，通过 PDCA 循环，助力公司实现战略目标。例如，预算管理中的预算规则、预算流程的制定、预算模型的设计等，都是基于公司战略在政策层面上的细化，引导公司资源分配。

二、财务共享服务——“线”的优化

财务共享服务是进行财务转型的第一步。财务共享服务是一种新型的财务作业管理模式，通过观念再造、流程再造、组织再造、人事再造、系统再造，将分散于各个业务单位、重复性高、易于标准化的财务业务集中到财务共享服务中心统一处理，以达到降低成本、提高效率、改进服务质量、强化集团内部风险控制等目标。

（一）财务共享服务——流程标准化

财务共享服务是财务“工厂”，将财务工作依据流程划分为不同的“流水线”，提升了财务工作的质量。业务流程是一组为客户创造价值的相关活动，财务共享服务中心的所有业务都需要流程来驱动，组织、人员都靠流程来实现协同运作，流程的标准化和统一是共享服务的核心。财务共享服务从形式上看是一个新型的组织机构，其实质则是再造了企业的流程，将其从以往分散的模式变为集中化模式，进行了专业分工——财务工作不再是一批人负责一个地区或一个公司，而是按照业务流程进行分工，通过各个节点的人员协作完成一个个财务流程。财务共享服务中心的流程框架通常包括核算、税务、资金三类业务相关的费用报销、采购到支付、订单到收款、总账到报表、资金、税务等流程，而这些流程又可以划分为更细的子流程。

（二）财务共享服务——业务集成化

财务共享服务将企业分散式的、大量重复且标准化程度较高的业务活动整合到财务共享服务中心处理，减少了业务部门的重复性工作。财务共享服务中心对财务业务进行集成封装，一个服务端（共享服务中心）向多个客户端（成员单位）提供服务，客户端共享服务端的资源，服务端可根据不同单位业务量的多少在其内部的账务处理单元实现负载均衡。因此，财务会计的工作是对多个企业相同的流程进行专业化分工处理，在对某一个企业进行账务处理时，不必掌握全部财务流程。同时，财务共享服务具有跨组织、跨部门、跨岗位、跨区域的特点，避免了接触式交易的沟通成本和时间成本，处理速度大幅提升。

三、财务机器人——“点”的自动化

财务机器人是机器人流程自动化（RPA）技术在财务领域的应用，以自动化代替手工操作，辅助人类完成交易量大、重复性高、易于标准化且规则明确的基础业务。财务共享服务中心将跨部门、跨区域的工作整合起来，形成更加高效和标准的流程，且规则明确。因此，财务共享服务中心为财务机器人的使用提供了良好的运行基础和实施环境。财务机器人现已应用于费用报销流程中的职能审核、自动付款，采购到付款流程中的供应商自动对账、供应商资质审核，订单到收款流程中的订单信息录入和变更、发票开具、客户对账与收款核销等。财务机器人以外挂形式部署，不需要改变原有的系统架构，能以更低的成本、更短的周期、更快的部署速度实现异构系统的贯通。财务机器人能提供 7×24 小时的不间断服务，且随时响应业务量波峰、谷峰变化的需求，提供更加全面、准确、高效的财务服务。

第五节 管理会计信息系统的内容

一、预算管理系统

预算管理是管理会计的核心管理活动，预算管理系统的产生将提供对预算管理全过程的支持，实现预算编制、执行、分析与评价所需要的多流程管理，为企业的科学决策提供支持。根据预算编制的过程，预算管理遵循着“战略计划→业务规划→经营计划→预算→过程控制→分析报告→考核激励”这样一条清晰的脉络。预算管理系统作为企业预算编制、预算执行与控制、预算分析与考核的统一数据平台，全方位支撑预算管理工作。预算管理系统的应用实现了预算与战略规划的衔接、预算编制、预算控制、预算调整、预算分析及预算考核全过程的管理（如图 10－4 所示），并与其他财务系统及业务系统紧密结合，为企业的事前计划、事中控制、事后分析提供了有效的工具，充分体现了预算管理在财务管理中的核心作用。预算管理系统处于企业财务信息系统架构中的管理层，是管理会计系统的重要组成部分，以业务活动为中心、为载体，贯穿业务展开及业务结算的整个过程，以资源为对象进行逐级把关、层层控制，以维度体系为基础进行成本费用的追踪和分析。预算管理系统与合同管理系统接口，实现合同预算的控制；与网上报账系统和会计核算系统接口，实现预算的实时控制；与资金管理系统接口，完成资金计划的制定与执行；同时，预算管理系统的数据也会流向绩效管理系统和决策支持系统，实现预算考核，并支持管理决策。

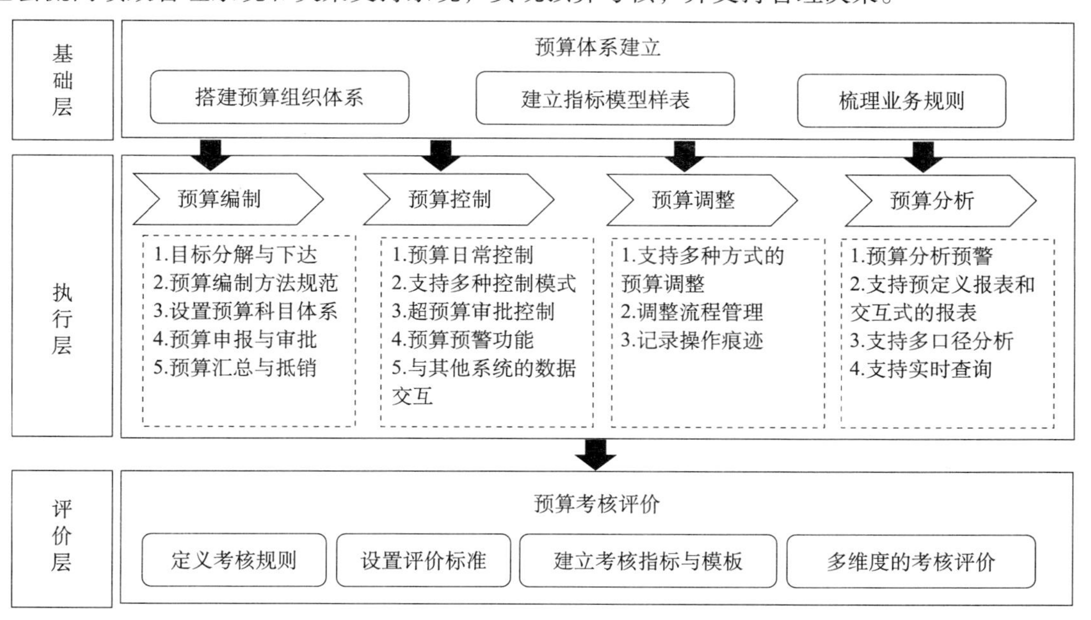

图 10－4 预算管理系统功能框架

二、绩效管理系统

企业战略管理的结果由绩效管理进行实现和评价。绩效管理系统将公司战略、资源、业务和行为进行有机整合，是企业进行绩效管理的信息化平台，其设计的目标是成为企业实施绩效管理的信息技术平台，通过绩效目标建立与分解、绩效跟踪和绩效分析三大功能，将企业战略目标与企业员工的行为紧密联系起来。

绩效管理系统通过构建于企业内部的各种管理软件、业务流程和业务成功衡量方法之上的系统，对各应用软件进行有机整合，使组织内的每个成员都能够更好地理解运营目标、实施运营规划，正向影响企业运作的优化进程。绩效管理系统与会计核算系统对接，评估企业阶段性经营结果；与预算管理系统对接，实时控制目标实现过程中的资源消耗；与各业务系统对接，及时发现执行任务异常，部门间快速协同解决；与薪酬管理系统对接，为员工薪酬管理提供绩效考核结果；与经营决策支持系统对接，为管理者进行科学决策提供依据。通过建设绩效管理系统，企业利用统一的信息平台将战略管理落实到日常绩效管理中，充分协调企业战略目标与战术执行，调动企业内外部资源，推动企业战略目标的实现。

三、内控及风险管理系统

企业的全面风险管理与内控管理流程可以分解为四道防线：董事会和高管层在制定战略目标时应考虑可能面临的风险，并进行应对和控制，这是第零道防线。作为第一道防线的各级业务部门应具有风险防范的意识和方法，并及时阻止可能出现的风险事件。作为第二道防线的风险与内控管理职能部门，应建立有效的内部控制体系，为业务部门提供有效的风险规避与防范工具。作为最后一道防线的内部审计部门，应对企业的业务经营信息和状况进行定期审查和内部稽核。健康的风险管理和内部控制体系需要这四道防线紧密协同工作。

完整的、整合的内控及风险管理系统是企业风险管理和内部控制的综合性智能管理平台，包括分析、设计、测试、整改、监控等 GRC 全流程系统化，在系统上实现工作流的自动化。系统自动扫描相关系统的控制，实现实时控制监控，并拥有强大的报告功能，保证管理层能够及时、全面地了解企业内部控制在合规上存在的问题。内控及风险管理系统一般包括风险管理、内控管理、内审管理等模块。内控及风险管理系统与企业包括业务系统、HR 系统、门户系统、OA 系统和邮件系统在内的多个系统对接，嵌入企业整体运营流程，实现了风险管理、流程内控和信息访问权限事前、事中和事后的全程管理。通过内控及风险管理系统对其他系统中的现有流程、关键控制点进行连续不间断的实时监控，可以及时了解其他系统中业务流程的合规性状况，并提供相应的合规性报告。内控及风险管理系统与 HR 系统对接，实现企业组织架构、用户权限信息等基础数据的同步更新；与门户系统对接，实现用户统一认证、单点登陆，同时可以实现推送待办、公告等功能；与 OA 系统及邮件系统对接，实现发送待办和邮件提醒的功能。

内控及风险管理系统作为企业风险管理与内部控制的整合性平台，从风险信息的收集，到风险智库的建立，再到风险点的调查与评估、风险点的应对和控制以及风险管理与控制的报告生成等，均在统一的平台上完成。系统提供全面准确的风险图谱，将风险管理由事后核查转变为事先预防，帮助企业更有效率地执行其风险管理与控制工作。

四、经营决策支持系统

经济全球化进程以及信息技术的发展，消除了许多流通壁垒。企业面临着比以往任何时候都更为复杂的生存环境，更难以形成并维护其核心竞争力。竞争的压力对企业制定决策的质量、速度都有更高要求。面对这些趋势和变化，需要新的工具和技术来帮助管理者制定有效的决策。经营决策支持系统是以企业日常业务系统中的数据为基础，利用数学模型和智能方法，对业务数据进行综合分析，并为管理层在重大决策问题上提供支持和帮助。

决策过程的核心要素是信息，而经营决策支持系统能在不同层级收集信息并把这些信息整合为一个统一的整体来支撑管理者决策。经营决策支持系统包括从数据获取、数据整合、数据应用再到信息展示等一系列功能，在数据存储的基础上进行数据分析应用，利用成熟的商业智能工具将数据以恰当的方式展现给用户。

经营决策支持系统把作业的、内部的、外部的、财务的和非财务的数据传递到数据仓库，同时确保企业信息的相关性、可维护性和持续性。在数据存储的基础上利用商业智能（BI）工具，使企业存在双向的信息流，企业战略层、经营层可以通过决策支持信息来监控业绩，同时利用自身的能力、经验并结合现有信息来变更战略，而战略的变化通过制定新的目标和关键业绩指标下放到操作层面，形成反复、大量的人机对话。

经营决策支持系统位于企业组织架构的决策层，它对不同的方案进行技术分析，得出预测结果和相关可行性分析，以支持决策者对相关问题的判断。经营决策支持系统允许信息的双向流动，为提高决策支持信息的效率和质量，该系统必须能够与不同的业务系统对接：与管理信息系统对接，获得绩效管理、成本、预算及内部控制风险等管理信息；与业务系统对接，获得客户、财务、物流、存货及人力等基础业务信息，最终将这些信息整合、分析为决策信息。

经营决策支持系统将决策过程中的定量计算和定性分析有机结合，提高了决策的效率和质量，减少了决策的盲目性，是提高企业生产经营水平、增强企业竞争力、推动企业发展的有效手段和可靠保证。

思考与讨论

（1）你认为目前我国管理会计信息化的现状如何？

（2）信息化给管理会计实践应用带来了哪些影响和挑战？请举例说明。

（3）在“互联网＋”的信息化时代，管理会计信息化应该从哪些方面进行转型？

（4）管理会计信息化应该包括哪些内容？它们之间怎样通过技术手段联结起来？

案例与讨论

“智能制造”背景下 DB 公司成本管理创新应用研究*

一、背景简介

2016 年 12 月，我国工业和信息化部、财政部联合制定了《智能制造发展规划（2016—2020 年）》，指出要将发展智能制造作为长期坚持的战略任务，分类分层指导，分行业、分步骤持续推进。2018 年《美国先进制造业领导力战略》报告发布，其战略目标中提出“抓住智能制造系统的未来”；德国出台的《国家工业战略 2030》也将智能制造作为其重要发展战略。智能制造已成为我国制造业培育竞争优势、建设制造强国的必然选择。

根据《智能制造发展规划（2016—2020）》中的定义，智能制造是基于新一代信息通信技术与先进制造技术深度融合，贯穿于设计、生产、管理、服务等制造活动的各个环节，具有自感知、自学习、自决策、自执行、自适应等功能的新型生产方式。以“大智移云”为标志的信息革命引领和推动着第四次工业革命，智能制造的突破和广泛应用将推动形成第四次工业革命的高潮，重塑制造业的技术体系、生产方式和产业形态。

二、案例公司概况

DB 风电轴承有限责任公司（以下简称“DB 公司”）脱胎于历史悠久的 Z 轴承集团，目前主营风电新能源轴承，主要客户是风力发电企业。

DB 公司现行的组织架构包括三个层级：第一层包括企业本部、销售企业、转盘工厂；第二层包括企业本部 3 个部门、销售企业和转盘工厂 3 个部门；第三层则是 31 个职能科室。与这一组织架构相对应的是企业为实行阿米巴管理模式而在内部设立不同层级的阿米巴组织，每个阿米巴都作为一个独立的利润中心，进行收入与成本的核算。DB 公司共设有 3 个二级阿米巴，分别是项目管理部、销售企业和转盘工厂；在销售企业和转盘工厂下面各设有 7 个阿米巴。这些不同层级的阿米巴组织，有利于企业将权力和责任下放，为绩效评价与考核提供了组织架构的保障，也有利于实现针对成本的精益化管控目标。

三、案例公司成本管理现状

在大数据、智能化时代背景下，DB 公司引入 PLM、ERP、MES 三大信息系统，对其成本管理起到了支持作用，具体如下。

（一）改善传统成本管理方法

1. 实现数据精细管理

DB 公司依托信息化系统辅助进行成本管理，ERP 系统相当于一个数据信息汇集中心，企业可据此获取更加精确且全面的成本费用信息，从而支持成本管理。

MES 系统辅助 ERP 的生产成本数据采集，通过 MES 系统的实施，企业建立加工过程的

---

* 资料来源：中国专业学位案例中心会计专业学位案例库。作者：崔刚、李陶然、李浩东，作者单位：东北财经大学，案例入库号：202012530031。

实时数据库，实时采集现场数据68种，共50 000多条。通过系统间建立关联关系，实现数据共享和数据标准统一规范。MES系统是实现成本管理真实历史数据应用，深度挖掘利用、提升精细化成本管理的核心；是企业信息化应用的信息中枢，标志着企业向数字化工厂又迈进了一步。

2. 优化成本归集分配

ERP系统能够将DB公司各个部门和环节的信息进行实时汇集，自动化程度较高，人为参与所造成的误差较小，保证了数据更加精确和一致。

在DB公司实际成本核算中，不再通过人工计算，而是按照分步法通过ERP系统实现自动化成本核算。在系统的支持下自动归集每一步骤的成本，月末集中分摊差异。制造费用在月底结账时，同样依托于ERP系统实现一次性自动分配。期间费用在ERP成本中心汇集形成费用池，为核算提供便利。综合来看，系统中有全面的成本核算规则，自动统计核算费用，实时同步订单业务数据，确保产品成本计算准确及时，进而真实反映公司的利润水平，有助于提升公司效益。

（二）实现成本五大突破

1. 库存周转加快

MES系统使DB公司信息高效，达到数据的高度集成和共享。通过实施MES系统，能够根据产品计划和工序加工时间，及时计算生产所需要的原材料投料时间和用料数量，同时与ERP系统协作结合工厂实际库存，灵活调整来料时间，既可满足柔性生产管理的需要，还能够降低库存、提高存货周转率、减少库存资金占用、保证生产的连续性和高效性。2017年初DB公司库存资金为4 647万元，2018年初库存资金为3 619万元，相比上年库存资金压缩了1 028万元。MES系统的实施促进了DB公司利润率上升，给企业带来可观的经济效益。

2. 研发周期缩短

在产品设计研发阶段，DB公司利用CAD和CAPP辅助设计画图，无须人工参与，极大减少了工艺设计转化成本。同时，利用虚拟仿真技术进行虚拟制造，缩短了工艺流程设计的时间。研发周期具体变化情况如表1所示。

表1　　DB公司项目研发周期变化情况　　单位：天

项目任务	2016年	2017年	2018年
输入信息确认	30	20	15
方案设计与确认	75	60	45
有限元计算（方针计算）	60	30	20
产品图纸设计	10	7	3
样件试制	120	100	90
合计	295	217	173

3. 设备故障率降低

MES系统通过建立一套完整的设备检修保养台账和严格的维修计划，使员工在生产过程中提高设备自主保全意识，使管理者提高设备故障报警的及时响应，降低了设备故障率、缩短了设备维护修理时间、加强了设备保障控制。实施 MES 系统以来，DB 公司设备定期维保，故障率降低了 20%。

4. 生产效率提高

MES 系统实现现场物流精益管理，通过跟踪、记录、预警等手段，以流程方式真实准确地呈现生产现状，明确车间物料需求，高效精准地物流配送，缩短了车间等料待机的时间和生产周期，避免了因物料延误而影响生产的现象，缩短了生产周期，从而提升了生产效率。如表 2 所示，DB 公司生产周期已由 2017 年的 57 天缩短为 2018 年的 39 天，生产效率提高了 31.58%，成效显著。

表 2 风电偏航变桨轴承生产周期明细表

序号	项目	2017 年（天）	2018 年（天）	压缩比例（%）
2	锻件交付	28	18	35.71
3	车加工	7	5	28.57
4	热处理	5	4	20.00
5	齿加工	3	2	33.33
6	孔加工	5	3	40.00
7	装配	1	1	0.00
8	防腐	6	5	16.67
9	密封匀脂包装	2	1	50.00
合计时间		57	39	31.58

5. 产品废品率下降

MES 系统通过对产品加工过程管控，实时记录产品加工过程参数、状态、质量信息以及产品在生产过程中的物料消耗等信息，形成每个单件或产品的有效记录，实现对产品全生命周期可追溯查询。为产品质量分析与评估以及为给客户出具产品质量报告提供重要依据。通过对数据的统计和分析，判断产品的位置及加工进度，及时调整和修正计划，提高生产计划执行率，保证产品交货期，提升客户满意度。自 DB 公司 2017 年实施 MES 系统以来，风电转益工厂的废品率从 2.19% 降低至 2018 年的 1.31%，降低了 40.18%，取得了良好成效。

四、"数字化"技术下案例公司成本管理问题与难点分析

（一）难点一："数字化"下信息化系统应用粗浅

1. 数字化信息系统不完善

在财务信息系统层面，DB 公司未设立电子发票系统。纸质发票的使用增加了 DB 公司的办公费用及人工成本等。而且发票在入账过程中的传递与审核，不仅影响工作效率和质量，还存在丢失及收到虚假发票等一系列影响会计信息质量的问题。此外，DB 公司未建立电子的会计档案系统，不仅不利于其人力物力成本的节省，而且不方便检索，影响办公效率。

在业务系统层面，DB 公司数据采集、过程监控等手段不足。尽管 MES 系统的实施大幅度降低了设备故障率，但是 MES 系统中设备管理只做到了设备台账的统计、预检维修的统计及车间维修报工的反馈，操作工人完成工序后的报工还需要通过手动操作来实现。如果一道工序完工后没有及时报工，不仅会影响到后续工序的生产，还会影响到工序优化工作，从而导致生产效率低下。DB 公司在 2018 年仍因无法预判非计划停工时间造成 18 万元的故障损失。此外，MES 系统中无设备运行的数据，在设备预警、监控和保障方面功能有所欠缺，不利于设备运行稳定性以及产品质量的维护。DB 公司设备故障损失统计如表 3 所示。

表 3　　DB 公司设备故障损失统计表

年份	设备名称	非计划停工时间（天）	故障原因	损失明细	损失金额（万元）
2017	6 米沟道淬火机	35	NCU 模块报废，到德国西门子公司本部定制	设备故障停机，导致产品生产周期不足，为保证西门子产品按期发货，故将陆运改为空运	27
	4 米数控钻	24	X 轴定位不准，导致孔位超差	用户让步接收，价格下浮 10%	36
2018	3 米铣齿机	13	工作台缩紧，导致产品齿面粗糙度不合格	齿面淬火后，硬化齿面	18

2. 数字化信息系统集成度不高

DB 公司未搭建云平台。若 DB 公司出现断电故障，会导致所有的服务器瘫痪，从而严重影响企业人员对信息的查询与调用。此外，DB 公司本地服务器容量相对较小，容载备份的能力不足，增加了服务器瘫痪后信息丢失的风险。而且企业断电等故障并不时时发生，这就造成了投入的相关专业维护人力资源的浪费，同时本地的服务器也需要进行不断地升级，不断的投入成本，数据的传递对网络的要求也比较高，网络也需要去维护，给企业增加了经济负担。因此，本地服务器的缺陷促使 DB 公司搭建云平台。

DB 公司各系统之间没有形成有效的衔接，还处于相对孤立阶段。每个信息系统均拥有独立的服务器，使得 DB 公司目前主要应用的 PLM、ERP、MES 三大信息系统之间的数据交换效果并不好，系统间没有实现深度集成。MES 系统和 ERP 系统之间的数据交换只涉及生产订单、采购订单、物料信息和成品信息四项：MES 系统中记录的大量生产信息只能够在 MES 系统中进行调用，PLM 中关于产品设计的信息也同样如此。这就造成在成本管理工作需要各个环节的信息时，要在不同的系统中调取数据经过人工整合与分析之后，才能供管理者使用。

（二）难点二：可量化成本管理落后

1. 成本管理方法落后

尽管 DB 公司成本预算数据较为准确，财务层面成本管理良好，但其模式较为传统。首先，目前仅基于信息化系统归集处理数据实现自动化核算，成本控制与分析还在较大程度上依靠人力投入，其较落后且传统的成本管理体系使其缺乏灵活性、高效性与及时性，制约了成本管理活动的展开。其次，DB 公司依托于 ERP 系统作为其成本核算的工具，但系统间衔接程度不够好导致数据的集成处理并不完全高效，依托的 ERP 系统缺少成本数据分析模块，也无法有效利用现有的成本数据进行成本控制活动。最后，DB 公司未从战略角度开展成本管理工作，对战略管理因素有所忽视，缺乏有效长期管理定位，会导致企业的长期成本管理工作存在缺失。

2. 成本控制工作不及时

DB 公司的成本控制活动主要是事后控制，且仅基于对会计活动的考量，具有滞后性，不能及时发现成本超额原因并提出解决方案。在生产过程中，缺乏有效的成本监控和预警系统，不能将整个生产过程的成本控制有序地连接在一起，成本控制活动影响的范围有限，不能实现成本实时监控的程序化、规范化和简单化，未实现基于“数字化＋网络化”的智能控制，进而导致成本控制滞后，控制效果不佳。

（三）难点三：非量化成本管理缺失

1. 质量控制“智能”不足

DB 公司内部的质量控制“智能”不足主要体现在以下方面：一是没有实时监控系统对全生产流程进行监控；二是数据采集与记录方式过于传统；三是质量控制过程需占用较多人力资源；四是质量追溯体系不完整。这些问题在质量控制的每个环节都会造成潜在的资源浪费，致使成本管理的实施效果受到制约。

2. 供应链管理体系不完整

DB 公司生产管理部下设供应链室，主要负责材料采购和供应商管理，而承担制造业企业“造血”功能的生产管理部则负责企业全部生产业务。DB 公司的销售业务由下设的销售企业负责，2019 年 DB 公司已经采用阿米巴模式对企业的经营管理模式进行优化，上述部门均为企业下设的阿米巴，自行制定各自的计划，将大企业化小经营。由此可见，企业并未形成一个贯通全局的供应链管理体系，作为供应链管理的重要节点部门均独立经营，信息交换处于无序状态，资源共通、业务交流滞后性明显。

3. 员工成本管理意识薄弱

虽然 DB 公司在 2019 年实施阿米巴经营管理模式，但是现行的成本控制责任只下放到部门层面，并未落实到个人。加之缺乏对员工成本意识的培养，导致员工成本意识薄弱，未能够自发地进行成本管控。基于 DB 公司按单定制化的生产模式，生产没有实现自动化，车间的工作仍然主要依靠人工操作机器，因而人的意志和行为对整体成本影响虽然不可量化，但是不能忽视。DB 公司需要完善信息化水平和建立相关制度管控相关非量化成本，其存在的问题主要表现为绩效考核制度不完善和现有信息系统功能存在缺陷。

五、“智能制造”时代下案例公司成本管理创新应用方案

（一）信息系统整合优化，为成本管理奠定基础。

财务信息系统包括业务系统、财务运营系统和会计核算系统三部分，尽管 DB 公司已经运行了 ERP 系统，但现存的财务运营系统信息化程度仍比较低，未将财务流程以及业务流

程有机地融合，不利于成本管理的实施。公司借助互联网技术搭建云平台，云计算的使用不仅极大降低了协作的成本，同时，制造过程中全过程的管理和执行也使得组织要素的边际生产力得到了提升。

（二）作业成本管理思想与“数字化”技术相结合革新可量化成本核算

基于对DB公司成本管理的评价和分析，DB公司提出了基于大数据和智能化的创新成本管理方法，以改善其成本管理活动。

1. 基于3D模型的智能成本管理软件

随着云计算、大数据等技术的发展，智能制造正在快速演变为实体经济与虚拟世界的融合体。在企业成本管理中，虚拟技术也有很大的应用空间，DB公司引进了基于仿真技术的智能成本管理软件。

（1）软件介绍。DB公司使用该智能成本管理工具后，在轴承投产之前就能预判产品的成本数据，从而作出有利于企业的最优决策。同时，该软件还可以与企业现有的PLM、ERP等系统紧密集成，方便在整个企业中实施成本解决方案。该软件工作原理如图1所示。

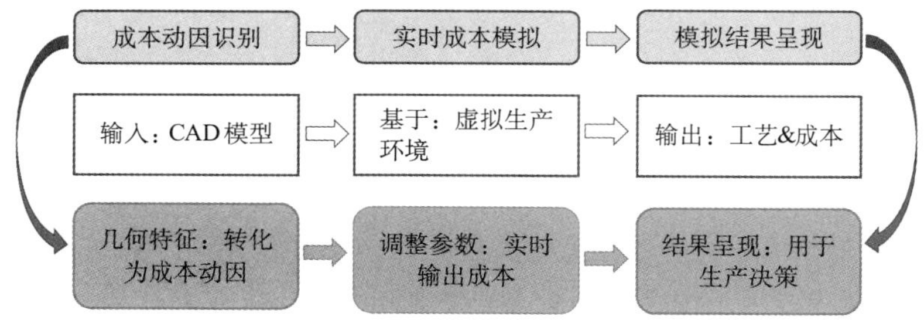

图1　智能成本管理软件的工作原理

通过智能成本管理软件，DB公司可以依靠实时成本信息调整产品设计方案，最终形成一套最优生产工艺流程，软件内集成了商业智能功能模块，利用软件正在计算、整合、汇总的成本和制造数据库，直观地呈现最优工艺流程和成本信息，帮助企业进行生产决策。

（2）软件对成本管理的作用。从产品的设计研发阶段到生产完工的整个过程，智能成本管理软件的成本管理和控制平台都能参与其中，帮助制造商控制产品的制造成本，并加快产品上市的速度，严格把控产品质量。该智能软件通过几何特征分析，帮助工程师设计目标成本、为制造工艺人员提供制造工艺路线经济性分析、帮助采购人员基于成本事实议价、给企业管理者指明降本方向。

2. 基于作业成本管理及网络信息化技术的智能动态成本管理体系

数字化网络化制造阶段中，制造企业管理控制中应采用智能动态实时成本管理与控制体系，从而改变传统的成本管理的模式，以适应智能制造的新环境，提升成本管理效率。将最初的精益生产理念、作业成本管理理论与“数字化+网络化”技术相结合，形成智能动态成本管理体系。该体系以网络信息化为获取动态实时信息的手段、以作业成本管理（ABCM）为成本管理核心。

智能动态成本管理的运行机理是借助信息化平台，利用融合的管理技术和工具，动态实时采集数据、智能计算成本和分析成本信息，并与平台系统内的标准成本指标对比，为企业的生产经营服务提供支持。

动态成本控制反映的是在生产经营过程中通过大数据集成处理实时反映目标成本和动态成本的差异，帮助相关部门及时发现问题、找出差距并解决问题，实现对成本的掌控。动态成本的核心是实时性，在整个周期的任一时间点，都能实时反映项目最新的成本状态。此智能动态成本管理控制体系是以"网络化云平台"为支撑，贯穿信息集成、互联互通的思想，进一步采用作业成本管理法核算产品成本，为企业制定决策提供精准的动态实时成本信息，提高企业经济效益。

3. 基于"网络化"技术与作业成本管理理念实现高效的成本动态控制与预测

在当今的数字化制造阶段，DB 公司的成本控制主要基于大数据运算、历史数据处理，而后负责人根据数据处理结果，针对明显异常点实时实施控制，成本控制仍处在应用"人"与"大数据"相结合的阶段。

在整套成本管理体系下，为了进行更高效及时的成本控制，建立成本预警制度。成本预警制度，指在生产的不同阶段根据发展的具体情况基于"网络化云平台"及云计算处理技术，实时、定期监控并及时反馈成本的变动情况，预测成本变动趋势，作出细项成本超支节余判断，并通过有效途径采取纠偏措施，提前消除造成成本异常波动的不合理因素。

在数字化、网络化的背景下，"成本预警"可成为智能动态成本管理体系下的辅助机制，因此 DB 公司将成本浪费及超额等问题视为一种危机。在上述成本管理模型的整体框架下运用移动互联网智能化技术推行成本预警管理机制，将两者无缝对接，将危机管理理念融入其中，以达到及时有效事前预警控制成本的效果，使控制的及时性不断提高。

（三）基于"大智移云"技术补全企业的非量化成本管理

DB 公司在"网络化"革新可量化成本管理之外，也重视非量化成本的控制。基于"执行性成本动因"的概念，企业内部质量控制、对供应链的充分利用、每个员工的行为都属于不可量化的成本，虽然无法归集分配，但是管控住这些方面，对企业成本控制的影响是非常可观的，也是成本管理中不可忽视的一部分。

1. 基于"大智移云"技术的质量控制优化

企业内部质量控制手段的落后，给质量成本管理带来了很多限制，由此造成的非量化成本的浪费是无法通过控制产品废品率而降低的。因此，想要进一步完善 DB 公司的质量成本管理体系，就要从优化 DB 公司质量控制手段入手。为解决内部质量控制手段数字化程度不足的问题，DB 公司采取以下改进措施并建立基于大数据、云平台、智能化技术的质量控制系统。

（1）内部质量控制手段改进措施。第一，接入 SCADA 系统实现产线的实时监控。风电轴承生产工序复杂，定制性强，仅依靠人工进行监督和质量检测，需要投入极大的人力成本。如果在生产线上引入实时监控装置，对每个生产环节的工艺参数、操作时长等信息进行记录，并与云端数据平台中设计部门给出的标准参数进行比对，就能做到各环节的质量把控，及时发现问题避免多余损失，降低内部损失成本，

第二，引入自动测量和数据共享云平台。轴承的尺寸、重量等物理数据是衡量质量的标准之一，引入自动测量仪器，不仅可以保障数据测量的精确度，而且电子测量仪器可以将测

量数据自动、实时上传至SCADA与电子档案系统，避免了人工记录中可能出现的差错和舞弊现象。

第三，减少质量控制中的人工干预。信息化技术的应用使得以前手工测量、人工记录的控制行为很多都可以由机器替代。DB公司应该尽量减少人工在质量控制中的干预，不仅可以节约人力成本，还能提高质量控制的精准性和标准化程度。

第四，建立产品质量档案，完善质量追溯体系。产品质量档案是电子档案系统中的一部分，DB公司可以通过条码、RFID、传感器、设备联网等技术建立物流批次管理体系，为每件产品建立独立的质量档案，实现对产品从原材料、机器设备、操作工人、工艺参数、生产时间、质检结果到出厂时间、客户信息的全流程信息记录，真正做到对质量问题的多维度追溯，降低外部损失成本。

（2）构建基于大数据、云平台、智能化技术的质量控制系统。

①系统构成介绍。综合上述四点建议，为DB公司建立了基于大数据、云平台、智能化技术的质量控制系统，共分为信息系统数据采集、云平台数据共享和云计算大数据分析三个部分（如图2所示）。首先，在该系统中，DB公司所需与质量相关的物理数据可以通过自动测量仪器获取，并借助SCADA系统与云平台记录至电子档案系统的产品质量档案中。其次，依托云平台实现数据共享，加速企业的管理效率。最后，运用云计算对汇总沉积的数据进行分析，就可以从历史数据中发现隐藏的问题，并窥探到未来的趋势。

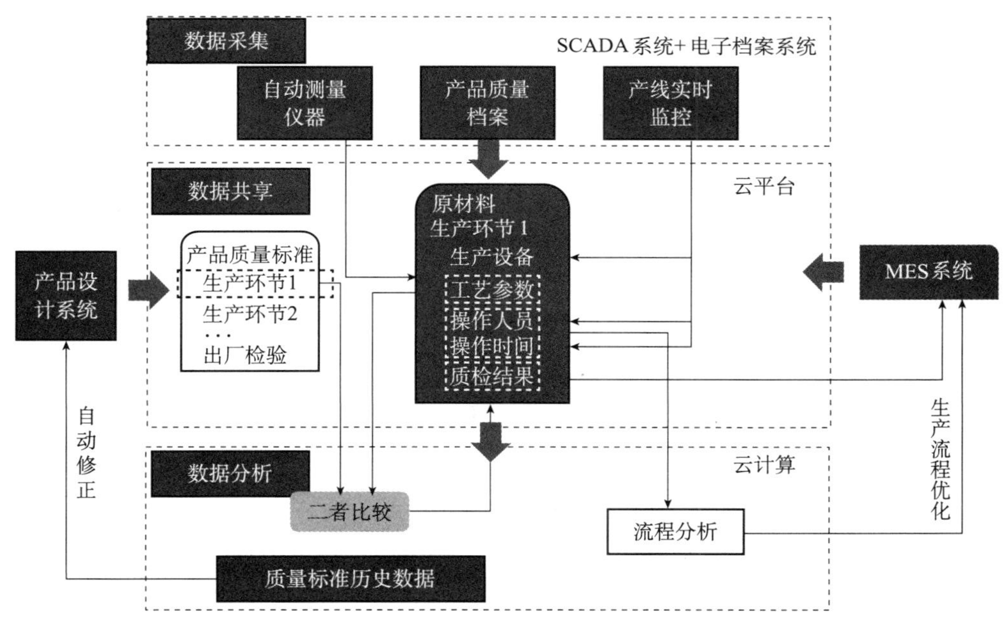

图2　基于大数据、云平台和智能化技术的质量控制系统

②系统功能实现。

一是质量标准制定智能化。在该质量控制系统中，产品质量标准的制定不再依赖质检工人的经验判断，而是利用云平台上累积的设计部门提供的产品标准参数历史数据、生产部门共享的产出工艺参数的历史数据，并通过云计算分析设计目标与生产能力之间的差异，寻找二者之间的平衡点，并智能修正质量检验标准的阈值。

二是产品质量控制实时化。SCADA 系统实现了对产线的实施监控，每一环节的质量检测数据都可以实时上传到数据共享云平台中，并通过与平台中记录的该环节的标准参数进行对比，得出结果后即时反馈至 MES 系统，真正做到质量问题及时发现、及时反馈，实现产品质量控制实时化。

三是生产流程改进自动化。SCADA 系统除了可以对质量检测数据进行记录，还可以监控生产设备的使用情况，包括各生产环节的操作人员与操作时长。通过云计算分析大量沉淀在共享平台中的这类数据，得出生产中哪些环节消耗时间较多，并识别出是由于员工个人原因还是生产流程安排不合理，并将分析结果传回 MES 系统，自动完成生产流程的优化。

2. 基于协同效应的供应链成本管理体系构建

（1）基于云平台的协同供应链管理框架搭建。DB 公司对供应链的管理重点应放在搭建基于风电产业生态结构的协同供应链管理上，在此基础上，细化协同供应链的成本管理，利用现有的信息共享云平台，接入协同供应链管理模块，其基本框架如图 3 所示。

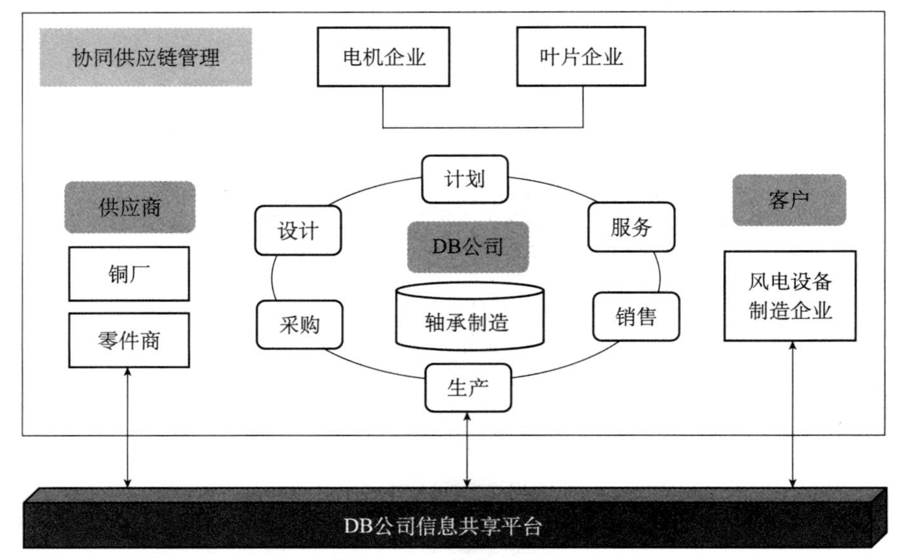

图 3　DB 公司基于云平台的协同供应链管理框架

由图 3 可知，DB 公司的供应链协同管理框架中包含了上游的供应商企业（包括钢厂和其他零部件供应商）和下游的客户（也就是风电设备制造企业）。除此之外，与轴承生产相协作的叶片生产和电机生产的相关企业，因为需要和轴承企业配合对风电设备制造企业供货，所以作为风力发电产业链的一部分，因其协同生产的效应也被纳入整体框架中。协同供应链管理以前端客户需求为纽带，将供应商、制造商、客户连成一个整体，构成整体的产业生态系统的集成。

（2）供应链协同管理服务云平台构建。在 DB 公司信息共享云平台下创设供应链协同管理服务模块，要求关联企业实现供应链全信息化，建立 SCM（供应链管理）系统和 CRM

（客户管理）系统，并将相关数据上传共享至云平台，建立协同数据库，协同数据库的设计原理如图4所示。

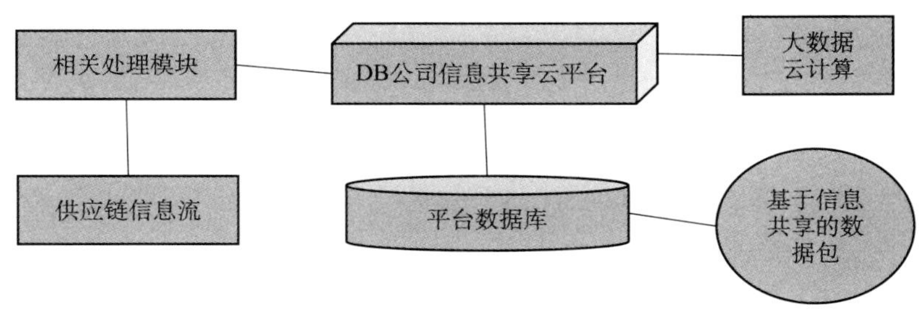

图4　协同数据库的设计原理

由图4可知，因为企业信息系统云平台已经搭建了私有云，进行供应链协同管理服务不需要DB公司另行配置设备，只需要将节点企业的相关数据处理模块接入云端即可。需要调用数据时，通过用户端发送调用请求，即可获取相关数据，帮助企业进行管理决策。

协同供应链管理框架中集成的信息涵盖了整个供应链中有关库存、运输、生产计划、物料需求、配送方案以及客户需求等各种信息，这些信息的利用和分析关系到供应链节点企业之间的衔接与沟通，与DB公司供应链相关的企业在实物流通的基础上，信息流也实现了共通，各个环节的信息流可以通过云平台集成共享，帮助企业作出管理决策。

（3）基于云平台的供应链协同成本管理。DB公司基于信息共享云平台中协同供应链管理模块的成本管理，可划分为基于企业内部价值链的供应链成本管理和基于外部价值链的供应链成本管理两个维度进行全方位、多角度的管控。内部价值链是生产过程中的价值增值链条，贯穿企业生产的各个节点；外部价值链则是追踪了风电轴承行业的价值增值路径。建立包含内部和外部的双重供应链成本管理体系，运用“大智移云”技术，优化企业成本管理。

基于企业内部价值链的供应链成本管理可以分为采购管理、生产进度管理、生产节奏控制、提前期管理和库存与制品管理五个方面。基于企业外部价值链的供应链成本管理应该在协同供应链管理的基础上，利用外部价值链协同成本管理产生的效益降低成本压力，为企业争取更大的利润空间。

DB公司可以树立“大成本”的概念，一方面，利用云平台，不仅关注自身的成本情况，也关注供应链企业的成本控制，帮助上下游企业节约成本，形成产业链的成本优化；另一方面，在对下游风电厂供货的过程中，企业也可以通过协同供应链云平台中风电厂的订单需求情况和风力发电机协同零件生产厂商，如叶片企业、电机企业等的订单交付日期合理规划生产及物流，形成“出厂即装运，运达即装机”的无缝衔接。通过云平台的数据既节省本企业的成本，也协助节省了下游企业的成本，形成双赢甚至多赢的局面。

DB公司进行协同成本管理能够从整体上提高DB公司所处的供应链的竞争力，各节点企业目标一致，通过合作进行成本管理能够获得更多的信息资源，进行更多的交流，使得供应链在“流”的过程中能够实现良好的衔接。相比于DB公司现存的供应链成本管理，协同成本管理优势明显，把供应链看成一个整体，各个企业不再是孤立的个体：企业直接通过信息共享，掌握更多的信息资源，进行合作和交流以优化供应链为目标协同决策，降低了企业独自决策中存在的风险发生率；企业之间通过建立合作关系，也增加了各自的了解，有利于企业的发展和改革，不仅没有削弱自身竞争力，反而会增强企业的核心竞争力。同时，提高了顾客的满意度，降低了供应链的投入成本，获得的效应远大于传统成本管理模式下的效益。

3. 基于“可视化”理念的员工行为成本管理

（1）成本管控可视化。尽管DB公司已经迈入了智能制造的初级阶段，但是由于生产线的特殊性，以按单定制为主，非流水线作业，所以现阶段轴承生产线上仍是由车间工人来操控设备实现产出。而人本身的行为是不可量化的，如工人趁质检员不注意而盲目走动、因偷懒或操作失误导致的上道工序发送传递不及时等，都会间接对车间的生产效率产生极大影响，进而致使企业成本的增加，然而在“数字化+网络化”的背景下，这些因人为因素导致的非量化成本可以得到有效控制。DB公司可以借助SCADA系统、MES系统和信息共享云平台，建立可视化成本管控运行机制，防范人为因素导致的加工效率的低下，有效地控制车间工人工效层面的非量化成本。

该系统的运行机制是：首先，每个工人都有自己的生产编号，将工号输入系统后，MES系统开始记录产品本身的加工相关信息，而SCADA系统会通过记录工人对设备的操作信息，监控工件在任意时刻的位置和状态，两个系统的协作能够采集每一个产品加工过程的历史记录，包括产品加工时间、物料消耗种类等。其次，记录的生产数据格会通过云平台实现数据的实时传递，使得监控室驾驶舱工作人员实现生产运行实时监控，实现人工行为可视化。最后，SCADA的预警功能能够对设备的运行进行预警，能够规范工人的使用设备的行为，进而控制非量化的成本。此外，通过给工人权限使得他们能在数据库中查看到每个工人的生产数据，能够发现自身的不足，通过相应的绩效评价，主动规范行为进而控制成本。

（2）加强员工成本意识和行为管控。DB公司在致力于全面信息化之外，也要加强培养“全员成本”的意识，建立全员成本管理体制，调动全体员工参与到企业成本目标的制定、成本的控制、成本的管理和与成本有关的业绩考核中去。充分利用作为生产力第一要素的员工，使他们既是企业成本的管理者，又是成本管理的具体执行者，充分调动全体员工的积极性、创造性，以最少的成本投入获得最高的收益产出。与此同时，加强与企业信息化相关的技能的培训，充分利用信息共享云平台带来的红利，保证资源发挥最大的价值。

六、案例讨论

（1）“大智移云”（即大数据、智能化、移动互联网、云计算）技术如何助推精益成本管理？其对企业成本管理的影响体现在什么方面？

（2）“数字化”技术下作业成本管理如何应用？应注意哪些问题？有何优缺点？

（3）从成本预算、核算、控制及绩效评价角度看，智能制造背景下成本管理还有哪些创新应用方案？

（4）目前仍处于智能制造初级阶段，未来的发展又将进一步对企业成本管理带来什么影响？

参考文献

[1] 余绪缨．半个世纪以来管理会计形成与发展的历史回顾及其新世纪发展的展望[J]．财会通讯，2001（01）：3－7.

[2] 费文星．西方管理会计的产生和发展[M]．大连：辽宁人民出版社，1990.

[3] 胡玉明．21世纪管理会计主题的转变——从企业价值增值到企业核心能力培植[J]．外国经济与管理，2001（01）：42－48.

[4] 胡玉明．试论现代公司制度、金融市场与企业理财和会计的共生性[J]．会计研究，1996（04）：36－38.

[5] 胡玉明．二十世纪管理会计的发展及其未来展望[J]．外国经济与管理，1999（05）：3－7.

[6] 胡玉明．作业管理与企业管理思维的创新——兼论我国会计学研究视野的拓展问题[J]．中国经济问题，1998（05）：34－40.

[7] 胡玉明．全新的管理会计框架——《高级管理会计》给我们的启示[J]．财务与会计，2001（10）：62－63.

[8] 胡玉明．中国管理会计的理论与实践：过去、现在与未来[J]．新会计，2015（01）：6－12.

[9] 罗伯特·S. 卡普兰，安东尼·A. 阿特金森．高级管理会计（第三版）[M]．吕长江，等译．大连：东北财经大学出版社，1999.

[10] 王斌，顾惠忠．内嵌于组织管理活动的管理会计：边界、信息特征及研究未来[J]．会计研究，2014（01）：13－20，94.

[11] 张先治，柳志南．基于管理控制的管理会计报告体系构建[J]．会计之友，2016（19）：7－12.

[12] 张先治．论管理会计的内涵与边界[J]．会计研究，2019（12）：28－33.

[13] 王满，曹晓昱，于浩洋．我国管理会计体系建设的思考与展望[J]．财务与会计，2019（22）：4－7.

[14] 王满，姜洪涛．管理会计控制系统理论的演进趋势、机制与功能[J]．东岳论丛，2018，39（02）：77－85.

[15] 王满，黄波．信息化时代的管理会计：现状·挑战·趋势[J]．商业会计，2017（08）：4－7.

[16] 杨世忠，胡洋洋，赵腾．质量控制VS质量创新：论质量成本管理的新模式[J]．经济与管理研究，2019，40（02）：123－134.

[17] 敖小波，李晓慧，谢志华，何华生．管理会计报告体系构建研究 [J]．财政研究，2016 (11)：91 -102.

[18] 汪家常，王兵．会计报告改进的创新思维——兼论财务会计报告与管理会计报告的融合 [J]．经济管理，2003 (09)：43 -46.

[19] 陈汉明，洪荭．价值链导向下质量成本管理动态循环模型研究 [J]．财会通讯，2018 (14)：85 -88.

[20] 黄世忠．新经济对财务管理和管理会计的影响分析 [J]．中国管理会计，2020 (02)：17 -25.

[21] 于增彪．管理会计概念的重新界定 [J]．会计之友，2018 (03)：6 -10.

[22] 于增彪．管理会计研究 [M]．北京：中国金融出版社，2007.

[23] 于增彪．管理会计 [M]．北京：清华大学出版社，2014.

[24] 刘海生．管理会计 [M]．北京：高等教育出版社，2019.

[25] 美国管理会计师协会．管理会计公告 [M]．刘霄仑，主译．北京：人民邮电出版社，2016.

[26] 杨公遂，杨若谷，尉可超．高级管理会计理论与实务 [M]．大连：东北财经大学出版社，2019.

[27] 刘运国．管理会计学 [M]．北京：中国人民大学出版社，2016.

[28] 刘运国．高级管理会计 [M]．北京：中国人民大学出版社，2018.

[29] 刘俊勇．管理会计 [M]．北京：高等教育出版社，2020.

[30] 刘俊勇，安娜，韩斌斌．公立医院平衡计分卡的构建——以河南省肿瘤医院为例 [J]．会计之友，2019 (09)：87 -96.

[31] 潘飞．管理会计 [M]．上海：上海财经大学出版社，2019.

[32] 潘飞，任立苗．基于环境管理会计框架的物质流成本会计应用 [J]．财务与会计，2016 (11)：51 -52.

[33] 冯巧根．关于推进中国特色管理会计的思考 [J]．财务与会计，2015 (22)：11 -12.

[34] 冯巧根．高级管理会计（第二版）[M]．南京：南京大学出版社，2009.

[35] 李海波．智能制造与成本管理：融合与创新 [J]．中国国际财经（中英文），2017 (17)：194 -195.

[36] 陈虎，孙彦丛，常亮．面向管理会计的信息系统 [J]．财务与会计，2018 (09)：38 -41.

[37] 田高良，陈虎，孙彦丛，刘扬．“大智移云物”背景下的财务转型研究 [J]．财会月刊，2019 (20)：3 -7.

[38] 张轩，麦海娟，葛梦瑜，吕芳芳．数字经济时代信息技术对管理会计信息化的影响研究 [J]．商业会计，2021 (22)：119 -122.

[39] 林志军．建立与实施企业战略质量成本体系 [J]．中国财政，2017 (05)：25 -27.

[40] 罗喜英，肖序．物质流成本会计国际标准应用述评 [J]．湖南科技大学学报（社会科学版），2012，15 (03)：70 -72.

［41］郑玲，肖序．资源流成本会计控制决策模式研究——以日本田边公司为例［J］．财经理论与实践，2010，31（01）：57－61.

［42］郑玲．资源流成本会计发展进程评述［J］．会计之友，2011（03）：29－34.

［43］郑玲．资源流转成本会计的评价分析与控制决策研究［J］．经济问题，2009（10）：119－122.

［44］黄进．物质流成本核算系列国际标准分析研究（之二）——供应链物质流成本核算实施指南［J］．标准科学，2019（05）：111－116.

［45］高利芳，李修玉．物质流成本会计的ISO标准演进与创新扩散研究［J］．云南财经大学学报，2019，35（06）：11－21.

［46］EN ISO 14051－2011，环境管理．物质流成本核算．总框架（ISO 14051－2011）．德文版和英文版EN ISO 14051－2011［S］．

［47］Nishitani Kimitaka，Kokubu Katsuhiko，Wu Qi，Kitada Hirotsugu，Guenther Edeltraud，Guenther Thomas. Material flow cost accounting（MFCA）for the circular economy：An empirical study of the triadic relationship between MFCA，environmental performance，and the economic performance of Japanese companies［J］．Journal of Environmental Management，2022，303.

［48］Edeltraud Guenther，Ramona Rieckhof，Matthias Walz，Daniela Schrack. Material flow cost accounting in the light of the traditional cost accounting［J］．uwf UmweltWirtschaftsForum，2017，25（1－2）．

［49］Stefan Dierkes，David Siepelmeyer. Production and cost theory-based material flow cost accounting［J］．Journal of Cleaner Production，2019，235.

［50］I Gusti Ketut Agung Ulupui，Yunika Murdayanti，Astari Cita Marini，Unggul Purwohedi，Mardia Mardia，Heri Yanto. Green accounting，material flow cost accounting and environmental performance［J］．Accounting，2020，6（5）．

［51］Michael D. Shields，Research in management accounting by North Americans in the 1990s［J］．Journal of Management Accounting Research，Volume 9，1997.

［52］Heena S. Oza，Farida R. Mandviwala. Material flow cost accounting does it improve performance？－a literature review［J］．ACADEMICIA：An International Multidisciplinary Research Journal，2015，5（10）．

［53］Mishelle Doorasamy. Theoretical developments in environmental management accounting and the role and importance of material flow cost accounting［J］．Environmental Economics，2015，6（3）．

［54］ISO. ISO 14051：Environmental management-Material flow cost accounting-General framework［S］．International Organization for Standardization，Geneva，2011.